《古代漢語》編委會

高等學校語言文學教材系列

古代漢語（下）

Ancient Chinese

主　編　張玉金

副主編　羅維明　孫緒武　張令吾　鍾明立

暨南大學出版社
JINAN UNIVERSITY PRESS

中國·廣州

圖書在版編目（CIP）數據

古代漢語．下／張玉金主編．—廣州：暨南大學出版社，2013.8（2023.7重印）
（高等學校語言文學教材系列）
ISBN 978－7－5668－0492－1

Ⅰ.①古…　Ⅱ.①張…　Ⅲ.①古漢語—高等學校—教材　Ⅳ.①H109.2

中國版本圖書館CIP數據核字（2013）第029067號

古代漢語（下）
GUDAI HANYU（XIA）
主　編：張玉金

出 版 人：張晉升
策劃編輯：杜小陸
責任編輯：黄　穎　郝　文
責任校對：周玉宏
責任印製：周一丹　鄭玉婷

出版發行：暨南大學出版社（511443）
電　　話：總編室（8620）37332601
營銷部（8620）37332680　37332681　37332682　37332683
傳　　真：（8620）37332660（辦公室）　37332684（營銷部）
網　　址：http：//www.jnupress.com
排　　版：廣州良弓廣告有限公司
印　　刷：佛山市浩文彩色印刷有限公司
開　　本：787mm×1092mm　1/16
印　　張：25.25
字　　數：522千
版　　次：2013年8月第1版
印　　次：2023年7月第7次
印　　數：13001—14500冊
定　　價：58.00圓

序

目前普遍使用的古代漢語教材，是由王力先生主編、中華書局出版的《古代漢語》。這部教材的長處是不言而喻的，所以至今仍能被廣泛採用。但是它已經不能完全適應當前古代漢語教學的實際要求，至少有以下三點欠缺：

1. 理論知識陳舊，不能充分吸收當前學術界新的定論性成果。

2. 教材共四大冊，分量太大，而目前各高校古代漢語課一般都只開兩個學期。

3. 教材中的常用詞部分已經沒有必要列出了，因爲《古漢語常用字字典》（蔣紹愚等編，商務印書館出版）早已出版，而且經過了多次修訂。

因此，重編一套《古代漢語》教材是十分必要的。

我們是按照下述原則來編寫這套《古代漢語》教材的。

首先，在文選的選擇上遵循重視“文以載道”的原則，在充分重視文言文這種“文”的基礎上，還要重視這種“文”所載的“道”。所以選文既要注重其語言的典範性，也要重視其思想內容的現實性。這樣，我們不但能把古代漢語的理論知識教給學生，培養學生閱讀古書的能力，而且也能用傳統文化的精華教育學生，使他們在思想品德、爲人處世、心理素質等方面有所提高。

其次，在文選的編排上遵循循序漸進、由淺入深的原則。上冊的文選只有今注，下冊則不但有今注，也有古注。這種文選編排的意圖是使學生通過學習今注進而閱讀古注，使學生接觸到古書的原貌，真正提高閱讀古書的能力。

再次，堅持感性認識和理性認識相結合的原則，每個單元都包括文選、常識和古代文化常識三部分。先學習文選，以形成感性認識，而通過學習常識，又上升到理性認識。再通過學習每個單元中的古代文化常識部分，以拓寬知識面。有些《古代漢語》教材有常用詞部分，我們認爲這部分應刪去，因爲現在已有一些比較好的古漢語字、詞典可以查閱，沒有必要再列這樣的內容。

最後，堅持學習與練習相結合的原則，每個單元在文選、常識和古代文化常識之後都有練習題。通過練習，學生不但可以鞏固學到的知識，還可以加深對所學知識的理解。

參加本書編寫的人員，都是廣東省高等院校中文系的语言学教師。他们從教多年，大都有高級職稱或博士以上學位。這樣的編者隊伍，能夠確保此書的質量。

各位編寫人員承擔的任務如下：

上册
緒　　論：張玉金
第一單元
文　　選：劉志生
常　　識：譚赤子
古代文化常識：卞仁海
練 習 題：劉志生　譚赤子

第二單元
文　　選：夏永聲
常　　識：毛元晶
古代文化常識：卞仁海
練 習 題：夏永聲　毛元晶

第三單元
文　　選：袁海林
常　　識：蔣書紅
古代文化常識：卞仁海
練 習 題：袁海林　蔣書紅

第四單元
文　　選：王　晶
常　　識：張令吾
古代文化常識：卞仁海
練 習 題：王　晶　張令吾

第五單元
文　　選：徐志林
常　　識：郭浩瑜
古代文化常識：卞仁海
練 習 題：徐志林　郭浩瑜

附　表：
一、繁簡字對照表：張玉金
二、漢字部首例釋：秦曉華

下册
第六單元
今　　注：宮欽第
古　　注：鍾明立
常　　識：卞仁海
古代文化常識：卞仁海
練 習 題：宮欽第　卞仁海

第七單元
今　　注：羅維明
古　　注：鍾明立
常　　識：陳增嶽
古代文化常識：卞仁海
練 習 題：羅維明　陳增嶽

第八單元
今　　注：梁立勇
古　　注：鍾明立
常　　識：謝潔瑕
古代文化常識：卞仁海
練 習 題：梁立勇　謝潔瑕

第九單元
今　　注：龐光華
古　　注：鍾明立
常　　識：孫緒武
古代文化常識：卞仁海
練 習 題：龐光華　孫緒武

第十單元
今　　注：沈建民　魏慧斌
古　　注：鍾明立
常　　識：沈建民　魏慧斌
古代文化常識：卞仁海
練 習 題：沈建民　魏慧斌

附表：常用字上古音表：田範芬

书稿完成後，又承暨南大學出版社的杜小陸主任及其他編輯、校對細加審校，在排印方面也做了許多工作，謹在此表示由衷的感謝。

由于水準有限，書中錯誤、不當之處一定不少，懇請專家和廣大讀者指正。

張玉金

2013 年 3 月

凡　例

一、本書分上、下兩冊。每冊各分爲五個單元，每個單元都包括文選、常識、古代文化常識和練習題四個部分。

二、文選按體裁編選，第一至第八單元爲散文和詩歌，第九單元爲辭賦和駢體文，第十單元爲韻文。所選的篇章，大多數是先秦時代典範的文言文。

三、上冊每個單元的文選都只有今注部分。下冊每個單元的文選則包括今注和古注兩個部分。

四、文選"今注"的形式、體例及術語等都參考王力先生主編的《古代漢語》（校訂重排本，中華書局，1999 年 5 月第 3 版）。首列"文選"二字，然後介紹文選所出自的書（如《左傳》）或作者（如沈約）的情況。列出篇名，篇名後標出文選出自書的哪一部分。每篇文言文的長度，一般以兩課時或一課時能講完爲限。第一段的第一個注要對所選的文言文的內容進行說明。注釋務求簡明，除特殊句式外，一般不譯。注意吸收學術界新的定論性成果。"今注"中的注釋，一般不採用兩說。但有時編者覺得這兩說都可取，就同時列出。列在前面的說法，是編者比較贊同的。出土文獻包括摹本、釋文和注釋三個部分。

五、文選"古注"先介紹文選所出自的書（如《左傳》）或作者（如沈約）的情況。無注釋。古注篇目不與今注的篇目相同。選取著名的古注，兼顧各種類型（如傳注類、章句類、音義類、集解類、義疏類、補注類等）。原文影印，豎排。

六、常識中的重點是文字、詞彙、語法、訓詁、音韻（包括《詩經》韻例、詩律、詞律等）等，也包括修辭、文體、句讀和古文今譯等內容。常識的形式、體例、術語等都參考王力先生主編的《古代漢語》。常識介紹一般簡明扼要。常識中的例句，既選用本書文選中出現過的句子，也選用本書範圍外的句子。難懂的地方，略加注釋。不追求知識的系統性，重點講授古代漢語中特有的現象。理論和術語注意時代性，注意與現代漢語的銜接和統一。語法理論和術語要注意與中學文言文語法體系的銜接。注意吸收學術界新的定論性成果。

七、在每個單元的常識之後、練習題之前都有古代文化常識部分，集中講解對讀懂古書所必要的相關古代文化常識。每單元一講，共十講。

八、每個單元之後，都有練習題。練習題與該單元的文選、常識相對應，是圍繞常識和文選選題的。練習題中有思考題、與常識部分對應的應用題、古文標點今譯題、古文閱讀題等。練習題十道左右。文選編寫者一般出三道題，包括釋詞題（解釋句中加點詞的意義和用法）、古文標點今譯題、古文閱讀題等。常識編寫者一般出七道題，包括名詞解釋、簡答題、思考題、與常識部分對應的應用題等。

九、上冊後有兩個附表，一是《繁簡字對照表》，二是《漢字部首例釋》。下冊後有一個附表《常用字上古音表》。附表是供學生在學習古代漢語時查找使用的，帶有工具書性質。

目 錄

第六單元

文選

詩經

《詩經》是我國第一部詩歌總集。共收集了從西周初期（公元前十一世紀）到春秋中葉（公元前六世紀）約五百多年的詩歌三百零五篇（《小雅》中有六篇“笙詩”，有目無辭，不計在內），最初稱《詩》，漢代儒者奉爲經典，稱爲《詩經》。

《詩經》分爲風、雅、頌三部分，風主要是民間歌謡，雅和頌主要是貴族的作品。

詩和歌本來是不分的，所以《詩經》本來應是可以唱的，它和歌、舞的關係很密切。

《詩經》的基本句式是四言，間或雜有二言直至九言的各種句式。但雜言句式所佔比例很低。只有個别詩是以雜言爲主的，如《伐檀》。

《詩經》中的民歌部分語言較接近口語，但因爲是詩歌，其語法與一般的散文不同。

《詩經》的注本很多。據劉毓慶《歷代詩經著述考》的統計，從先秦到民國，研究詩經的著作超過了1 600多種。目前較通行的注本有《毛詩正義》（漢毛亨傳、東漢鄭玄箋、唐孔穎達正義）、《詩集傳》（宋朱熹著）、《毛詩傳箋通釋》（清馬瑞辰著）。但這些注本由于受時代局限，有些觀點不一定正確。

聞一多在《神話與詩》一文中對前人注詩有這樣的評價：“漢人功利觀念太深，把三百篇作了政治的課本；宋人稍好點，又拉着道學不放手——一股頭巾氣；清人較客觀，但訓詁學不是詩；近人囊中滿是科學方法，真厲害。無奈歷史，唯物史觀的與非唯物史觀的，離詩還是很遠。”

關雎（國風·周南）[1]

關關雎鳩，在河之洲。[2]窈窕淑女，君子好逑。[3]
參差荇菜，左右流之。[4]窈窕淑女，寤寐求之。[5]
求之不得，寤寐思服。[6]悠哉悠哉，輾轉反側。[7]
參差荇菜，左右采之。[8]窈窕淑女，琴瑟友之。[9]
參差荇菜，左右芼之。[10]窈窕淑女，鐘鼓樂之。[11]

［1］關雎，《詩經》的篇名都取第一句裏的幾個字（一般是兩個字）命名。周南，十五國風之一。西周初期，周公旦住東都洛邑（在今河南洛陽東北），統治東方諸侯。周南應是採自舊周地的民間歌謡。《關雎》是《詩經》的第一篇，是一首情歌，寫一個男子對心儀女子的思慕及追求。

［2］這兩句是興，即先言他物以引起所詠之詞。關關，雌雄相應之和聲。雎鳩，水鳥，一名王雎，狀類鳧鷖，今江淮間有之。生有定偶而不相亂，偶常並遊而不相狎。故《毛傳》以爲摯而有別，《列女傳》以爲人未嘗見其乘居而匹處者，蓋其本性如此。河，北方流水之通名。洲，水中可居之地。

［3］窈窕，幽閑之意。淑，善。女者，未嫁之稱。逑，配偶。

［4］參差，長短不齊之貌。荇，多年生草本植物。根生水底，莖如釵股，上青下白。葉紫赤圓，徑寸餘，浮在水面。流，順水之流而取之。

［5］寤，睡醒。寐，睡着。

［6］服，猶懷。

［7］悠，長。因失眠而覺夜長。輾者轉之半，轉者輾之周，反者輾之過，側者轉之留，皆卧不安席之意。

［8］采，取而擇之。

［9］琴，五弦或七弦。瑟，二十五弦。皆絲屬，樂之小者也。友者，親愛之意。

［10］芼，或以爲通“覒”，《説文》“覒，擇也”。

［11］鐘，金屬。鼓，革屬。樂之大者。

［韻部］鳩、洲、逑，幽部。流、求，幽部。得、服、側，職部。采、友，之部。芼，宵部，樂，藥部，宵藥合韻。

桃夭（國風·周南）

桃之夭夭，灼灼其華。[1]之子于歸，宜其室家。[2]
桃之夭夭，有蕡其實。[3]之子于歸，宜其家室。[4]
桃之夭夭，其葉蓁蓁。[5]之子于歸，宜其家人。[6]

［1］夭夭，少好之貌。灼灼，華之盛。木少則華盛。《説文》：“媄，巧也。一曰女子笑貌。

《詩》曰：‘桃之媄媄。’从女芺聲。”錢鍾書云：“蓋‘夭夭’乃比喻之詞，亦形容花之嬌好，非指桃樹之‘少壯’。李商隱《即目》：‘夭桃唯是笑，舞蝶不空飛’，‘夭’即是‘笑’，正如‘舞’即是‘飛’。”

[2] 之，代詞，這。子，此指嫁者而言。婦人謂嫁曰歸。《周禮》仲春令會男女，然則桃之有華，正婚姻之時也。宜者，和順之意。室謂夫婦所居，家謂一門之內。

[3] 蕡，實之盛。

[4] 家室，猶室家。

[5] 蓁蓁，葉之盛。

[6] 家人，一家之人。

[韻部] 華、家，魚部。實、室，質部。蓁、人，真部。

芣苢（國風·周南）

采采芣苢，薄言采之。[1]采采芣苢，薄言有之。[2]
采采芣苢，薄言掇之。[3]采采芣苢，薄言捋之。[4]
采采芣苢，薄言袺之。[5]采采芣苢，薄言襭之。[6]

[1] 這兩句是賦，即敷陳其事而直言之者。芣苢，車前也，大葉長穗，好生道旁。採之未詳何用，或曰其子治產難。聞一多云：“芣苢古音同胚胎，古人以爲女子食其子，易怀胎。”

[2] 采，始求之。有，既得之。

[3] 掇，拾取。

[4] 捋，取其子。

[5] 袺，以衣貯之而執其衽。

[6] 襭，以衣貯之而扱其衽於帶間。

[韻部] 采、有，之部。掇、捋，月部。袺、襭，質部。

靜女（國風·邶風）[1]

靜女其姝，俟我於城隅。[2]愛而不見，搔首踟躕。[3]
靜女其孌，貽我彤管。[4]彤管有煒，說懌女美。[5]
自牧歸荑，洵美且異。[6]匪女之爲美，美人之貽。[7]

[1] 邶（bèi），國名，周武王封紂子武庚於此，後來併入衛國。在今河南淇縣以北至湯陰縣一帶。

[2] 靜者，閑雅之意。姝，美色也。城隅，幽僻之處。

[3] 愛，《說文》有“僾”字，曰：“仿佛也。从人愛聲。《詩》曰：‘僾而不見。’”不見者，期而不至。踟躕，猶躑躅也，即徘徊不前。

［4］孌，好貌。

［5］煒，盛赤。

［6］荑，茅之始生者。洵，信。

［7］言靜女又贈我以荑，而其荑亦美且異，然非此荑之爲美，特以美人之所贈，故其物亦美耳。

［韻部］姝、隅、躕，侯部。孌、管，元部。煒，微部，美，脂部，微脂合韻。荑、美，脂部。異，職部，貽，之部，職之合韻。

柏舟（國風·鄘風）[1]

汎彼柏舟，在彼中河。[2]髧彼兩髦，實維我儀。[3]之死矢靡它。[4]母也天只！不諒人只！[5]

汎彼柏舟，在彼河側。髧彼兩髦，實維我特。之死矢靡慝。[6]母也天只！不諒人只！

［1］鄘（yōng），國名，周武王封其弟管叔於此，後來併入衛國。故城在今河南汲縣境。

［2］汎，浮貌。

［3］髧，髮垂貌。儀，匹。

［4］之，至。矢，誓。靡，無。

［5］天，指父。只，語助詞。諒，信也。

［6］特，亦匹之意。慝，邪。或曰通“忒”，更。

［韻部］河、儀、它，歌部。天、人，真部。側、特、慝，職部。天、人，真部。

氓（國風·衛風）[1]

氓之蚩蚩，抱布貿絲，[2]匪來貿絲，來即我謀。[3]送子涉淇，至于頓丘。匪我愆期，子無良媒。[4]將子無怒，秋以爲期。[5]

［1］衛，國名，周武王封其弟康叔於此，在今河南北部及河北南部。

［2］氓，民。蚩蚩，敦厚之貌。布，幣。

［3］匪，非。即，就之意。此民非來買絲，但來就我，欲與我謀爲室家。

［4］愆，過。良，善。

［5］將，願。

乘彼垝垣，以望復關。[1]不見復關，泣涕漣漣。[2]既見復關，載笑載言。爾卜爾筮，體無咎言。[3]以爾車來，以我賄遷。[4]

［1］垝，毀也。復關，君子之所。

［2］漣漣，泣貌，音“連”。

［3］龜曰卜，蓍曰筮。體，兆卦之體。咎言，凶咎之辭，言其皆吉。

［4］賄，財。遷，徙。

桑之未落，其葉沃若。[1]于嗟鳩兮，無食桑葚！[2]于嗟女兮，無與士耽。[3]士之耽兮，猶可說也，女之耽兮，不可說也。[4]

［1］沃若，猶沃沃然。

［2］鳩，鶻鳩。食桑葚過，則醉而傷其性。葚，本又作椹，音“甚”，桑實。

［3］耽，樂。

［4］說，通“脫”，解脫。鄭玄注：“士有百行，可以功過相除。至於婦人，無外事，維以貞信爲節。”

桑之落矣，其黃而隕。[1]自我徂爾，[2]三歲食貧。淇水湯湯，漸車帷裳。[3]女也不爽，士貳其行。士也罔極，二三其德。[4]

［1］隕，隋，字又作墮。

［2］徂，往。

［3］湯湯，水盛貌。漸，漬也，濕。帷裳，婦人之車。

［4］爽，差。極，中。

三歲爲婦，靡室勞矣；[1]夙興夜寐，靡有朝矣！[2]言既遂矣，至于暴矣。兄弟不知，咥其笑矣！[3]靜言思之，躬自悼矣。[4]

［1］靡，無，沒有，無居室之勞，言不以婦事見困苦。

［2］無有朝者，常早起夜卧，非一朝然。

［3］咥，《說文》云：“大笑也。”兄弟在家，不知我之見酷暴。若其知之，則咥咥然笑我。

［4］靜，安。躬，身。悼，傷。我安思君子之遇已無終，則身自哀傷。

及爾偕老，老使我怨。[1]淇則有岸，隰則有泮。[2]總角之宴，言笑晏晏，信誓旦旦，[3]不思其反。反是不思，亦已焉哉！[4]

［1］及，與。

［2］泮讀爲畔，畔，崖。言淇與隰皆有崖岸以自拱持。今君子放恣心意，曾無所拘制。

［3］總角，未笄結髮。宴，安。晏晏，和柔。其以信相誓旦旦耳，言其懇惻款誠。旦旦，《說文》作“怛怛”。

［4］已焉哉，謂此不可奈何，死生自決之辭。

［韻部］蚩、絲、絲、謀、淇、丘、期、媒、期，之部。垣、關、關、漣、關、言、言、遷，元部。落、若，鐸部。葚、耽，侵部。說、說，月部。隕、貧，文部。湯、裳、爽、行，陽部。極、德，職部。勞、朝、笑，宵部；暴、悼，藥部，宵藥合韻。怨、岸、泮、宴、晏、旦、反，元部。思、哉，之部。

子衿（國風·鄭風）[1]

青青子衿，悠悠我心。[2]縱我不往，子寧不嗣音？[3]

青青子佩，悠悠我思。[4]縱我不往，子寧不來？

挑兮達兮，在城闕兮。[5]一日不見，如三月兮。

［1］鄭，國名，周宣王封其弟友於此，今在陝西華縣西北。《詩序》以爲此詩“刺學校廢也”。後人多以爲是女子思念戀人之詩。

［2］衿，衣領。青衿，學子之所服。後多以子衿指學子。禮，父母在，則衣純以青。悠悠，憂思貌。

［3］嗣，續，這裏有傳遞之意。

［4］佩，指佩飾。

［5］挑達，往來相見貌。去學而遊於城闕，往來無所爲耳。

［韻部］衿、心、音，侵部。佩、思、來，之部。達、闕、月，月部。

七月（國風·豳風）[1]

七月流火，九月授衣。[2]一之日觱發，二之日栗烈。[3]無衣無褐，何以卒歲？[4]三之日于耜，四之日舉趾。[5]同我婦子，饁彼南畝。田畯至喜。[6]

［1］豳（bīn），也作“邠”，國名，在今陝西旬（xún）邑縣西。

［2］七月，夏之七月。流，下。火，大火，心星。以六月之昏，加於地之南方，至七月之昏，則下而西流矣。九月霜降始寒，而蠶績之功亦成，故授人以衣。使禦寒。

［3］一之日，周曆一月之日，即夏曆十一月。觱發，風寒。栗烈，氣寒。栗，通“凓”，栗烈，猶凜冽。

［4］褐，粗毛、布製成之衣。卒，終。

［5］于，往也。耜，田器。于耜，言往脩田器。舉趾，舉足而耕。

［6］饁，餉田。田畯，田大夫，勸農之官。

七月流火，九月授衣。春日載陽，有鳴倉庚。[1]女執懿筐，遵彼微行，爰求柔桑。[2]春日遲遲，采蘩祁祁。女心傷悲，殆及公子同歸。[3]

［1］載，始。陽，溫和。倉庚，黃鸝。

［2］懿，深。遵，循。微行，小徑。柔桑，穉（現簡化爲“稚”）桑。

［3］遲遲，曰長而暄之意。計春秋漏刻，多少正等，而秋言淒淒，春言遲遲者，陰陽之氣感人不同。人遇春暄則四體舒泰，春覺晝景之稍長，謂日行遲緩。及遇秋景，四體褊躁，不見日行急促，唯覺寒氣襲人，故以淒淒言之。蘩，白蒿，所以生蠶，今人猶用之蓋蠶。祁祁，衆多。傷悲，感事苦也。春，女悲；秋，士悲。感其物化。殆，始。及，與。春，女感陽氣而思男，秋，士感陰氣而思女。是其物化，所以悲也。悲則始有與公子同歸之志，欲嫁焉。錢鍾書云：“苟從毛鄭之解，則吾國‘傷春’之詞章，莫古於斯。‘傷春’即‘懷春’、‘思春’之義。”

七月流火，八月萑葦。[1]蠶月條桑，取彼斧斨，以伐遠揚，猗彼女桑。[2]七月鳴鵙，八月載績。[3]載玄載黃，我朱孔陽，爲公子裳。[4]

［1］萑葦，即蒹葭。

[2] 蠶月，治蠶之月。條桑，枝落之採其葉也。斧，橢銎。斨，方銎。遠揚，遠枝揚起者。取葉存條曰猗。女桑，小桑。小桑不可條取，故取其葉而存其條，猗猗然耳。

[3] 鵙，伯勞。績，緝。

[4] 玄，黑而有赤之色，朱，赤色。陽，明。

四月秀葽，五月鳴蜩。[1]八月其穫，十月隕蘀。[2]一之日于貉，[3]取彼狐狸，爲公子裘。二之日其同，載纘武功。[4]言私其豵，獻豣於公。[5]

[1] 榮而實曰秀。葽，草名。蜩，蟬。

[2] 穫，禾之早者可穫。隕，墜。蘀，草木凡皮葉落陊地爲蘀。

[3] 貉，狐狸。于貉，猶言于耜，謂往取狐狸。

[4] 同，竭作以狩。纘，習而繼之。

[5] 豵，一歲豕。豣，三歲豕。

五月斯螽動股，六月莎雞振羽。七月在野，八月在宇，九月在户，十月蟋蟀入我牀下。[1]穹窒熏鼠，塞向墐户。[2]嗟我婦子，曰爲改歲，入此室處。[3]

[1] 斯螽、莎雞、蟋蟀，一物隨時變化而異其名。動股，始躍而以股鳴。振羽，能飛而以翅鳴。宇，檐下。暑則在野，寒則依人。

[2] 穹，空隙。窒，塞。向，朝北的窗户。墐，塗。庶人蓽户，冬則塗之。塞向，以擋北風；墐户，以禦寒氣。

[3] 天既寒，而事亦已，可以入此室處矣。

六月食鬱及薁，七月亨葵及菽。[1]八月剝棗，十月穫稻。[2]爲此春酒，以介眉壽。[3]七月食瓜，八月斷壺，九月叔苴。[4]采荼薪樗，食我農夫。[5]

[1] 鬱，棣屬。子如櫻桃，可食。薁，蘡薁。亨，音“烹”。葵，菜名。菽，豆。

[2] 剝，擊。穫稻，以釀酒。

[3] 介眉壽者，頌禱之辭。

[4] 壺，瓠。叔，拾。苴，麻子。

[5] 荼，苦菜。樗，惡木。

九月築場圃，十月納禾稼：[1]黍稷重穋，[2]禾麻菽麥。嗟我農夫，我稼既同，上入執宫功。[3]晝爾于茅，宵爾索綯。[4]亟其乘屋，其始播百穀。[5]

[1] 場圃同地，物生之時，則耕治以爲圃，而種菜茹；物成之際，則築堅之以爲場，而納禾稼。禾，穀連藁秸之總名。禾之秀實而在野曰稼。

[2] 先種後熟曰重，後種先熟曰穋。

[3] 同，聚。宫，邑居之宅。古者民受五畝之宅，二畝半爲廬，在田，春夏居之。二畝半爲宅，在邑，秋冬居之。功，葺治之事。或曰公室官府之役。

[4] 索，絞。綯，索，這裏作動詞用。言晝往取茅，夜而絞索。

[5] 乘，升。

二之日鑿冰沖沖，三之日納于凌陰。[1]四之日其蚤，獻羔祭韭。[2]九月肅霜，十月滌場。[3]朋酒斯饗，[4]曰殺羔羊。躋彼公堂，稱彼兕觥，萬壽無疆。[5]

［1］沖沖，鑿冰之聲。納，藏。凌陰，冰室。

［2］蚤，蚤朝。

［3］肅霜，氣肅而霜降。滌場者，農事畢而掃場地。

［4］兩尊曰朋。

［5］躋，升。公堂，君之堂。稱，舉。疆，竟。

［韻部］火、衣，微部。發、烈、褐、歲，月部。耜、趾、子、畝、喜，之部。火、衣，微部。陽、庚、筐、行、桑，陽部。遲、祁，脂部。悲、歸，微部。火、葦，微部。桑、斨、揚、桑，陽部。鵙、績，錫部。黄、陽、裳，陽部。葽，宵部，蜩，幽部，宵幽合韻。獲、蘀、貉，鐸部。狸、裘，之部。同、功、豵、公，東部。股、羽、野、宇、户、下、鼠、户、處，魚部。薁、菽，覺部。棗、稻、酒、壽，幽部。瓜、壺、苴、樗、夫，魚部。圃、稼，魚部。穋，覺部，麥，職部，覺職合韻。同、功，東部。茅、綯，幽部。屋、穀，屋部。沖，冬部，陰，侵部，冬侵合韻。蚤、韭，幽部。霜、場、饗、羊、堂、觥、疆，陽部。

漢魏六朝詩

漢樂府民歌

樂府本來指漢代朝廷的音樂機構，兼有採集民歌的職能。魏晉以後，樂府也指一種帶有音樂性的詩體，唐朝時，樂府有時指批判現實的諷刺詩。宋代郭茂倩輯有《樂府詩集》，將樂府詩分爲十二類，民歌主要保存在“鼓吹”、“相和”、“雜曲”三類中。漢樂府民歌風格質樸自然，反映了漢代的民風民俗和社會政治面貌。

有所思[1]

有所思，乃在大海南。何用問遺君[2]？雙珠玳瑁簪[3]，用玉紹繚之[4]。聞君有他心，拉雜摧燒之。摧燒之，當風揚其灰。從今以往，勿復相思。相思與君絕！雞鳴狗吠，兄嫂當知之。妃呼豨[5]！秋風肅肅晨風颸[6]，東方須臾高知之[7]。

［1］選自《樂府詩集·鼓吹曲辭一》。這首情詩表現了一個女子對情人背叛的憤恨。

［2］問遺（wèi），贈與。

［3］玳瑁（dài mào），一種海龜，龜甲可以做裝飾品。

［4］紹繚，纏繞。

［5］妃呼豨，歎詞。

［6］晨風，鳥名，指鸇鳥，飛行迅速。颸，疾速。

[7] 高，通“皓”，白。

韻脚：南、簪、心。繚、燒。之、灰、思、之、颸、之。

東門行[1]

出東門，不顧歸。來入門，悵欲悲。盎中無斗米儲[2]，還視架上無懸衣。拔劍東門去，舍中兒母牽衣啼[3]：“他家但願富貴，賤妾與君共餔糜[4]。共餔糜，上用倉浪天故[5]，下當用此黄口兒。今非！”“咄，行！吾去爲遲，白髮時下難久居[6]。”

[1] 選自《樂府詩集·相和歌辭十二》。寫一個男子因衣食無着，準備鋌而走險。

[2] 盎，瓦缸。

[3] 兒母，孩子的媽媽。

[4] 餔糜，喝粥。

[5] 用，爲了。倉浪天，青天。

[6] 白髮時下，白髮經常脱落。

韻脚：歸、悲、衣、啼、糜、兒、非、遲。

古詩十九首

南梁蕭統輯錄《文選》時，收集了十九首無名氏所作古詩，編入雜詩類之首，稱爲“古詩十九首”。這十九首古詩大概是東漢時期無名氏文人所作，藝術成就很高。劉勰稱它爲“五言之冠冕”。

西北有高樓[1]

西北有高樓，上與浮雲齊。交疏結綺窗[2]，阿閣三重階[3]。上有弦歌聲，音響一何悲[4]。誰能爲此曲？無乃杞梁妻[5]。清商隨風發[6]，中曲正徘徊。一彈再三歎，慷慨有餘哀。不惜歌者苦，但傷知音稀。願爲雙鴻鵠，奮翅起高飛。

[1] 選自《古詩十九首·其五》。感慨知音難遇。

[2] 交，交錯；疏，鏤雕；綺，花紋。

[3] 阿（ē）閣，四邊有檐的閣樓。

[4] 一何，何其，多麼。

[5] 杞梁，春秋時齊國大夫，戰死於莒。其妻痛哭十日後自盡。《琴曲》中有《杞梁妻歎》，非常悲傷。

[6] 清商，樂曲名，聲調清越。

韻脚：齊、階、悲、妻、徊、哀、稀、飛。

客從遠方來[1]

客從遠方來，遺我一端綺[2]。相去萬餘里，故人心尚爾[3]。文綵雙鴛鴦，裁爲合歡被。著以長相思[4]，緣以結不解[5]。以膠投漆中，誰能别離此。

［1］選自《古詩十九首·其十八》，講述一位女子收到遠方愛人禮物後的歡悦和思念之情。

［2］一端，半匹。

［3］爾，近。

［4］著以長相思，裝上棉絲絮。思、絲諧音。

［5］緣以結不解，邊緣以不能解開的絲縷結裝飾。結，同心結之類，象徵愛情。

韻腳：綺、爾、被、解、此。

曹　操

曹操（155—220），字孟德，沛國譙（今安徽亳縣）人。漢獻帝時任丞相，後進封爲魏王，曹丕稱帝後追尊爲魏武帝。曹操既是東漢末年一位優秀的政治家、軍事家，也是傑出的詩人。曹操的四言詩、五言詩成就都很高。民國時期，學者黄節有《魏武帝詩注》，收録注釋曹操詩歌二十餘篇。

蒿里行[1]

關東有義士，興兵討群凶[2]。初期會盟津，乃心在咸陽[3]。軍合力不齊，躊躇而雁行[4]。勢利使人争，嗣還自相戕[5]。淮南弟稱號，刻璽於北方[6]。鎧甲生蟣虱，萬姓以死亡。白骨露於野，千里無雞鳴。生民百遺一，念之斷人腸。

［1］這首詩記敍了東漢末年袁紹聯軍討伐董卓，因爲互相猜忌導致失敗。表達了對百姓的深切同情。

［2］漢獻帝初平元年（190），關東州郡推袁紹爲首，起兵討伐董卓。

［3］聯軍的初心是會盟孟津，攻入長安，打敗董卓。盟津，即孟津，今屬河南孟縣黄河渡口。

［4］雁行，像大雁一樣一個接一個前行。指因爲互相猜疑而徘徊觀望，軍心不齊。

［5］指袁紹、公孫瓚等發生内部矛盾，互相攻殺。

［6］指袁紹之弟袁術謀立劉虞爲皇帝。

韻腳：陽、行、戕、方、亡、腸。

龜雖壽[1]

神龜雖壽[2]，猶有竟時[3]；騰蛇乘霧[4]，終爲土灰。老驥伏櫪[5]，志在千里；烈士暮年[6]，壯心不已。盈縮之期[7]，不但在天；養怡之福，可得永年。幸甚至哉，歌以詠志。

[1] 選自《步出夏門行》第四章。表現了曹操不甘天命，勇於奮鬥的積極進取精神。

[2] 龜在古代是長壽的象徵。

[3] 竟，終止。

[4] 騰蛇，古代傳說中一種會飛的大蛇。

[5] 櫪，馬食槽。

[6] 烈士，有雄心壯志的男子。

[7] 盈，伸展；縮，萎縮。指人的壽命長短。

韻脚：時、灰、里、已、志。天、年。

曹　植

曹植（192—232），字子建，曹操第三子，封陳王，謚“思”，世稱“陳思王”。曹植一生屢受兄長曹丕、侄子曹叡的猜疑和壓迫，鬱鬱而終。曹植很有文學才華，有《曹子建集》傳世。

南國有佳人[1]

南國有佳人，容華若桃李[2]。朝遊江北岸，夕宿瀟湘沚[3]。時俗薄朱顔[4]，誰爲發皓齒[5]。俯仰歲將暮，榮耀難久恃[6]。

[1] 選自《雜詩·其四》，以佳人不被世人欣賞，比喻自身得不到賞識和重用。

[2] 容華，容貌。

[3] 沚，沙洲。

[4] 薄朱顔，不欣賞美好的容貌。

[5] 發皓齒，啓齒歌唱。

[6] 青春容貌難以保持長久。

韻脚：李、沚、齒、恃。

阮　籍

阮籍（210—263），字嗣宗，陳留尉氏人（今河南省尉氏縣），曾任步兵校尉，世稱“阮步兵”。阮籍生活在魏晉之交，是“竹林七賢”之一。因西晉朝廷的高壓，故意縱酒談玄，放蕩不羈以避禍。有《阮步兵集》傳世。

夜中不能寐[1]

夜中不能寐，起坐彈鳴琴。薄帷鑒明月[2]，清風吹我衿。孤鴻號外野，翔鳥鳴北林。徘徊將何見？憂思獨傷心。

［1］選自《詠懷詩·其一》，描述了夜深人靜時的苦悶心情。

［2］鑒，照。

韻腳：琴、衿、林、心。

左　思

左思，生卒年不詳，大約與陸機同時代，字太沖，臨淄（今山東省臨淄市）人。左思出身寒門，曾被徵爲著作郎，但仕途不得意，部分詩歌反映了他對當時門閥士族把持朝政的不滿。左思的《三都賦》轟動一時，曾造成“洛陽紙貴”。有《左太沖集》。

鬱鬱澗底松[1]

鬱鬱澗底松，離離山上苗[2]。以彼徑寸莖，蔭此百尺條。世胄躡高位[3]，英俊沈下僚。地勢使之然，由來非一朝。金張籍舊業[4]，七葉珥漢貂[5]。馮公豈不偉[6]，白首不見招。

［1］選自《詠史·其二》，表達了作者對門閥制度的不滿。

［2］離離，下垂貌。

［3］世胄，世家子弟。

［4］金張，指金日磾和張安世，都是漢宣帝時的貴族。

［5］七代都做漢朝的高官。漢貂，漢代侍中冠旁插貂鼠尾爲飾品。

［6］馮公，馮唐。漢文帝時期的武將，長期不被重用。

韻腳：苗、條、僚、朝、貂、招。

陶　潛

陶潛（365—427），字元亮，一名淵明，號五柳先生，謚靖節。潯陽柴桑人（今江西省九江市）。曾任别駕祭酒、參軍、彭澤縣令等職，多次辭官歸隱。陶潛的主要文學成就是田園詩，抒發了他對鄉村自然和勞動生活的熱愛，對後世山水田園詩人影響極大。鍾嶸在《詩品》中稱讚他爲“古今隱逸詩人之宗”。陶潛傳世的詩作有一百二十餘首，清朝陶澍《靖節先生集》，今人逯欽立《陶淵明集》是較好的注本。

少無適俗韻[1]

少無適俗韻[2]，性本愛丘山。誤落塵網中，一去三十年。羈鳥戀舊林，池魚思故淵。開荒南野際，守拙歸園田。方宅十餘畝，草屋八九間。榆柳蔭後檐，桃李羅堂前。曖曖遠人村[3]，依依墟里煙。狗吠深巷中，雞鳴桑樹顛。户庭無塵雜，虚室有餘閒[4]。久在樊籠里，復得返自然。

［1］選自《歸園田居・其一》。

［2］適俗韻，適合世俗的品性。

［3］曖曖，黄昏天黑時的昏暗。

［4］虚室，静室。

韻腳：山、年、淵、田、間、前、煙、顛、閒、然。

種豆南山下[1]

種豆南山下，草盛豆苗稀。晨興理荒穢[2]，帶月荷鋤歸。道狹草木長，夕露沾我衣。衣沾不足惜，但使願無違[3]。

［1］選自《歸園田居・其三》。

［2］興，起牀。理，清理。

［3］不違背自己的意願。

韻腳：稀、歸、衣、違。

結廬在人境[1]

結廬在人境，而無車馬喧。問君何能爾，心遠地自偏。採菊東籬下，悠然見南山。山氣日夕佳，飛鳥相與還。此中有真意，欲辯已忘言。

［1］選自《飲酒・其二》。

謝靈運

謝靈運（385—433），陳郡陽夏人（今河南省太康縣），封康樂公，世稱“謝康樂”。曾任永嘉太守、侍中、臨川內史等職。謝靈運擅長摹寫山水風光，有《謝康樂集》。

石壁精舍還湖中作[1]

昏旦變氣候，山水含清暉。清暉能娛人，遊子憺忘歸[2]。出谷日尚早，入舟陽已微。林壑斂暝色，雲霞收夕霏。芰荷迭映蔚[3]，蒲稗相因依[4]。披拂趨南逕[5]，愉悅偃東扉[6]。慮澹物自輕，意愜理無違[7]。寄言攝生客[8]，試用此道推。

［1］精舍，佛寺，石壁精舍在今浙江省上虞縣東南。湖，巫湖。

［2］憺，閑適。

［3］日光在荷葉和荷花間相互照耀。

［4］蒲，菖蒲。稗，稗草，一種田間雜草。菖蒲和稗草互相依靠。

［5］披拂，撥開雜草。

［6］偃，偃息，休息。扉，門板。

［7］思慮澹泊、內心知足則不受外物影響。

［8］攝生客，養生的人。

韻腳：暉、歸、微、霏、依、扉、違、推。

鮑　照

鮑照（約415—466），字明遠，東海人（今江蘇省漣水縣）。曾任前軍參軍職務，故稱“鮑參軍”。鮑照擅長七言歌行體，作品充滿了對懷才不遇的憤懣不平。有《鮑參軍集》。

代出自薊北門行[1]

羽檄起邊亭[2]，烽火入咸陽。徵騎屯廣武[3]，分兵救朔方[4]。嚴秋筋竿勁[5]，虜陣精且強[6]。天子按劍怒，使者遥相望。雁行緣石徑[7]，魚貫渡飛梁[8]。簫鼓流漢思[9]，旍甲被胡霜。疾風沖塞起，沙礫自飄揚。馬毛縮如猬，角弓不可張。時危見臣節，世亂識忠良。投軀報明主，身死爲國殤[10]。

[1] 代，擬寫。薊，古地名，今北京市附近。《出自薊北門行》是樂府舊題。

[2] 羽檄，插着羽毛的檄文，表示緊急。

[3] 廣武，地名，在今山西省代縣西部。

[4] 朔方，地名，在今内蒙古自治區伊克昭盟一帶。

[5] 深秋時節天氣乾燥，弓弦和箭杆強勁有力。

[6] 虜陣，敵人的軍陣。

[7] 雁行，像大雁一樣的行列。

[8] 飛梁，架空的橋梁。

[9] 漢思，漢地的涼風，比喻家鄉。

[10] 國殤，保衛家國戰死疆埸的勇士。

韻脚：陽、方、強、望、梁、霜、揚、張、良、殤。

對案不能食[1]

對案不能食[2]，拔劍擊柱長歎息。丈夫生世會幾時[3]，安能蹀躞垂羽翼[4]。棄置罷官去，還家自休息。朝出與親辭，暮還在親側。弄兒床前戲，看婦機中織。自古聖賢皆寂寞，何況我輩孤且直。

[1] 選自《擬行路難·其五》。

[2] 案，放置食物的托盤或小几。

[3] 會，能。

[4] 蹀躞（dié xiè），小步疾走。

韻脚：食、息、翼、息、側、織、直。

沈　約

沈約（441—513），字休文，吳興武康人（今浙江省德清縣），歷仕宋、齊、梁三代，官至尚書令，封建昌縣侯，謚“隱”，故又稱“沈隱侯”。提倡“四聲八病”説，講求音韻和諧，形成了“永明體”。有《沈隱侯集》。

別范安成[1]

生平少年日，分手易前期[2]。及爾同衰暮，非復別離時[3]。勿言一尊酒，明日難重持[4]。夢中不識路，何以慰相思[5]。

[1] 范安成，南齊人，名岫，字懋賓，曾任建威將軍、安成內史。

[2] 易，意動用法。以來日重新相見爲易。

[3] 年老時相別，因來日無多，恐怕不能再相會。

[4] 別說送別酒微薄，他日再難有這樣的機會。

[5]《韓非子》典故。戰國時張敏和高惠爲好友，别後張敏屢次在夢中尋訪高惠，半途迷路而歸。

韻腳：期、時、持、思。

庾　信

庾信（513—581），字子山，南陽新野人（今河南省新野縣）。歷仕南梁、西魏、北周，官至驃騎大將軍、開府儀同三司。後期作品常表現出對南方家鄉的思念。有《庾子山集》。

摇落秋爲氣[1]

摇落秋爲氣[2]，凄涼多怨情。啼枯湘水竹[3]，哭壞杞梁城[4]。天亡遭憤戰，日蹙值愁兵。直虹朝映壘[5]，長星夜落營[6]。楚歌饒恨曲[7]，南風多死聲[8]。眼前一杯酒，誰論身後名。

[1] 選自《擬詠懷·其三》，講述南梁兵敗而覆滅的歷史。

[2] 草木摇落到了秋季。

[3] 舜死後，妃子娥皇、女英痛哭流淚，灑到竹子上的眼淚都成了斑痕。

[4] 春秋時期齊大夫杞梁戰死，其妻放聲痛哭，杞城爲之崩塌。

[5] 古代認爲長虹照耀軍壘爲兵敗的象徵。

[6] 長星落於營中，古代認爲是主將死亡的徵兆。

[7] 楚歌，項羽被圍於垓下時四面唱起楚歌。

[8] 典出《左傳·襄公十八年》：晉人聞有楚師，師曠曰："不害，吾驟歌北風，又歌南風，南風不競，多死聲，楚必無功。"

韻腳：情、城、兵、營、聲、名。

唐宋詩

唐五言古体詩

李　白

李白（701—762），字太白，號青蓮居士，原籍隴西成紀（今甘肅省平涼市），出生於碎葉城（今吉爾吉斯斯坦共和國境內），五歲時隨父遷居劍南道緜州（今四川省江油市）。李白二十六歲時出蜀遊歷，漫遊十年，終在天寶元年受到唐玄宗的賞識，任職翰林，名噪一時。三年後棄官而去，繼續遊歷四方。756 年，李白參加永王李璘的幕府。不久，永王和肅宗李亨因奪位發生戰爭，永王兵敗。李白受到牽連，被判流放夜郎（今貴州省桐梓縣一帶），途中遇赦。晚年活動於金陵、宣城一帶，762 年病逝於安徽當塗縣。李白是唐朝最偉大的浪漫主義詩人，在樂府詩、古體詩、近體詩等體裁上都取得了極高的成就，尤以七古和七絕爲最。李白善於運用豐富的想象、大膽的誇張，描述壯闊秀麗的山川風光，表現內心奔放熱烈的真摯感情。杜甫曾稱讚李白的詩爲“筆落驚風雨，詩成泣鬼神”，後世稱李白爲“詩仙”。有《李太白集》傳世，清朝王琦有注本。

齊有倜儻生[1]

齊有倜儻生[2]，魯連特高妙[3]。明月出海底[4]，一朝開光耀。卻秦振英聲，後世仰末照[5]。意輕千金贈，顧向平原笑。吾亦澹蕩人[6]，拂衣可同調。

［1］選自《古風・其十》，講戰國時期齊人魯仲連說服趙、魏兩國聯合，迫使秦國退兵的歷史故事。

［2］倜儻生，豪氣倜儻的名士。

［3］魯連，即魯仲連。

［4］明月，夜明珠之名。

［5］末照，餘光。

［6］澹蕩，坦蕩，不慕名利。

［7］同調，志趣相同。

韻腳：妙、耀、照、笑、調。

長干行[1]

妾髮初覆額[2]，折花門前劇[3]。郎騎竹馬來[4]，繞牀弄青梅[5]。同居長干里，兩小無嫌猜。十四爲君婦，羞顏未嘗開。低頭向暗壁，千喚不一回。十五始展眉[6]，願同塵與灰。常存抱柱信[7]，豈上望夫臺[8]？十六君遠行，瞿塘灩澦堆[9]。五月不可觸，猿聲天上哀。門前遲行蹤[10]，一一生緑苔。苔深不能掃，落葉秋風早。八月蝴蝶來，雙飛西園草。感此傷妾心，坐愁紅顏老。早晚下三巴[11]，預將書報家。相迎不道遠，直至長風沙[12]。

［1］長干，地名，在今江蘇省南京市内的一條街。長干行是樂府舊題。

［2］古代女子十五歲開始結髮髻，幼時不束髮。

［3］劇，遊戲。

［4］竹馬，竹竿作馬。

［5］牀，井欄，一説牀指胡牀，坐具。弄青梅，女孩把玩手裏的青梅。

［6］展眉，眉毛伸展，不再害羞。

［7］古代傳説，尾生和情人相約橋下相會，尾生先至，後河水暴漲，尾生不肯離去，抱着橋柱，被水淹死。

［8］古代傳説，有一女子因思念丈夫，天天到山上眺望，時間長了變成了一塊石頭。

［9］瞿塘，瞿塘峽，三峽之一。灩澦堆，瞿塘峽口的險灘。

［10］遲行蹤，慢慢離去留下的腳印。

［11］早晚，何時。三巴，地名，巴郡、巴東、巴西的總稱，泛指蜀中。

［12］長風沙，地名，在今安徽省安慶市長江邊。

韻腳：梅、猜、開、回、灰、臺、堆、哀、苔。掃、早、草、老。家、沙。

杜　甫

杜甫（712—770），字子美，號少陵野老，原籍襄陽（今湖北省襄陽市），曾祖時遷居鞏縣（今河南省鞏縣）。青年時，杜甫曾在江南、山東一帶遊歷十年，其間兩次與李白會面論詩，結下了深厚的友誼。天寶年間在長安住了十年，仕途上很不得志，僅獲任右衛率府胄曹參軍的小官。安史之亂爆發後，杜甫在投奔唐肅宗途中被叛軍俘獲。脱險後，獲任左拾遺。759 年，杜甫棄官西行至成都，投奔西川節度使嚴武，被舉薦爲檢校工部員外郎，故世稱“杜工部”。嚴武死後，杜甫出蜀，帶着全家流亡於夔州（今重慶市奉節縣）、湖北、湖南一帶。770 年，杜甫病逝於湘江中的一條小船上。杜甫是唐朝偉大的現實主義詩人，他的詩被稱爲“詩史”。杜甫的一生基本上都在窮愁潦倒、貧病交加中度過，所以杜詩風格大部分是沈鬱頓挫，充滿了對仕途失意、世態炎涼的感憤。杜甫在律詩的格律方面多有探索和創造，有很多以論詩爲主題的詩作，他自己說“晚節漸於詩律細”，爲豐富完善近體詩的格律作出了傑出的貢獻。杜甫被後世稱爲“詩聖”，與李白並稱爲“李杜”。有《杜工部集》傳世，常見的杜詩注本有清朝錢謙益《錢注杜詩》、仇占鰲《杜詩詳注》、浦起龍《讀杜心解》等。

房兵曹胡馬[1]

胡馬大宛名[2]，鋒棱瘦骨成[3]。竹批雙耳峻[4]，風入四蹄輕。所向無空闊，真堪託死生。驍騰有如此，萬里可横行。

[1] 房兵曹，具體人物不詳，兵曹是州郡軍官。

[2] 胡馬以大宛（yuān）出產最爲著名。大宛，漢代西域國名，產汗血寶馬。

[3] 倒置，即瘦骨成鋒棱，汗血馬體型較纖瘦。

[4] 兩耳瘦削聳立，外觀像削竹，是古代千里馬的特徵。

韻脚：名、成、輕、生、行。

新安吏[1]

客行新安道，喧呼聞點兵。借問新安吏：“縣小更無丁?”“府帖昨夜下[2]，次選中男行。”“中男絕短小，何以守王城[3]？肥男有母送，瘦男獨伶俜。白水暮東流，青山猶哭聲[4]。”“莫自使眼枯，收汝淚縱横。眼枯即見骨，天地終無情。我軍取相州[5]，日夕望其平。豈意賊難料[6]，歸軍星散營[7]。就糧近故壘，練卒依舊京。掘壕不見水，牧馬役亦輕。況乃王師順，撫養甚分明。送行勿泣血，僕射如父兄。[8]”

[1] 新安，地名，在今河南省洛陽市新安縣。本篇寫唐軍爲補充兵員，徵召十六歲未成年的男子入伍。

[2] 府帖，徵兵命令。

[3] 王城，洛陽。

[4] 寫親屬送行出征的情景。

[5] 相州，地名，在今河北省臨漳縣。時相州爲叛軍安慶緒部據守。

[6] 賊難料，叛軍史思明部來援相州。

［7］指唐軍郭子儀、李光弼等九節度使所部潰敗各自歸本鎮。

［8］僕射，唐朝官名，相當於丞相。這裏指郭子儀，郭曾任左僕射。

韻腳：兵、丁、行、城、傳、聲、横、情、平、營、京、輕、明、兄。

唐七言古体詩

李　白

行路難[1]

金樽清酒斗十千[2]，玉盤珍羞直萬錢。停杯投筯不能食，拔劍擊柱心茫然。欲渡黄河冰塞川，將登太行雪滿山。閑來垂釣碧溪上[3]，忽復乘舟夢日邊[4]。行路難！行路難！多岐路，今安在？長風破浪會有時，直掛雲帆濟滄海。

［1］《行路難》是樂府舊題。本詩是舊題寫新事，爲李白離開長安時所作，共三首，這是第一首。

［2］一斗酒值十千錢，極言酒好價高。

［3］姜子牙未遇文王前，在溪邊釣魚。

［4］伊尹見商湯之前，夢乘舟過日月之邊。

韻腳：千、錢、然、川、山、邊、難、難。在、海。

杜　甫

麗人行[1]

三月三日天氣新[2]，長安水邊多麗人。態濃意遠淑且真[3]，肌理細膩骨肉勻。繡羅衣裳照暮春，蹙金孔雀銀麒麟[4]。頭上何所有？翠㔩葉垂鬢脣[5]。背後何所見？珠壓腰衱穩稱身[6]。就中雲幕椒房親[7]，賜名大國虢與秦[8]。紫駝之峯出翠釜[9]，水精之盤行素鱗[10]。犀箸厭飫久未下[11]，鸞刀縷切空紛綸[12]。黄門飛鞚不動塵[13]，御廚絡繹送八珍。蕭鼓哀吟感鬼神，賓從雜遝實要津[14]。後來鞍馬何逡巡[15]，當軒下馬立錦茵。楊花雪落覆白蘋[16]，青鳥飛去銜紅巾[17]。炙手可熱勢絶倫，慎莫近前丞相嗔。

[1] 這首詩描繪了楊國忠兄妹豪華奢侈的生活，表達對后戚干政的不滿之情。

[2] 三月三日是踏青春遊的古代節日。

[3] 態濃，體態濃豔；意遠，神氣不凡；淑且真，賢淑而又自然。

[4] 衣服上綉着孔雀和麒麟，反射日光。蹙，刺綉手法。

[5] 頭上髮髻插着翠玉製成的葉子和花。

[6] 腰衱（jié），上衣後襬。

[7] 雲幕、椒房，都是漢代宮殿名。

[8] 這裏指楊貴妃的三個姐姐，分別封爲韓國夫人、虢國夫人、秦國夫人。

[9] 紫駝之峰，駝峰，古代珍貴食物。

[10] 水晶盤裏盛放着白色的魚。

[11] 犀箸，犀牛角製成的筷子。吃得太多而無法下筷。

[12] 鸞刀，割肉刀，刀環裝有鑾鈴。

[13] 黃門，宦官。鞚（kònɡ），馬勒。

[14] 遝（tà），多。這裏指楊貴妃兄妹門下佔據了朝廷重要的官職。

[15] 後來鞍馬，最後騎馬來的人，指楊國忠，即後文所稱丞相。

[16] 楊花覆白蘋，指楊國忠兄妹間亂倫。

[17] 青鳥，傳說中西王母傳遞信息的神鳥。

韻腳：新、人、真、匀、春、麟、脣、身、親、秦、鱗、綸、塵、珍、神、津、巡、茵、蘋、巾、倫、嗔。

白居易

白居易（772—846），字樂天，號香山居士，世稱“白香山”，下邽人（今陝西渭南人），曾任秘書省校書郎、翰林學士、江州司馬、刑部尚書等職。白居易提出了“文章合爲時而著，詩歌合爲事而作”的文學主張，是文壇“新樂府”運動主將。其詩明白曉暢，淺顯易懂，與元稹合稱“元白”。有《白氏長慶集》傳世。

杜陵叟[1]

杜陵叟，杜陵居，歲種薄田一頃餘。三月無雨旱風起，麥苗不秀多黃死[2]。九月降霜秋早寒，禾穗未熟皆青乾。長吏明知不申破，急斂暴徵求考課。典桑賣地納官租，明年衣食將何如？剝我身上帛，奪我口中粟，虐人害物即豺狼，何必鉤爪鋸牙食人肉？不知何人奏皇帝，帝心惻隱知人弊。白麻紙上書德音[3]，京畿盡放今年稅。昨日里胥方到門，手持尺牒榜鄉村[4]。十家租稅九家畢，虛受吾君蠲免恩。

［1］杜陵，漢宣帝陵墓所在地，在長安附近。這首詩是新樂府代表作，講述元和四年長安附近大旱，但各級官吏仍然橫徵暴斂。朝廷雖然命令免稅，但大部分百姓並沒有得到實際好處。

［2］秀，小麥開花。

［3］白麻紙，中書省用的公文紙。

［4］榜，張榜公佈。

韻腳：居、餘、起、死、寒、乾、破、課、租、如、粟、帝、弊、稅、門、村、恩。

柳宗元

柳宗元（773—819），字子厚，河東（今山西省永濟縣）人，世稱“柳河東”。貞元進士，和韓愈、劉禹錫等人交好，參加王叔文改革，歷官藍田尉、永州司馬、柳州刺史等。柳宗元是古文運動倡導者，擅長寫寓言和山水遊記。有《柳河東集》傳世。

漁　翁

漁翁夜傍西岩宿，曉汲清湘燃楚竹[1]。煙銷日出不見人，欸乃一聲山水綠[2]。回看天際下中流，岩上無心雲相逐。

［1］湘，湘江。

［2］欸乃，漁歌聲。

韻腳：宿、竹、綠、逐。

唐五言律詩

王　維

王維（701—761），字摩詰，原籍太原祁州（今山西省祁縣），因父親到蒲州做官，遂爲蒲人（今山西省永濟縣人）。721年，王維中進士，歷官至尚書右丞，故世稱“王右丞”。王維多才多藝，詩書畫都有很高的成就。王維四十歲以後隱居於終南山中，深受陶潛的影響，山水田園詩有較高成就。有《王右丞集》傳世，清朝趙殿成《王右丞集箋注》是較好的注本。

終南山[1]

太乙近天都[2]，連山到海隅。白雲回望合，青靄入看無。分野中峰變，陰晴衆壑殊。欲投人處宿，隔水問樵夫。

［1］終南山，秦嶺山脉，主峰爲太乙峰。

［2］天都，天帝所居之處。

韻脚：都、隅、無、殊、夫。上平聲七虞韻。

觀　獵

風勁角弓鳴[1]，將軍獵渭城[2]。草枯鷹眼疾，雪盡馬蹄輕。忽過新豐市[3]，還歸細柳營[4]。回看射雕處，千里暮雲平。

［1］角弓，以獸角爲飾的弓。

［2］渭城，即咸陽故城，在今西安市西北。

［3］新豐市，地名，故址在今臨潼縣東。

［4］細柳營，漢代名將周亞夫的軍營，在唐代長安附近。

韻脚：鳴、城、輕、營、平。下平聲八庚韻。

李　白

宿五松山下荀媼家[1]

我宿五松下，寂寥無所歡。田家秋作苦，鄰女夜舂寒。跪進彫胡飯[2]，月光明素盤。令人慚漂母[3]，三謝不能餐。

［1］五松山，在今安徽省銅陵縣。

［2］彫胡，即菰米，茭白的果實。

［3］漂母，洗衣婦人。漢代韓信落魄時，曾食漂母之飯。

韻脚：歡、寒、盤、餐。上平聲十四寒韻。

杜甫

春夜喜雨

好雨知時節，當春乃發生。隨風潛入夜，潤物細無聲。野徑雲俱黑，江船火獨明。曉看紅濕處，花重錦官城[1]。

[1] 錦官城，成都的別稱。花重（zhòng），花朵沾滿雨水，顯得重。

韻腳：生、聲、明、城。下平聲八庚韻。

天末懷李白[1]

涼風起天末，君子意如何？鴻雁幾時到[2]？江湖秋水多。文章憎命達，魑魅喜人過。應共冤魂語[3]，投詩贈汨羅。

[1] 天末，天盡頭。當時杜甫在秦州，聽說了李白流放夜郎的消息，便寫了這首詩來懷念李白。

[2] 鴻雁，書信。

[3] 冤魂，屈原的魂魄。

韻腳：何、多、過、羅。下平聲五歌韻。

李商隱

李商隱（812—858），字義山，號玉谿生，懷州河內（今河南省沁陽市）人。開成進士，歷官至檢校工部員外郎。因陷入牛李黨爭，受到排擠，一生不得意。與杜牧齊名，合稱“小李杜”。有《李義山集》傳世。

晚晴[1]

深居俯夾城[2]，春去夏猶清[3]。天意憐幽草，人間重晚晴。併添高閣迥[4]，微注小窗明。越鳥巢乾後[5]，歸飛體更輕。

[1] 唐大中元年（847）李商隱隨鄭亞遠赴桂林隱居。這首詩寫傍晚雨過天晴的景色，並融入了詩人的感受和心境。

［2］夾城，甕城。

［3］大意指春夏之交。

［4］大意是説站在高閣上看得更遠。

［5］越鳥，典出《古詩十九首》，指南方的鳥，桂林古爲百越屬地。

韻腳：城、清、晴、明、輕。下平聲八庚韻。

唐宋七言律詩

杜　甫

聞官軍收河南河北[1]

劍外忽傳收薊北[2]，初聞涕淚滿衣裳。卻看妻子愁何在，漫卷詩書喜欲狂。白日放歌須縱酒，青春作伴好還鄉[3]。即從巴峽穿巫峽，便下襄陽向洛陽。

［1］762 年 10 月，唐軍反攻叛軍，收復洛陽並平定河南諸郡縣，11 月，平定河北。次年正月，安史之亂正式平定結束。

［2］劍外，劍閣以外，指蜀地。薊北，叛軍根據地河北范陽。

［3］青春，花香鳥語、充滿生機的春天。

韻腳：裳、狂、鄉、陽。下平聲七陽韻。

秋興三首

其　一

玉露凋傷楓樹林，巫山巫峽氣蕭森[1]。江間波浪兼天湧[2]，塞上風雲接地陰[3]。叢菊兩開他日淚，孤舟一系故園心[4]。寒衣處處催刀尺，白帝城高急暮砧[5]。

［1］蕭森，蕭瑟陰森。

［2］兼天湧，波浪翻捲到天上。

［3］接地陰，長雲高掛垂地，彷彿和大地連接到一起。

［4］這兩句寫杜甫羈留夔州，未能回到長安。

［5］砧，搗練的石板。

韻腳：林、森、陰、心、砧。下平聲十二侵韻。

其　二

夔府孤城落日斜，每依北斗望京華[1]。聽猿實下三聲淚[2]，奉使虛隨八月槎[3]。畫省香爐違伏枕[4]，山樓粉堞隱悲笳[5]。請看石上藤蘿月，已映洲前蘆荻花。

［1］京華，指長安。長安在夔州北面，故稱依北斗。

［2］倒置，即聽猿三聲實下淚，見酈道元《水經注》引三峽當地民歌。

［3］槎，船。這裏說杜甫入蜀追隨嚴武，本想和嚴武一同還朝，誰知嚴武病死，夢想成空。

［4］畫省，尚書省。違伏枕，指杜甫因病羈留在夔州不能回長安就職。

［5］山樓，山城之樓，指夔州。堞，城樓上的矮牆。

韻脚：斜、華、槎、笳、花。下平聲六麻韻。

其　三

千家山郭靜朝暉，日日江樓坐翠微。信宿漁人還汎汎[1]，清秋燕子故飛飛。匡衡抗疏功名薄[2]，劉向傳經心事違[3]。同學少年多不賤，五陵衣馬自輕肥[4]。

［1］信宿，每宿。汎，泛舟。

［2］匡衡，漢元帝時給事中，曾上疏論政被貶。

［3］劉向，西漢皇族，校書家。

［4］五陵，漢代五位皇帝陵墓所居之處，在長安附近。

韻脚：暉、微、飛、違、肥。上平聲五微韻。

客　至

舍南舍北皆春水，但見群鷗日日來。花徑不曾緣客掃，蓬門今始爲君開。盤飧市遠無兼味[1]，樽酒家貧只舊醅[2]。肯與鄰翁相對飲[3]，隔籬呼取盡餘杯。

［1］無兼味，沒有多樣的菜肴。

［2］醅（pēi），渾酒。

［3］可否邀請鄰居田翁飲酒。

韻脚：來、開、醅、杯。上平聲十灰韻。

韓　愈

韓愈（768—824），字退之，河內河陽（今河南省孟縣）人，因郡望在昌黎，故又稱“韓昌黎”，貞元進士，纍官至吏部侍郎，謚“文”，故又稱韓吏部、韓文公。韓愈發起了唐代的古文運動，散文成就突出，是當時的文壇領袖。韓愈提出“以文爲詩”，對後來的宋詩影響很大。有《昌黎先生集》傳世。

左遷至藍關示侄孫湘[1]

一封朝奏九重天，夕貶潮州路八千。欲爲聖明除弊事，肯將衰朽惜殘年！雲橫秦嶺家何在？雪擁藍關馬不前。知汝遠來應有意，好收吾骨瘴江邊。

[1] 藍關，即藍田關，在今山西省藍田縣。韓愈上書諫迎佛骨，觸怒了唐憲宗，被貶爲潮州刺史。湘，韓愈侄子韓老成的長子。

韻腳：天、千、年、前、邊。下平聲一先韻。

劉禹錫

劉禹錫（772—842），字夢得，洛陽（今河南省洛陽市）人，貞元進士，參加王叔文改革，歷官監察御史、連州刺史、太子賓客等，與白居易並稱“劉白”。有《劉夢得文集》。

西塞山懷古[1]

王濬樓船下益州[2]，金陵王氣黯然收。千尋鐵鎖沉江底[3]，一片降幡出石頭[4]。人世幾回傷往事，山形依舊枕寒流。今逢四海爲家日，故壘蕭蕭蘆荻秋。

[1] 西塞山，在今湖北省黃石市，是長江要塞。這首詩詠懷三國末年晉滅吳舊事。

[2] 王濬（jùn），西晉武將，280 年王濬造舟，自蜀攻吳。

[3] 東吳軍在西塞山等長江要塞處用鐵鏈橫斷江面，並在水底下置鐵椎，試圖阻擋西晉船隊經過。

[4] 東吳國君孫皓出城投降。

韻腳：州、收、頭、流、秋。下平聲十一尤韻。

酬樂天揚州初逢席上見贈[1]

巴山楚水淒涼地，二十三年棄置身[2]。懷舊空吟聞笛賦[3]，到鄉翻似爛柯人[4]。沉舟側畔千帆過，病樹前頭萬木春。今日聽君歌一曲，暫憑杯酒長精神。

[1] 本篇是劉禹錫回贈白居易的詩作，表達了詩人對長期遭受貶謫的憤慨心情。

[2] 王叔文改革失敗後，劉禹錫貶任朗州、連州、和州、夔州等地刺史二十餘年。

[3] 晉代向秀路過友人舊居時，聽到鄰居笛音悲涼，曾作《思舊賦》以思念舊友。

［4］離家太久，回到家鄉才發現人世滄桑、故人不在，恍如隔世。

韻脚：身、人、春、神。上平聲十一真韻。

白居易

錢塘湖春行[1]

孤山寺北賈亭西[2]，水面初平雲脚低。幾處早鶯爭暖樹，誰家新燕啄春泥。亂花漸欲迷人眼，淺草才能沒馬蹄。最愛湖東行不足，綠楊陰裏白沙堤。

［1］錢塘湖，即西湖。這首詩是白居易任杭州刺史時所作。

［2］孤山寺，在西湖島上。賈亭，賈全任杭州刺史時所修建的亭。

韻脚：西、低、泥、蹄、堤。上平聲四支韻。

柳宗元

登柳州城樓寄漳、汀、封、連四州刺史[1]

城上高樓接大荒[2]，海天愁思正茫茫。驚風亂颭芙蓉水[3]，密雨斜侵薜荔牆[4]。嶺樹重遮千里目，江流曲似九迴腸。共來百越文身地[5]，猶自音書滯一鄉。

［1］這是柳宗元在柳州刺史任上寫給漳州刺史韓泰、汀州刺史韓曄、封州刺史陳諫、連州刺史劉禹錫四人的詩，這四人都是王叔文改革集團的重要人物。

［2］大荒，邊緣之地。

［3］颭（zhǎn），吹動。芙蓉水，長滿荷花的湖水。

［4］薜荔牆，爬滿藤蔓的牆。

［5］百越，廣東、廣西、福建等南方，古代屬於少數民族聚居地，經濟文化不發達，常爲古代官員貶謫的流放地。

韻脚：荒、茫、牆、腸、鄉。下平聲七陽韻。

李商隱

安定城樓[1]

迢遞高城百尺樓，綠楊枝外盡汀州。賈生年少虛垂涕[2]，王粲春來更遠遊。永憶江湖歸白髮，欲回天地入扁舟[3]。不知腐鼠成滋味，猜意鵷雛竟未休[4]。

［1］安定，地名，即涇州（今甘肅省涇川縣）。這首詩感懷受人猜忌而不得意。

［2］賈生，賈誼。此處引西漢初年賈誼憂時念國，但受讒謗，無可奈何的舊事以自比。

［3］暗引范蠡自比，做成一番大事後歸隱江湖。

［4］引莊子秋水篇惠子相梁舊事。

韻腳：樓、州、遊、舟、休。下平聲十一尤韻。

歐陽修

歐陽修（1007—1072），字永叔，號醉翁，又號六一居士，謚“文忠”，吉州永豐（今江西省永豐縣）人。天聖進士，官至樞密副使、參知政事。歐陽修是北宋文壇領導人物，文章負一代盛名。有《歐陽文忠公集》、《六一詞》傳世。

戲答元珍[1]

春風疑不到天涯，二月山城未見花。殘雪壓枝猶有橘，凍雷驚筍欲抽芽。夜聞歸雁生鄉思，病入新年感物華。曾是洛陽花下客[2]，野芳雖晚不須嗟。

［1］元珍，丁寶臣字元珍，峽州軍事判官，與歐陽修友善。時歐陽修被貶峽州夷陵（今湖北省宜昌市）。

［2］歐陽修曾任西京（洛陽）留守推官。

韻腳：涯、花、芽、華、嗟。下平聲六麻韻。

黃庭堅

黃庭堅（1045—1105），字魯直，號山谷道人，洪州分寧（今江西省修水縣）

人。治平進士，歷官國子監教授、校書郎、秘書丞兼國史編修官，知太和縣。江西詩派宗師，以詩聞名，和蘇軾合稱“蘇黃”。有《山谷集》。

登快閣[1]

癡兒了却公家事[2]，快閣東西倚晚晴。落木千山天遠大，澄江一道月分明。朱弦已爲佳人絕[3]，青眼聊因美酒横。萬里歸船弄長笛，此心吾與白鷗盟。

[1] 快閣，在吉州太和縣贛江邊上。

[2] 癡兒，黃庭堅自稱。

[3] 朱弦絕，暗指俞伯牙舊事，知音已死，無人欣賞，懷才不遇。

韻腳：晴、明、横、盟。下平聲八庚韻。

陸　游

陸游（1125—1210），字務觀，號放翁，越州山陰（今浙江省紹興市）人，南宋著名愛國詩人。歷官隆興、夔州通判，知嚴州，除朝議大夫、禮部郎中。有《渭南文集》、《劍南詩稿》。

遊山西村[1]

莫笑農家臘酒渾[2]，豐年留客足雞豚。山重水复疑無路，柳暗花明又一村。簫鼓追隨春社近，衣冠簡樸古風存。從今若許閑乘月，拄杖無時夜叩門[3]。

[1] 山西村，陸游故鄉的一個山村。

[2] 臘酒，頭年冬天所釀的酒。

[3] 無時，隨時。

韻腳：渾、豚、村、存、門。上平聲十三元韻。

夜泊水村

腰間羽箭久凋零，太息燕然未勒銘[1]。老子猶堪絕大漠[2]，諸君何至泣新亭[3]？一身報國有萬死，雙鬢向人無再青。記取江湖泊船處，卧聞新雁落寒汀。

[1] 燕然，燕然山，在今蒙古國境内。東漢時期，竇憲曾打敗匈奴，登燕然山刻石勒銘以記功。

［2］老子，老夫，自稱。

［3］新亭，東晉時，王導等人在南京新亭置酒聚會，座中有人因西晉半壁江山淪陷而流淚，唯王導說應當振奮精神，克復河山，不當空流淚。

韻脚：零、銘、亭、青、汀。下平聲九青韻。

唐五言絕句

王　維

鹿　柴[1]

空山不見人，但聞人語響。返景入深林，復照青苔上。

［1］鹿柴（zhài），輞川別業附近的地名。

韻脚：響、上。古絕押仄聲韻。

李　白

夜宿山寺[1]

危樓高百尺，手可摘星辰。不敢高聲語，恐驚天上人。

［1］山寺，湖北黃梅的江心寺，一說是蘄州的越王樓。

韻脚：辰、人。上平聲十一真韻。

李商隱

登樂遊原[1]

向晚意不適[2]，驅車登古原。夕陽無限好，只是近黃昏[3]。

［1］樂遊原，長安附近的名勝，地勢較高，可俯瞰長安城。

［2］向晚，傍晚。

［3］正是因爲近黄昏，夕陽才美好。一説夕陽雖好，可惜已近黄昏。

韻脚：原、昏。上平聲十三元韻。

唐宋七言絶句

王昌齡

王昌齡（698—756），字少伯，太原（今山西省太原市）人。開元進士，歷官汜水尉、校書郎、江寧令，晚年貶爲龍標尉，故稱“王龍標”。擅長七絶，風格雄渾自然，後人稱爲“七絶聖手”。

出　塞[1]

秦時明月漢時關，萬里長征人未還。但使龍城飛將在[2]，不教胡馬度陰山[3]。

［1］出塞是樂府舊題。

［2］龍城，今遼寧省朝陽縣。飛將，指李廣。

［3］陰山山脉，在今河北省和内蒙古自治區境内，是古代中原與北方少數民族的天然屏障。

韻脚：關、還、山。上平聲十五删韻。

從軍行[1]

青海長雲暗雪山[2]，孤城遥望玉門關[3]。黄沙百戰穿金甲，不破樓蘭終不還[4]。

［1］從軍行是樂府舊題。

［2］青海，青海湖。唐朝和吐蕃經常在這一帶發生戰爭。

［3］玉門關，邊境的重要關卡，在今甘肅省敦煌市境内。

［4］樓蘭，漢代西域國名，此處借指敵人。

韻脚：山、關、還。上平聲十五删韻。

李　白

贈汪倫[1]

李白乘舟將欲行，忽聞岸上踏歌聲[2]。桃花潭水深千尺，不及汪倫送我情。

［1］汪倫，安徽涇縣桃花潭村民，李白的朋友。

［2］踏歌，以腳頓地爲節拍。

韻腳：行、聲、情。下平聲八庚韻。

望天門山[1]

天門中斷楚江開，碧水東流至此回。兩岸青山相對出，孤帆一片日邊來。

［1］天門山，在今安徽省當塗縣的長江兩岸。

韻腳：開、回、來。上平聲十灰韻。

送孟浩然之廣陵[1]

故人西辭黃鶴樓[2]，煙花三月下揚州。孤帆遠影碧空盡，唯見長江天際流。

［1］孟浩然（689—740），唐朝詩人，李白好友。廣陵，今揚州。

［2］“人”字出律。

韻腳：樓、州、流。下平聲十一尤。

杜　甫

江南逢李龜年[1]

岐王宅裏尋常見[2]，崔九堂前幾度聞[3]。正是江南好風景，落花時節又逢君。

［1］李龜年，唐玄宗時樂工，生卒年不詳，安史之亂後流落江南。

［2］岐王，唐玄宗的弟弟李範，封岐王。

［3］崔九，崔滌，兄弟中排行第九。曾任殿中監，受唐玄宗寵幸。

韻腳：聞、君。上平聲十二文韻。

贈花卿[1]

錦城絲管日紛紛[2]，半入江風半入雲。此曲只應天上有，人間哪得幾回聞？

[1] 花卿，指唐代的武將花敬定。

[2] 錦城，錦官城，指成都。

韻腳：紛、雲、聞。上平聲十二文韻。

杜　牧

杜牧（803—852），字牧之，京兆萬年（今陝西省西安市）人，太和進士，歷官弘文館校書郎、刺史、中書舍人，世稱“杜樊川”。擅長七律和七絕，和李商隱齊名，稱爲“小李杜”。有《樊川文集》傳世。

過華清宮[1]

長安回望繡成堆[2]，山頂千門次第開。一騎紅塵妃子笑，無人知是荔枝來。

[1] 華清宮，在今陝西臨潼縣驪山上，是唐玄宗和楊貴妃的暑宮。

[2] 繡成堆，指驪山的東綉嶺和西綉嶺，當時遍植草木花卉，宛若錦綉。

韻腳：堆、開、來。上平聲十灰韻。

赤　壁

折戟沉沙鐵未銷，自將磨洗認前朝。東風不與周郎便，銅雀春深鎖二喬。

韻腳：銷、朝、喬。下平聲四豪韻。

李商隱

夜雨寄北[1]

君問歸期未有期，巴山夜雨漲秋池。何當共剪西窗燭，卻話巴山夜雨時。

[1] 這是李商隱寫給他妻子王氏的詩作，當時李商隱滯留在巴蜀一帶。

韻腳：期、池、時。上平聲四支韻。

蘇　軾

蘇軾（1037—1101），字子瞻，號東坡居士，眉山（今四川省眉山縣）人。嘉祐進士，歷官杭州通判，知密州、徐州、湖州，貶謫黃州、惠州、儋州，謚"文忠"。蘇軾在詩、詞、文方面都有很高的成就，是北宋豪放詞派的創始人。有《蘇東坡集》、《東坡樂府》。

六月二十七日望湖樓醉書[1]

黑雲翻墨未遮山，白雨跳珠亂入船。卷地風來忽吹散，望湖樓下水如天。

［1］望湖樓，在杭州西湖上，爲錢俶所建。

韻脚：山、船、天。首句用鄰韻上平聲十五刪，下平聲一先韻。

飲湖上初晴後雨

水光瀲灧晴方好[1]，山色空濛雨亦奇。欲把西湖比西子，淡妝濃抹總相宜。

［1］瀲灧（liàn yàn），波光粼粼。

韻脚：奇、宜。上平聲四支韻。

題西林壁[1]

橫看成嶺側成峰，遠近高低各不同。不識廬山真面目，只緣身在此山中。

［1］西林，西林寺，廬山的一座佛寺。

韻脚：峰、同、中。首句用鄰韻上平聲二冬韻，上平聲一東韻。

惠崇春江晚景[1]

竹外桃花三兩枝，春江水暖鴨先知。蔞蒿滿地蘆芽短[2]，正是河豚欲上時。

［1］惠崇，僧人。

［2］蔞蒿，一種可食的草莖。蘆芽，蘆筍。

韻脚：枝、知、時。上平聲四支韻。

黄庭堅

雨中登岳陽樓望君山二首

其　一

投荒萬死鬢毛斑[1]，生入瞿塘灔澦關。未到江南先一笑，岳陽樓上對君山。

[1] 黄庭堅曾在四川謫居六年，故曰投荒。

韻腳：斑、關、山。上平聲十五刪韻。

其　二

滿川風雨獨憑欄，綰結湘娥十二環[1]。可惜不當湖水面，銀山堆裏看青山[2]。

[1] 君山像湘江女神的十二個髮髻。

[2] 銀山，波浪。

韻腳：欄、環、山。上平聲十五刪韻。

陸　游

沈　園[1]

城上斜陽畫角哀，沈園非復舊池臺。傷心橋下春波綠，曾是驚鴻照影來。

[1] 沈園，一座園林，在今浙江紹興市。陸游的原配妻子唐琬，是其姑表妹，因婆媳不和，被迫改嫁。離婚後，陸游曾和唐琬在沈園相逢，感慨萬千，寫出了本詩和詞作《釵頭鳳》。

韻腳：哀、臺、來。上平聲十灰韻。

唐五代詞

敦煌曲子詞

1900年，敦煌藏經洞裏發現了一批唐代的詞作，後爲英、法等國殖民者掠奪。

民國時期，我國學者王重民在巴黎留學時，輯錄了《敦煌曲子詞集》。大部分詞作是唐五代時期的民間文學作品，風格清新質樸，感情真摯。

菩薩蠻[1]

枕前發盡千般願：要休且待青山爛。水面上秤錘浮；直待黃河徹底枯。　白日參辰現[2]，北斗回南面。休即未能休，且待三更見日頭。

［1］菩薩蠻，唐教坊曲名，本爲唐代西域女蠻國女子舞隊的曲調。這首詞寫一位女子賭咒發誓不願與情人分離。

［2］參（shēn）辰，參星和商星，分別在西邊和東邊，出入各不相見。

韻腳：願、爛。浮、枯。現、面。休、頭。

李　白

菩薩蠻[1]

平林漠漠煙如織，寒山一帶傷心碧。暝色入高樓，有人樓上愁。　玉階空佇立，宿鳥歸飛急。何處是歸程，長亭連短亭[2]。

［1］這首詞寫羈旅思家之情。

［2］長亭、短亭，古代設在路邊供人休息的茶亭。

韻腳：織、碧。樓、愁。立、急。程、亭。

憶秦娥[1]

簫聲咽，秦娥夢斷秦樓月。秦樓月，年年柳色，霸陵傷別[2]。　樂遊原上清秋節[3]，咸陽古道音塵絕[4]。音塵絕，西風殘照，漢家陵闕。

［1］憶秦娥，秦娥原指秦穆公女弄玉，見蕭史乘龍故事，此處泛指長安附近的美麗女子。

［2］霸陵，漢文帝的陵墓，在今西安市東。附近有灞水，橋名灞橋，爲古代長安人送客之所。

［3］樂遊原，見李商隱《登樂遊原》解題注釋。

［4］咸陽古道，漢唐往西北出塞的道路。

韻腳：咽、月、別、節、絕、闕。

溫庭筠

溫庭筠（812—870），字飛卿，太原（今山西省太原市）人，曾任方城尉，國子助教。溫庭筠詞作工巧，內容多描寫閨中女子，風格濃豔。五代時，趙崇祚編《花間詞》，溫詞爲首。近人劉毓盤編《金荃詞》，輯得溫詞76首。

夢江南[1]

梳洗罷，獨倚望江樓。過盡千帆皆不是，斜暉脈脈水悠悠。腸斷白蘋洲。

［1］夢江南，詞調，原爲唐教坊曲名，與白居易憶江南同調異名。

韻腳：樓、悠、洲。

韋　莊

韋莊（836—910），字端己，杜陵（今陝西省西安市附近）人，唐末進士，任校書郎。後入蜀國，官同平章事。花間詞派代表人物之一，與溫庭筠齊名，合稱“溫韋”。有《浣花集》。

菩薩蠻

人人盡說江南好，遊人只合江南老。春水碧於天，畫船聽雨眠。　壚邊人似月[1]，皓腕凝霜雪。未老莫還鄉，還鄉須斷腸。

［1］壚，酒肆。卓文君曾當壚賣酒。

韻腳：好、老。天、眠。月、雪。鄉、腸。

馮延巳

馮延巳（903—960），字正中，廣陵（今江蘇省揚州市）人，南唐中主時爲同平章事，詞作內容多爲燕樂唱酬，有《陽春集》。

謁金門[1]

風乍起，吹皺一池春水。閑引鴛鴦香徑裏，手挼紅杏蕊[2]。 鬭鴨闌干獨倚[3]，碧玉搔頭斜墜[4]。終日望君君不至，舉頭聞鵲喜[5]。

[1] 謁金門，本唐教坊曲名，敦煌曲子詞同名詞作有“得謁金門朝帝廷”一句，可能是本意。

[2] 挼（nuó），揉搓。

[3] 鬭鴨闌干，雕刻鴨鬭花紋的欄杆。

[4] 碧玉搔頭，碧玉製成的髮簪。

[5] 古人認爲鵲能報吉兆，故名喜鵲。

韻腳：起、水、裏、蕊。倚、墜、至、喜。

李煜

李煜（937—978），字重光，南唐後主。在位縱情享樂，國事不修，後爲宋所滅。亡國後詞作沈痛悲傷，不加雕飾卻宛如鬼斧神工，以《虞美人》最爲有名。有《南唐二主詞》（和中主李璟合著）。

烏夜啼[1]

無言獨上西樓，月如鉤。寂寞梧桐深院，鎖清秋。　　剪不斷，理還亂，是離愁；別是一般滋味，在心頭。

[1] 烏夜啼，唐教坊曲名，本六朝樂府舊題，臨川王劉義慶所作。烏夜啼，即烏鴉夜啼。

韻腳：樓、鉤、秋。斷、亂。愁、頭。

宋　詞

范仲淹

范仲淹（989—1052），字希文，吳縣（今江蘇省蘇州市）人。真宗時進士，北宋著名政治家、文學家，歷官樞密副使、參知政事。謚“文正”，有《范文正公集》。

漁家傲[1]

塞下秋來風景異，衡陽雁去無留意[2]。四面邊聲連角起。千嶂裏，長煙落日孤城閉。　　濁酒一杯家萬里，燕然未勒歸無計。羌管悠悠霜滿地[3]。人不寐，將軍白髮征夫淚。

[1] 漁家傲，詞牌源自晏殊，因詞中有“神仙一曲漁家傲”句，取以爲名。這首詞寫范仲淹在西北守邊時將士生活的艱苦。

[2] 南嶽衡山有回雁峰，據説雁到此後不再南飛。

[3] 羌管，羌笛。

韻脚：異、意、起、裏、閉、里、計、地、淚。

蘇幕遮[1]

碧雲天，黄葉地，秋色連波，波上寒煙翠。山映斜陽天接水，芳草無情，更在斜陽外。　　黯鄉魂，追旅思[2]，夜夜除非、好夢留人睡。明月樓高休獨倚，酒入愁腸，化作相思淚。

[1] 蘇幕遮，唐玄宗時教坊曲，本意指西域高昌國女子所戴的一種帽子。

[2] 思，讀去聲。

韻脚：地、翠、水、外、思、睡、倚、淚。

晏　殊

晏殊（991—1055），字同叔，臨川（今江西省撫州市臨川區）人，官至同平章事、樞密使，謚“元獻”。詞風受馮延巳影響，有《珠玉詞》。

浣溪沙[1]

一曲新詞酒一杯，去年天氣舊亭臺。夕陽西下幾時回？　　無可奈何花落去，似曾相識燕歸來。小園香徑獨徘徊。

[1] 浣溪沙，唐玄宗時教坊曲名，詞牌來源尚不明。

韻脚：杯、臺、回、來、徊。

柳　永

柳永（生卒年不詳），原名三變，字耆卿，崇安（今福建省崇安縣）人，仁宗進士，官屯田員外郎，世稱柳七、柳屯田。柳永仕途不得意，大量作慢詞，詞作音律工巧，尤工於羈旅行役，是北宋婉約派詞人代表。有《樂章集》。

望海潮[1]

東南形勝，江吳都會[2]。錢塘自古繁華。煙柳畫橋，風簾翠幕，參差十萬人家[3]。云樹繞堤沙，怒濤卷霜雪，天塹無涯。市列珠璣，户盈羅綺，競豪奢。重湖疊巘清嘉[4]，有三秋桂子，十里荷花。羌管弄晴，菱歌泛夜，嘻嘻釣叟蓮娃。千騎擁高牙[5]，乘醉聽簫鼓，吟賞煙霞。異日圖將好景，歸去鳳池誇[6]。

[1] 望海潮，柳永所創詞牌，題意即爲寫錢塘（即今杭州市）觀海望潮。這首詞是讚美北宋時錢塘的繁華和富足。

[2] 五代時吳越建都錢塘。

[3] 參差，形容房屋高低密集，人口繁盛。

[4] 重湖，西湖分內、外二湖。

[5] 千騎，指太守。高牙，高高的牙旗。

[6] 鳳池，中書省的代稱，泛指朝廷。

韻腳：華、家、涯、奢、嘉、花、娃、牙、霞、誇。

八聲甘州[1]

對瀟瀟暮雨灑江天，一番洗清秋。漸霜風凄緊，關河冷落，殘照當樓。是處紅衰翠減，苒苒物華休[2]。惟有長江水，無語東流。　不忍登高臨遠，望故鄉渺邈，歸思難收。歎年來蹤跡，何事苦淹留？想佳人，妝樓顒望[3]，誤幾回、天際識歸舟。爭知我，倚闌干處，正恁凝愁！

[1] 八聲甘州，又名甘州，唐玄宗時教坊大曲名，來自西域龜茲國，因押八韻，故名八聲甘州。

[2] 苒苒，荏苒，時光流逝。物華，美好的景物。

[3] 顒望，凝望。

韻腳：秋、樓、休、流、收、留、舟、愁。

蘇　軾

江城子[1]

乙卯正月二十日夜記夢

十年生死兩茫茫[2]，不思量，自難忘。千里孤墳，無處話淒涼。縱使相逢應不識，塵滿面，鬢如霜。　　夜來幽夢忽還鄉。小軒窗，正梳妝。相顧無言，惟有淚千行。料得年年腸斷處，明月夜，短松崗[3]。

[1] 江城子，詞牌首見於韋莊，歐陽炯詞有“如西子鏡，照江城”，或是詞牌本意。此詞爲蘇軾懷念亡妻王氏之作。

[2] 此時離王氏死去正好十年。

[3] 松崗，指墳墓所在。

韻腳：茫、量、忘、涼、霜、鄉、窗、妝、行、崗。

定風波[1]

三月七日，沙湖道中遇雨，雨具先去，同行皆狼狽，余不覺。已而遂晴，故作此。

莫聽穿林打葉聲，何妨吟嘯且徐行。竹杖芒鞋輕勝馬，誰怕？一蓑煙雨任平生。

料峭春風吹酒醒，微冷。山頭斜照卻相迎。回首向來蕭瑟處，歸去，也無風雨也無晴。

[1] 定風波，本唐玄宗教坊曲名，原有平定叛亂之意。這是蘇軾被貶黄州團練副使時所作，表達了作者藐視困難、豁達開朗的豪放情懷。

韻腳：聲、行、生、醒、冷、迎、晴。

卜算子[1]

黄州定惠院寓居作

缺月掛疏桐，漏斷人初靜[2]。誰見幽人獨往來？飄渺孤鴻影。　　驚起卻回頭，有恨無人省。揀盡寒枝不肯棲，寂寞沙洲冷。

[1] 卜算子，黄庭堅詞有“似扶着賣卜算”一句，詞牌本意或指賣卜算命之人。

[2] 漏，古代的計時工具。

韻腳：靜、影、省、冷。

水龍吟[1]

次韻章質夫楊花詞[2]

似花還似非花，也無人惜從教墜。拋家傍路，思量卻是，無情有思[3]。縈損柔腸[4]，困酣嬌眼，欲開還閉[5]。夢隨風萬里，尋郎去處，又還被、鶯呼起。不恨此花飛盡，恨西園、落紅難綴。曉來雨過，遺蹤何在？一池萍碎。春色三分，二分塵土，一分流水。細看來、不是楊花，點點是離人淚。

[1] 水龍吟，首見於柳永詞牌，本意不詳。

[2] 章質夫，名楶（jié），浦城人。楊花，柳絮。

[3] 思，讀去聲。

[4] 比喻柳枝柔細。

[5] 比喻柳葉纖小。

韻腳：墜、思、閉、里、起、綴、碎、水、淚。

秦觀

秦觀（1049—1100），字少游，號淮海居士，揚州高郵（今江蘇省高郵市）人。神宗時進士，蘇門四學士之一，有《淮海詞》。

鵲橋仙[1]

纖雲弄巧，飛星傳恨，銀漢迢迢暗渡。金風玉露一相逢，便勝卻人間無數。柔情似水，佳期如夢，忍顧鵲橋歸路！兩情若是久長時，又豈在朝朝暮暮！

[1] 鵲橋仙，詞牌得名於歐陽修，詞中有“鵲迎橋路接天津”一句。此詞寫七夕牛郎織女相會情景。

韻腳：渡、數、路、暮。

周邦彥

周邦彥（1056—1121），字美成，號清真居士，錢塘（今浙江省杭州市）人，宋徽宗時提舉大晟樂府，精通音律，能自度曲，創作大量慢詞，創造了很多新的詞調。有《清真集》。

蘇幕遮

燎沉香[1]，消溽暑。鳥雀呼晴，侵曉窺檐語[2]。葉上初陽乾宿雨，水面清圓，一一風荷舉。　故鄉遠，何日去？家住吳門，久作長安旅。五月漁郎相憶否？小楫輕舟，夢入芙蓉浦[3]。

[1] 沉香，產於熱帶的一種木材，可作名貴的香料。

[2] 侵曉，近曉。

[3] 芙蓉浦，指杭州西湖。

韻腳：暑、語、雨、舉、去、旅、否、浦。

李清照

李清照（1084—1155），號易安居士，濟南（今山東省濟南市）人，生活在兩宋之交，南渡後丈夫病死，歷經國事家事變亂，詞作風格孤寂淒苦。有《漱玉詞》。

如夢令[1]

昨夜雨疏風驟，濃睡不消殘酒。試問卷簾人[2]，卻道海棠依舊。“知否？知否？應是綠肥紅瘦”[3]。

[1] 如夢令，詞牌來自後唐莊宗李存勖，詞作中有“如夢，如夢，和淚出門相送”一句。

[2] 卷簾人，侍女。

[3] 綠肥紅瘦，枝葉繁茂、花朵凋零。

韻腳：驟、酒、舊、否、瘦。

醉花陰[1]

薄霧濃雲愁永晝[2]，瑞腦消金獸[3]。佳節又重陽，玉枕紗櫥[4]，半夜涼初透。
東籬把酒黃昏後，有暗香盈袖。莫道不消魂，簾捲西風，人比黃花瘦。

[1] 醉花陰，詞牌首創於北宋毛滂。

[2] 愁永晝，愁緒像白天那樣漫長。

[3] 瑞腦，龍腦，天然冰片香料。金獸，獸形的銅香爐。

[4] 玉枕，瓷枕。紗櫥，紗帳。

韻腳：晝、獸、透、後、袖、瘦。

張元幹

張元幹（1091—約1170），字仲宗，號蘆川居士，永福（今福建省永泰縣）人，官至將作少監，入南宋後隱居福州，因《賀新郎》詞得罪秦檜而被貶流放。有《蘆川詞》。

賀新郎[1]

送胡邦衡待制赴新州[2]

夢繞神州路[3]。悵秋風、連營畫角，故宮離黍[4]。底事昆侖傾砥柱[5]，九地黃流亂注[6]，聚萬落千村狐兔？天意從來高難問，況人情老易悲難訴；更南浦[7]，送君去！　涼生岸柳催殘暑。耿斜河，疏星淡月，斷云微度。萬里江山知何處？回首對床夜語。雁不到[8]，書成誰與？目盡青天懷今古，肯兒曹恩怨相爾汝[9]！舉大白[10]，聽金縷[11]。

[1] 賀新郎，詞牌首見於蘇軾。

[2] 胡邦衡，胡銓，字邦衡。待制，皇帝侍從官。胡銓曾上書宋高宗反對和金國議和，觸怒了高宗和秦檜，被流放新州。

[3] 神州，中原，當時已爲金國佔據。

[4] 汴京已淪入敵手。

[5] 底事，何事，爲何。

[6] 洪水，以天地崩塌、洪水氾濫、狐兔成群喻北宋不抵抗，金人在中原橫行。

[7] 南浦，碼頭，指送別的地方。

[8] 蘇武牧羊舊事，傳說漢昭帝在上林苑打獵時，獲雁，雁足上有蘇武書信。

[9] 大意是和胡銓只論天下大事，並非兒女情長。

[10] 舉大白，喝酒。

[11] 金縷曲，賀新郎詞牌的異名。

韻腳：路、黍、柱、兔、訴、浦、去、暑、度、處、語、與、古、汝、縷。

張孝祥

張孝祥（1132—1169），字安國，號于湖居士，簡州（今四川省簡陽縣）人，高宗時狀元，歷官中書舍人、建康留守、知荊南府。有《于湖詞》。

六州歌頭[1]

長淮望斷[2]，關塞莽然平[3]。征塵暗，霜風勁，悄邊聲。黯銷凝！追想當年事，殆天數，非人力。洙泗上，弦歌地，亦羶腥[4]。隔水氈鄉，落日牛羊下，區脫縱橫[5]。看名王宵獵[6]，騎火一川明，笳鼓悲鳴，遣人驚。　念腰間箭，匣中劍，空埃蠹，竟何成！時易失，心徒壯，歲將零。渺神京！干羽方懷遠[7]，靜烽燧，且休兵。冠蓋使，紛馳騖，若爲情？聞道中原遺老，常南望、翠葆霓旌[8]。使行人到此，忠憤氣填膺，有淚如傾。

［1］六州歌頭，詞牌原指唐代西北六州：伊州、梁州、甘州、石州、渭州、氐州。詞調悲壯慷慨，常爲懷古歎亡之作。這首詞是張孝祥在南宋北伐失敗後，感懷國家分裂、壯志難酬的詞作。

［2］淮河是宋金分界綫。

［3］莽然，指草木茂盛。

［4］洙泗，洙水和泗水，河流名，在山東曲阜。羶，牛羊腥臊，指被金人佔據。

［5］區（ōu）脫，指金人的堡壘。

［6］名王，指金人首腦，非實指。

［7］干羽，傳說是舜時的兩種舞蹈，用於懷柔遠人，此處指和金國議和。

［8］翠葆霓旌，皇帝儀仗。

韻腳：平、聲、凝。事、力、地。腥、横、明、鳴、驚。成、零、京、兵、情、旌、膺、傾。

陸　游

釵頭鳳[1]

紅酥手，黄縢酒[2]，滿城春色宫牆柳。東風惡[3]，歡情薄，一懷愁緒，幾年離索。錯，錯，錯！　春如舊，人空瘦。淚痕紅浥鮫綃透[4]。桃花落，閑池閣。山盟雖在，錦書難託。莫，莫，莫！

［1］釵頭鳳，詞牌原名擷芳詞。此詞寫陸游和原配妻子唐琬的感情，見陸游《沈園》詩注釋。

［2］黄縢酒，黄紙封口的酒，當時的官酒。

［3］東風，指陸游之母。

［4］鮫綃，手帕。

韻腳：手、酒、柳。惡、薄、索、錯。舊、瘦、透。落、閣、託、莫。

卜算子

詠　梅

驛外斷橋邊，寂寞開無主。已是黃昏獨自愁，更著風和雨。　　無意苦爭春，一任群芳妒。零落成泥碾作塵，只有香如故。

韻脚：主、雨、妒、故。

辛棄疾

辛棄疾（1140—1207），字幼安，號稼軒，歷城（今山東省濟南市）人。少年時曾參加抗金起義，南歸後歷任建康通判、知滁州、提點江西刑獄等，後免官閑居。詞作與蘇軾並稱爲蘇辛，是南宋豪放詞人代表。有《稼軒長短句》，今人鄧廣銘有《稼軒詞編年箋注》。

菩薩蠻

書江西造口壁[1]

鬱孤台下清江水[2]，中間多少行人淚[3]。西北望長安，可憐無數山。　　青山遮不住，畢竟東流去。江晚正愁余，山深聞鷓鴣[4]。

［1］造口，在今江西省萬安縣境內。

［2］鬱孤台，在今江西省贛州市贛江邊上。清江，即贛江。

［3］行人，流離失所的百姓。

［4］鷓鴣，鳴聲好似“行不得”，指南宋高宗不願行恢復之事。

韻脚：水、淚。安、山。住、去。余、鴣。

祝英臺近[1]

晚　春

寶釵分[2]，桃葉渡[3]，煙柳暗南浦。怕上層樓，十日九風雨。斷腸片片飛紅，都無人管，更誰勸，啼鶯聲住？　　鬢邊覷，試把花卜歸期，才簪又重數。羅帳燈昏，哽咽夢中語：是他春帶愁來，春歸何處，卻不解、帶將愁去。

［1］詞牌原與梁祝傳說有關。此詞寫閨怨。

［2］分釵以爲紀念。

［3］桃葉渡，在南京秦淮河，泛指分手時的地方。

韻脚：渡、浦、雨、住、數、語、處、去。

青玉案[1]

元　夕[2]

東風夜放花千樹[3]，更吹落、星如雨。寶馬雕車香滿路。鳳簫聲動，玉壺光轉[4]，一夜魚龍舞[5]。　　娥兒雪柳黄金縷[6]，笑語盈盈暗香去。衆裏尋他千百度，驀然回首，那人卻在，燈火闌珊處。

［1］青玉案，源自東漢張衡詩“何以報之青玉案”。

［2］元夕，正月十五元宵節。

［3］元宵節放焰火煙花、觀燈。

［4］玉壺，指月亮。

［5］魚龍，魚形和龍形的燈。

［6］娥兒，女子。

韻脚：樹、雨、路、舞、縷、去、度、處。

破陣子[1]

爲陳同甫賦壯詞以寄之[2]

醉裏挑燈看劍，夢回吹角連營。八百里分麾下炙[3]，五十弦翻塞外聲[4]，沙場秋點兵。　　馬作的盧飛快[5]，弓如霹靂弦驚。了却君王天下事，赢得生前身後名，可憐白髮生。

［1］破陣子，唐玄宗時教坊曲名，出自《破陣樂》。

［2］陳同甫，陳亮，字同甫，號龍川，永康人，南宋光宗時狀元，未仕，主張抗金，是辛棄疾好友。

［3］八百里，指牛。

［4］五十弦，漢代古琴，泛指各種樂器。

［5］的盧，一種性烈的快馬。

韻脚：營、聲、兵、驚、名、生。

西江月[1]

夜行黄沙道中[2]

明月別枝驚鵲，清風半夜鳴蟬。稻花香裏說豐年，聽取蛙聲一片。　　七八個星天外，兩三點雨山前。舊時茅店社林邊，路轉溪頭忽見。

［1］西江月，唐玄宗時教坊曲名。

［2］黃沙，黃沙嶺，在信州上饒之西，辛棄疾閑居信州時常往來其地。

韻腳：蟬、年、片、前、邊、見。

鷓鴣天[1]

陌上柔桑破嫩芽，東鄰蠶種已生些。平岡細草鳴黃犢，斜日寒林點暮鴉。　山遠近，路橫斜，青旗沽酒有人家。城中桃李愁風雨，春在溪頭薺菜花。

［1］鷓鴣天，詞牌首見於宋祁，含義不詳。

韻腳：芽、些、鴉、斜、家、花。

姜　夔

姜夔（1155—約1221），字堯章，號白石道人，饒州鄱陽（今江西省波陽縣）人。一生未仕。精通音律，能自度曲，格調甚高而意境則淺。有《白石道人歌曲》，今人夏承燾有《姜白石詞編年箋注》。

點絳脣[1]

丁未冬過吳松作[2]

燕雁無心，太湖西畔隨雲去。數峰清苦，商略黃昏雨。　第四橋邊[3]，擬共天隨住[4]。今何許？憑欄懷古，殘柳參差舞。

［1］點絳脣，詞牌首見於馮延巳，來源於江淹詩“明珠點絳脣”。

［2］吳松，吳淞江。

［3］第四橋，蘇州甘泉橋。

［4］天隨，唐代詩人陸龜蒙，蘇州人，號天隨子。

韻腳：去、苦、雨、住、許、古、舞。

吳文英

吳文英（1200—1260），字君特，號夢窗，四明（今浙江省寧波市）人。有《夢窗詞集》，近人楊鐵夫有《夢窗詞選箋釋》。

風入松[1]

聽風聽雨過清明，愁草瘞花銘[2]。樓前綠暗分攜路，一絲柳、一寸柔情。料峭春寒中酒，交加曉夢啼鶯。　　西園日日掃林亭，依舊賞新晴。黃蜂頻撲鞦韆索，有當時、纖手香凝。惆悵雙鴛不到，幽階一夜苔生。

[1] 風入松，詞牌來源於古琴曲。

[2] 瘞（yì）花銘，庾信所作。

韻腳：明、銘、情、鶯、亭、晴、凝、生。

古　注

《毛詩正義》選（兩篇）

（漢）毛亨傳　（漢）鄭玄箋　（唐）孔穎達疏

題解　《詩經》是我國最早的一部詩歌總集。《詩經》原本叫《詩》，從漢代起儒家將其奉爲經典，因此稱爲《詩經》。《詩經》收周代詩歌三百零五篇，分爲風、雅、頌三類。風包括周南、召南、邶、鄘、衛、王、鄭、齊、魏、唐、秦、陳、檜、曹、豳等十五部分，合稱十五國風，簡稱國風，共 160 篇，是《詩經》的核心內容。“風”的意思是土風、歌謠。雅有二雅，即大雅、小雅，共有詩 105 篇，其中大雅 31 篇，小雅 74 篇。雅大多是士大夫的作品，但小雅中也有小部分是民間歌謠。“雅”是正聲雅樂，即貴族饗宴或諸侯朝會時的樂歌。頌有三頌，即周頌、魯頌、商頌，共 40 篇，其中周頌 31 篇、魯頌 4 篇、商頌 5 篇。“頌”本是祭祀時頌神或頌祖先的樂歌，但魯頌四篇，全是頌揚活着的魯僖公，商頌中也有阿諛時君的詩。

西漢時魯國的毛亨和趙國的毛萇曾注釋《詩經》，因此又稱其爲《毛詩》，也就是現在流行於世的《詩經》。毛詩於每一篇下都有小序，以介紹本篇內容、意旨等。而全書第一篇《關雎》下，除有小序外，另有一篇總序，稱爲《詩大序》，是古代詩論的第一篇專著。東漢經學家鄭玄讀《詩經》“毛傳”，深得其旨，同時又覺得“毛傳”也有不足，於是他一方面對“毛傳”簡略隱晦的地方加以闡明，另一方面把不同於“毛傳”的意見提出，補闕發微。他對“毛傳”所作的這些補充或訂正，稱之爲“箋”。

至唐貞觀十六年（642），唐太宗爲了統一經義說解，命孔穎達等作《五經正義》，頒行全國，其一便是《詩經正義》。所謂“正義”就是正其義。《毛詩正義》是對“毛傳”及“鄭箋”的注解再作的疏解。《四庫全書總目》評價該書“能融貫群言，包羅古義，終唐之世，人無異詞”。説明此書在唐代影響之大。但該書遵循“疏不破注”的原則，未能超出“毛傳”、“鄭箋”的範圍。清代阮元主編《十三經注疏》，《詩經》就是採用唐孔穎達等撰的《詩經正義》。其“毛傳”、“鄭箋”合稱爲“注”，“正義”則稱爲“疏”。

一、《毛詩·魏風·碩鼠》

《魏風·碩鼠》見於《十三經注疏·毛詩正義》卷第五之三。這是一首反對剝削過重，幻想美好社會的詩。

碩鼠。刺重斂也。國人刺其君重斂蠶食於民。不
脩其政。貪而畏人。若大鼠也。碩音石斂呂驗反下同〔疏〕碩鼠三
章八句至大鼠。○正義曰蠶食者蠶之食桑漸漸以食使桑
盡也猶君重斂漸漸以稅使民困也言貪而畏人若大鼠然
解本以碩鼠爲喻之意取其貪且畏人故序因倒述其事經
三章皆上二句言重斂次二句言不脩其政由君重斂不脩
其政故下四句言將棄君而去也。○碩鼠碩鼠。無食我黍。三歲貫女。莫
我肯顧。貫事也箋云碩大也大鼠大鼠者斥其君也女無復食我黍疾其稅斂之多也我事女三歲矣曾無
教令恩德來顧眷我又疾其不修政也古者三年大比民或
於是徙。○貫古亂反徐音官復扶又反稅始銳反比毗志反
逝將去女。適彼樂土。箋云逝往也往矣將去女與之訣別之辭樂土有德之國。○樂音洛
注下同土如字他古反沈徒古反訣古穴反。○樂土樂土。爰得我所。箋云爰曰也。○〔疏〕
碩鼠至得我所。○正義曰國人疾其君重斂畏人比之碩鼠
言碩鼠碩鼠無食我黍猶言國君國君無重斂我君非直
重斂於我又不脩其政我三歲以來事汝矣曾無於我之處
肯以教令恩德眷顧我也君既如是與之訣別言往矣將去
汝之彼樂土有德之國我所以之彼樂土者以此樂土若往
則曰得我所宜故也言往將去汝者謂我往之他國將去汝
國也。○傳貫事。○正義曰釋詁文。○箋碩大至是徙。○正義
曰碩大釋詁文釋獸於鼠屬有鼫鼠孫炎曰五技鼠郭璞曰
大鼠頭似兔尾有毛青黃色好在田中食粟豆關西呼鼩音瞿
鼠舍人樊光同引此詩以碩鼠爲彼五技之鼠也許慎云碩
鼠五技能飛不能上屋能游不能渡谷能緣不能窮木能走
不能先人能穴不能覆身此之謂五技陸機疏云今河東有
大鼠能人立交前兩腳於頸上跳舞善鳴食人禾苗人逐則
走入樹空中亦有五技或謂之雀鼠其形大故序云大鼠也

曰郊樂郊樂郊。誰之永號。號呼也箋云之往也永歌也樂郊之地誰獨當往而歌號者言皆喜說無憂苦○詠本亦作永同音詠號尸毛反注同呼火故反說音悅【疏】誰之永號○正義曰言彼有德之樂郊誰往而獨長歌號呼言往釋皆歌號喜樂得所故我欲往也箋之往永歌○正義曰之往釋詁文永是長之訓也以永號共文傳云號呼是歌之呼樂記及關雎序皆云永歌之舜典云聲依永故以永爲歌歌必長言之故也

碩鼠三章章八句

魏國今河北縣是也言其方物宜謂此鼠非鼫鼠也按此經作碩鼠訓之爲大不作鼫鼠之字其義或如陸言也序云貪而畏人君大鼠然故知大鼠爲斥君亦是興喻之義也箋又以此民居魏蓋應久矣正言三歲貫汝者以古者三歲大比民或於是遷徙故以三歲言之地官小司徒及鄉大夫職皆云三年則大比言比者謂大校比其民之數而定其版籍明於此時民或得徙地官比長職曰徙於國中及郊則從而授之注云徙謂不便其居也或國中之民出徙郊或郊民入徙國中皆從而付所處之吏是大比之際民得徙矣○碩鼠碩鼠。無食我麥。三歲貫女。莫我肯德。箋云不肯施德於我逝將去女。適彼樂國。樂國樂國。爰得我直。直得其直道箋云直猶正也○碩鼠碩鼠。無食我苗。苗嘉穀也【疏】傳苗嘉穀○正義曰黍麥指穀實言之是鼠之所食苗之莖葉以非鼠能食之故云嘉穀謂穀實也穀生於苗故言苗以韻句三歲貫女。莫我肯勞。箋云不肯勞來我○勞如字又力報反注同徠本亦作來同力代反逝將去女。適彼樂郊。箋云郊外

二、《毛詩正義·秦風·黃鳥》

《秦風·黃鳥》見於《十三經注疏·毛詩正義》卷第六之四。這是一首秦國人民追悼“三良”的詩。

黃鳥。哀三良也。國人刺穆公以人從死。而作是
詩也。三良三善臣也謂奄息仲行鍼虎也從死自殺以從死○行戶郞反下皆同鍼其廉反徐又音針從死上
才容反○【疏】黃鳥三章章十一句○箋三良至從死○正義曰文六年左傳云秦伯任好卒以子車氏之三子奄
息仲行鍼虎爲殉皆秦之良也國人哀之爲之賦黃鳥服虔
云子車秦大夫氏也殺人以葬璇環其左右曰殉又秦本紀
云穆公卒葬於雍從死者百七十人然則死者多矣主傷善
人故言哀三良也殺人以殉葬當是後有爲之此不刺康公
而刺穆公者是穆公命從已死此臣自殺從之
非後主之過故箋辯之云從死自殺以從死 交交黃鳥。
止于棘。興也交交小貌黃鳥以時往來得其所人以壽命終亦得其所箋云黃鳥止于棘以求安已也此棘
若不安則移興者喻臣之事君亦然今穆公使臣從死刺其不得黃鳥止于棘之本意 誰從穆公。
子車奄息。子車氏奄息名箋云言誰從穆公者傷之 維此奄息。百夫之特。
乃特百夫之德箋云百夫之中最雄俊也 臨其穴。惴惴其慄。慄慄懼也箋云穴謂塚壙中也
秦人哀傷此奄息之死臨視其壙皆爲之悼慄○惴之瑞反慄音栗壙苦晃反 彼蒼者天。殲我
良人。殲盡良善也箋云言彼蒼者天愬之○殲子廉反徐又息廉反愬蘇路反 如可贖兮。人
百其身。箋云如此奄息之死可以他人贖之者人皆百其身謂一身百死猶爲之惜善人之甚○贖食燭反
又音樹【疏】交交至其身○毛以爲交交然而小者是黃鳥也
黃鳥飛而往來止於棘木之上得其所以興人以
壽命終亦得其所今穆公使良臣從死是不得其所也有誰
從穆公死乎有子車氏名奄息者從穆公死也此奄息何等
人哉乃是百夫之中特立雄俊者也今從穆公而死秦人悉
哀傷之臨其壙穴之上皆惴惴然恐懼而其心悼慄乃愬之
於天彼蒼蒼者是在上之天今穆公盡殺我善人也如使此
人可以他人贖代之兮我國人皆百死其身以贖之愛惜良
臣寧一人百死代之○鄭以爲交交然之黃鳥止於棘木以
求安棘若不安則移去以興臣仕於君以求行道若不行則
移去言臣有去留之道不得生死從君今穆公以臣從死失
仕於君之本意餘同○傳交交至其所○正義曰黃鳥小鳥
也故以交交爲小貌桑扈箋云交交猶佼佼飛而往來貌則
此亦當然故云往來得其所是交交爲往來貌也以此哀三

良不得其所故以鳥止得所喻人命終得所。箋黃鳥王本意。正義曰箋以鳥之集木似臣之仕君故易傳也以鳥止木喻臣仕君故言不得黃鳥止於棘之本意正謂不得臣仕於君之本意也言其若得鳥止之意知有去留之道則不當使之從死。傳子車氏奄息名。正義曰左傳作子輿輿車字異義同傳以奄息爲名仲行亦爲名箋以仲行爲字者以伯仲叔季爲字之常故知仲行是字也然則鍼虎亦名矣或名或字取其韻耳。傳乃特百夫之德。正義曰言百夫之德莫及此人此人在百夫之中乃孤特秀立故箋申之云百夫之中最雄俊也。傳惴惴懼。正義曰釋訓文

交交黃鳥。止于桑。誰從穆公。子車仲行。箋云仲行字也 維此仲行。百夫之防。防比也箋云防猶當也言此一人當百夫。防徐云毛音方鄭音房 臨其穴。惴惴其慄。彼蒼者天。殲我良人。如可贖兮。人百其身。

交交黃鳥。止于楚。誰從穆公。子車鍼虎。維此鍼虎。百夫之禦。禦當也。禦魚呂反注同 臨其穴。惴惴其慄。彼蒼者天。殲我良人。如可贖兮。人百其身。

黃鳥三章章十二句

常 識

第二十五節 音韻學基礎知識

要學好古代漢語，必須對古代漢語的語音有一定的了解。音韻學是我國研究古漢語語音的傳統學科。傳統的音韻學中有自己獨特的分析漢語語音的方法、概念和術語。本節將介紹其中最主要的一些知識。

一、聲母的基本概念

1. 字母

音韻學中所說的“字母”是指古人用來表示聲母的代表字，也可簡稱爲“母”，又有稱爲“紐”的。由于古代還沒有拼音，所以只好用漢字來表示聲母。

我們知道，反切是古人給漢字注音的最常用的方法。反切注音的方法是：用反切上字來表示被切字的聲母，用反切下字來表示被切字的韻母和聲調。但是反切注音法有個問題，就是同一個聲母可以用很多不同的反切上字來表示。同樣，相同的韻母和聲調，也可以用不同的反切下字來表示。因此，反切本身很難反映出漢語的聲母和韻母到底有多少個。到了唐代晚期，有一個叫守溫的和尚制定出“三十字母”，用以分別表示漢語的聲母。宋朝有人在守溫三十字母的基礎上，增補爲三十六字母，並且對各字母按照發音部位和發音方法作了調整，形成了傳統音韻學聲母代表字。我們通常所說的字母，往往就是指宋人的三十六字母。這三十六字母按發音部位和發音方法可以排成下表：

宋人三十六字母及擬音表

發音部位＼發音方法		全清	次清	全濁	次濁	清	濁
脣音	重脣	幫 p	滂 p‘	並 b	明 m		
	輕脣	非 pf	敷 pf‘	奉 bv	微 ɱ		
舌音	舌頭	端 t	透 t‘	定 d	泥 n		
	舌上	知 ȶ	徹 ȶ‘	澄 ȡ	娘 ȵ		
齒音	齒頭	精 ts	清 ts‘	從 dz		心 s	邪 z
	正齒	照 tɕ	穿 tɕ‘	牀 dʑ		審 ɕ	禪 ʑ
牙音		見 k	溪 k‘	群 g	疑 ŋ		
喉音		影 ø			喻 j	曉 x	匣 ɣ
半舌音					來 l		
半齒音					日 ȵʑ		

上表中除了來母和日母外，其他字母是四個字或五個字爲一組。由于每一組的發音部位相同，爲了方便，我們通常以第一字來稱呼這一組字母。比如“幫、滂、並、明”可以稱爲“幫組”，同樣，可以有“非組”、“端組”、“知組”、“精組”、“照組”、“見組”、“影組”等叫法。

三十六字母反映的大致上是唐、宋時代中原地區漢語的聲母系統。現代漢語聲母系統與其相比，主要差別有三點：一是沒有了全濁聲母；二是知、照組聲母合併，變爲卷舌音聲母；三是精組、見組和曉、匣等聲母中的細音變爲舌面音聲母。

2. *五音和七音*

“五音”和“七音”是古人分析聲母發音部位時所用的術語。“五音”指上表中左列的脣音、舌音、齒音、牙音、喉音，如果加上半舌音和半齒音，就合稱爲“七音”。

用現代語音學術語來分析三十六字母，幫組屬於雙脣音，非組屬於脣齒音，稱它們爲脣音是準確的。不過重脣和輕脣的說法不僅表示了發音部位的不同，即雙脣和脣齒，並且也含有發音方法的差別，因爲重脣是塞音，輕脣是塞擦音。

關於舌音和齒音的區別，按我們現在的眼光來看，主要是發音方法的不同。因爲舌頭音端組是舌尖中音，齒頭音精組是舌尖前音，它們的發音部位是很接近的。而舌上音知組和正齒音照組通常認爲發音部位相同，都是舌面前音。舌音和齒音真正的區別在於，舌音都是閉塞音，而齒音都是塞擦音或擦音。古人之所以這樣分，大概是學得發閉塞音時舌頭有明顯堵塞作用，而發塞擦音或擦音時氣流從門牙通過，感覺牙齒有振動，所以這樣來區分。

至於牙音和齒音的區別，古代確實是不一樣的。因爲古代牙指大牙，齒指門齒。牙音的見組聲母本屬舌面後音，古人覺得它的發音部位比舌尖前音和舌面前音的精、照組聲母更靠後，所以命名爲牙音。

喉音中的曉母和匣母是舌面後音，與見組發音部位相同，但由于是擦音，古人感覺發音部位比同部位的塞音更靠後，所以這樣命名。影母是零聲母，喻母是半元音，都沒有明顯的阻塞部位，但有氣流從喉部出來，與曉母和匣母的發音感覺近似，所以古人把它們合在一組。

半舌音發音部位與舌頭音一樣，但發音方法屬邊音。半齒音發音部位與正齒音一樣，但帶有鼻音成分。

3．清和濁

清和濁這兩個術語是古人用來區別漢語聲母的發音方法的，將發音時聲帶不顫動的聲母稱爲清，將聲帶顫動的聲母稱爲濁。聲母發音方法的差別可以從三個方面來考察：一是按形成阻礙方法的不同，分爲塞音、擦音、塞擦音、鼻音、邊音等；二是按呼出氣流強弱的不同，分爲送氣和不送氣兩類；三是按聲帶的不顫動和顫動分爲清音和濁音兩類。在三十六字母中，清濁的劃分就是按聲帶的不顫動和顫動來區別的。同時三十六字母中還根據前兩個方面，把清音又分爲全清和次清兩類，濁音也分爲全濁和次濁兩類。

古人把不送氣的聲母看作全清，送氣的聲母看作次清。濁音沒有送氣與不送氣的對立，全濁和次濁的區別是根據塞音、塞擦音和鼻音、邊音、半元音來區別的。影母是零聲母，古人將其歸入全清類。

擦音聲母也沒有送氣與不送氣的對立。三十六字母表中將其標作“清”、“濁”兩列，分別是心邪、審禪和曉匣，清和濁兩兩相對。古人也有將心、審、曉看作全清聲母，邪、禪、匣看作全濁聲母的。

全濁聲母在現代漢語普通話中已經沒有了，都變成了清音，但次濁聲母大部分還保留着。清濁本是由聲帶的顫動與否造成的，但與聲調的高低也有密切關係。因爲通常在發濁音聲母字的時候，聲調會比清聲母的字要低一點。所以清濁對立消失後，往往會轉化爲陰、陽的區別。今天普通話平聲分陰陽，方言中有不少上聲、去聲或入聲也可以分陰陽，就是由原來的聲母的清濁造成的。

二、韻母的基本概念

1. 韻母和韻

通常我們將漢語的一個音節分析爲聲母和韻母兩部分，韻母指漢語音節中聲母之後的成分，可以包括韻頭、韻腹和韻尾三部分。但韻母也可以沒有韻頭和韻尾，只有韻腹一個部分。我們分析韻母時，一般是不管聲調的。

韻和韻母是不同的概念。韻本指押韻，“韻”字最早寫作“匀”或“均(yùn)”，“匀”有匀稱、和諧的意思，通過押韻可以使詩歌和韻文聽起來更有韻律，所以造了“韻”字來表示押韻。押韻不必管聲母，也可以不管韻頭，只要韻腹和韻尾相同就行。可以一起押韻的字，其音節裏頭都有相同的發音成分，後來這部分相同的成分也叫“韻”。但是中古詩歌的押韻是要管聲調的，聲調不同就不能在一起押韻。儘管韻腹和韻尾相同，但如果聲調不同的字，就分屬不同的韻。

因此，聲調是韻的一個重要組成部分。古代韻書首先是按四聲來分卷的，韻母相同而聲調不同的字是分列在不同的韻裏的。所以古人所謂的叠韻字，是要求聲調也相同的。比如“蒼莽”和“蒼茫”是意思差不多的叠韻連緜詞，但“蒼莽”的“蒼”是要念作上聲，因爲“莽”是上聲字；而“蒼茫”的“蒼”還是讀平聲，因爲“茫”是平聲字。在韻書裏，把可以一起押韻的字放在一起，這些字就構成同一個韻。

韻和韻母的關係可以用下表來表示。

<table>
<tr><td colspan="3">韻母</td><td></td></tr>
<tr><td>韻頭</td><td>韻腹</td><td>韻尾</td><td>聲調</td></tr>
<tr><td></td><td colspan="3">韻</td></tr>
</table>

2. 韻目、韻類和韻部

古代的韻書中，將有相同韻的字放在一起，用一個漢字作爲這個韻的代表字，這個漢字就稱爲韻目。韻目，也就是韻的標目或名稱。比如《廣韻》的“東”、“冬”、“鍾”、“江”就是四個韻目。韻目都是韻書中每個韻的首字。音韻學者常常以韻目來表示該韻。

韻類是指同一個韻裏韻頭、韻腹和韻尾都相同的字的歸類。同一個韻的字，可以是韻頭、韻腹和韻尾都相同的字，也可以是韻腹和韻尾相同，但韻頭並不同。這樣，韻書裏的一個韻可以只有一個韻類，也可以有幾個韻類。如“冬”韻只有一個韻類，“删”韻有 ɑn 和 uɑn 兩個韻類，而“麻”韻有 ɑ、iɑ、uɑ 三個韻類。

韻部指韻腹、韻尾相同的音節。韻部不計較韻頭，也不計較聲調，因此韻部的概念比韻和韻母都大，韻部包含了韻和韻母。《廣韻》中的“東”、“董”、“送”是三個韻，兩個韻母，但韻部只是一個。也有一些論著把《切韻》等中古韻書中的韻稱爲韻部的。

3. 等和呼

等和呼都是等韻學中的重要概念。等是等第的意思，它是古人在韻圖中用來分析漢語語音的一種重要方法。對於等的概念，我們可以從韻圖的列字中得到比較直觀的映象。唐宋的韻圖中每一個圖首先按四聲分爲四大格，每大格內列不同聲調的字。在每格內又分列四行。第一行所列的字表示一等，第二行中的字就是二等，依次類推。下圖是《韻鏡》第一圖“東”、“董”、“送”、“屋”四韻的列字情況：

從圖中的字我們可以看到，“蓬、蒙、東”等字就是一等字，“崇”是二等字，“風、豐、馮”等是三等字。

那麼分等的標準究竟是什麼呢？等韻學家並沒有明確說明。根據後人的研究，通常認爲這是根據韻母發音時開口度的大小來劃分的。一等韻母開口度最大，二、三等韻母依次減小，四等韻母開口度最小。韻母開口度的大小與韻腹有關，也與韻頭有關。

但上圖中同一個韻的字也有分列於不同等的，依據又是什麼呢？這裏有兩種情況：一種是根據有沒有韻頭 i 來分的。如“東”韻的“空”和“穹”。一種是根據聲母的不同來分的。如“屋”韻的“叔”和“肅”。按照韻圖的規定，端組聲母和精組聲母只能列在一、四等（其中邪母只有四等）；知組聲母和照組聲母只能列在二、三等；喻母只列在三、四等；非組聲母、日母和群母只能列於三等；匣母只能列在一、二、四等。聲母的分等，與聲韻之間的配合關係有關，因爲有些聲母與韻母的相配是有限制的。

呼的概念源於開口和合口這兩個概念。開口和合口可簡稱爲開或合，古人用這一對術語來區分韻母發音時嘴脣的圓和展。據後人研究，中古韻母發音時如果脣形是圓的，就屬於開口韻；如果韻母的發音是不圓脣的，就屬於合口韻。比如《廣韻》删韻中的 an 韻母就是開口，uan 韻母就是合口，删韻中既有開口韻母，也有合口韻母，這叫開合同韻。在韻圖中，開合不同的字儘管在同一個韻裏，也分列兩個圖。如《韻鏡》中删韻就分列於二十三開和二十四合兩圖。因爲“呼”的含義涵蓋了開合口的區別，所以我們也可以稱開口合口爲呼。

除了開合同韻的韻之外，韻書中有些韻沒有開口和合口的區别，如“東、江、之”等，這類韻有人稱爲獨韻。另外有些韻是開口與合口兩兩相配的，如《廣韻》的“寒”是開口韻，而“桓”是與其相配的合口韻，“痕”與“魂”、“歌”與“戈”等也是這種關係。

宋元時代的韻圖，一般都採用兩呼四等的方式來列圖。隨着語音的變化，等和呼的概念也出現了變化。到了明清時代，人們已不能分辨一、二等或三、四等之間的差别，於是將等和呼結合起來，逐漸出現了四呼的概念。

4．洪細

洪細有大和小的意思，古人也用來表示聽覺上的一種感受。在音韻學上用這一對術語來區分韻頭或韻腹開口度的大小。洪音顧名思義就是開口度大的韻母，細音就是開口度小的韻母。等把韻母的開口度分爲四級，洪細只把韻母的開口度區分爲兩級。按江永的説法，就是“一等洪大，二等次大，三四皆細，而四尤細”。因爲一、二等韻母的韻頭或韻腹不是·，三、四等韻母的韻頭或韻腹是 i，所以我們也可以認爲洪細實際上是區分了韻頭或韻腹中·的有無。凡是無·的韻母都可以稱爲洪音，凡有·的韻母都可以稱爲細音。不過四等韻在早期也没有·，但因其主元音爲 e，所以也看作是細音。

5. 陰聲韻、陽聲韻、入聲韻

這三個概念是古人用來區分韻母收尾差别的一組術語，陰聲韻指沒有韻尾（即零韻尾）或收元音韻尾的韻母，陽聲韻指收鼻音韻尾的韻母，入聲韻指收塞音韻尾的韻母。

隋唐時期漢語有九種韻尾，如下表，表中音標前的“-”表示該音標是作韻尾用的，前面還有其他音素。

陰陽入三類韻尾表

陰聲韻	-Ø	-i	-u
陽聲韻	-m	-n	-ŋ
入聲韻	-p	-t	-k

這九種韻尾有很強的系統性，從行來看，是陰、陽、入三類韻尾。從列來看，m、p是雙脣輔音，与零韻尾相配。n、t是舌尖輔音，而i是前元音，與舌尖輔音相配。ŋ、k是舌根輔音，而u是後元音，與舌根輔音相配。

現代漢語北方話已經沒有入聲韻的三種韻尾，也沒有陽聲韻的-m韻尾，而粵方言還完整地保留着這九種韻尾。其他南方方言有的部分保留了入聲韻尾，如贛方言南昌話還有-t尾和-k尾。有的只保留了入聲韻尾，但三種韻尾都變成了一種，如吳方言通常是發喉塞尾-ʔ。

三、聲調的基本概念

1. 四聲

中古漢語的四聲不是指陰平、陽平、上聲和去聲，而是指平、上、去、入。漢語中四聲的存在是南朝齊梁時代的沈約、周顒等人發現並命名的，但他們並沒有對四聲的性質和調值作説明。因此當時四聲的調值到底是怎樣的，現在已無從知曉。根據調名，我們可以推測其調型的大致情況：平聲的調型應該是平調，上聲的調型應該是升調，去聲應該是降調，入聲的“入”與“出”相對，大概是發音結束時聽不到出氣的促調。

現代漢語各方言的聲調無論調類多少，都與中古的四聲有相承關係，而調名也繼承了平、上、去、入的稱呼。不過由于全濁聲母的消失，大多有了分化，通常是清聲母變爲陰調，濁聲母變爲陽調，這樣就有了陰平、陽平、陰上、陽上、陰去、陽去、陰入、陽入等調類。

2. 平仄

平仄是平聲和仄聲的合稱，是古人區分聲調調型的術語。古人根據調型把四聲分爲兩類，平聲就是平仄中的平聲，上、去、入三聲則歸爲仄聲。“仄”字的本意就是傾側，就是不平，上、去、入三聲的調型都是不平的，所以叫仄聲。

沈約等人發現四聲之後，提倡在詩歌和文章創作中讓平聲字和仄聲字交替出現，使詩文讀起來抑揚頓挫，音律上更加和諧。這之後的詩歌創作中平仄交替成了最重要的格律手段。

由于古代的入聲調在今天普通話中已經消失，古代入聲字在今天的普通話中讀陰、陽、上、去的都有。所以平仄的概念與現代漢語中的四聲不完全相應。今人在創作格律詩或詞曲的時候，仍然要按照中古的標準來調平仄，但如果按普通話讀音去念，就不一定和古代的韻律相合。

3. 舒促

舒促是舒聲和促聲的合稱，本是古人用來區分韻尾類別的術語。不過舒促只把韻尾區分爲兩類，區分的原則是韻母發音時是舒緩還是短促。如果舒緩，則叫舒聲，或舒聲韻；如果短促，則叫促聲，或促聲韻。由于陰聲韻都是元音，沒有輔音，發音時沒有阻礙，聲音舒緩，陽聲韻雖有輔音韻尾，但是它的輔音是濁鼻輔音，發音時聲帶顫動，鼻腔也參與共鳴，聲音響亮，且容易延長，所以陰聲韻和陽聲韻都是舒聲。而入聲韻有清塞音韻尾，發音時有阻礙，聲音短促，所以入聲韻就是促聲。

由于中古所有的入聲韻字同時也都具有入聲調，所以舒促也就與聲調有了關係。只不過舒促此時可以分別稱爲舒聲調和促聲調。入聲調發音短促，因此就是促聲或促聲調，平、上、去三聲的字的韻母都是陰聲韻或陽聲韻，因此平、上、去三聲可以叫舒聲調。

第二十六節　中古音介紹

漢語語音史將隋唐時期的語音稱爲中古音。這一時期的語音系統可以將《切韻》一系的韻書作爲代表。

現存最早的韻書是隋朝陸法言編著的《切韻》，書成於隋文帝仁壽元年（601）。《切韻》一出，影響巨大，其修訂本也就層出不窮，以致《切韻》的原本反而失傳。我們今天能看到的只是《切韻》的一些殘卷。根據殘卷和前人的一些記載，可以知道《切韻》的體例大致爲：①以平、上、去、入四聲分卷。②平聲有 54 韻，上聲 51 韻，去聲 56 韻，入聲 32 韻，共 193 韻。③所收字數在 12 000 個左右。

現存韻書中最完整且較容易見到的就是《廣韻》。唐代雖有《切韻》的各種修訂本，並且有官修的韻書《唐韻》，但是到了宋代，人們對《切韻》和《唐韻》並不滿足，繼續對《切韻》進行修訂。學者陳彭年、邱雍等人奉皇帝之命修訂《切韻》。宋真宗景德四年（1007），修訂本問世，仍稱《切韻》，第二年改名爲《大宋重修廣韻》，簡稱爲《廣韻》。“廣韻”就是“增廣《切韻》”的意思。《廣韻》收字達到26 000多個，注釋文字也達到了19萬字。由于《廣韻》繼承了《切韻》的語音系統，《廣韻》就成了後人考訂隋唐時期語音的最主要的材料，也是研究中古音的核心材料。

《廣韻》的體例與《切韻》差不多，先按四聲分卷，因平聲字較多，分爲兩卷，分别稱爲上平聲和下平聲，全書共5卷。《廣韻》分206韻，其中平聲57韻，上聲55韻，去聲60韻，入聲34韻。每韻之內，則按同音與否分爲若干小韻。每個小韻之間用圓圈隔開，以區分不同的同音字組。小韻首字下注反切，如果字有又讀，就再注又音，最後標注字數。同韻內小韻之間的語音差别有的是聲紐的不同，有些則是介音的不同。比如“麻”韻中的“巴、瓜、邪”3個小韻，介音並不相同，是3個不同的韻類。206韻如果就韻類來看，共有300多類。

一、《廣韻》的聲母系統

《廣韻》的聲母在《廣韻》本書中並沒有明顯表現出來。清代學者陳澧通過分析《廣韻》的反切上字，考察其聲母系統，發現與三十六字母並不完全相同。後來的學者進一步研究，認爲《廣韻》的聲母系統可以歸納爲36個或37個，下表是《廣韻》的聲母類别：

《廣韻》三十六聲母表及其擬音

發音方法 發音部位		全清	次清	全濁	次濁	清	濁	次濁
脣音	重脣	幫 p	滂 pʻ	並 b	明 m			
舌音	舌頭	端 t	透 tʻ	定 d	泥 n			來 l
	舌上	知 ȶ	徹 ȶʻ	澄 ȡ	娘 ȵ			
齒音	齒頭	精 ts	清 tsʻ	從 dz		心 s	邪 z	
	正齒	莊 tʃ	初 tʃʻ	崇 dʒ		生 ʃ		
		章 tɕ	昌 tɕʻ	船 dʑ		書 ɕ	禪 ʑ	日 ȵʑ

（續上表）

發音部位＼發音方法	全清	次清	全濁	次濁	清	濁	次濁
牙音	見 k	溪 k‘	群 g	疑 ŋ			
喉音	影 ø				曉 x	匣 ɣ	以 j

表中與三十六字母相同的聲母仍借用三十六字母表示，不同的就用反切上字中出現頻率較高的字來表示。通過比較可以發現，《廣韻》的聲母系統與三十六字母的主要差別有：

（1）三十六字母中的非組聲母可以與幫組聲母合爲一類。

（2）照組聲母在《廣韻》中應一分爲二。在表中分别叫作“莊、初、崇、生”和“章、昌、船、書”。因爲在韻圖中前一組聲母要放在二等的位置，後一組聲母要放在三等的位置，所以通常也把“莊”組聲母稱爲照二，“章”組聲母稱爲照三。

（3）三十六字母中的“喻”母在《廣韻》中應分爲兩類，一類叫作“以”類，另一類可以與“匣”母合併，也有叫作“云”類的。

二、《廣韻》的韻母系統

《廣韻》雖分爲206韻，但有些韻中又可以依韻頭的不同，分爲幾個韻類。《廣韻》到底有多少個韻類，也是通過分析其反切下字得到的。不過現代學者對《廣韻》韻類的分析不盡相同，少的分爲290多類，多的分爲320多類。下表是按較少的分法，列出《廣韻》的韻目和290多類韻母的開合等呼及其擬音。這個表大致上可以代表中古的韻母系統。

《廣韻》韻目韻類及擬音表

攝	陰聲韻和陽聲韻			等呼	入聲韻		
	韻目	韻類	擬音		韻目	韻類	擬音
通	東董送	1 2	uŋ iuŋ	合一 合三	屋	1 2	uk iuk
	冬●宋	3	uoŋ	合一	沃	3	uok
	鍾腫用	4	iuoŋ	合三	燭	4	iouk

（續上表）

攝	陰聲韻和陽聲韻			等呼	入聲韻		
	韻目	韻類	擬音		韻目	韻類	擬音
江	江講絳	5	ɔŋ	開二	覺	5	ɔk
止	支紙寘	6 7	ie iue	開三 合三			
	脂旨至	8 9	i ui	開三 合三			
	之止志	10	iə	開三			
	微尾未	11 12	iəi iuəi	開三 合三			
遇	魚語御	13	io	合三			
	虞麌遇	14	iu	合三			
	模姥暮	15	u	合一			
蟹	齊薺霽	16 17	ei uei	開四 合四			
	○○祭	18 19	iɛi iuɛi	開三 合三			
	○○泰	20 21	ɑi uɑi	開一 合一			
	佳蟹卦	22 23	ai uai	開二 合二			
	皆駭怪	24 25	ɐi uɐi	開二 合二			
	○○夬	26 27	æi uæi	開二 合二			
	灰賄隊	28	uɒi	合一			
	咍海代	29	ɒi	開一			
	○○廢	30 31	iɐi iwɐi	開三 合三			

（續上表）

攝	陰聲韻和陽聲韻			等呼	入聲韻		
	韻目	韻類	擬音		韻目		擬音
臻	真軫震	32	ien	開三	質	6	iet
	諄準稕	33	iuen	合三	術	7	iuet
	臻●●	32	ien	開三	櫛	6	iet
	文吻問	34	iuən	合三	物	8	iuət
	欣隱焮	35	iən	開三	迄	9	iət
	元阮願	36 37	iɐn iuɐn	開三 合三	月	10 11	iɐr iuɐt
	魂混慁	38	uən	合一	沒	12	uəṛ
	痕很恨	39	ən	開一	（沒）	13	ət
山	寒旱翰	40	ɑn	開一	曷	14	ɑt
	桓緩換	41	uɑn	合一	末	15	uɑt
	刪潸諫	42 43	an uan	開二 合二	鎋	16 17	at uat
	山產襇	44 45	æn uæn	開二 合二	黠	18 19	æt uæt
	先銑霰	46 47	en uen	開四 合四	屑	20 21	et uet
	仙獮線	48 49	iɛn iuɛn	開三 合三	薛	22 23	iɛt iuɛt
效	蕭篠嘯	50	eu	開四			
	宵小笑	51	iɛu	開三			
	肴巧效	52	au	開二			
	豪皓號	53	ɑu	開一			
果	歌哿箇	54	ɑ	開一			
	戈果過	55 56 57	uɑ iɑ iuɑ	合一 開三 合三			

（續上表）

攝	陰聲韻和陽聲韻			等呼	入聲韻		
	韻目	韻類	擬音		韻目	韻類	擬音
假	麻馬禡	58	a	開二			
		59	ua	合二			
		60	ia	開三			
宕	陽養漾	61	iaŋ	開三	藥	24	iak
		62	iuaŋ	合三		25	iuak
	唐蕩宕	63	ɑŋ	開一	鐸	26	ɑk
		64	uɑŋ	合一		27	uɑk
梗	庚梗映	65	ɐŋ	開二	陌	28	ɐk
		66	uɐŋ	合二		29	uɐk
		67	iɐŋ	開三		30	iɐk
		68	iuɐŋ	合三			
	耕耿諍	69	æŋ	開二	麥	31	æk
		70	uæŋ	合二		32	uæk
	清靜勁	71	iɛŋ	開三	昔	33	iek
		72	iuɛŋ	合三		34	iuɛk
	青迥徑	73	eŋ	開四	錫	35	ek
		74	ueŋ	合四		36	uek
曾	蒸拯證	75	iəŋ	開三	職	37	iək
				合三		38	iuək
	登等嶝	76	əŋ	開一	德	39	ək
		77	uəŋ	合一		40	uək
流	尤有宥	78	iəu	開三			
	侯厚候	79	əu	開一			
	幽黝幼	80	iu	開三			
深	侵寢沁	81	iəm	開三	緝	41	iəp

（續上表）

攝	陰聲韻和陽聲韻			等呼	入聲韻		
	韻目	韻類	擬音		韻目	韻類	擬音
咸	覃感勘	82	ɒm	開一	合	42	ɒp
	談敢闞	83	ɑm	開一	盍	43	ɑp
	鹽琰艷	84	iɛm	開三	葉	44	iɛp
	添忝㮇	85	em	開四	帖	45	ep
	咸豏陷	86	ɐm	開二	洽	46	ɐp
	銜檻鑑	87	am	開二	狎	47	ap
	嚴儼釅	88	iɐm	開三	業	48	iɐp
	凡范梵	89	iuɐm	合三	乏	49	iuɐp

說明：

（1）韻目中用●表示的是《廣韻》中因爲字少附於他韻而沒有單獨立韻目的韻。用○表示的是只有去聲韻而沒有相應的平、上聲韻。

（2）陰聲韻、陽聲韻中韻類的數字實際上是平聲韻加上四個獨立去聲韻的數目。

（3）《廣韻》的真韻和臻韻分立，但臻韻只有莊組聲母字，而真韻正好沒有莊組字，兩韻構成互補關係，表中韻母算爲一類。

（4）表中的攝是等韻學家對《廣韻》206 韻的進一步歸納。同攝各韻的字主要元音相近，韻尾在陰聲韻中相同，陽聲韻和入聲韻中發音部位相同，發音方法相近。

從中古到現代漢語普通話韻母變化的總趨勢是語音趨於簡化，下面從韻頭、韻腹和韻尾三方面來說：

（1）韻頭的變化主要有四等字普遍產生了 i 介音，這樣就與三等字合併了。三等或四等的合口介音 iu 變爲 y，這樣中古開合兩呼的格局演變爲現在的開、齊、合、撮四呼的格局。另外開口二等喉牙音聲母的字產生出 i 介音，由原來的開口呼變成了齊齒呼。

（2）韻腹的變化主要是同攝一二等韻的主元音合併，三四等韻的主元音也合併，如梗攝。有的攝中則是四個等都合爲一個，如效攝。

（3）韻尾的變化主要是入聲韻尾和 -m 韻尾的消失。入聲韻尾消失後併入陰聲韻中，-m 韻尾消失後併入 -n 韻尾。

三、《廣韻》的聲調

中古有四個聲調，可以《切韻》、《廣韻》等韻書都以平、上、去、入四聲分卷爲證。不過用現代漢語聲調以高低升降的變化來看中古的四聲，入聲與其他三聲的差別主要還是韻尾的不同。隨着入聲韻尾的消失，四聲在調型上的區別便逐漸明朗。從中古四聲到現代漢語四聲的變化可以歸納爲三點：平分陰陽、濁上變去、入派四聲。

（1）平分陰陽是指中古的平聲字在現代漢語大多數方言中都分化爲陰平和陽平兩個調類。中古清聲母的平聲字變爲現代的陰平調，中古濁聲母（包括全濁和次濁）的字變爲現代的陽平調。

（2）濁上變去是指中古的上聲字中的全濁聲母字現代都變成了去聲，次濁和清聲母的上聲字則保留讀上聲。比如《廣韻》上聲韻目字“蟹”、“旱”等字今天已讀去聲。

（3）入派四聲是指中古的入聲字在現代漢語普通話中已分別併入陰平、陽平、上聲和去聲四個調中。其中全濁聲母的入聲字變爲今天的陽平調，次濁聲母的入聲字變爲今天的去聲調，這是有規律的。中古清聲母的入聲字變爲今天四個聲調的都有，看不出什麼規律。

根據中古漢語的四聲到現代漢語四聲的變化情況可用下表來表示。

中古四聲到現代四聲演變表

中古音		今音			
調類	清濁	陰平	陽平	上聲	去聲
平	清	東通終充烘嵩			
	濁		同崇農龍蒙逢		
上	清、次濁			懂桶腫聳攏勇	
	全濁				動重棒奉幸象
去	清濁				凍洞痛衆宋弄
入	清	督禿出叔屋忽	璞足卒菊福拂	篤卜穀骨索乙	祝促腹束蓄郁
	次濁				目莫錄勿入育
	全濁		毒讀僕族伏牘		

第二十七節　上古音介紹

漢語語音史通常將先秦和兩漢時期的語音看作上古音。由于上古時期既沒有反切注音，也沒有韻書和韻圖作依據，對上古音的研究起步較晚。儘管很早就有學者注意到上古語音與後代的語音有不同，但真正對上古音作出科學研究的應從清代學者顧炎武開始。自此之後上古音的研究取得了長足的進步，目前我們對上古音的原貌已經有了一個大概的認識。

一、上古聲母

考察上古聲母系統可用的材料最主要的是諧聲字，其次有通假字、聲訓、異文、直音、讀若等文獻材料，此外對音、現代漢語方言以及漢藏語系中同源詞的讀音等也可作參證。由于語言的發展有繼承性，中古漢語的聲母系統也可用作了解上古聲母的依據。目前學界對上古聲母研究的主要結論有以下幾點。

1. 古無輕脣音

這一觀點的意思是中古的輕脣音非、敷、奉、微四母，上古應歸入重脣音幫、滂、並、明四母。最早提出這一觀點的是清代的錢大昕，他在《潛研堂文集》“音韻答問”一節中說：

問：輕脣之音，何以知古人必讀重脣？

曰：《廣韻》平聲五十七部，有輕脣者僅九部，去其無字者，僅二十餘紐。訂以經典，皆可讀重脣。如“伏羲”即“庖羲”，“伯服”即“伯犕”，“士魴”即“士彭”，“扶服”即“匍匐”，“密勿”即“黽沒”，“附婁”即“部婁”……“封”讀如“窆”，“佛”讀如“弼”，“紛”讀如“豳”，“繁”讀如“婆”，“亹”讀如“門”，“妃”讀如“配”，“負”讀如“背”……呂忱《字林》反“穮”爲“方遥”，反“襮”爲“方沃”，反“邶”爲“方代”。“穮”“襮”條件重脣，則“方”之爲重脣可知也。忱，魏人，其時反切初行，正欲人之共曉，豈有故設類隔之例以惑人乎？

錢大昕在《十駕齋養新錄》中有“古無輕脣音”一文，對此也有說明。如“《詩》‘凡民有喪，匍匐救之’，《檀弓》引《詩》作‘扶服’，《家語》引作‘扶伏’；又‘誕實匍匐’，《釋文》‘本亦作扶服’”。此外他還舉了方言和諧聲的證據，他說：“今吳人呼‘蚊’如‘門’。”“吳音則亡忘望，皆讀重脣。”“‘閔’亦從‘文’聲。”

2. 古無舌上音

這一觀點的意思是指中古的舌上音知、徹、澄、娘四母，上古應併入舌頭音端、透、定、泥四母。這也是錢大昕最早提出來的，他的《十駕齋養新録》有“舌音類隔之説不可信”一文，他的證據除異文和讀若外，還有聲訓和諧聲偏旁。他説：

《説文》“沖”讀若“動”。

古音“中”如“得”。《周禮·師氏》：“掌國中失之事。”注：“故書‘中’爲‘得’。杜子春云：‘當爲“得”，記君得失，若《春秋》是也。’”《三倉》云：“中，得也。”

古音“陟”如“得”。《周禮·太蔔》：“掌三夢之法，三曰咸陟。”注：“陟之言得也。”

古音“直”如“特”。《詩》：“實惟我特。”《釋文》：“《韓詩》作直，云相當值也。”《孟子》：“直不百步耳。”“直”，但也，但直聲相近。

古音“竹”如“篤”。《詩》：“緑竹猗猗。”《釋文》：“《韓詩》竹作，音徒沃反。”與“篤”音相近，皆舌音也。“篤”、“竺”並從“竹”得聲。《論語》：“君子篤于親。”《汗簡》云：“古文作竺。”

此外錢大昕還提出“古人多舌音，後代多齒音，不獨知徹澄三母爲然也”。這裏的“齒音”指的是清代已經讀爲塞擦音和擦音的舌上音知組和正齒音照三（章）組，而“舌音”指的是讀爲塞音的舌頭音端組。錢大昕的意思是，上古不光舌上音讀爲舌頭音，正齒音（章組）也多讀爲舌頭音。

3.“喻三”入“匣”

這一觀點認爲三十六字母中的喻母三等字（云母）上古應併入匣母。這一看法和下面的“喻四”歸“定”都是近代學者曾運乾提出來的。曾運乾在《喻母古讀考》一文中舉了以下的例子來證明：

《左傳·襄公二十七年》“陳孔奐”，《公羊傳》作“陳孔瑗”。

《詩經·大雅·皇矣》：“無然畔援。”《漢書·敍傳》引作“畔換”。

《吕氏春秋·審應》：“然則先生聖于。”高誘注：“于，乎也。”

其中“奐”、“換”、“乎”屬中古匣母，“瑗”、“援”、“于”屬中古云母。而在中古的韻圖中匣母正好沒有三等字，喻母則只有三等字，這説明上古喻三或匣母應爲一類。

4.“喻四”歸“定”

這一觀點認爲中古的喻四字（以母）在上古應併入定母。曾運乾舉的例子有：

《周易·渙》：“匪夷所思。”《釋文》：“夷，荀本作弟。”

《周易·明夷》：“夷于左股。”《釋文》：“夷，子夏本作睇，又作眱。”

《管子·戒篇》“易牙”，《大戴禮·保傅》、《論衡·譴告》作“狄牙”。

“夷”、“易”、“眱”屬中古以母，“弟”、“睇”、“狄”屬中古定母。這是喻四歸定。

曾運乾還從中古音出發分析云母和以母的差異，他發現凡是只和唇、牙、喉音相拼的韻都只有云母，沒有以母；凡是只和舌、齒音相拼的韻都只有以母，沒有云母。這也可以證實云母屬於喉音，以母屬於舌音。

此外章太炎提出“娘日”二紐歸“泥”說，認爲除了娘母上古可以與泥母合併，日母也應併入泥母。黄侃認爲上古只有十九個聲母。在他看來，上古不僅沒有正齒音章組（照三）聲母（章組歸舌頭音端組），而且莊組（照二）要歸入到精組。但是這些看法並沒有得到絕大多數學者的認同。

此外有些學者認爲上古有複輔音聲母，因爲目前還有爭論，這裏不作討論。下表是王力構擬的上古聲母表。

上古漢語聲母表及擬音

唇音	幫（非）p	滂（敷）pʻ	並（奉）b	明（微）m			
舌音	端（知）t	透（徹）tʻ	定（澄）d	泥（娘）n			來 l
	章 ȶ	昌 ȶʻ	船 ȡ	日 ȵ	書 ɕ	禪 ʑ	以 ʎ
齒音	精 ts	清 tsʻ	從 dz		心 s	邪 z	
	莊 tʃ	初 tʃʻ	崇 dʒ	生 ʃ			
牙音	見 k	溪 kʻ	群 g	疑 ŋ			
喉音	影 ø	曉 x	匣（云）ɣ				

二、上古韻部

清代學者在上古韻部的研究上取得了很大的成就。他們不僅在研究方法上奠定了很好的基礎，而且對古韻分部也作了較深入的分析。上古韻部的研究是從分析《詩經》的押韻開始的，同時學者們也注意到諧聲系統还可以用來分析上古的韻部分類，段玉裁則明確提出了同諧聲者必同部的觀點。

對《詩經》押韻現象的研究包括兩個方面：一是對《詩經》韻例的分析，一是歸納韻部。通過韻例的分析，可以看出哪些地方是有韻的，哪些地方沒有韻。這樣就可以找出《詩經》中的韻腳字。歸納韻部主要採用繫聯法。比如《關雎》第二章“流”、“求”二字押韻，在上古應屬一個韻部。而“求”字在《漢廣》中又與“休”字押韻，“流”字在《邶風・柏舟》中與“舟”、“憂”、“遊”等字押韻。這些字在

《廣韻》中有的屬一個韻，有的不在同一個韻。但它們在上古應屬同一個韻部。其他押韻的字也可以用這種方法繫聯。有些字中古雖在一個韻，但是《詩經》中卻分開押韻，應屬不同的韻部。通過這種方法，可以將上古韻部的分合情況整理出來。

對於《詩經》中不入韻的字，則可以根據先秦其他韻文或散文中的韻語來分析。此外諧聲偏旁也是分析上古韻部的重要材料。王力先生綜合了各家學者的意見，將上古韻部分爲三十部。下表就是王力的古韻三十部。

上古韻部及其擬音表

<table>
<tr><th>韻尾
類別</th><th colspan="2">陰聲韻</th><th colspan="2">入聲韻</th><th colspan="2">陽聲韻</th></tr>
<tr><td rowspan="6">甲類</td><td rowspan="6">-ø</td><td>之部 ə</td><td rowspan="6">-k</td><td>職部 ək</td><td rowspan="6">-ŋ</td><td>蒸部 əŋ</td></tr>
<tr><td>支部 e</td><td>錫部 ek</td><td>耕部 eŋ</td></tr>
<tr><td>魚部 a</td><td>鐸部 ak</td><td>陽部 aŋ</td></tr>
<tr><td>侯部 ɔ</td><td>屋部 ɔk</td><td>東部 ɔŋ</td></tr>
<tr><td>宵部 o</td><td>藥部 ok</td><td></td></tr>
<tr><td>幽部 u</td><td>覺部 uk</td><td>冬部 uŋ</td></tr>
<tr><td rowspan="3">乙類</td><td rowspan="3">-i</td><td>微部 əi</td><td rowspan="3">-t</td><td>物部 ət</td><td rowspan="3">-n</td><td>文部 ən</td></tr>
<tr><td>脂部 ei</td><td>質部 et</td><td>真部 en</td></tr>
<tr><td>歌部 ai</td><td>月部 at</td><td>元部 an</td></tr>
<tr><td rowspan="2">丙類</td><td rowspan="2"></td><td></td><td rowspan="2">-p</td><td>緝部 əp</td><td rowspan="2">-m</td><td>侵部 əm</td></tr>
<tr><td></td><td>葉部 ap</td><td>談部 am</td></tr>
</table>

表中排在同一橫列的韻部具有相同的主要元音，只是韻尾不一樣，所以在押韻和諧聲字中有密切的關係。同一豎列的分列陰聲韻、入聲韻和陽聲韻，它們在發音上有相近之處。

三、上古聲調

聲調本爲韻的構成要素之一，清代古音學家在研究上古韻部時，已注意到上古聲調問題。比如顧炎武發現古人既有四聲自相押韻的情況，也有四聲互押的情況，因此上古應該已有四聲，並且四聲通常自用。但有時或可通用，這是由于上古一字往往有多個聲調，在不同的韻例中可以和不同調的字相押。他說：

四聲之論雖起於江左，然古人之詩已自有遲疾輕重之分，故平多韻平，仄多韻仄。亦有不盡然者，而上或轉爲平，去或轉爲平、上，入或轉爲平、上、去，則在歌者之抑揚高下而已，故四聲可以並用。（音論·古人四聲一貫）

段玉裁則認爲上古沒有去聲，並且上古某些字的聲調與中古不同。他說：

古四聲不同今韻，猶古本音不同今韻也。考周秦漢初之文，有平、上、入而無去，洎乎魏晉，上、入聲多轉而爲去聲，平聲多轉爲仄聲，於是乎四聲大備，而與古不侔。有古平而今仄者，有古上、入而今去者，細意搜尋，隨在可得其條理。今學者讀三百篇諸書，以今韵四聲律古人，陸德明、吳棫皆指爲協句。顧炎武之書亦云平仄通押、去入通押，而不知古四聲不同今，猶古本音部分異今也。明乎古本音不同今韵，又何惑乎古四聲不同今韵哉。如"戒"之音"亟"，"慶"之音"羌"，"享"、"饗"之音"香"，"至"之音"質"，學者可以類求矣。

古平上爲一類。去入爲一類。上與平一也。去與入一也。上聲備於三百篇。去聲備於魏晉。（六書音均表一·古四聲說）

王國維提出古有五聲說，認爲陽聲韻的聲調自爲一類，與陰聲韻的平、上、去三聲以及入聲共爲五聲。他說：

余則謂陽聲自爲一類，有平而無上、去、入，今韻於此類之字讀爲上、去者，皆平聲之音變，而此類之平聲又與陰類之平聲性質絕異，如謂陰類之平爲平聲，則此類不可不別立一名。陽聲一與陰聲平、上、去、入四，乃三代秦漢間之五聲，此說本諸音理，征諸周秦漢初人之用韻，求諸文字之形聲，無不吻合。（觀堂集林·五聲說）

他的證據有三：

一，群經、《楚辭》中，今所謂陽聲之上、去，多與平聲通協；而陰聲之上、去，雖偶與平聲協，而仍多自相協，此事於段氏《詩經韻譜》、《群經韻譜》中最爲了然。二，陽聲諸部字，其於形聲，以平聲爲聲者十之八九；如蒸、冬二部，殆全以平聲爲聲。東部以平聲爲聲者，亦過於十之九。而陰聲諸部字，則以上、去、入爲聲者乃多於平聲，此事一披歸安嚴氏《說文聲類》，亦自了然。三，《廣韻》陽聲諸部之上、去，多兼收於平韻中，以東、冬、鐘、江四韻字言之，上、去共二百五十八字，其中兼收於平韻者一百二十五字，幾居其半。余謂其入平韻者，古之本音；蓋自六朝前書出。入仄韻者，後世之音變也。（觀堂集林·五聲說）

段、王的說法確實有一定道理，這提示我們上古的聲調可能與中古聲調的性質不完全一樣。但就《詩經》時代而言，陽聲韻中已經有了上聲和去聲。因爲從《詩經》等上古韻文的韻例看，陽聲韻中上聲和去聲相押的例子雖然少，但並不是沒有。如《七月》第五章連用九個上聲字爲韻，《氓》末章連用六個去聲字爲韻。這些韻例應該不是巧合。

總之《詩經》等先秦韻文平、上、去、入自相押韻是多數，不同調之間的通押還是少數。綜合以上觀點，我們可以認爲：

（1）上古已有四個聲調，調類基本與中古的四聲對應，調名姑且也叫平、上、去、入。上古有極少數平聲字和上聲字與中古的調類不一致。

（2）《詩經》時代的去聲字比中古少，上古入聲字與中古去聲字關係密切。

（3）上古四聲的調型不清楚，四聲的性質是否爲高低變化的不同，還要進一步探討。

四、上古音知識運用

1. 通轉

通轉是指某些漢字的讀音在押韻、諧聲或假借等方面表現出從一個韻部轉入另一個韻部的現象。比如《詩經》的押韻中，常常有相鄰韻部的字由于讀音相近在一起押韻。而在形聲字中，某字聲旁所屬的韻部與該字讀音所屬韻部不同，這可能是由于此字的讀音發生了變化，轉入了相鄰的韻部，也可能是造字時找不到完全同音的聲旁，選擇了讀音相近（相鄰韻部）的聲旁。假借字和本字之間的讀音關係也往往是分屬兩個相鄰的韻部。根據相鄰韻部之間語音關係的不同，通轉可以分爲對轉和旁轉。

對轉又叫陰陽對轉，是清代學者孔廣森最早提出的。是指韻腹相同、韻尾相近的韻部之間發生的語音轉化現象或語音相近現象。韻腹相同、韻尾相近的韻部就是韻部表中同一横行的韻部。對轉可以出現在同一行的陰、入、陽三個韻部之間，不過孔廣森認爲上古沒有入聲，他把入聲歸入了陰聲，所以只稱陰陽對轉。我們今天也可以把發生在陰聲韻和入聲韻之間的語音轉化現象稱爲陰入對轉，把發生在陽聲韻和入聲韻之間的語音轉化現象稱爲陽入對轉。

押韻中對轉的例子如：

參差荇菜，左右芼之。窈窕淑女，鐘鼓樂之。（詩經·國風·周南·關雎）

王事敦我，政事一埤遺我。我入自外，室人交遍摧我。（詩經·國風·邶風·北門）

《關雎》中“芼”是陰聲韻宵部字，“樂”是入聲韻藥部字，宵部和藥部讀音相近，故兩部可以押韻。《北門》中“敦”是陽聲韻文部字，“遺”和“摧”是陰聲韻微部字，文部和微部讀音相近，兩部的字可以押韻。

形聲字中對轉的例子如下：

寺　　　特　　　等

之部　　　職部　　　蒸部

“寺”是陰聲韻之部字，用“寺”作聲旁可以構成入聲韻職部字“特”和陽聲韻蒸部字“等”，“寺、特、等”的讀音應該是相近的，即韻腹相同，韻尾雖然不同但相近。

旁轉指韻尾相同、韻腹相近的韻部之間發生的語音轉化現象和語音相近現象。韻尾相同、韻腹相近的韻部在韻部表中都是同類同一列相鄰的韻部。旁轉在押韻中的例子如：

彼澤之陂，有蒲菡萏。有美一人，碩大且儼。寤寐無爲，輾轉伏枕。（詩經·陳風·澤陂）

閔予小子，遭家不造，嬛嬛在疚。於乎皇考，永世克孝。（詩經·周頌·閔予小子）

《澤陂》中“萏”、“儼”屬陽聲韻談部，“枕”屬陽聲韻侵部，談、侵二部韻尾相同，韻腹不同但應該相近。《閔予小子》中“疚”在之部，“造”、“考”、“孝”屬幽部，之、幽二部都屬陰聲韻，韻腹雖不同但應該相近。

形聲字的例子如：

因　　　恩

真部　　文部

“因”是陽聲韻真部字，從“因”得聲的“恩”卻是陽聲韻文部字，真部和文部一定音近。真部和文部的韻尾相同，都是 -n，它們的區別在於韻腹，韻腹雖不同，但應該相近。

2. 古音通假

通假是指古代漢語書面語中同音或音近字之間的通用或假借。也就是說，古人在寫某個詞的時候放棄已有的、應該用的字不用，而用一個音同或音近的字來代替的用字現象。古音通假，不僅是一個文字和詞彙的問題，也和語音有密切的關係，是一個語音問題。如《史記·魏其武安侯列傳》中“局趣效轅下駒”中的“局趣”即“局促”，“促”之所以可以寫成“趣”，就是因爲它們原來的讀音相同或相近，所以才有可能借用或相通。但這種相通是建立在上古語音的基礎上的，因此必須使用上古音的知識來了解它們。

查檢工具書可以知道，上例中的“趣”字上古屬於清母侯部，“促”字屬於清母屋部。兩字聲母相同，韻部分屬陰聲韻和入聲韻，但韻腹相同，讀音爲陰入對轉的相鄰韻部，所以可以通假。又如古書中常用“亡”字通“無”，《列子·湯問》中的“河曲智叟亡以應”一句，“亡”即“無”的假借字。查檢工具書，“亡”字上古屬於明母陽部，“無”字上古屬於明母魚部。兩字聲母相同，韻部有對轉關係；因此兩字讀音相近，可以通假。

3. 聯緜詞的語音關係

聯緜詞是由兩個單獨不表意的音節合起來表意的單純詞。因爲聯緜詞中的兩個音節不具有表意作用，實際上是一種語音關係，所以兩個音節之間通常有雙聲或叠韻的關係，只有極少數既非雙聲也非叠韻。有人把聯緜詞的這種語音特點稱爲大音節結構。由于這種音節結構在音律上有一定的美感，所以在詩歌中用得很多。聯緜詞是古代漢語的詞彙，今天使用的聯緜詞也多傳承自古代，它們的語音關係用今音來分析往往不得要領，應該用上古音來分析。

比如"蟋蟀"是聯緜詞，"蟋"、"蟀"二字的聲母和韻母按現代普通話的讀音都不相同，似乎屬於既非雙聲又不叠韻的聯緜詞。但是如果查檢這兩個字的上古音，"蟋"字屬於心母質部，"蟀"字屬於心母物部。它們聲母相同，韻部有旁轉關係，即韻腹相近，韻尾相同。因此"蟋蟀"屬於雙聲兼叠韻的聯緜詞。

"匍匐"也是聯緜詞，"匍"、"匐"二字今天的韻母相同但聲母不同，我們會以爲它是叠韻聯緜詞。但"匍"字上古屬於並母魚部，"匐"字上古屬於並母職部。它們聲母相同，韻部差距較大，因此"匍匐"在上古是雙聲而非叠韻聯緜詞。

第二十八節　詩　律

詩歌起源於我國古代人民的生產勞動，原始詩歌常常反映上古時的生產生活。《詩經》是我國第一部詩歌總集，收入了西周初年至春秋中葉五百多年的詩歌，共三百零五篇。《詩經》以四言爲主，是我國古代現實主義詩歌的源頭。"楚辭"是戰國時代以屈原爲代表的楚國人創作的新詩體，以六言爲主，是我國古代浪漫主義詩歌的源頭。漢魏六朝時期詩作主要有漢魏樂府詩、南北朝樂府民歌以及文人詩，詩歌的形式有了新的發展，出現了五言詩、七言詩。南朝齊梁時代的沈約、周顒等人倡導四聲分用、區別平仄，開創了"永明體"。唐代詩人在此基礎上積極探索，經過沈佺期、宋之問、杜甫等人的創作實踐，逐漸形成了一種以講究平仄爲核心的新詩體——律詩。宋代以後，律詩逐漸成爲主流。

古詩是我國重要的文學遺產。古代漢語課程學習古詩的目的主要是掌握格律。本節常識主要講述律詩的格律，必要時也講漢魏六朝詩及唐宋古體詩。

一、詩體

我國古代的詩歌都可以籠統地稱爲古詩。再進一步區分的話，一般以唐代爲界。

唐代以前的漢魏六朝詩才稱爲古詩，唐宋以後的詩作按格律分爲古體詩和近體詩。古體詩是模仿漢魏六朝詩的，形式和格律比較自由，又稱爲古風。近體詩又稱爲今體詩，要嚴格遵循平仄、用韻等格律。唐宋以後的詩，近體詩佔了多數。

唐宋以後的詩主要是五言和七言兩類。五言就是五個字一句，七言就是七個字一句。五言古體詩簡稱五古，七言古體詩簡稱七古。五言律詩簡稱五律，限定八句四十字，七言律詩簡稱七律，限定八句五十六字。超過八句的律詩稱爲長律或排律，長律一般都是五言詩。五言絕句簡稱五絕，限定四句二十字。七言絕句簡稱七絕，限定四句二十八字。絕句是律詩的前四句，又叫作律絕。另外早期還有一種不講平仄、可以押仄韻的絕句，叫作古絕，如柳宗元《江雪》。古絕一般都是五言。

二、用韻

所謂用韻，就是在詩句的特定位置（一般是句尾）安排一些韻相同或相近的漢字，來產生一種迴環共鳴的美感，又叫作押韻、壓韻。這些位置上的漢字稱作韻字或韻腳。古代漢語的韻和現代漢語普通話的韻母是兩個不完全相同的概念（參看常識第二十五節音韻學基礎知識）。現代漢語普通話韻母可以分析爲韻頭（介音）、韻腹、韻尾三個部分，不包括聲調；古代漢語的韻只相當於韻腹和韻尾，另外加上聲調，不含韻頭（介音）。

詩歌用韻的規律稱爲韻例。按照韻腳位置的不同，分爲句中韻和句尾韻，句尾韻是我國古代詩歌的主流。按韻腳疏密不同，分爲疏韻和密韻。漢魏六朝詩和唐宋古體詩比較自由，韻腳既可以較疏，也可以句句押韻，如曹丕《燕歌行》。律詩則非常嚴格，要求隔句押韻，偶數句押韻。按首句是否用韻的情況可分爲首句入韻和不入韻兩類。五言詩以首句不入韻爲常，七言詩以首句入韻爲常。另外，律詩要求韻字不能重複，漢魏六朝詩和唐宋古體詩則比較自由。

經常互相押韻的漢字合在一起稱爲韻部。不同時代的韻部是不同的，大致與當時通語的標準音有關。《詩經》的韻部是二十九個，《楚辭》的韻部是三十個。漢魏六朝詩時間、地域跨度較廣，沒有統一的韻部系統。大致說來，漢魏古詩用韻接近先秦韻部，晉以後越來越接近隋唐韻部①。

唐詩的韻部和先秦、漢魏六朝時期有很大的不同。隋代的陸法言著有《切韻》，該書反映的是以隋代標準讀書音爲基礎，綜合古今南北的一個音系②。《切韻》雖然

---

① 可參看于安瀾《漢魏六朝韻譜》及羅常培、周祖謨《漢魏晉南北朝韻部演變研究》。

② 有關《切韻》的性質，學界至今仍在討論。

不是官方韻書，但體系嚴謹細密，風行於隋。《切韻》一共分爲 193 韻，詩人苦其苛細。唐代科舉把《切韻》當作官韻來使用，唐初許敬宗奏加獨用同用之例，規定相近的韻可以“同用”。其後王仁昫、孫愐、李舟等人續有修訂。北宋陳彭年等人奉敕修訂《切韻》，命名爲《大宋重修廣韻》，簡稱《廣韻》，全書共 206 韻。後來又推出了《禮部韻略》，這是《廣韻》的簡縮本，供讀書人隨身攜帶翻檢。南宋時，平水劉淵把唐代能夠合用的韻部歸併起來，撰寫了《壬子新刊禮部韻略》，分 107 韻，後來減爲 106 韻，稱爲平水韻[①]。平水韻雖然是宋代產生的，但大致反映了唐詩的韻部系統。宋以後的詩作，一般也依照平水韻來押韻。

平水韻按聲調的不同，分爲平聲、上聲、去聲、入聲四類。其中平聲因爲字多，又分爲上平聲和下平聲兩部分。上平聲 15 韻，下平聲 18 韻，上聲 29 韻，去聲 30 韻，入聲 17 韻。每韻中有若干個漢字，排列在第一的漢字作爲標目，稱爲韻目。現將 106 韻的韻目列舉如下：

上平聲	上聲	去聲	入聲
一東	一董	一送	一屋
二冬	二腫	二宋	二沃
三江	三講	三絳	三覺
四支	四紙	四寘	
五微	五尾	五未	
六魚	六語	六御	
七虞	七麌	七遇	
八齊	八薺	八霽	
		九泰	
九佳	九蟹	十卦	
十灰	十賄	十一隊	
十一真	十一軫	十二震	四質

① 一說“平水韻”來源於金國王文郁的《平水新刊韻略》。

（續上表）

上平聲	上聲	去聲	入聲
十二文	十二吻	十三問	五物
十三元	十三阮	十四願	六月
十四寒	十四旱	十五翰	七曷
十五刪	十五潸	十六諫	八黠
下平聲			
一先	十六銑	十七霰	九屑
二蕭	十七篠	十八嘯	
三肴	十八巧	十九效	
四豪	十九皓	二十號	
五歌	二十哿	二十一箇	
六麻	二十一馬	二十二禡	
七陽	二十二養	二十三漾	十藥
八庚	二十三梗	二十四敬	十一陌
九青	二十四迥	二十五徑	十二錫
十蒸			
十一尤	二十五有	二十六宥	
十二侵	二十六寢	二十七沁	十四緝
十三覃	二十七感	二十八勘	十五合
十四鹽	二十八琰	二十九豔	十六葉
十五咸	二十九豏	三十陷	十七洽

下面是一東韻里的部分韻字：

東凍蝀同童僮銅桐峒筒瞳犝曈侗酮穜中衷忠蟲沖種盅終螽忡崇崈嵩崧狨菘戎茙駥絨弓躳躬匑宮融烿彤瀜雄熊瞢夢懜穹芎窮藭馮渢風楓豐酆灃充琉茺隆癃窿靇空箜崆悾公功工蒙冡濛朦幪霿籠朧聾礱瓏曨櫳洪訌紅虹鴻葒烘叢藂漎翁怱悤蔥聰驄通恫猔峻駿蓬篷髼芃韸

唐詩押韻的情況，可以分爲兩方面來談。

首先，近體詩只能押平聲韻，不能押仄聲韻[①]。而古體詩比較自由，既可押平聲韻，也可以押仄聲韻。仄聲韻中上、去、入三聲也是分用的，只有上、去聲韻偶爾通押。

其次，近體詩要求一韻到底，不能換韻。換句話說，就是近體詩無論長短，所有的韻腳字必須來自平水韻中的同一個標目，否則就是出韻。只有一個例外，就是首句押韻時，可以用鄰韻。所謂鄰韻，是指平水韻中韻腹、韻尾較爲接近的韻，如一東和二冬，三江和七陽，上平聲十四寒、十五刪和下平聲一先。例如蘇軾《題西林壁》："橫看成嶺側成峰，遠近高低各不同。不識廬山真面目，只緣身在此山中。"首句韻腳"峰"屬二冬韻，二、四句韻腳"同"、"中"屬一東韻。古體詩在這方面比較自由，可以換韻，當然也可以借鄰韻。

三、平仄

平仄是近體詩格律最核心的要素。平指古代漢語聲調中的平聲，仄指上、去、入聲。平聲字發音過程音高變化平緩或不變，發音時間較長；仄聲字音高變化較劇烈，發音時間較短。近體詩講究平仄，就是讓高低起伏長短不同的字穿插交替，形成音節上變化的美感。一般以平水韻作爲判斷平仄的標準。現代漢語普通話是由古代漢語演變而來的，拿普通話的四聲大致可以反推出古代四聲。普通話四聲是陰平、陽平、上聲、去聲。普通話上聲、去聲字在古代一般都是仄聲。陰平、陽平字在古代大都是平聲，但有少數是由古代的入聲字變來的，是仄聲（參看常識第二十六節中古音介紹），這些古代入聲字有一定的規律，可幫助記憶[②]。

近體詩詩句的平仄交替有四種基本的格式，先以五言詩爲例：

甲：仄仄平平仄　　乙：平平仄仄平

丙：平平平仄仄　　丁：仄仄仄平平

甲和乙句式的平仄相反，丙和丁句式的平仄也相反。按每種句式頭一個字和最後一個字的平仄來分，甲是仄起仄收式，乙是平起平收式，丙是平起仄收式，丁是仄起平收式。前面已經講過近體詩只能押平聲韻，所以甲、丙句式的最後一字是仄聲字，是不押韻的。乙、丁句式的最後一字是平聲字，是押韻的。甲、乙、丙、丁句式錯綜變化，構成了五言律詩的四種句式組合。

---

① 少數古絕例外。

② 參看郭芹納《詩律》。

A：甲句開頭，首句不入韻	李白：宿五松山下荀媼家
甲：仄仄(平)[1]平仄	我宿五松下，
乙：(平)平仄仄平	寂寥無所歡。
丙：平平平仄仄	田家秋作苦，
丁：(仄)仄仄平平	鄰女夜舂寒。
甲：仄仄平平仄	跪進彫胡飯，
乙：平平(仄)仄平	月光明素盤。
丙：(平)平平仄仄	令人慚漂母，
丁：(仄)仄仄平平	三謝不能餐。

B：乙句開頭，首句入韻	李商隱：晚晴
乙：平平仄仄平	深居俯夾城，
丁：(仄)仄仄平平	春去夏猶清。
甲：(仄)仄平平仄	天意憐幽草，
乙：平平仄仄平	人間重晚晴。
丙：(平)平平仄仄	併添高閣迥，
丁：(仄)仄仄平平	微注小窗明。
甲：仄仄平平仄	越鳥巢乾後，
乙：平平仄仄平	歸飛體更輕。

C：丙句開頭，首句不入韻	杜甫：天末懷李白
丙：平平(平)(仄)仄	涼風起天末，
丁：仄仄仄平平	君子意如何？
甲：仄仄(平)平仄	鴻雁幾時到？
乙：平平仄仄平	江湖秋水多。
丙：平平平仄仄	文章憎[2]命達，

① 加圈處表示與標準平仄格式不符，下文還有說明。
② 憎，平聲登韻。

（續上表）

丁：仄仄仄平平	魑魅喜人過①。
甲：仄仄平平仄	應共冤魂語，
乙：平平仄仄平	投詩贈汨羅。

D：丁句開頭，首句入韻	王維：觀獵
丁：(仄)仄仄平平	風勁角弓鳴，
乙：平平仄仄平	將軍獵渭城。
丙：平平平仄仄	草枯鷹眼疾，
丁：仄仄仄平平	雪盡馬蹄輕。
甲：仄仄平平仄	忽過新豐市，
乙：平平仄仄平	還歸細柳營。
丙：平平(平)(仄)仄	回看②射雕處，
丁：仄仄仄平平	千里暮雲平。

七言律詩詩句的平仄格式也有四種形式，不過是在五言詩句的前面加兩個平仄相反的字罷了。例如：

甲：平平仄仄平平仄　　乙：仄仄平平仄仄平

丙：仄仄平平平仄仄　　丁：平平仄仄仄平平

七言律詩的甲、乙、丙、丁同樣交錯形成四種組合：

A：甲句開頭，首句不入韻	杜甫：客至
甲：(平)平仄仄平平仄	舍南舍北皆春水，
乙：仄仄平平仄仄平	但見群鷗日日來。
丙：仄仄(平)平平仄仄	花徑不曾緣客掃，
丁：平平仄仄仄平平	蓬門今始爲君開。

① 過，平聲戈韻。

② 看，平聲寒韻。

（續上表）

甲：平平仄仄平平仄	盤飧市遠無兼味，
乙：(仄)仄平平仄仄平	樽酒家貧只舊醅。
丙：仄仄平平平仄仄	肯與鄰翁相對飲，
丁：平平仄仄仄平平	隔籬呼取盡餘杯。

B：乙句開頭，首句入韻	劉禹錫：西塞山懷古
乙：(仄)仄平平仄仄平	王濬樓船下益州，
丁：平平(仄)仄仄平平	金陵王氣黯然收。
甲：平平仄仄平平仄	千尋鐵鎖沉江底，
乙：仄仄平平仄仄平	一片降幡出石頭。
丙：(仄)仄(平)平平仄仄	人世幾回傷往事，
丁：平平(仄)仄仄平平	山形依舊枕寒流。
甲：平平仄仄平平仄	今逢四海爲家日，
乙：仄仄平平(仄)仄平	故壘蕭蕭蘆荻秋。

C：丙句開頭，首句不入韻	杜甫：聞官軍收河南河北
丙：仄仄(平)平平仄仄	劍外忽傳收薊北，
丁：平平仄仄仄平平	初聞涕淚滿衣裳。
甲：(平)平(仄)仄平平仄	卻看妻子愁何在，
乙：仄仄平平仄仄平	漫卷詩書喜欲狂。
丙：仄仄(平)平平仄仄	白日放歌須縱酒，
丁：平平仄仄仄平平	青春作伴好還鄉。
甲：(平)平(仄)仄平平仄	即從巴峽穿巫峽，
乙：仄仄平平仄仄平	便下襄陽向洛陽。

D：丁句開頭，首句入韻	白居易：錢塘湖春行
丁：平平仄仄仄平平	孤山寺北賈亭西，

（續上表）

乙：仄仄平平(仄)仄平	水面初平雲腳低。
丙：仄仄(平)平平仄仄	幾處早鶯爭暖樹，
丁：平平(仄)仄仄平平	誰家新燕啄春泥。
甲：(平)平仄仄平平仄	亂花漸欲迷人眼，
乙：仄仄平平仄仄平	淺草才能沒馬蹄。
丙：仄仄平平平仄仄	最愛湖東行不足，
丁：(平)平(仄)仄仄平平	綠楊陰裏白沙堤。

五律、七律八句有 A、B、C、D 四種組合方式，前面已各舉一例說明。爲便於記憶，再簡要歸納如下：

A：甲乙丙丁甲乙丙丁　　C：丙丁甲乙丙丁甲乙

D：丁乙丙丁甲乙丙丁　　B：乙丁甲乙丙丁甲乙

A 和 D 組合只是第一句不同，B 和 C 組合也只是第一句不同。A、C 組合首句不入韻，B、D 組合首句入韻。五言律詩以首句不入韻，仄起的 A 式組合較爲常見。七言律詩正好相反，以首句入韻的 B、D 兩種組合爲常。

長律就是律詩的延長，平仄格式完全依照八句的律詩。律絕詩句的平仄格式也是甲、乙、丙、丁四種，只不過律絕的組合正好是律詩的前半首[①]，只有四句：A：甲乙丙丁，B：乙丁甲乙，C：丙丁甲乙，D：丁乙丙丁。下面舉兩例說明：

A：甲句開頭，首句不入韻	李商隱：登樂遊原
甲：仄仄(平)(平)仄	向晚意不適，
乙：平平(仄)仄平	驅車登古原。
丙：(平)平平仄仄	夕陽無限好，
丁：仄仄仄平平	只是近黃昏。

B：乙句開頭，首句入韻	李白：贈汪倫
乙：仄仄平平(仄)仄平	李白乘舟將欲行，

① 絕句除了律絕外，還有古絕。古絕不按律詩平仄，常用仄聲韻，如王維《鹿柴》、柳宗元《江雪》。

（續上表）

丁：(平)平仄仄仄平平	忽聞岸上踏歌聲。
甲：平平(仄)仄平平仄	桃花潭水深千尺，
乙：仄仄平平仄仄平	不及汪倫送我情。

從前文所舉十首詩的實際情況來看，詩句中有些字的平仄和標準的甲、乙、丙、丁格式並不完全相同。例如李白《贈汪倫》第一句“李白乘舟將欲行”是乙種格式，標準應是仄仄平平仄仄平，但實際詩句中第五個字“將”卻是平聲字。近體詩某個位置的字平仄不合標準，稱爲“拗”，在本句或下一句的某個位置補回一個平聲字或仄聲字，則稱爲“救”。經過拗救的近體詩，仍然認爲符合格律。

那麼哪些位置的字可以拗，又如何救呢？古人有兩句口訣：“一三五不論，二四六分明。”大概是說七言近體詩詩句的第一、三、五個字平仄可以和標準格式不同，要求比較寬鬆，即使拗了也是小拗，可以不救；第二、四、六個字的平仄必須和標準格式相同，要求很嚴，一般情況下不能拗，特殊情況下拗了，必須要救回來。

一、三、五處出現的小拗，一般沒有關係。但有兩種例外：

（1）丁種句的第五個字，本來規定是仄聲，如果改成平聲字，句尾就出現了連續三個平聲字，稱爲“三平調”。三平調一般只出現在古體詩中，對近體詩來說是大忌，一定要避免[①]。

（2）乙種句的第三個字，本來規定是平聲，如果改成仄聲字，全句就只剩下了一個平聲字（第一個字和句尾平聲字除掉不算），稱爲“犯孤平”[②]。犯孤平雖是大拗，但可以救。把第五個字由仄聲改爲平聲即可相救。如陸游《夜泊水村》“雙鬢向人無再青”，第三字“向”犯孤平，第五字改爲平聲的“無”相救。

二、四、六處一般要嚴格遵守平仄標準。但也有兩個例外：

（1）甲種句第六字，本來規定是平聲，如果改成仄聲字，則是大拗。應把對句乙種句的第五個字改回平聲字相救。如陸游《夜泊水村》“一身報國有萬死”第六字“萬”應平而仄，就把對句的第五個字改爲“無”相救。

（2）丙種句第六字，本來規定是仄聲。如果改成平聲字，也是大拗。把本句的第五字改爲仄聲相救，同時還要保證第三個字是平聲。如陸游《夜泊水村》“記取江湖泊船處”第六字應仄而平，把第五字改爲仄聲的“泊”相救，第三個字“江”是平聲。

---

① 早期的律詩格律還不完善，偶爾也會出現三平調。如王維《鳥鳴澗》“夜靜春山空”。

② 犯孤平只針對乙種句而言，其他句型哪怕只剩一個平聲字，也不叫犯孤平。

另外，七言近體詩的第七個字平仄也要符合標準，不能隨意變更。古人的這個口訣，如果修正爲“一三五不論，兩處必論；二四六七分明，兩處不明”，就比較準確了①。可以用圖示表示如下②：

甲：(平)平(仄)仄(平)平仄	乙：(仄)仄平平(仄)仄平
丙：(仄)仄(平)平平仄仄	丁：(平)平(仄)仄仄平平

對於五言近體詩來說，這個口訣就表述爲“一三不論，兩處必論；二四五分明，兩處不明”。同樣可以用圖示表示如下：

甲：(仄)仄(平)平仄	乙：平平(仄)仄平
丙：(平)平平仄仄	丁：(仄)仄仄平平

下面就五言近體詩乙、甲、丙三種句型的拗救各舉一例：

（1）李白《夜宿山寺》“恐驚天上人”第一字“恐”是仄聲字，犯了孤平，第三字“天”是平聲相救。

（2）李商隱《登樂遊原》“向晚意不適”第四字“不”是仄聲字，大拗，對句第三字“登”是平聲相救。

（3）杜甫《天末懷李白》“涼風起天末”第四字“天”是平聲字，大拗，第三字“起”是平聲相救，同時第一字“涼”是平聲。

從上面兩種圖示還可以得出結論：近體詩詩句的第二字和最後一字一定是符合標準平仄格式不會變化的。據此我們可以通過這兩處字的平仄來判斷整首詩的平仄格式和組合類型。例如王維《終南山》，首句是“太乙近天都”。第二字是仄聲，尾字是平聲，據此判斷首句是丁種句型。五律組合里丁種句型開頭的只有 D，那麼剩下的七句就是乙、丙、丁、甲、乙、丙、丁。在此基礎上，就可以分析全詩的拗救情況。

前面講述的平仄格式和組合類型，也可以通過黏和對的規律來掌握。律詩一共八句，每兩句組成一聯。一、二句叫首聯，三、四句叫頷聯，五、六句叫頸聯，七、八句叫尾聯。一聯之中，奇數句叫出句，偶數句叫對句。所謂黏，是指上聯對句第二字和下聯出句的第二字平仄應該相同。所謂對，是指出句和對句必須是相反的平仄類

① 也有少數詩人進行創作探索，故意不遵守平仄規律，如杜甫就有很多拗體詩。但這不是主流。

② 加圈的表示可以任意變化，加下劃綫的表示可以有條件變化，沒有符號的不可變化。

型①，甲對乙，丙對丁。舉一例說明如下：

王維：終南山

丁：太乙近天都，

乙：連山到海隅。
丙：白雲回望合，
} 黏：山、雲都是平聲字

丁：青靄入看②無。
甲：分野中峰變，
} 黏：靄、野都是仄聲字

乙：陰晴衆壑殊。
丙：欲投人處宿，
} 黏：晴、投都是平聲字

丁：隔水問樵夫。

不符合黏的規則叫失黏，不符合對的規則叫失對。唐初的律詩，因爲格律尚未完善，有少數失黏的，比如王維《使至塞上》：“單車欲問邊，屬國過居延。征蓬出漢塞，歸雁入胡天。”二、三句就是失黏。唐詩中極少失對的現象，宋代以後，失黏和失對更是成了作詩的大忌。

四、對仗

對仗也叫對偶，是受駢體文的影響產生的特殊句式組合，基本要求是詞類相同、結構相同、平仄相反（參見常識第四十節駢體文的構成）。

古人並無細緻的詞類概念，只是對實詞和虛詞的界限有較明顯的分別。詞類相同就是實詞對實詞，虛詞對虛詞。不過我們今天看來，實詞相對還可以細分爲名詞對名詞，動詞對動詞，形容詞對形容詞，副詞對副詞，代詞對代詞。例如：

（1）形容詞和動詞相對：白雲回望合，青靄入看無。（王維：終南山）

（2）名詞相對：江間波浪兼天湧，塞上風雲接地陰。（杜甫：秋興）

（3）副詞、數詞相對：聽猿實下三聲淚，奉使虛隨八月槎。（杜甫：秋興）

其中，名詞還可以分爲許多小類，諸如天文、時令、地理、宮室、器物、衣飾等。同小類的名詞相對非常工整，叫作工對。顏色對、數目對也是常見的工對。但近體詩對仗不能盲目追求工整，尤其忌諱同字相對和同義詞相對。一聯出句和對句完全同義叫作合掌，是詩家大忌。不過流水對不算合掌，流水對是指聯中的兩句互文，意思相關，一氣呵成。如杜甫《聞官軍收河南河北》“即從巴峽穿巫峽，便下襄陽向洛

---

① 首句如果入韻，首聯可不對。

② 看，平聲寒韻。

陽”,《秋興》“請看石上藤蘿月，已映洲前蘆荻花”，文天祥《過零丁洋》“惶恐灘頭說惶恐，零丁洋裏歎零丁”。

結構相同的例子有：

(1) 主謂對主謂。

大漠孤煙直，長河落日圓。(王維：使至塞上)

(2) 動賓對動賓。

文章憎命達，魑魅喜人過。(杜甫：天末懷李白)

(3) 偏正對偏正。

千尋鐵鎖沉江底，一片降幡出石頭。(劉禹錫：西塞山懷古)

(4) 叠音對叠音。

信宿漁人還汎汎，清秋燕子故飛飛。(杜甫：秋興)

至於平仄相反，只要不失黏失對，平仄自然就會相反。

律詩對仗的一般要求是中間兩聯對仗。例如王維《終南山》，杜甫《春夜喜雨》、《秋興》都是頷聯和頸聯對仗。要求如果寬鬆一點，頷聯也可不對，例如杜甫《天末懷李白》。首聯一般不用對仗，但唐詩中也有用對仗的，例如杜甫《登高》“風急天高猿嘯哀，渚清沙白鳥飛回”。尾聯一般也不用對仗，如果用對仗的話，一般是流水對。例如杜甫《聞官軍收河南河北》。概括來說，律詩至少一聯要對仗，常見的是頷聯和頸聯對仗，極少完全不對仗的，也極少從頭到尾都對仗的。

長律的對仗類似於律詩，但除了首尾聯可以不對仗外，中間諸聯一律要對仗。律絕是截取律詩四句而成的，可以完全不對仗，也可以有一聯對仗。唐宋古體詩對仗相對更自由，既可對也可不對。而且對仗不求工整，也不避同字相對。

五、音步和句式

所謂音步，就是朗讀詩歌時形成的節奏。五言詩的音步一般是二三，具體來說還可以細分爲二一二或二二一。如：

(1) 二一二。

太乙—近—天都　連山—到—海隅　隔水—問—樵夫

(2) 二二一。

分野—中峰—變　陰晴—衆壑—殊　欲投—人處—宿

七言詩的音步一般是四三和二五，例如：

(1) 四三（三又可拆分爲一二或二一）。

(夔府—孤城)—落日—斜　(金陵—王氣)—黯然—收

(每依—北斗)—望—京華　(千家—山郭)—靜—朝暉

（2）二五（五又可拆分爲二一二、二二一兩種）。

（劍外）—忽傳—收—薊北，（初聞）—涕淚—滿—衣裳

（江間）—波浪—兼天—湧，（塞上）—風雲—接地—陰

音步一般要和意義單位相合。初學作詩者常犯的錯誤就是意義單位跨音步，這樣寫出來的詩讀起來感覺像歇後語或順口溜，完全沒有古詩的感覺。

下面說說近體詩的句法。近體詩一句只有五個字或七個字，最短的五絕才二十個字，長的七律也才五十六個字。要在這麼短小的篇幅中表現豐富的景物或思想內容，語法是相當精練的，和散文有很大的不同。在詩歌語言中，經常出現活用、錯位省略等現象。

（1）活用。

形容詞活用：檻外低秦嶺，窗中小渭川。（岑參：登總持閣）

春風又綠江南岸，明月何時照我還？（王安石：泊船瓜州》）

名詞活用：沉舟側畔千帆過，病樹前頭萬木春。（劉禹錫：酬樂天揚州初逢席上見贈）

遼陽春盡無消息，夜合花前日又西。（白居易：閨婦）

使動用法：但使主人能醉客，不知何處是他鄉。（李白：客中作）

人煙寒橘柚，秋色老梧桐。（李白：秋登宣城謝朓北樓）

（2）錯位。

柳色春山映，梨花夕鳥藏。（王維：春日上方即事）

雲掩初弦月，香傳小樹花。（杜甫：遣意）

內分金帶赤，恩與荔枝青。（杜甫：贈翰林張四學士）

香稻啄余鸚鵡粒，碧梧棲老鳳凰枝。（杜甫：秋興）

（3）省略。

省略比喻詞：山名天竺堆青黛，湖號錢塘瀉綠油。（白居易：答客問杭州）

山河破碎風飄絮，身世浮沈雨打萍。（文天祥：過零丁洋）

省略動詞：映階碧草自春色，隔葉黃鸝空好音。（杜甫：蜀相）

秋窗猶曙色，落木更天風。（杜甫：客亭）

省略名詞結構：渭北春天樹，江東日暮雲。（杜甫：春日憶李白）

巴山楚水淒涼地，二十三年棄置身。（劉禹錫：酬樂天揚州初逢席上見贈）

（4）緊縮。

國破（但）山河在，城春（故）草木深。（因）感時（而）花濺淚，（因）恨別（而）鳥驚心。（杜甫：春望）

（因）潮平（而）兩岸闊，（因）風正（而）一帆懸。（王灣：次北固山下）

第二十九節　詞　律

詞起源於唐代配合燕樂的歌詞，又名“曲子詞”、“詩餘”、“長短句”。唐代疆域空前廣大，東西方文化交流非常活躍。西域龜茲、高昌等少數民族的胡樂傳入中土，漢族原有的五七言詩因爲整齊劃一，不適合配合胡樂歌唱，長短句就應運而生了。唐五代民間詞的創作非常活躍，1900 年在敦煌發現的曲子詞大部分是民間文人的作品。李白、溫庭筠、韋莊等詩人也加入了詞的創作隊伍。宋代詞的創作進入了高潮，新的詞調和詞牌不斷涌現，柳永等詞人大量創作慢詞，擴大了詞的表現内容。宋人依據曲子的旋律填詞，按照通語來押韻，創作相當自由。詞不是科舉考試的内容，不受功名的束縛，沒有詞韻書，詞律也沒有定型。入元明後，詞曲漸亡，時人無法再倚聲填詞。清代詞學復興，填詞成爲一時風尚。爲了追求仿古求真，清人開始梳理宋詞作品，整理撰寫了大量詞譜和詞韻書，並形成了專門研究詞的學問——詞學。

一、詞調詞譜

詞調是指填詞時所依據的曲調，有多方面的來源。有的來自唐代的宮廷音樂太常曲和教坊曲，如《水調歌頭》、《六州歌頭》、《霓裳中序》、《八聲甘州》。有的來自域外少數民族音樂，如《菩薩蠻》、《蘇幕遮》、《北庭子》、《贊普子》。有的來自民間樂工歌妓的創製，如《竹枝詞》、《雨霖鈴》、《春鶯轉》、《拾麥子》。還有的來自文人的創製，如《如夢令》、《後庭花》、《鶴沖天》、《黃鶯兒》。

詞牌就是詞調的特定名稱，也就是調名。早期的調名就是詞的題目，如《望海潮》描寫錢塘江潮，《漁歌子》詠漁父生活，《更漏子》詠春夜閨情。後來詞的内容就和調名（詞牌）無關了。例如調名爲《菩薩蠻》的詞，不一定寫西域女子的舞蹈，也可能寫其他女子的生活（溫庭筠《菩薩蠻・小山重叠金明滅》)。《漁家傲》不一定寫漁家，也可能是寫邊塞生活（范仲淹《漁家傲・塞下秋來風景異》)。所以蘇軾等宋代詞人常在調名下加上詞題或小序。由于同一調名有很多詞作，爲了表示區別，我們在標引詞作時，除了標出調名外，通常還要標出這首詞的首句，以免含混不清。

詞調存在兩種特殊情況：同調異名和同調異體。所謂同調異名，就是一種詞調有幾種調名。比如《菩薩蠻》又名《重叠金》、《子夜歌》、《花間意》，《如夢令》又名《憶仙姿》、《宴桃園》、《如意令》。取其中最常用的一種爲正名，其他稱作別名。同調異名現象大都是因爲這個調名有多首名作，又從某一名作中摘取詞語作爲別名而形成的。同調異體是指一種詞調有幾種不同的變體，比如《江城子》有單調的，也有雙調的；《滿江紅》既有押仄韻的，也有押平韻的。此外，異體還體現在詞句的長短、平仄、韻腳疏密的不同等方面。取其中最通行的一種爲正體，其餘稱爲別體。同調異體現象主要是因爲詞律尚未完善，詞人填詞寬鬆自由而造成的。

詞按字數的多寡，大致可以分爲小令、中調、長調三類。五十八字以內的詞叫小令，如《如夢令》、《調笑令》、《解佩令》、《十六字令》。五十九字至九十字爲中調，如《臨江仙》、《一剪梅》、《漁家傲》、《蝶戀花》。九十一字以上爲長調，也叫慢詞，如《滿江紅》、《水龍吟》、《水調歌頭》、《雨霖鈴》。此外，調名還有“令、引、近、慢”的說法，“令”即小令，“引”和“近”屬於中調，如《婆羅門引》、《祝英臺近》，“慢”自然就是長調了，如《木蘭花慢》、《卜算子慢》。還有兩種特殊的調名，比標準的正體詞增加了字，叫“添聲”或“攤破”，比如《攤破浣溪沙》；比標準的正體詞減少了字，叫“減字”或“偷聲”，比如《減字木蘭花》。

詞按分段的多少，有單調、雙調、三叠、四叠的區別。詞的一段叫一片或一闋。單調的詞只有一片，單調的詞通常是小令。雙調的詞有上、下兩片，小令、中調、長調都有。三叠四叠的詞都是長調，其中四叠詞只有《鶯啼序》一調。

詞調失傳以後，明清文人無法倚聲填詞。他們就把宋詞名作挑出來，標出平仄和詞韻，以供填詞時仿照，這種書籍格式就稱爲詞譜。詞譜據說始於明代張綖的《詩餘圖譜》。現在較通行的是萬樹《詞律》和王奕清《欽定詞譜》。

下圖是《欽定詞譜》中《菩薩蠻》一頁：

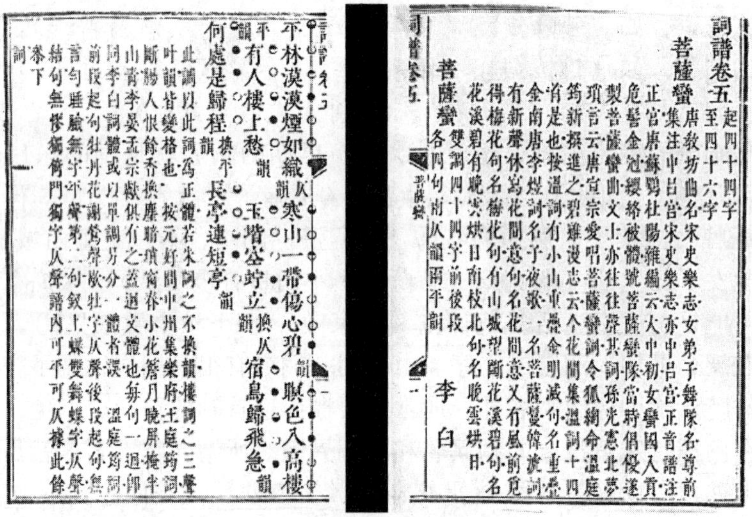
詞譜卷五 起四十四字至四十六字

菩薩蠻 唐教坊曲名。宋史樂志：女弟子舞隊名。尊前集注：中呂宮。宋史樂志亦中呂宮。正音譜注：正宮。唐蘇鶚杜陽雜編云：大中初，女蠻國入貢，危髻金冠，纓絡被體，號菩薩蠻隊，當時倡優遂製菩薩蠻曲，文士亦往往聲其詞。孫光憲北夢瑣言云：唐宣宗愛唱菩薩蠻詞，令狐綯命溫庭筠新撰進之。碧雞漫志云：今花間集溫詞十四首是也。按溫詞有小山重疊金明滅句，名重疊金。南唐李煜詞名子夜歌，一名菩薩鬘。韓淲詞有新聲休寫花間意句，名花間意。又有風前覓得梅花句，名梅花句。有山城望斷花溪碧句，名花溪碧。有晚雲烘日南枝北句，名晚雲烘日。

菩薩蠻 雙調四十四字，前後段各四句，兩仄韻，兩平韻 李白

平林漠漠煙如織 仄韻 寒山一帶傷心碧 韻 暝色入高樓 換平韻 有人樓上愁 韻

玉階空佇立 換仄韻 宿鳥歸飛急 韻 何處是歸程 換平韻 長亭連短亭 韻

此調以此詞爲正體。若宋詞之不換韻，樓詞之三疊，叶韻皆變格也。按元好問中州集樂府王庭筠詞，斷腸人恨餘香換，塵暗瑣窗春，小花簷月曉，屏掩半山青，李晏、孟宗獻俱有之，蓋過文體也，每句一過郎，同李白詞體。或以單調另分一體者，誤。溫庭筠詞，前段起句牡丹花謝鶯聲歇，牡字仄聲；後段起句無言勻睡臉，無字平聲；第二句釵上蝶雙舞，蝶字仄聲；結句無憀獨倚門，獨字仄聲。譜內可平可仄據此。餘詞參下。

《欽定詞譜·菩薩蠻》

詞譜開頭先介紹《菩薩蠻》的來源，是唐代的教坊曲名，大概指中唐時女蠻國女子舞蹈的名稱。其後介紹此調歷史上的名作以及別名的緣由。詞譜正文挑選了李白的《菩薩蠻·平林漠漠煙如織》作爲正體。詞作正文豎行大字一行排列，在右邊用符號標出平仄：用○表示平聲，用●表示仄聲，◓表示本仄可平，◒表示本平可仄。在每個韻腳下用文字標出，正體之後小字介紹同調異體的情況。

清代舒夢蘭《白香詞譜》簡明易用，適合初學者使用。下面列出十種常見詞譜以供學習[1]：

（1）如夢令　單調	如夢令（寫春景）　秦觀
平⃝[2]仄⃝平平平仄（韻）[3]	鶯嘴啄花紅溜，
仄⃝仄仄⃝平仄⃝仄（韻）	燕尾點波綠皺。
仄⃝仄仄平平	指冷玉笙寒，
平⃝仄仄平平仄（韻）	吹徹小梅春透。
平仄（韻），平仄（韻）	依舊，依舊，
平⃝仄仄平平仄（韻）	人與綠楊俱瘦。

（2）卜算子　雙調	卜算子（寫別意）　王觀
仄⃝仄仄平平	水是眼波橫，
平⃝仄平平仄（韻）	山是眉峰聚。
仄⃝仄平平仄仄平	欲問行人去那邊，
平⃝仄平平仄（韻）	眉眼盈盈處。
平⃝仄仄平平	才始送春歸，
仄⃝仄平平仄（韻）	又送君歸去。
仄⃝仄平平仄仄平	若到江南趕上春，
平⃝仄平平仄（韻）	千萬和春住。

① 據丁如明評訂《白香詞譜》，上海古籍出版社，2001 年。
② 加圈處表示可平可仄。
③ 表示前一個字是韻腳，加數字表示換韻。

（續上表）

（3）減字木蘭花　雙調	減字木蘭花（寫春情）　王安國
仄⃝平平⃝仄$_{韻1}$	畫橋流水，
仄⃝仄仄⃝平平仄仄$_{韻1}$	雨濕落紅飛不起。
仄⃝仄平平$_{韻2}$	月破黃昏，
平⃝仄平平仄⃝仄平$_{韻2}$	簾里餘香馬上聞。
平⃝平仄⃝仄$_{韻3}$	徘徊不語，
平⃝仄仄⃝平平仄仄$_{韻3}$	今夜夢魂何處去。
仄⃝仄平平$_{韻4}$	不似垂楊，
平⃝仄平平仄⃝仄平$_{韻4}$	猶解飛花入洞房。
（4）長相思　雙調	長相思（寫別情）　白居易
仄⃝仄⃝平$_{韻}$	汴水流
仄⃝仄⃝平$_{韻}$	泗水流，
平⃝仄平平仄⃝仄平$_{韻}$	流到瓜洲古渡頭。
平⃝平仄⃝仄平$_{韻}$	吳山點點愁。
仄⃝平⃝平$_{韻}$	思悠悠，
仄⃝平⃝平$_{韻}$	恨悠悠，
仄⃝仄平平平⃝仄平$_{韻}$	恨到歸時方始休。
仄⃝平平⃝仄平$_{韻}$	月明人倚樓。
（5）憶秦娥	憶秦娥（寫秋思）　李白
平⃝平⃝仄$_{韻}$	簫聲咽，
平⃝平仄⃝仄平平仄$_{韻}$	秦娥夢斷秦樓月。
平平仄$_{韻}$	秦樓月，
平⃝平仄⃝仄$_{韻}$	年年柳色，
仄平平仄$_{韻}$	霸陵傷別。
仄⃝平平⃝仄平平仄$_{韻}$	樂遊原上清秋節，
平⃝平仄⃝仄平平仄$_{韻}$	咸陽古道音塵絕。

（續上表）

平平仄$_{韻}$	音塵絕，
(平)平(平)仄$_{韻}$	西風殘照，
仄平平仄$_{韻}$	漢家陵闕。
（6）西江月　雙調	西江月（寫佳人）　司馬光
(仄)仄(平)平(仄)仄	寶髻鬆鬆挽就，
(平)平(仄)仄平平$_{韻1}$	鉛華淡淡妝成。
(平)平(仄)仄仄平平$_{韻1}$	青煙翠霧罩輕盈，
(平)仄(平)平(平)仄$_{韻2}$	飛絮遊絲無定。
(平)仄(平)平(仄)仄	相見爭如不見，
(仄)平(平)仄平平$_{韻1}$	有情何似無情。
(平)平(仄)仄仄平平$_{韻1}$	笙歌散後酒初醒，
(平)仄(仄)平(平)仄$_{韻2}$	深院月斜人靜。
（7）虞美人　雙調	虞美人（感舊）　李煜
(平)平(平)仄平平仄$_{韻1}$	春花秋月何時了，
(仄)平平平仄$_{韻1}$	往事知多少？
(仄)平(仄)仄仄平平$_{韻2}$	小樓昨夜又東風，
(仄)仄(仄)平(平)仄仄平平$_{韻2}$	故國不堪回首月明中。
(平)平仄仄平平仄$_{韻3}$	雕欄玉砌應猶在，
(仄)仄平平仄$_{韻3}$	只是朱顏改。
(仄)平(平)仄仄平平$_{韻4}$	問君能有幾多愁，
(仄)仄(仄)平(平)仄仄平平$_{韻4}$	恰似一江春水向東流。
（8）蝶戀花　雙調	蝶戀花（寫春景）　蘇軾
(平)仄(平)平平仄仄$_{韻}$	花褪殘紅青杏小。
(仄)仄平平	燕子飛時，
(仄)仄平平仄$_{韻}$	綠水人家繞。

（續上表）

(平)仄(仄)平平仄仄韻	枝上柳緜吹又少，
(平)平(平)仄平平仄韻	天涯何處無芳草。
(平)仄(平)平平仄仄韻	牆裏鞦韆牆外道。
(平)仄平平	牆外行人，
(平)仄平平仄韻	牆裏佳人笑。
(仄)仄(仄)平平仄仄韻	笑漸不聞聲漸悄，
(平)平(仄)仄平平仄韻	多情卻被無情惱。
（9）清平樂　雙調	清平樂（寫晚春）　黃庭堅
(平)平(平)仄韻1	春歸何處，
(仄)仄平平仄韻1	寂寞無行路。
(仄)仄(平)平平仄仄韻1	若有人知春去處，
(仄)仄(平)平(平)仄韻1	喚取歸來同住。
(平)平(平)仄平平韻2	春無蹤跡誰知，
(平)平(仄)仄平平韻2	除非問取黃鸝。
(仄)仄(平)平(平)仄	百囀無人能解，
(平)平(平)仄平平韻2	因風吹過薔薇。
（10）沁園春　雙調	沁園春（感懷）　陸游
(平)仄平平	孤鶴歸來，
仄仄平平	再過遼天，
仄仄仄平韻	換盡舊人。
(仄)平平平仄	念累累枯冢，
(平)平(仄)仄	茫茫夢境，
(平)平(平)仄	王侯螻蟻，
(仄)仄(平)平韻	畢竟成塵。
(仄)仄平平	載酒園林，
(平)平(仄)仄	尋花巷陌，

（續上表）

㊥仄平平㊥仄平韻	當日何曾輕負春。
平平仄	流年改，
仄㊥平㊦仄	歎圍腰帶剩，
㊦仄平平韻	點鬢霜新。
平平㊦仄平平	交親散落如雲，
仄㊦仄	又豈料，
平平㊥仄平韻	而今餘此身。
仄㊦平㊥仄	幸眼明身健，
㊥平㊦仄	茶甘飯軟；
㊥平㊦仄	非惟我老，
㊦仄平平韻	更有人貧。
㊦仄平平	躲盡危機，
㊥平㊦仄	消殘壯志，
㊦仄平平㊥仄平韻	短艇湖中閒采蒓。
平平仄	吾何恨，
仄㊥平㊦仄	有漁翁共醉，
㊥仄平平韻	溪友爲鄰。

二、詞韻

宋詞的韻例比較複雜和靈活，因爲宋人倚聲填詞，沒有確定的詞譜。

從聲調方面來看，詞韻的規律是：平聲字相押，上、去聲字相押，入聲字單獨押。宋代因爲入聲字韻尾在逐漸發生變化，入聲字和舒聲字相押的例子也較常見。以押平聲韻爲主的詞調有《浣溪沙》、《采桑子》、《江城子》、《臨江仙》等；押仄聲韻爲主的詞調有《如夢令》、《生查子》、《卜算子》、《賀新郎》等；兼押平仄聲的詞牌有《南歌子》、《菩薩蠻》、《訴衷情》、《虞美人》等。限用入聲韻的詞調有《憶秦娥》、《滿江紅》、《好事近》、《謁金門》等。

從韻字的位置來看，詞的韻腳都在句尾，沒有句中韻。韻腳的疏密跟詞的聲情有闕，慢詞聲情較緩，韻腳較疏。小令和雙調詞韻腳位置較爲固定。從韻段個數看，多數詞爲一韻到底，不換韻。也有詞調固定平仄換韻的，如《菩薩蠻》、《減字木蘭花》、《虞美人》等兩仄兩平四換韻。

詞韻的韻部歸納始於宋代，據說朱希真曾經制韻十六條。明清時代胡文煥、沈謙、仲恒、吳烺、戈載都做過分析宋詞韻的工作。其中戈載《詞林正韻》影響最大，戈書分詞韻爲十九部，其中舒聲十四部，入聲五部。但戈載等人只是取唐宋名家詞作與詩韻相比對，在平水韻 106 韻基礎上斟酌增損而成，並未對宋詞用韻作窮盡式的考察，不完全符合宋詞實際用韻的情況，具體韻字的歸部結論頗具商榷之處。20 世紀 80 年代以來，魯國堯先生全面深入地考察了宋詞用韻，提出宋詞用通語押韻，可分十八部的結論，學界較爲接受這一觀點。魯國堯的十八部是[①]：

（1）歌戈部。

《廣韻》歌戈韻[②]。

（2）家車部。

《廣韻》麻韻，及佳韻、蟹韻、卦韻、夬韻、歌韻、戈韻、梗韻的個別字。

（3）皆來部。

《廣韻》咍皆佳夬韻，又灰泰韻的多數字。

（4）支微部。

《廣韻》支脂之微齊祭廢韻，又灰韻及泰韻合口字的少部分。

（5）魚模部。

《廣韻》模魚虞韻，又侯尤韻的部分脣音字。

（6）尤侯部。

《廣韻》侯尤幽韻。

（7）蕭豪部。

《廣韻》豪肴宵蕭韻。

（8）監廉部。

《廣韻》覃談咸銜鹽嚴添凡韻。

（9）寒先部。

《廣韻》寒桓刪山元仙先韻。

（10）侵尋部。

《廣韻》侵韻。

---

① 參見魯國堯《論宋詞韻及其與金元詞韻的比較》，發表於《中國語言學報》第四期（商務印書館，1991 年）。

② 非特說明，一般是舉平賅上去，下同。

（11）真文部。

《廣韻》痕魂臻真諄欣文韻。

（12）庚青部。

《廣韻》登蒸庚耕清青韻。

（13）江陽部。

《廣韻》唐江陽韻。

（14）東鐘部。

《廣韻》東鐘韻。

（15）鐸覺部。

《廣韻》鐸覺藥韻。

（16）屋燭部。

《廣韻》屋沃燭韻。

（17）德質部。

《廣韻》緝沒櫛質術迄物德職陌麥昔錫韻。

（18）月帖部。

《廣韻》合盍洽狎葉帖曷末黠鎋薛月屑韻。

三、平仄、句式和對仗

詞句基本上是律句。詞譜上規定的可平可仄之處，大都是詞句的第一、三、五字，與近體詩的平仄口訣類似，但很多地方規定必平必仄，仄聲還要上、去、入三聲分用，因此填詞的平仄格律比近體詩還要難。

詞句最短的是一個字，最長的是七個字①。

一字句：很少見，一般入韻。

歸。十萬人家兒樣啼。公歸去，何日是來時。（張孝祥：十六字令）

一懷愁緒，幾年離索。錯，錯，錯！（陸游：釵頭鳳）

二字句：常用作疊句或用作起句。如：

依舊，依舊。人與綠楊俱瘦。（秦觀：如夢令）

明月，明月，胡笳一聲愁絕。（戴叔倫：調笑令）

愁絕，更離別。（張炎：暗香）

何難，別來幾日，信沈魚鳥，情滿關山。（李之儀：玉蝴蝶）

---

① 八字至十一字的詞句是由兩句複合而成的。

誰怕？一蓑煙雨任平生。（蘇軾：定風波）

三字句：一般是用五律、七律的三字尾，也有拗句。如：

汴水流，泗水流，流到瓜洲古渡頭。（白居易：長相思）

簫聲咽，秦娥夢斷秦樓月。（李白：憶秦娥）

流年改，歎圍腰帶剩，點鬢霜新。（陸游：沁園春）

梳洗罷，獨倚望江樓。（溫庭筠：夢江南）

剪不斷，理還亂，是離愁。（李煜：烏夜啼）

四字句：

畫橋流水，雨濕落紅飛不起。（王安國：減字木蘭花）

年年柳色，霸陵傷別。（李白：憶秦娥）

燕子飛時，綠水人家繞。（蘇軾：蝶戀花）

春歸何處，寂寞無行路。（黄庭堅：清平樂）

孤鶴歸來，再過遼天，換盡舊人。（陸游：沁園春）

五字句：

白日參辰現，北斗回南面。（敦煌曲子詞：菩薩蠻）

暝色入高樓，有人樓上愁。（李白：菩薩蠻）

缺月掛疏桐，漏斷人初靜。（蘇軾：卜算子）

夢隨風萬里，尋郎去處，又還被，鶯呼起。（蘇軾：水龍吟）

家住吳門，久作長安旅。（周邦彥：蘇幕遮）

六字句：

鶯嘴啄花紅溜，燕尾點波綠皺。（秦觀：如夢令）

寶髻鬆鬆挽就，鉛華淡淡妝成。（司馬光：西江月）

似花還似非花，也無人惜從教墜。（蘇軾：水龍吟）

纖雲弄巧，飛星傳恨，銀漢迢迢暗渡。（秦觀：鵲橋仙）

昨夜雨疏風驟，濃睡不消殘酒。（李清照：如夢令）

七字句：

人人盡說江南好，遊人只合江南老。（韋莊：菩薩蠻）

塞下秋來風景異，衡陽雁去無留意。（范仲淹：漁家傲）

無可奈何花落去，似曾相識燕歸來。（晏殊：浣溪沙）

十年生死兩茫茫，不思量，自難忘。（蘇軾：江城子）

葉上初陽乾宿雨，水面清圓，一一風荷舉。（周邦彥：蘇幕遮）

詞句中還有一種特殊的句式，叫一字豆。句首的虛詞或動詞不但管本句，其意義範圍還可籠罩接下來的連續幾句。如：

漸霜風淒緊，關河冷落，殘照當樓。（柳永：八聲甘州）

但山川滿目淚沾衣。落日胡塵未斷，西風塞馬空肥。（辛棄疾：木蘭花慢）

又悤悤過了，清明時節。（辛棄疾：念奴嬌）

正故國晚秋，天氣初肅。（王安石：桂枝香）

念腰間箭，匣中劍，空埃蠹，竟何成！（張孝祥：六州歌頭）

歎圍腰帶剩，點鬢霜新。（陸游：沁園春）

望悤悤佳氣，虹渚祥開，斗樞光繞。（葛勝仲：醉蓬萊）

有三秋桂子，十里荷花。（柳永：望海潮）

常見用一字豆的地方還有《雙雙燕》上片第二句第一字，下片第三句第一字；《摸魚兒》上下片倒數第三句第一字；《齊天樂》上片第七句第一字，下片第八句第一字；《行香子》上下片倒數第三句第一字。

位置相連並且字數相同的詞句，一般用對仗，如：

《蘇幕遮》上片頭兩句：碧雲天，黃葉地。（范仲淹：蘇幕遮）

《浣溪沙》下片頭兩句：無可奈何花落去，似曾相識燕歸來。（晏殊：浣溪沙）

《祝英臺近》上片頭兩句：寶釵分，桃葉渡。（辛棄疾：祝英臺近）

《西江月》上、下片頭兩句：明月別枝驚鵲，清風半夜鳴蟬。（辛棄疾：西江月）

《鵲橋仙》上、下片頭兩句：柔情似水，佳期如夢。（秦觀：鵲橋仙）

有時即使是可以用對仗的地方，根據內容和表達的需要，也可以不用對仗。而且詞的對仗比近體詩的對仗要寬鬆很多。詞的對仗不限平仄相反，同字也可以相對。

由一字豆領起的對仗比較特殊，叫扇面對。扇面對不是鄰句相對，而是隔句相對，一句和三句對，二句和四句對。如：

漸月華收練，晨霜耿耿，雲山摛錦，朝露漙漙。（蘇軾：沁園春）

記我行南浦，送君折柳，君逢驛使，爲我攀梅。（辛棄疾：沁園春）

古代文化常識六——古代的婚姻

夏商周時期，有“蒸報婚”制度。父親死後，兒子可以娶庶母，叫作“蒸”，如《左傳·桓公十六年》記載：“初，衛宣公蒸于夷姜，生急子。”兄、叔死後，弟或侄可以娶寡嫂或嬸母，叫作“報”，如《左傳·宣公三年》記載：“（鄭）文公報鄭子之妃曰陳媯，生子華、子臧。”蒸報婚隨着漢代儒家學說成爲正統學說之後，被斥爲“淫亂”，就逐漸式微了。

春秋時還有媵妾制婚。周代，諸侯娶一國之女爲夫人（嫡），女方須以侄（兄弟之女）娣（妹妹）隨嫁，如《詩經·大雅·韓奕》就記載：“韓侯取妻，汾王之甥……諸娣從之，祁祁如雲。”同時其他諸侯國亦可遣女子陪嫁，其中，只有夫人處於正妻地位，其餘都屬於妾，統稱爲“媵”。《左傳·成公八年》記載：“衛人來媵共姬，禮也。凡諸侯嫁女，同姓媵之。”戰國時代就沒有媵的制度了。

古時還有一種交換婚，兩個不同姓的家族通過互換异性子女互爲配偶的婚姻方法。一家男子娶另一家女子，必須以一女嫁到對方家作爲交換條件。比如西周時姬、姜兩姓世代爲婚。漢武帝娶衛青之姐衛子夫爲皇后，衛青則娶武帝姐平陽公主爲妻，漢梁荒王劉嘉娶任寶姐妹，而任寶則以劉嘉之妹劉園子爲妻。貴族間的交換婚往往都以政治爲目的。

古代聘娶婚最爲盛行。聘娶婚是以家長買賣、包辦兒女婚姻爲特點的婚姻制度，男女締結婚姻不是出於他們的意願，而是由“父母之命、媒妁之言”來决定。如《禮記》規定：“男女無媒不交，無幣不相見。”《戰國策》也有：“處女無媒，老且不嫁。”甚至法律也有專門的條文規定，如《唐律》：“爲婚之法，必有行媒。”

聘娶婚講求儀式性，即明媒正娶，得有正式、完整的婚姻程序，即所謂“六禮”。據《儀禮·士昏禮》記載，“六禮”包括：納采、問名、納吉、納徵、請期、親迎等六個儀節。

第一，納采，即由媒人傳言，再由男方給女方家中送禮物。舊時的納采禮，一般是大雁，《儀禮·士昏禮》上説：“昏禮，下達，納采用雁。”爲何用雁，《白虎通》的解釋是：“贄用雁者，取其隨時而南北，不失其節……又是隨陽之鳥，妻從夫之意也，又取飛成行，止成列，明嫁娶之禮，長幼有序，不相逾越也。”

第二，問名，男家問清楚女子的姓氏，以便回家占卜吉凶。

第三，納吉。在祖廟卜得吉兆以後，到女家報喜，《儀禮·士昏禮》：“歸卜于廟，得吉兆，復使使者往告。”在問名納吉時當然也要送禮。

第四，納徵。《儀禮·士昏禮》：“徵，成也，使使者納幣以成婚禮。”這等於宣告訂婚，所以要送比較重的聘禮。幣就是後世所謂的彩禮，彩禮分等級，天子用“谷圭”，諸侯用“大璋”，士人用“束帛、鹿皮”。

第五，請期。成婚日期，由男方决定，並向女家徵求同意。

第六，親迎。就是迎親。結婚當天，夫妻同食稱“同牢”；各取一卺飲酒，稱“合卺”；就寢時，新郎入室中親手解下新娘束髮的絲繩，稱“結髮”；翌日清晨，新婦沐浴梳妝後拜見公婆，並侍候公婆進食，表示孝順，稱“婦見舅姑”。

六禮之中，納徵和親迎最爲重要。一般認爲，“六禮”創始於周而完善於漢，成爲中國傳統婚禮的基本模式，不僅在民間流傳　泛，而且曾遠播到日本、朝鮮等國，影響很大。

古代還有關於解除婚姻關係的規定，即“七出”和“三不去”。“七出”是古代丈夫遺弃妻子的七條理由，即妻子不順父母、無子、淫僻、嫉妒、惡疾、多口舌、盜竊等均要遺弃。顯然，這是以夫權爲中心的離婚制。“三不去”是古代丈夫不能遺弃妻子的三條理由，《大戴禮記·本命》：“有所取（娶），無所歸，不去；與更三年喪，不去；前貧賤，後富貴，不去。”即若妻子被弃後無家可歸、妻子曾替丈夫的父母服喪三年、娶妻時貧賤後來富貴等三種情況，不能遺弃。“三不去”從道義出發，對離婚有所限制，也算是對婦女的一點保護。

練習題

一、標點題

桑之未落其葉沃若于嗟鳩兮無食桑葚于嗟女兮無與士耽
桑女功之所起沃若猶沃沃然鳩鶻鳩也食桑義箋云桑之未落謂其時仲秋也於是時國之賢
葚過則醉而傷其性耽樂也女與士耽則傷禮于嗟而戒之鳩以非時食葚猶女子嫁不以禮耽
者刺此婦人見誘故徐於縛反葚本又作椹音甚桑實
非禮之樂○沃如字也耽都南反鶻音骨樂音洛下同
士之耽兮猶可說也女之耽兮
不可說也
箋云說解也士有百行可以功過相除至於
婦人無外事維以貞信爲節○行下孟反
［疏］
桑之至不可說○毛以爲
己色未衰之時其貌亦灼
桑之未落之時其葉則沃沃然盛以興時賢者見己爲夫所寵非禮耽樂故吁嗟而戒己言吁嗟
灼然美君子則好樂於己己與之耽樂椹猶吁嗟女兮無與士耽然鳩食桑椹過時則醉而傷其
鳩兮無食桑過度則淫而傷禮義然耽雖士女所同而女思於男故言士之耽兮尚思而自悔○
性女與士耽可解說女之耽兮則不可解說已時爲夫所寵不聽其言今見棄背乃未落其葉沃
鄭以爲男子既秋來見己己使之取車男子既去當桑之時食椹吁嗟女兮無得非禮與士耽士
若仲秋之時國之賢者刺己見誘故言吁嗟鳩兮無得非不可解說已時不用其言至季秋乘車
之耽兮尚可解說女之耽兮則女至禮義○正義曰言桑者女功之所起故此女取桑落與未落
而從之故今思而自悔○傳桑己色之盛衰毛氏之說詩未有爲記時者明此以爲興也言鳩鶻
以興釋鳥云鶻鳩鶻鵃某氏曰春秋云鶻鳩氏司事春來冬去孫炎曰一
鳩者名鳴鳩月令云鳴鳩拂其羽郭璞曰似山鵲而小短尾青黑色多聲

二、解釋下列句中加着重號的詞語

1. 窈窕淑女，寤寐求之。（詩經·周南·關雎）
2. 彤管有煒，說懌女美。（詩經·邶風·静女）
3. 縱我不往，子寧不嗣音？（詩經·鄭風·子衿）
4. 七月流火，九月授衣。（詩經·豳風·七月）
5. 女執懿筐，遵彼微行，爰求柔桑。（詩經·豳風·七月）

三、根據所給漢字的擬音，查出其上古所屬的韻部；並判斷每組字之間是對轉關係、旁轉關係還是旁對轉關係

1. 回［əi］；還［an］　2. 曳［at］；引［en］　3. 負［ə］；背［ək］
4. 叩［ɔ］；敂［u］　5. 襲［əp］；侵［əm］　6. 冒［u］；蒙［ɔŋ］
7. 逆［ak］；迎［aŋ］　8. 趣［ɔ］；促［ɔk］　9. 內［ət］；入［əp］
10. 爾［ai］；然［an］

四、指出下列句中的雙聲連緜詞和疊韻連緜詞，並說明其上古聲類或韻部

1. 窈窕淑女，君子好逑。（詩經·周南·關雎）
2. 蒹葭蒼蒼，白露爲霜。（詩經·秦風·蒹葭）
3. 黽勉從事，不敢告勞。（詩經·小雅·十月之交）
4. 發郢都而去閭兮，怊荒忽其焉極。（楚辭·九章·哀郢）
5. 佩長劍之陸離兮，冠切雲之崔嵬。（楚辭·九章·涉江）
6. 未得國能，又失其故行矣，直匍匐而歸耳。（莊子·秋水）

五、指出下列句中的通假字，並說明通假字與本字在語音上的關係（即上古聲類和韻部）

1. 寡助之至，親戚畔之。（孟子·公孫丑下）
2. 輕兵銳卒必竭於外，老弱罷於內。（史記·孫子吳起列傳）
3. 孝子不匱，永錫爾類。（詩經·大雅·既醉）
4. 孤不自度德量力，欲信大義於天下。（三國志·諸葛亮傳）
5. 謹庠序之教，申之以孝悌之義，頒白者不負戴于道路矣。（孟子·梁惠王上）
6. 箕子陽狂，接輿避世。（漢書·鄒陽傳）
7. 填國家，撫百姓，給餉饋，不絕糧道，吾不如蕭何。（漢書·高帝紀下）
8. 上常從容與信言諸將能不，各有差。（史記·淮陰侯列傳）

六、名詞解釋

1. 一三五不論，兩處必論；二四六分明，兩處不明
2. 拗救
3. 三平調
4. 犯孤平
5. 黏對
6. 工對
7. 平水韻

8. 一字豆

9. 扇面對

10. 詞調、詞牌、詞譜

七、利用常識部分講述的判斷近體詩首句平仄類型的方法，標注文選中唐宋律詩和絕句的平仄和拗救

八、查找文選中唐宋律詩、絕句韻脚屬於平水韻的哪個韻目

九、下面是一位同學的近體詩習作，試指出該詩的平仄和用韻方面存在的問題

詠　春

萬里晴空任鳥飛，
池塘青草日漸新。
滿天花瓣隨風落，
無限春息醉萬人。

十、試以山水田園爲主題，模仿王維詩作，寫一首五律

十一、試以平水韻下平聲十一尤爲韻，以詠史懷古爲主體，創作一首近體詩，律詩絕句皆可，五言七言不限

第七單元

文選

荀　子

《荀子》，戰國末趙人荀况（前313—前238）作。荀况年十五而遊學齊國稷下（在齊都臨淄，今山東淄博市），曾任稷下學宫祭酒，後適楚爲蘭陵令，公元前238年罷官，遂家於蘭陵。著書數萬言而卒，世尊稱爲荀卿或孫卿子。

《荀子》之學本諸仲尼，“推儒墨道德之行事興壞”，故《荀子》歷來被認爲是儒家的重要著作。《荀子》主張“天行有常”，又主張“制天命而用之”，既揭示了自然規律的客觀性，又認識到了人類的主觀能動性，實屬先秦樸素唯物主義之代表。

《荀子》主張人性本惡，隆禮而重法，主張兼用禮治和法治來加强封建統治，對後來的法家影響很大。《荀子》特别强調教育和後天學習的重要性，所著《勸學》、《修身》、《不苟》諸篇，論修身進學甚詳。

《荀子》一書，漢代劉向校訂爲三十二篇，稱《荀卿新書》。唐代楊倞始爲之注，重排篇次，分二十卷，改題“荀子”，其名制相沿至今。現在通行的注本是清人王先謙的《荀子集解》。今人梁啓雄有《荀子簡釋》，王天海有《荀子校釋》，董治安、鄭傑文有《荀子彙校彙注》。

修身（節錄）[1]

見善，修然必以自存也[2]；見不善，愀然必以自省也[3]；善在身，介然必以自好也[4]；不善在身，菑然必以自惡也[5]。故非我而當者，吾師也；是我而當者，吾友也；諂諛我者，吾賊也[6]。故君子隆師而親友，以致惡其賊[7]。好善無猒[8]，受諫而能誡[9]，雖欲無進，得乎哉！小人反是，致亂而惡人之非己也，致不肖而欲人之賢己也；心如虎狼，行如禽獸，而又惡人之賊己也。諂諛者親，諫爭者疏[10]；修正爲笑，至忠爲賊[11]，雖欲無滅亡，得乎哉！詩曰："潝潝訿訿，亦孔之哀。謀之其臧，則具是違；謀之不臧，則具是依。"[12] 此之謂也。

[1] 本篇題爲《修身》，這裏選的是它的前半部分。文章論述了提高個人品德修養之方法，倡導隆禮而尊師，學習要專一。這些思想，我們今天讀起來仍感到很有啓發。

[2] 修然，整飭的樣子。存，省察。

[3] 愀（qiǎo）然，憂懼的樣子。

[4] 介，通"潔"。

[5] 菑然，骯髒的樣子。菑，通"緇"。

[6] 賊，敵人。

[7] 隆，尊崇。致，極。

[8] 猒，同"厭"。

[9] 誡，一本作"戒"。

[10] 爭，一本作"諍"。

[11] 賊，殘害。

[12] 見《詩經·小雅·小旻》。潝潝訿訿，一本作"噏噏呰呰"。潝潝，衆口附和的樣子。訿訿，相互詆毀的樣子。孔，很。臧，善。

扁善之度[1]，以治氣養生則身後彭祖[2]，以修身自強則名則配堯、禹[3]。宜於時通[4]，利以處窮，禮信是也。凡用血氣、志意、知慮，由禮則治通，不由禮則勃亂提僈[5]；食飲、衣服、居處、動靜，由禮則和節，不由禮則觸陷生疾；容貌、態度、進退、趨行，由禮則雅，不由禮則夷固僻違、庸衆而野[6]。故人無禮則不生，事無禮則不成，國家無禮則不寧。《詩》曰："禮儀卒度，笑語卒獲。"[7] 此之謂也。

以善先人者謂之教，以善和人者謂之順[8]；以不善先人者謂之諂，以不善和人者謂之諛。是是，非非，謂之知；非是，是非，謂之愚。傷良曰讒，害良曰賊。是謂是，非謂非，曰直。竊貨曰盜，匿行曰詐，易言曰誕[9]。趣舍無定[10]，謂之無常；保利棄義，謂之至賊[11]。多聞曰博，少聞曰淺；多見曰閑，少見曰陋[12]。難進曰偍[13]，易忘曰漏。少而理曰治，多而亂曰秏[14]。

[1] 扁，通"徧"。

[2] 彭祖，傳說中長壽的人，據說他活了八百歲。

[3] 這句是說，修身可以自成其名，然後可以與堯、禹相配。

[4] 時，處，置身。

[5] 治通，條理暢達。勃，通"悖"。提僈，怠慢。僈，同"慢"。

[6] 夷固，倨傲。僻違，乖邪。庸衆，猶庸人也。

[7] 見《詩經·小雅·楚茨》。卒，盡。度，法度。獲，得時，得當。

[8] 先人，爲他人表率。和人，附和他人。

[9] 匿行，隱藏行迹。詐，詭詐。易言，輕率而言。

[10] 趣，通"取"。

［11］至賊，至壞之人。

［12］此四句互文見義，謂多聞多見則廣博，少聞少見則淺陋。閑，指見識廣博。

［13］偍，通“提”，怠也。

［14］秏，通“眊”（mào），昏亂不明。

治氣養心之術：血氣剛強，則柔之以調和；知慮漸深，則一之以易良[1]；勇膽猛戾，則輔之以道順[2]；齊給便利，則節之以動止[3]；狹隘褊小，則廓之以廣大；卑溼重遲貪利，則抗之以高志[4]；庸衆駑散，則刦之以師友；怠慢僄弃，則炤之以禍災[5]；愚款端愨[6]，則合之以禮樂，通之以思索。凡治氣養心之術，莫徑由禮，莫要得師，莫神一好[7]。夫是之謂治氣養心之術也。

志意修則驕富貴[8]，道義重則輕王公；内省而外物輕矣。傳曰：“君子役物，小人役於物。”此之謂也。身勞而心安，爲之；利少而義多，爲之；事亂君而通，不如事窮君而順焉。故良農不爲水旱不耕，良賈不爲折閲不市[9]，士君子不爲貧窮怠乎道。

［1］漸深，深沈，指城府深。一，通“抑”，平抑。易，坦率。良，溫良。

［2］膽，梁啓雄以爲當作“毅”，亦通。道，道義。順，和順。

［3］齊、給、便、利，都有便捷迅速的意思。動止，這裏是偏義複詞，靜止。

［4］卑溼，意志卑下。重遲，遲緩。抗，舉。

［5］僄（piào），輕。炤，同“照”，通“昭”，使明白。

［6］愚款，敦厚誠懇。

［7］徑，直捷。一好，專一其好學之心。

［8］修，美好。

［9］折，虧損。閲，損耗。

體恭敬而心忠信，術禮義而情愛人[1]，横行天下，雖困四夷，人莫不貴；勞苦之事則爭先，饒樂之事則能讓，端愨誠信，拘守而詳[2]，横行天下，雖困四夷，人莫不任。體倨固而心執詐[3]，術順墨而精雜汙[4]，横行天下，雖達四方，人莫不賤；勞苦之事則偷儒轉脱[5]，饒樂之事則佞兑而不曲[6]，辟違而不愨，程役而不録[7]，横行天下，雖達四方，人莫不棄。行而供冀[8]，非漬淖也；行而俯項，非擊戾也[9]；偶視而先俯，非恐懼也。然夫士欲獨修其身，不以得罪於比俗之人也[10]。

［1］人，通“仁”（依王引之説）。

［2］拘守，謹守。詳，善。

［3］倨，傲。固，鄙陋。執，“埶（勢）”字之誤（依王引之説）。埶詐，狡詐。

［4］順，當作“慎”（依楊倞説），指早期法家人物慎到。墨，指墨家學派的創始人墨翟。

［5］偷，苟且。儒，通“懦”，懦弱。

［6］佞兑而不曲，佞媚喜悦而無所拘束。兑，通“悦”。曲，拘。

［7］辟、違，都爲乖邪義。辟，通“僻”。程，通“征”。

［8］供冀，恭己。供，通“共”，恭也；冀，通“己”（依王天海說）。

［9］摯戾，被繫之罪囚。一說，抵觸。

［10］比俗，世俗，流俗。

夫驥一日而千里，駑馬十駕，則亦及之矣。將以窮無窮，逐無極與？其折骨絶筋，終身不可以相及也。將有所止之，則千里雖遠，亦或遲或速，或先或後，胡爲乎其不可以相及也？不識步道者，將以窮無窮，逐無極與？意亦有所止之與[1]？夫堅白、同異、有厚無厚之察[2]，非不察也，然而君子不辯，止之也。倚魁之行[3]，非不難也，然而君子不行，止之也。故學曰遲[4]，彼止而待我，我行而就之，則亦或遲或速，或先或後，胡爲乎其不可以同至也？故蹞步而不休[5]，跛鼈千里；累土而不輟，丘山崇成[6]。厭其源[7]，開其瀆，江河可竭；一進一退，一左一右，六驥不致。彼人之才性之相縣也[8]，豈若跛鼈之與六驥足哉？然而跛鼈致之，六驥不致，是無他故焉，或爲之，或不爲爾！道雖邇，不行不至；事雖小，不爲不成。其爲人也多暇日者[9]，其出入不遠矣。

［1］意亦，同“抑亦”，還是。

［2］堅白、同異、有厚無厚，是戰國時期名家公孫龍、惠施、鄧析等辯論的哲學命題。

［3］倚魁，通“奇傀”，奇怪，怪異。

［4］曰，若，假設之詞。

［5］蹞，同“跬”，半步。按，古人以再舉足爲步，古人所謂蹞（或跬），等於今天所謂的一步。

［6］崇，通“終”。

［7］厭，通“壓”，堵塞。

［8］縣，後來寫作“懸”。

［9］多暇日，指懈怠懶惰。

正名（節錄）[1]

後王之成名[2]：刑名從商，爵名從周，文名從《禮》[3]。散名之加於萬物者，則從諸夏之成俗曲期[4]。遠方異俗之鄉，則因之而爲通[5]。散名之在人者：生之所以然者謂之性。性之和所生，精合感應，不事而自然謂之性[6]。性之好、惡、喜、怒、哀、樂謂之情。情然而心爲之擇謂之慮[7]。心慮而能爲之動謂之僞[8]。慮積焉、能習焉而後成謂之僞[9]。正利而爲謂之事。正義而爲謂之行[10]。所以知之在人者謂之知。知有所合謂之智[11]。智所以能之在人者謂之能[12]。能有所合謂之能[13]。性傷謂之病[14]。節遇謂之命[15]。是散名之在人者也，是後王之成名也。

故王者之制名，名定而實辨，道行而志通[16]，則慎率民而一焉。故析辭擅作名以亂正名[17]，使民疑惑，人多辨訟，則謂之大姦，其罪猶爲符節度量之罪也[18]。故其民莫敢託爲奇辭以亂正名，故其民愨。愨則易使，易使則公[19]。其民莫敢託爲奇辭以亂正名，故壹於道法而謹於循令矣。如是，則其迹長矣[20]。迹長功成，治之極也，是謹於守名約之功也[21]。

［1］本篇選自《荀子·正名》。原文較長，這裏節選前面幾段。文章論述了名稱與它所反映的實際內容之間的關係、如何制定名稱的問題以及辯證“明貴賤”、“辨同異”、“率民而一”的政治意義，它是中國古代語言文字學和邏輯學中的重要篇章之一。這裏節選的部分，科學地闡明了名實關係的社會約定性，説明了語言的本質以及名、實、數三者之間的關係。

［2］成名，定名，約定俗成之名。

［3］文名，禮節的名稱。《禮》，指周代的《儀禮》，古單稱《禮》。

［4］賦予萬物的具體名稱就應當依從中國語即夏語的舊俗鄉約。散，分散。曲，鄉曲。期，要約。

［5］通，譯而通之。

［6］這句話的意思是，生理健全產生的作用，是感官接觸事物引起心理上感應的本能。這種本能是不學而能的自然現象。

［7］情然，情感如此。擇，分別選擇。

［8］能，人的本能。僞，作爲，這裏指修養的功夫。

［9］思慮積久，本能經常按思慮所指的方向學習改變本質，最後達到化性的成熟階段也叫僞。僞，這裏指修養的效果。

［10］正，對準目的要求必達的意思。行，德行。

［11］合，指知的本能和外物接觸。智，指對事物的認識。

［12］智，衍文（盧文弨説）。能，智能。

［13］能，才能。

［14］性傷，生理殘疾。

［15］節遇，偶遇。

［16］志通，思想能交流。

［17］析辭，在言辭上玩弄奸巧，製造分歧。擅作名，私造詞語。

［18］度量，泛指度量衡器械。

［19］公，當爲“功”（依顧千里説）。

［20］迹長，政令推行得很遠。

［21］名約，制名的約定性，即社會公認的意義。

今聖王沒，名守慢[1]，奇辭起，名實亂，是非之形不明，則雖守法之吏、誦數之儒[2]，亦皆亂也。若有王者起，必將有循於舊名，有作於新名。然則所爲有名，與所緣以同異[3]，與制名之樞要，不可不察也。

異形離心交喻，異物名實玄紐[4]，貴賤不明，同異不別；如是，則志必有不喻之患，而事必有困廢之禍。故知者爲之分別制名以指實，上以明貴賤，下以辨同異。貴賤明，同異別，如是，則志無不喻之患，事無困廢之禍[5]，此所爲有名也。

［1］慢，怠慢。

［2］數，名數，指群經中名物制度的條文節目。

［3］所爲有名，爲什麽要有名稱。所緣以同異，區分事物同名或異名的根據。

［4］異形離心交喻，異形者離心能互相了解。玄，當爲“互”（依王念孫說）。互紐，錯亂。

［5］志不喻，思想認識未能表達出來讓人了解。事困廢，社會事業因發生困難而停頓。

然則何緣而以同異？曰：緣天官[1]。凡同類同情者，其天官之意物也同，故比方之疑似而通[2]。是所以共其約名以相期也[3]。形、體、色、理以目異，聲、音、清、濁、調、竽、奇聲以耳異[4]，甘、苦、鹹、淡、辛、酸、奇味以口異，香、臭、芬、鬱、腥、臊、洒、酸、奇臭以鼻異[5]，疾、養、滄、熱、滑、鈹、輕、重以形體異[6]，說、故、喜、怒、哀、樂、愛、惡、欲以心異[7]。心有徵知[8]，徵知則緣耳而知聲可也，緣目而知形可也，然而徵知必將待天官之當簿其類然後可也[9]。五官簿之而不知，心徵之而無說，則人莫不然，謂之不知，此所緣而以同異也。

［1］以，有。天官，人天生的感覺器官。

［2］同情，同性，心理相同。意物，對事物的感覺、印象。疑，擬。

［3］約名，約定之名。期，會通語義，交流思想。

［4］色，五色。理，文理。調、竽，調和竽笙等樂器的樂聲。

［5］鬱，草腐臭。洒，當爲“漏”（依楊倞說）。酸，當爲“痼”（依王念孫說）。豕臭曰腥，犬臭曰臊，馬臭曰漏，牛臭曰痼。

［6］疾，痛。養，通“癢”。滄，寒冷。鈹，当作“鈒”，“鈒”同“澀”。

［7］說，對事物的理解。与下文“心徵之而無說”之“說”同（依洪誠說）。故，對事物原因之探求。下面的喜、怒等是指人們接觸客觀事物所產生的取捨之情。

［8］徵知，理解。

［9］簿，記錄。

然後隨而命之：同則同之，異則異之；單足以喻則單，單不足以喻則兼[1]；單與兼無所相避則共，雖共，不爲害矣[2]。知異實者之異名也，故使異實者莫不異名也，不可亂也[3]，猶使異實者莫不同名也[4]。故萬物雖衆，有時而欲徧舉之，故謂之物。物也者，大共名也。推而共之，共則有共[5]，至於無共，然後止。有時而欲徧舉之[6]，故謂之鳥獸。鳥獸也者，大別名也。推而別之，別則有別，至於無別，然後止。名無固宜，約之以命，約定俗成謂之宜，異於約則謂之不宜。名無固實，約之以命實，約定俗成，謂之實名[7]。名有固善，徑易而不拂，謂之善名[8]。物有同狀而異所者[9]，有異狀而同所者，可別也。狀同而爲異所者，雖可合，謂之二實。狀變而實無別而爲異者，謂之化；有化而無別，謂之一實。此事之所以稽實定數也[10]。此制名之樞要也。後王之成名，不可不察也。

［1］單，單名，指單音詞。喻，了解，表明。兼，複名，指複音詞。

［2］無所相避，無法避開它們之間的共同點。不爲害，不起排斥作用。

［3］異實，本質不同。

［4］異，當爲“同”（依王念孫說）。

［5］共則有共，共用的名稱之中又有共用的名稱。

［6］徧，當爲“偏”（依俞樾說）。

［7］命，稱呼。實，概念。實名，指有固定內容的名稱。

［8］徑易，平直。這裏指明確無歧義。拂，違背。

［9］所，客觀實體。

［10］稽，考。

韓非子

《韓非子》，戰國末韓非（約前280—前233）作。韓非跟李斯同學於荀子，秦王政見其書，愛其才招之至秦，爲李斯、姚賈所陷，自殺於獄中。

《韓非子》一書集商鞅、慎到、申不害等法家政治學說之大成，其思想適應國家統一的需要，爲中央集權制奠定了理論基礎。《韓非子》提倡重本尚武，以法治國，“君無術則弊於上，臣無法則亂於下”，“有法以治富，無術無以知奸”，以爲絕對的秩序需要靠法、術、勢來維持。

韓非的著述，由後人編定成集。西漢時稱《韓子》，宋代始有人改稱爲《韓非子》（宋人尊稱韓愈爲“韓子”）。《韓非子》現存五十五篇，通行的注本是清人王先慎的《韓非子集解》，今人陳奇猷有《韓非子新校注》、梁啓雄有《韓子淺解》。

五蠹（節錄）[1]

夫古今異俗，新故異備，如欲以寬緩之政治急世之民[2]，猶無轡策而御馯馬[3]，此不知之患也[4]。今儒、墨皆稱先王兼愛天下，則視民如父母[5]。何以明其然也？曰：“司寇行刑[6]，君爲之不舉樂；聞死刑之報[7]，君爲流涕[8]。”此所舉先王也。夫以君臣爲如父子則必治，推是言之，是無亂父子也[9]。人之情性[10]，莫先於父母，皆見愛而未必治也，雖厚愛矣，奚遽不亂？今先王之愛民，不過父母之愛子[11]，子未必不亂也，則民奚遽治哉！且夫以法行刑而君爲之流涕，此以效仁，非以爲治也。夫垂泣不欲刑者，仁也；然而不可不刑者，法也。先王勝其法不聽其泣，則仁之不可以爲治亦明矣。且民者固服於勢，寡能懷於義。仲尼，天下聖人也，修行明道以遊海內[12]，海內說其仁[13]，美其義，而爲服役者七十人，蓋貴仁者寡，能義者難也。故以天下之大，而爲服役者七十人，而仁義者一人。魯哀公，下主也[14]，南面君國[15]，境内之民莫敢不臣。民者固服於勢，勢誠易以服人，故仲尼反爲臣，而哀公顧爲君[16]。仲尼非懷其義、服其勢也。故以義則仲尼不服於哀公，乘勢則哀公臣仲尼[17]。今學者之說人主也[18]，不乘必勝之勢，而務行仁義則可以王，是求人主之必及仲尼，而以世之凡民皆如列徒[19]，此必不得之數也。

[1] 蠹，蛀蟲。《五蠹》一向被認爲是韓非闡發其法家思想的代表作，文章集中反映了韓非的社會歷史觀和以法治國的政治主張，闡明了清除破壞法治的五蠹之民（儒者、縱橫家、遊俠、患御者和工商之民）的必要性，爲推行變法、實行法治提供了理論基礎。

[2] 急世，指急劇變動的時代。

[3] 駻馬，烈馬。

[4] 知，後來寫作"智"。

[5] 視民如父母，對待百姓就像父母一樣（慈愛）。陳奇猷認爲"母"下脫"之愛子"，亦通。

[6] 司寇，古代掌管刑獄的最高一級的官吏。

[7] 報，判決。

[8] 君爲流涕，當作"君爲之流涕"（依梁啓雄說）。

[9] 亂，紛亂，有糾紛。陳奇猷認爲"父"字是衍文，"亂子，謂不肖之子"，亦通。

[10] 情性，本性。

[11] 不過，不超過。

[12] 修行，修養德行。明道，宣揚道理。

[13] 說，喜悅，後來寫作"悅"。

[14] 下主，不高明的君主。

[15] 君，統治，用如動詞。

[16] 顧，反而。

[17] 乘，憑藉。

[18] 學者，指儒家。

[19] 列徒，指孔丘的弟子。

今有不才之子[1]，父母怒之弗爲改，鄉人譙之弗爲動[2]，師長教之弗爲變。夫以父母之愛，鄉人之行，師長之智，三美加焉，而終不動，其脛毛不改[3]。州部之吏操官兵、推公法而求索姦人[4]，然後恐懼，變其節，易其行矣。故父母之愛不足以教子，必待州部之嚴刑者，民固驕於愛、聽於威矣[5]。故十仞之城，樓季弗能踰者[6]，峭也[7]；千仞之山，跛牂易牧者[8]，夷也。故明王峭其法、而嚴其刑也[9]。布帛尋常[10]，庸人不釋；鑠金百溢[11]，盜跖不掇[12]。不必害則不釋尋常，必害手則不掇百溢，故明主必其誅也[13]。是以賞莫如厚而信，使民利之[14]；罰莫如重而必，使民畏之；法莫如一而固[15]，使民知之。故主施賞不遷，行誅無赦。譽輔其賞，毀隨其罰，則賢不肖俱盡其力矣。

[1] 不才，不成器。

［2］鄉人，這裏指鄉里中的長者。譙，通“誚”，責駡。

［3］脛，小腿。一說，句末有脱文，當爲“而終不動其脛毛，不改其節行”（依陳奇猷説）。

［4］州部，州級衙署，是古代的一種地方行政機構。官兵，官府的兵器。推，行。索，搜查。

［5］驕，肆意放縱。

［6］《史記·李斯傳》裴駰《索隱》引許慎曰：“樓季，魏文侯之弟。”

［7］峭，險峻。

［8］牂（zāng），牝羊，母羊。

［9］峭其法，嚴峻地制定國法。

［10］布帛，上古麻織品稱布，絲織品稱帛。尋常，古代長度單位，八尺爲一尋，兩尋爲一常。

［11］鑠，熔化。溢，通“鎰”。

［12］掇，拾取。

［13］必其誅，堅决地執行刑罰。

［14］利，意動用法，認爲……有利。

［15］一，統一。固，固定。

今則不然，以其有功也爵之，而卑其士官也[1]；以其耕作也賞之，而少其家業也[2]；以其不收也外之[3]，而高其輕世也[4]；以其犯禁也罪之，而多其有勇也[5]。毁譽、賞罰之所加者相與悖繆也[6]，故法禁壞而民愈亂。今兄弟被侵，必攻者[7]，廉也[8]；知友被辱，隨仇者，貞也[9]。廉貞之行成，而君上之法犯矣。人主尊貞廉之行，而忘犯禁之罪，故民程於勇而吏不能勝也[10]。不事力而衣食則謂之能[11]，不戰功而尊則謂之賢，賢能之行成而兵弱而地荒矣。人主説賢能之行[12]，而忘兵弱地荒之禍，則私行立而公利滅矣[13]。

［1］士官，即仕官，做官。

［2］少，輕視，看不起。家業，財産。

［3］收，録用。外，疏遠。

［4］輕世，輕視世間的榮辱。

［5］多，讚美，稱讚。

［6］悖，違背。繆，通“謬”。相與悖繆，互相矛盾。

［7］攻，攻擊，這裏指反攻。

［8］廉，方正，有棱角。

［9］貞，忠貞，節操好。

［10］程，通“逞”，炫耀。勝，制服。

［11］不事力，這裏指不從事農耕。

［12］説，後來寫作“悦”。

［13］私行，指謀私利的行爲。

顯學（節錄）[1]

世之顯學，儒、墨也。儒之所至，孔丘也[2]。墨之所至，墨翟也。自孔子之死也，有子張之儒，有子思之儒，有顔氏之儒，有孟氏之儒，有漆雕氏之儒，有仲良氏之儒，有孫氏之儒，有樂正氏之儒[3]。自墨子之死也，有相里氏之墨，有相夫氏之墨，有鄧陵氏之墨[4]。故孔、墨之後，儒分爲八，墨離爲三，取舍相反不同[5]，而皆自謂真孔、墨，孔、墨不可復生，將誰使定世之學乎[6]？孔子、墨子俱道堯、舜，而取舍不同，皆自謂真堯 、舜，堯、舜不復生，將誰使定儒、墨之誠乎？殷、周七百餘歲，虞、夏二千餘歲，而不能定儒、墨之真；今乃欲審堯、舜之道於三千歲之前，意者其不可必乎[7]！無參驗而必之者，愚也；弗能必而據之者，誣也[8]。故明據先王，必定堯、舜者，非愚則誣也。愚誣之學，雜反之行，明主弗受也。

［1］這篇文章重點批判了當時最爲顯赫的儒家和墨家兩大學派，爲法家的政治主張立論。它是韓非全面論述法治思想的一篇代表作，也是我們研究中國學術思想史的珍貴資料。

［2］所至，指達到最高成就的人。

［3］子張，即顓孫師，字子張，孔子的弟子。子思，孔子的孫子，名伋，字子思，著有《子思》二十三篇，今佚。清魏源以《中庸》、《坊記》、《表記》、《緇衣》爲子思所作，故作《子思章句》，是研究他的思想的材料。顔氏，即顔回，字子淵，孔子的弟子。一説孔子有顔氏弟子八人，顔回、顔無繇、顔幸、顔高、顔祖、顔之僕、顔噲、顔何，此處不能確指是誰。孟氏，即孟軻，字子輿，子思的再傳弟子，孔子以後儒家最權威的代表人物。他的言行，主要記録在《孟子》一書中。漆雕氏，姓漆雕，名啓，字子開，孔子的弟子。仲良氏，可能是指仲梁子，戰國時期魯國人。孫氏，指孫卿，即荀況，有《荀子》一書傳世。樂正氏，姓樂正，字子春，曾參的弟子。

［4］相里氏，即相里勤，南方人，墨家代表人物。相夫氏，一作伯夫氏，墨家代表人物。鄧陵氏，即鄧陵子，楚人，墨家代表人物。

［5］舍，後來寫作“捨”，捨棄。

［6］定，審定，判斷。

［7］意，想來。必，確定，斷定。

［8］參驗，用事實加以驗證。誣，欺騙。

今世之學士語治者多曰：“與貧窮地以實無資。”今夫與人相若也，無豐年旁入之利而獨以完給者[1]，非力則儉也。與人相若也，無饑饉疾疚禍罪之殃獨以貧窮者，非侈則墯也[2]。侈而墯者貧，而力而儉者富。今上徵斂於富人以佈施於貧家，是奪力儉而與侈惰也，而欲索民之疾作而節用[3]，不可得也。

今有人於此，義不入危城，不處軍旅，不以天下大利易其脛一毛[4]，世主必從而禮之，貴其智而高其行，以爲輕物重生之士也。夫上所以陳良田大宅，設爵禄，所以易民死命也。今上尊貴輕物重生之士，而索民之出死而重殉上事[5]，不可得也。

藏書策，習談論，聚徒役，服文學而議說[6]，世主必從而禮之，曰："敬賢士，先王之道也。"夫吏之所稅，耕者也；而上之所養，學士也。耕者則重稅，學士則多賞，而索民之疾作而少言談，不可得也。立節參民，執操不侵[7]，怨言過於耳必隨之以劍，世主必從而禮之，以爲自好之士。夫斬首之勞不賞，而家鬭之勇尊顯，而索民之疾戰距敵而無私鬭[8]，不可得也。國平則養儒俠，難至則用介士[9]。所養者非所用，所用者非所養，此所以亂也。且夫人主於聽學也，若是其言，宜布之官而用其身；若非其言，宜去其身而息其端。今以爲是也而弗布於官，以爲非也而不息其端，是而不用，非而不息，亂亡之道也。

［1］夫，那類（人）。完給，給養充足。

［2］疾疢，久病。惰，通"惰"。

［3］疾作，勤力耕作。

［4］義，道德行爲的准則。易，換取。脛，小腿。

［5］出死，拼命。重殉上事，即"重上事而殉上事"。

［6］徒役，弟子，門徒。古代弟子侍奉先生稱服役，所以稱"徒役"。服，習。文學，指古代文獻經典。

［7］參民，當爲"齊民"，難禁之民（依陳奇猷說）。執，掌握，堅持。操，操守。

［8］距，通"拒"。

［9］介，通"甲"，鎧甲。

澹臺子羽[1]，君子之容也，仲尼幾而取之，與處久而行不稱其貌[2]。宰予之辭[3]，雅而文也，仲尼幾而取之，與處久而智不充其辯。故孔子曰："以容取人乎，失之子羽；以言取人乎，失之宰予。"故以仲尼之智而有失實之聲。今之新辯濫乎宰予，而世主之聽眩乎仲尼[4]，爲悅其言，因任其身，則焉得無失乎？是以魏任孟卯之辯而有華下之患[5]，趙任馬服之辯而有長平之禍[6]。此二者，任辯之失也。夫視鍛錫而察青黃[7]，區冶不能以必劍[8]；水擊鵠雁，陸斷駒馬，則臧獲不疑鈍利。發齒吻形容[9]，伯樂不能以必馬[10]；授車就駕而觀其末塗[11]，則臧獲不疑駑良。觀容服，聽辭言，仲尼不能以必士；試之官職，課其功伐[12]，則庸人不疑於愚智。故明主之吏，宰相必起於州部[13]，猛將必發於卒伍。夫有功者必賞，則爵祿厚而愈勸；遷官襲級[14]，則官職大而愈治。夫爵祿大而官職治，王之道也。

［1］澹（tán）臺子羽，姓澹臺，名滅明，字子羽，春秋時魯國武城人，孔子的弟子。

［2］幾，接近。稱，相稱。

［3］宰予，字子我，春秋時魯國人，以善辯聞名，孔子的弟子。

［4］濫，泛濫，引申指言辭的浮誇。眩，迷惑，迷亂。

［5］孟卯，一作芒卯、昭卯，戰國時期齊國人，能言善辯，後爲魏國的相。華下之患，公元前273年，孟卯率魏軍聯合趙軍攻打韓國，秦將白起救韓，在華陽大破魏趙聯軍，死傷十五萬。

［6］馬服，戰國時趙地，在今河北邯鄲西北。趙國名將趙奢以功封爲馬服君，這裏指其子趙

括。長平之禍，公元前260年，秦將白起攻趙，與趙軍相拒於長平，趙王中了反間計，任命趙括爲大將，以代廉頗，結果趙軍大敗，被坑殺四十萬，趙括戰死。

[7] 鍛錫，古人鍛煉金屬時摻的錫。青黃，鍛煉金屬時火的顔色。

[8] 區冶，又作“歐冶”，即歐冶子，春秋末越國人，鑄劍名家。

[9] 發，打開，掰開（馬嘴）。吻，嘴脣。形容，外形體貌。

[10] 伯樂，春秋末晉國人，善於相馬。

[11] 塗，通“途”。

[12] 課，考核。功伐，功績。

[13] 州部，古代一種基層行政單位，州一級的衙署。

[14] 勸，勉勵。遷，升遷。襲，層層上加。襲級，逐級提升。

磐石千里，不可謂富；象人百萬[1]，不可謂強。石非不大，數非不衆也，而不可謂富強者，磐不生粟，象人不可使距敵也。今商官技藝之士亦不墾而食[2]，是地不墾與磐石一貫也。儒俠毋軍勞、顯而榮者則民不使[3]，與象人同事也。夫知禍磐石象人，而不知禍商官儒俠爲不墾之地、不使之民，不知事類者也。

故敵國之君王雖說吾義[4]，吾弗入貢而臣；關内之侯雖非吾行，吾必使執禽而朝[5]。是故力多則人朝，力寡則朝於人，故明君務力。夫嚴家無悍虜[6]，而慈母有敗子，吾以此知威勢之可以禁暴，而德厚之不足以止亂也。

[1] 象人，俑人，古代殉葬時用陶土、木頭等做的假人。

[2] 商官，用金錢買到官爵的商人。

[3] 毋，通“無”。

[4] 敵，匹敵，勢均力敵。說，通“悦”。吾，這裏指君主。

[5] 非，反對，不滿。執禽，爲表示忠於君主，古代有手持禽類禮物朝見君主的制度，卿執羔，大夫執雁，士執雉。

[6] 悍虜，兇悍的奴僕。

夫聖人之治國，不恃人之爲吾善也，而用其不得爲非也。恃人之爲吾善也，境内不什數[1]；用人不得爲非，一國可使齊。爲治者用衆而舍寡，故不務德而務法。夫必恃自直之箭，百世無矢[2]；恃自圜之木[3]，千世無輪矣。自直之箭，自圜之木，百世無有一，然而世皆乘車射禽者何也？隱栝之道用也[4]。雖有不恃隱栝而有自直之箭、自圜之木，良工弗貴也。何則？乘者非一人，射者非一發也。不恃賞罰而恃自善之民，明主弗貴也。何則？國法不可失，而所治非一人也 。故有術之君，不隨適然之善[5]，而行必然之道。

[1] 什，以十爲一個單位。不什數，不能用十爲單位來計數，即不到十個，形容很少。

[2] 箭，造箭用的竹竿。世，古代以三十年爲一世。

[3] 圜，通“圓”。

[4] 隱栝（guā），矯正曲木的工具。

[5] 適然，偶然。

呂氏春秋

《呂氏春秋》是戰國末年秦相國呂不韋組織門客共同撰寫的，最後合編爲二十六卷，分十二紀（六十篇）、八覽（三十六篇）、六論（六十四篇），加上序意，共一百六十一篇，現存一百六十篇（八覽今缺一篇）。因爲書中有八覽，後人亦稱《呂覽》。

這部書由于是集體編寫的，思想很不統一，東漢班固以來，都把《呂氏春秋》列爲雜家的著作。文章大都運用故事說理，文字較爲生動。

《呂氏春秋》最早的注本出自東漢高誘，近代通行清畢沅輯校的經訓堂本，近人許維遹有《呂氏春秋集釋》、陳奇猷有《呂氏春秋新校釋》。

義　賞[1]

春氣至則草木產，秋氣至則草木落。產與落，或使之[2]，非自然也。故使之者至，物無不爲；使之者不至，物無可爲。古之人審其所以使，故物莫不爲用。賞罰之柄[3]，此上之所以使也。其所以加者義，則忠信親愛之道彰。久彰而愈長，民之安之若性，此之謂教成。教成，則雖有厚賞嚴威弗能禁。故善教者不以賞罰而教成[4]，教成而賞罰弗能禁。用賞罰不當亦然。姦僞賊亂貪戾之道興，久興而不息，民之讎之若性。戎夷胡貉巴越之民是以[5]，雖有厚賞嚴罰弗能禁。郢人之以兩版垣也[6]，吳起變之而見惡[7]，賞罰易而民安樂；氐羌之民，其虜也，不憂其係纍[8]，而憂其死不焚也，皆成乎邪也。故賞罰之所加，不可不慎。且成而賊民[9]。

[1] 本篇是《呂氏春秋·孝行覽》的第四篇。文章認爲賞罰是君主役使臣民的手段，不可不慎。行賞的原則是禮義爲上、功利爲下。這種觀點是典型的儒家思想。

[2] 或，這裏指代時間。

[3] 柄，權柄。

[4] 不以賞罰而教成，當作義以賞罰而教成（依陶鴻慶說）。

[5] 戎夷胡貉巴越，當時的少數民族。以，與，跟……一樣。

[6] 版，也作“板”，築牆的夾板。垣，牆，這裏用如動詞。

[7] 惡，怨恨。

[8] 氐羌，當時的少數民族。係纍，被捆綁囚禁。

[9] 此段當是傳寫中變亂次序，原文當爲：“郢人之以兩版垣也，吳起變之而見惡，氐羌之民，其虜也，不憂其係纍，而憂其死不焚也，皆成乎邪也。且成而賊民。賞罰易而民安樂，故賞罰之所加，不可不慎。”（依陶鴻慶說）

昔晉文公將與楚人戰於城濮[1]，召咎犯而問曰[2]：“楚衆我寡，奈何而可？”咎犯對曰：“臣聞繁禮之君不足於文[3]，繁戰之君不足於詐，君亦詐之而已。”文公以咎犯言告雍季[4]，雍季曰：“竭澤而漁，豈不獲得？而明年無魚；焚藪而田[5]，豈不獲得？而明年無獸。詐僞之道，雖今偷可，後將無復[6]，非長術也。”文公用咎犯之言，而敗楚人於城濮。反而爲賞，雍季在上。左右諫曰：“城濮之功，咎犯之謀也。君用其言，而賞後其身，或者不可乎！”文公曰：“雍季之言，百世之利也；咎犯之言，一時之務也。焉有以一時之務先百世之利者乎？”孔子聞之，曰：“臨難用詐，足以却敵；反而尊賢，足以報德。文公雖不終，始足以霸矣[7]。”賞重則民移之[8]，民移之則成焉。成乎詐，其成毀，其勝敗。天下勝者衆矣，而霸者乃五。文公處其一，知勝之所成也。勝而不知勝之所成，與無勝同。秦勝於戎而敗乎殽[9]；楚勝於諸夏而敗乎柏舉[10]。武王得之矣，故一勝而王天下。衆詐盈國，不可以爲安，患非獨外也。

［1］城濮，春秋時期衛國地名，在今河南省范縣南。城濮之戰見《左傳·僖公二十八年》。

［2］咎犯，即狐偃，晉文公重耳的舅父，所以稱“舅犯”。咎，通“舅”。

［3］足，厭，滿足。文，指禮樂的盛大。

［4］雍季，人名，晉文公之臣。

［5］田，打獵。這個意義後來寫作“畋”。

［6］偷，苟且。無復，不可復行。

［7］依許維遹說，此句當爲：“文公雖不終，焉始足以霸矣。”不終，不能堅持到最後。

［8］移，歸。

［9］秦勝於戎，指秦穆公破西戎而稱霸事。敗乎殽，指秦穆公襲鄭回師而爲晉軍敗於殽事。

［10］楚勝於諸夏，指公元前597年楚莊王在邲擊敗晉國事。敗乎柏舉，指楚昭王在柏舉被吴國擊敗事。

趙襄子出圍[1]，賞有功者五人，高赦爲首[2]。張孟談曰[3]：“晉陽之中[4]，赦無大功，賞而爲首，何也？”襄子曰：“寡人之國危，社稷殆，身在憂約之中[5]，與寡人交而不失君臣之禮者，惟赦。吾是以先之。”仲尼聞之[6]，曰：“襄子可謂善賞矣！賞一人而天下之爲人臣莫敢失禮。”爲六軍則不可易[7]，北取代，東迫齊，令張孟談踰城潛行，與魏桓、韓康期而擊智伯[8]，斷其頭以爲觴，遂定三家，豈非用賞罰當邪？

［1］趙襄子出圍，指智伯率韓、魏兩家圍趙襄子於晉陽，趙襄子反而乘機聯合韓、魏滅掉智氏事。趙襄子，名毋恤，趙簡子之子。

［2］高赦，人名，或作高赫、高共，趙襄子家臣。

［3］張孟談，人名，趙襄子家臣。

［4］中，當爲“事”（依許維遹說）。

［5］憂約，憂困。

［6］仲尼聞之，趙襄子事在孔子後，此系僞託（畢沅引王伯厚說）。

［7］六軍，泛指軍隊。易，輕。

［8］魏桓，即魏桓子，名駒。韓康，即韓康子，名虎。期，約定日期。

去宥[1]

東方之墨者謝子，將西見秦惠王[2]。惠王問秦之墨者唐姑果[3]。唐姑果恐王之親謝子賢於己也，對曰："謝子，東方之辯士也。其爲人也甚險，將奮於說以取少主也[4]。"王因藏怒以待之。謝子至，說王，王弗聽。謝子不説，遂辭而行。凡聽言以求善也，所言苟善，雖奮於取少主[5]，何損？所言不善，雖不奮於取少主，何益？不以善爲之慤[6]，而徒以取少主爲之悖，惠王失所以爲聽矣。用志若是，見客雖勞，耳目雖弊[7]，猶不得所謂也。此史定所以得行其邪也[8]，此史定所以得飾鬼以人，罪殺不辜，群臣擾亂，國幾大危也。人之老也，形益衰而智益盛。今惠王之老也，形與智皆衰邪！

［1］本篇是《呂氏春秋·先識覽》的第七篇。文章旨在論述認識問題的方法，只有去掉主觀偏見，人才能正確認識事物。

［2］謝子，關東人，姓謝，或作"射子"。子，古代對男子的尊稱。秦惠王，即秦惠文王（前337—前311在位）。

［3］唐姑果，或作"唐姑"、"唐姑梁"，墨家學派人物。

［4］奮，勇，盡力，竭力。取，取悅。少主，秦惠王的太子。

［5］雖奮於取少主，於下脫"說以"二字。下句同。（依陶鴻慶說）

［6］爲，通"謂"。

［7］弊，疲弊。

［8］史定，秦惠王時的史官。

荊威王學書於沈尹華，昭釐惡之[1]。威王好制，有中謝佐制者[2]，爲昭釐謂威王曰："國人皆曰，王乃沈尹華之弟子也。"王不說，因疏沈尹華。中謝，細人也[3]，一言而令威王不聞先王之術，文學之士不得進，令昭釐得行其私。故細人之言，不可不察也。且數怒人主，以爲姦人除路[4]，姦路以除，而惡壅却[5]，豈不難哉！夫激矢則遠，激水則旱[6]，激主則悖，悖則無君子矣。夫不可激者，其唯先有度。

［1］荊威王，即楚威王（前339—前329在位），楚懷王之父，名熊商。書，指古代文獻典籍。沈尹華、昭釐（xī），都是楚威王之臣。

［2］制，法制。中謝，官名，侍奉王侯的近臣。

［3］細人，小人，地位卑賤的人。

［4］怒，使動詞，激怒。除，修治，開通。

［5］壅却，指賢才的仕進之途被阻塞。

[6] 激矢，這裏指奮力引箭。旱，通“悍”，兇暴猛烈。

鄰父有與人鄰者[1]，有枯梧樹。其鄰之父言梧樹之不善也，鄰人遽伐之。鄰父因請而以爲薪。其人不説曰：“鄰者若此其險也，豈可爲之鄰哉?”此有所宥也[2]。夫請以爲薪與弗請，此不可以疑枯梧樹之善與不善也。齊人有欲得金者，清旦，被衣冠，往鬻金者之所，見人操金，攫而奪之。吏搏而束縛之，問曰：“人皆在焉，子攫人之金，何故?”對吏曰：“殊不見人[3]，徒見金耳。”此真大有所宥也。夫人有所宥者，固以晝爲昏，以白爲黑，以堯爲桀，宥之爲敗亦大矣。亡國之主，其皆甚有所宥邪？故凡人必別宥然後知，別宥則能全其天矣[4]。

[1] 鄰父，此二字當衍（依陳奇猷説）。

[2] 宥，通“囿”，局限。

[3] 殊，極，很。這裏有根本的意思。

[4] 天，身（依高誘注）。

慎 行[1]

行不可不孰[2]。不孰，如赴深谿，雖悔無及。君子計行慮義，小人計行其利[3]，乃不利。有知不利之利者，則可與言理矣。

荆平王有臣曰費無忌，害太子建[4]，欲去之。王爲建取妻於秦而美，無忌勸王奪。王已奪之，而疏太子。無忌説王曰：“晉之霸也，近於諸夏，而荆僻也，故不能與爭。不若大城城父而置太子焉，以求北方，王收南方[5]，是得天下也。”王説，使太子居於城父。居一年，乃惡之曰[6]：“建與連尹將以方城外反。”[7]王曰：“已爲我子矣，又尚奚求?”對曰：“以妻事怨，且自以爲猶宋也。齊晉又輔之。將以害荆，其事已集矣。”王信之，使執連尹。太子建出奔[8]。左尹郄宛[9]，國人説之。無忌又欲殺之，謂令尹子常曰[10]：“郄宛欲飲令尹酒。”又謂郄宛曰：“令尹欲飲酒於子之家。”郄宛曰：“我，賤人也，不足以辱令尹[11]。令尹必來辱，我且何以給待之?”無忌曰：“令尹好甲兵，子出而寘之門，令尹至，必觀之，已，因以爲酬。”及饗日，惟門左右而置甲兵焉[12]。無忌因謂令尹曰：“吾幾禍令尹。郄宛將殺令尹，甲在門矣。”令尹使人視之，信，遂攻郄宛，殺之。國人大怨，動作者莫不非令尹[13]。沈尹戌謂令尹曰[14]：“夫無忌，荆之讒人也。亡夫太子建，殺連尹奢，屏王之耳目[15]。今令尹又用之，殺衆不辜，以興大謗，患幾及令尹。”令尹子常曰：“是吾罪也，敢不良圖?”乃殺費無忌，盡滅其族，以説其國。動而不論其義[16]，知害人而不知人害己也，以滅其族，費無忌之謂乎!

[1] 本篇是《呂氏春秋·慎行論》的首篇，強調言行要以“義”爲準則，不可一味追逐私利。“君子計行慮義，小人計行其利。”然而作者並未完全拋棄功利，之所以“計行慮義”，是因爲可獲

得“不利之利”——國治身安的根本之利。

［2］孰，熟思，熟慮，後來寫作“熟”。

［3］其，通“期”，求。

［4］荊平王，即楚平王（前528—前516在位），名熊居。費無忌，楚平王之臣。《左傳·昭公十九年》作“費無極”，爲太子少師。太子建，即王子建，楚平王太子，又稱子木。害，嫉恨。

［5］大，擴大。城父，楚國北部邊邑，在今河南省寶豐縣東。求，指求得尊奉。收，取。

［6］惡，詆毀。

［7］連尹，楚官名，這裏指伍奢，伍子胥之父。方城，山名，楚國北部要塞。外，城父在方城以北，故稱“外”。

［8］犇，同“奔”。

［9］左尹，楚官名，位在令尹之下。郄宛，楚國大夫，字子惡。

［10］令尹，楚官名，楚國百官之長。

［11］賤人，謙稱。辱，敬稱。

［12］惟，通“幃”，此處用如動詞，陳設帷幕。

［13］動作者，疑當作“進胙者”（依王念孫説），向國君進獻祭肉的人。胙，祭廟的肉。

［14］沈尹戍，楚國沈地的長官，名戍。高誘謂爲楚莊王之孫。

［15］屏，蔽，閉塞。

［16］諭，察知。

崔杼與慶封謀殺齊莊公[1]，莊公死，更立景公，崔杼相之。慶封又欲殺崔杼而代之相，於是掾崔杼之子，令之爭後[2]。崔杼之子相與私閧[3]，崔杼往見慶封而告之。慶封謂崔杼曰：“且留，吾將興甲以殺之。”因令盧滿嫳興甲以誅之[4]，盡殺崔杼之妻子及枝屬，燒其室屋，報崔杼曰：“吾已誅之矣。”崔杼歸無歸，因而自絞也。慶封相景公，景公苦之。慶封出獵，景公與陳無宇、公孫竈、公孫蠆誅封[5]。慶封以其屬鬭，不勝，走如魯。齊人以爲讓，又去魯而如吳，王予之朱方[6]。荊靈王聞之，率諸侯以攻吳，圍朱方，拔之，得慶封，負之斧質，以徇於諸侯軍[7]，因令其呼之曰：“毋或如齊慶封，弒其君而弱其孤，以亡其大夫[8]。”乃殺之。黄帝之貴而死，堯、舜之賢而死，孟賁之勇而死，人固皆死。若慶封者，可謂重死矣。身爲僇[9]，支屬不可以見，行忮之故也[10]。凡亂人之動也，其始相助，後必相惡。爲義者則不然，始而相與，久而相信，卒而相親，後世以爲法程。

［1］崔杼，齊國大夫，謚武子。慶封，齊國大夫，字子家。

［2］掾（zhuó），挑撥。後，後嗣，繼承人。

［3］閧，同“鬨”，爭鬥。

［4］盧滿嫳（piè），齊國大夫。

［5］陳無宇、公孫竈、公孫蠆，三人都是齊國大夫。陳無宇謚桓子，竈、蠆二人是齊國宗室。

［6］朱方，春秋時吳國城邑，在今江蘇省鎮江市丹徒鎮南。

［7］斧質，古代殺人的刑具。質，通“鑕”，鐵鍖，殺人時置於身下。徇，巡行示衆。

［8］孤，幼而無父，這裏指新君景公。亡，通“盟”，盟誓。

［9］僇，通“戮”，殺戮。

［10］支屬，同“枝屬”，宗族親屬。見，當作“完”（依王念孫說）。忮（zhì），嫉恨。

古　注

《説文解字注》選（六則）

（東漢）許慎撰　（清）段玉裁注

題解　《説文解字》是我國第一部字典，東漢許慎撰。許慎（約58—約147），字叔重，東漢汝南召陵（今河南漯河市召陵區）人。永元十有二年（100），許慎始作《説文解字》，建光元年（121），書成。全書共收單字九千三百五十三，重文一千一百六十三，分歸於五百四十部。《説文解字》是我國第一部以六書理論系統分析字形、解説字義、辯識聲讀的字典，是我們今天研究古文字和古漢語的必不可少的工具書。《説文解字》不但在過去對漢字研究產生了巨大的影響，對現在和將來的漢字研究仍具有重大的意義。

《説文解字注》，清段玉裁注。段玉裁（1735—1815），字若膺，號懋堂，江蘇鎮江府金壇人。段氏自幼聰穎好學，乾隆時考中舉人。曾師事戴震，深受教益，成爲清代傑出的文字音韻訓詁學家、經學家，乾嘉學派的代表人物之一。歷任貴州玉屏、四川巫山等縣知縣。後因父老而告歸，回到金壇，然後又定居蘇州楓橋，杜門著述。段玉裁著述宏富，有《説文解字注》、《六書音均表》、《古文尚書撰異》、《毛詩故訓傳定本》、《經韻樓集》等三十餘種，其中《説文解字注》是段玉裁用了四十餘年的時間、傾注大半生心血寫成的代表作。他的做法是先寫《説文解字讀》，這是《説文解字注》的長編，晚年才刪去繁文，簡約成《説文解字注》。嘉慶二十年（1815）五月全書刻成。該書一問世就受到學術界的高度推崇，王念孫在《説文解字注·序》中説，“蓋千七百年來無此作矣”，認爲段氏之注可以直追許慎之書。段玉裁注《説文》的貢獻是：訂正《説文》傳本的訛誤，闡明《説文》的體例，引證經傳古籍解釋許説、推求許説所本，以《説文》校釋群書，説明字義的引申和變遷，補充假借義，指明古今字，精確地辨析詞義和同義詞，分定古韻爲十七部，闡發音與義之間的關係。

這裏選錄六則：“一”、“元”、“天”、“吏”、“茅”、“菅”字注。分別見於《説文解字注》一篇上、一篇下。

說文解字第一篇上

金壇段玉裁注

一 惟初大極。道立於一。造分天地。化成萬物。漢書曰。元元本本。數始於一。**凡一之屬皆从一。**一之形。於六書爲指事。凡云凡某之屬皆从某者。自序所謂分別部居、不相襍廁也。爾雅、方言所以發明轉注假借。倉頡、訓纂、滂熹及凡將、急就、元尚、飛龍、聖皇諸篇。僅以四言七言成文。皆不言字形原委。以字形爲書。俾學者因形以考音與義。實始於許。功莫大焉。於悉切。古音第十二部。○凡注言一部、二部以至十七部者。謂古韵也。玉裁作六書音均表。識古韵凡十七部。自倉頡造字時至唐虞三代秦漢、以及許叔重造說文曰某聲、曰讀若某者。皆條理合一不紊。故既用徐鉉切音矣。而又某字志之曰古音第幾部。又恐學者未見六書音均之書。不知其所謂。乃於說文十五篇之後。附六書音均表五篇。俾形聲相表裏。因耑推究。於古形、古音、古義可互求焉。

弌 古文一。凡言古文者。謂倉頡所作古文也。此書法後王、尊漢制。以小篆爲質。而兼錄古文、籒文。所謂今敘篆文、合以古、籒也。小篆之於古、籒。或仍之。或省改之。仍者十之八九。省改者十之一二而已。仍則小篆皆古、籒也。故不更出古、籒。省改則古、籒非小篆也。故更出之。一二三之本古文明矣。何以更出弌式式也。蓋所謂卽古文而異者。當謂之古文奇字。

元 始也。見爾雅釋詁。九家易曰。元者。氣之始也。**从一。兀聲。**徐氏鍇云。不當有聲字。以髡从兀聲、転从元聲例之。徐說非。古音元兀相爲平入也。凡言从某某聲者。謂於六書爲形聲也。凡文字有義有形有音。爾雅已下、義書也。聲類已下、音書也。說文、形書也。凡篆一字、先訓其義。若始也、顚也是。次釋其形。若从某、某聲是。次釋其音。若某聲及讀若某是。合三者以完一篆。故曰形書也。愚袁切。古音第十四部。

天 顚也。此以同部疊韵爲訓也。凡門聞也、戶護也、尾微也、髮拔也、皆此例。凡言元始也、天顚也、丕大也、吏治人者也、皆於六書爲轉注而微有差別。元始可互言之。天顚不可倒言之。蓋求義則轉移皆是。

舉物則定名難假。然其爲訓詁則一也。顚者人之頂也。以爲凡高之偁。始者女之初也。以爲凡起之偁。然則天亦可爲凡顚之偁。臣於君、子於父、妻於夫、民於食、皆曰天是也。

至高無上。从一大。至高無上，是其大無有二也。故从一大。於六書爲會意。凡會意合二字以成語。如一大、人言、止戈皆是。他前切。十二部。

丕 大也。見釋詁。**从一。不聲。**敷悲切。古音在第一部。鋪怡切。丕與不音同。故古多用不爲丕。如不顯卽丕顯之類。於六書爲假借。凡假借必同部同音。○丕、隸書中直引長。故云丕之字不十。漢石經作丕、可證。非與丕殊字也。

吏 治人者也。治與吏同在第一部。此亦以同部疊韵爲訓也。**从一。从史。**此亦會意也。天下曰从一大。此不曰从一史者。吏必以一爲體。以史爲用。一與史二事。故異其詞也。史者、記事者也。**史亦聲。**凡言亦聲者、會意兼形聲也。凡字有用六書之一者。有兼六書之二者。力置切。一部。

文五 重一 此葢許所記也。每部記之。以得其凡若干字也。凡部之先後。以形之相近爲次。凡每部中字之先後。以義之相引爲次。顏氏家訓所謂檃栝有條例也。說文每部自首至尾次弟井井。如一篇文字。如一而元。元始也。始而後有天。天莫大焉。故次以丕。而吏之从一終焉。是也。雍熙校刊部首某字說解爲大字。巳下說解皆爲夾行小字。絕非舊式。

蕾英。未詳。茅菅也。按統言則茅菅是一。析言則菅與茅殊。許菅茅互訓。此從統言也。陸璣曰。菅似茅而滑澤、無毛。根下當作上五寸中有白粉者、柔韌宜爲索。漚乃尤善矣。此析言也。从艸。矛聲。莫交切。古音在三部。可縮酒爲藉。各本無此五字。依韵會所引補。縮酒見左傳。爲藉見周易。此與蕿可以香口、蒻可以爲苹席一例。菅茅也。詩。白華菅兮。釋艸曰。白華野菅。毛傳足之曰。已漚爲菅。按詩謂白華既漚爲菅。又以白茅收束之。菅別於茅。野菅又別於菅也。从艸。官聲。古顏切。十四部。蘄艸也。釋艸

常　識

時有古今，地有南北，語言也因之而有所變化。漢人讀春秋戰國時期的文獻，已經很難理解，唐人讀先秦、兩漢的典籍，就更難懂了。要掃清這些語言文字的障礙，就要對前代文獻進行解釋、疏通工作。這種專門以闡釋古代文獻語義爲中心的工作，就是訓詁。

“訓”是疏通、解釋的意思，“詁”又作“故”，指古代文獻的語言。二字分言有別，連用則同，後來訓詁的範圍擴大，也可以指解釋方言甚至其他詞語，正如唐代的孔穎達在《五經正義》中說：“訓詁者，通古今之異詞，辨物之形貌，則解釋之義盡歸於此。”因此，廣義的訓詁，就是用已懂的語言解釋不懂或不全懂的語言。

關於訓詁的工作早已形成了一門學問，叫訓詁學。我國的傳統語言文字學舊稱“小學”，包括三科（文字、音韻、訓詁），訓詁就是“小學”三科之一。不過，舊時的訓詁乃至“小學”，都是經學的附庸，還不能算是一門學科。現代訓詁學作爲一門獨立學科，要研究訓詁的產生、演變、方法和規律，還要研究訓詁的範圍、歷代訓詁材料以及訓詁的功用等，是一門綜合性的學科。

有關訓詁的知識很多，這裏只講解最基本的三個方面：一是訓詁的內容；二是訓詁的方法；三是訓詁的術語。

第三十節　訓詁的內容

一、訓詁的材料

訓詁工作的成果可以形成三種形態的材料：注釋類、纂集類和考證類。

（一）注釋類訓詁材料

它是對古代文獻的隨文釋義，以疏通古代文獻爲目的。比如唐代司馬貞的《史記索隱》、張守節的《史記正義》就是爲《史記》所做的隨文注釋，此類還有漢代毛亨的《毛詩故訓傳》、唐代李善的《文選注》、南朝宋裴松之的《三國志注》、今人楊伯峻的《論語譯注》等。

注釋類訓詁材料又包括五種類型：

（1）傳注類。秦漢之際的注釋多稱傳。傳（zhuàn），傳述，就是以傳述的方式闡明經義，故稱傳。傳是最早出現的注釋體例。如左丘明的《春秋左氏傳》、毛亨的《毛詩故訓傳》等。東漢鄭玄開始稱注釋爲“注”，鄭玄之後，“注”成爲訓釋的通稱。另外還有一種對前人傳注再作進一步的闡明、補充、說明、訂正，並且都另行標明，不與前人傳注相混雜的注釋，這種注釋稱爲“箋”，它始於鄭玄的《毛詩箋》。

（2）義疏類。“義疏”是既解釋古書正文，又解釋前人注解的一種方式。“義疏”產生於魏晉南北朝時期，到了唐代，出於思想統一和科舉考試的需要，孔穎達等奉敕爲《周易》、《尚書》、《詩經》、《禮記》、《左傳》五經作注疏，把經書的解說定於一尊，成《五經正義》。唐人把這種新的注疏稱爲“正義”，正義就是解釋經傳以得出正確含義的意思。義疏有時簡稱“義”或“疏”，如宋代孫奭所作的《孟子疏》。

（3）章句類。章句類注釋是在解釋字詞的基礎上，分析章節句讀，串講經文大意，有的在每章後附“章旨”，即本章題旨的意思，概括一章大意。東漢王逸的《楚辭章句》、趙岐的《孟子章句》即是此類。漢儒用章句講經，大都支離煩瑣，被斥爲“章句小儒”；漢以後訓詁學家都“羞爲章句”，章句之體式微。

（4）集解類。也叫集注、集傳、集釋，是彙集各家注釋，附以己意的注釋體例。如劉宋裴駰的《史記集解》就是以徐廣《史記音義》爲本，兼採經、傳、諸史及孔國安、鄭玄、服虔、賈逵等人之說，增益而成。此類還有三國魏何晏的《論語集解》、宋朱熹的《詩集傳》、清郭慶藩的《莊子集釋》等。此外還有名非集解，實爲集解體的注釋，如唐顏師古《漢書注》；也有名爲集解實非集解體的注釋，如晉杜預《春秋左氏經傳集解》。

（5）音義類。音義類注釋以注音爲主，兼有簡單釋義，故名“音義”。如漢服虔《漢書音訓》（亡佚）、唐陸德明《經典釋文》（包括《周易音義》、《尚書音義》、《毛詩音義》、《周禮音義》、《儀禮音義》、《禮記音義》、《左傳音義》、《公羊傳音義》、《穀梁傳音義》、《孝經音義》、《論語音義》、《老子音義》、《莊子音義》、《爾雅音義》等）即是此類。

（二）纂集類訓詁材料

它是通釋語義的訓詁專著，具有辭典的性質。比如按照意義類別編排彙集詞義訓釋的《爾雅》，按部首編排據形說義的《說文解字》，專以聲訓探求語源的《釋名》，專釋方言詞的《方言》，源流並重的《漢語大字典》，彙集歷代各類故訓的《故訓匯纂》等。

（三）考證類訓詁材料

它是以筆記、劄記或論文的形式存在的考釋、證明詞義的訓詁材料，比如宋代沈括的《夢溪筆談》、洪邁的《容齋隨筆》，清代顧炎武的《日知錄》、錢大昕的《十駕齋養新錄》、王念孫的《讀書雜誌》等，都不乏大量的訓詁材料。此類還有近人黃侃的《黃侃手批白文十三經》等。

二、訓詁的內容

闡釋語義是訓詁的核心內容。訓詁的內容可以大概分爲兩大方面，一是對字、詞、句、段的解釋以掃除語言文字理解的障礙，二是對與語義理解相關的名物制度等的解釋。這裏介紹辨文字、釋詞義、闡句義、作句讀、述章旨、析語法、明修辭、稽典故、考名物、曉義理等十個方面的具體訓詁內容。

（一）辨文字

文字的歧異如通假字、異體字、古今字是閱讀古代文獻的一大障礙，典籍流傳過程中導致的脫文、倒文、衍文、訛文也會影響閱讀。因此，辨別和訂正文字就構成了訓詁的重要內容。

說明通假字：

《史記·老子韓非列傳》：“大忠無所拂悟，辭言無所擊排。”唐張守節《正義》：“拂悟當爲‘咈忤’，古字假借耳。”

枚乘《七發》（八首）：“窮曲隨限，逾岸出追。”李善注：“追亦堆字，今爲追，古字假借之也。”

說明古今字：

《禮記·曲禮下》：“天下曰天子，朝諸侯，分職授政任功曰予一人。”鄭玄注：“余，予古今字也。”

《郭有道碑文》：“建国命氏，或谓之郭，即其後也。”李善注：“高誘《戰國策注》曰：‘郭，古文虢字也。’”

校勘脫文：

《出師表》：“責攸之禕允等咎，以章其慢。”李善注：“《蜀志》載亮表云：若無興德之言，則戮允等以章其慢。今此無上六字，於義有闕，誤矣。”

《楚辭》：“被明月兮佩寶璐。”江有誥注：“此上疑脫一句。”

校勘異文：

《詩經・王風・揚之水》："彼其之子，不與我戍申。"鄭玄箋："其，或作記，或作已，讀聲相似也。"

《詩經・周南・漢廣》："南有喬木，不可休息。"朱熹《詩集傳》："息，吳氏曰，韓詩作思。"

校勘訛字：

《周禮・春官・大宗伯》："侯執信圭，伯執躬圭。"鄭玄注："信當爲身，聲之誤。"

（二）釋詞義

訓詁的中心任務是疏通語義，而詞又是基本的表意單位。因此，解釋詞義就構成了訓詁的核心內容。如：

《爾雅・釋詁》："林、烝、天、帝、皇、王、后、辟、公、侯，君也。"

《爾雅・釋言》："還、復，返也。"

《詩經・周南・關雎》："窈窕淑女，君子好逑。"毛傳："窈窕，幽閑也。淑，善逑，匹也。"

《論語・子罕》："夫子循循然善誘人。"何晏注："循循，次序貌。"

《孟子・梁惠王上》："保民而王。"朱熹集注："保，愛護也。"

《詩經・君子偕老》："鬒髮如雲。"毛傳："如雲，言美長也。"

有時還解釋事物的得名之由，即語源義，如：

《說文》："韭，菜名。一種而久者，故謂之韭。"

《爾雅》："鬼之言歸也。"

《史記》："禮樂皆得，謂之有德。德者，得也。"

《始出尚書省》："青精翼紫軑，黃旗映朱邸。"李善注："天子之車，以紫爲蓋，故曰紫軑。"

（三）闡句義

闡句義就是解釋和疏通句子的意思。可以直接翻譯，也可以串講，即把句意連貫起來作概括的講解，也可以闡明句子的言外之意。如：

直接翻譯：

《詩經・唐風・揚之水》："揚之水，不流束楚？"毛傳："激揚之水，可謂不能流漂束楚乎？"

《詩經・邶風・綠衣》："我思古人，實獲我心。"毛傳："古之君子，實得我之心也。"

作串講：

揚雄《劇秦美新》："權輿天地未袪，睢睢盱盱。"李善注："言混沌之始，天地未開，萬物睢盱而不定也。”

《詩經・周南・關雎》：“窈窕淑女，君子好逑。”毛傳：“言后妃有關雎之德，是幽閑貞專之善女，宜爲君子之好匹。”

《楚辭・國殤》：“車錯轂兮短兵接。”王逸注：“言戎車相迫，輪轂交錯，長兵不施，故用刀劍以相接擊也。”

說明句子的言外之意：

《詠懷詩》：“繁華有憔悴，堂上生荊杞。”李善注：“言無常也。”

《詩經・小雅・小宛》：“戰戰兢兢，如履薄冰。”鄭箋：“衰亂之世，賢人君子雖無罪猶恐懼。”

（四）作句讀

古書一般不標注句讀，訓詁時爲了疏通語義，有時也要說明句讀，如：

《左傳・僖公二十五年》：“昔趙衰以壺飧從徑，餒而弗食。”唐陸德明《經典釋文》云：“一讀‘以壺飧從’絕句，讀‘徑’爲‘經’，連下句。”

《左傳・莊公十一年》：“且列國有凶，稱孤禮也。言懼而名禮，其庶乎？”唐陸德明《經典釋文》云：“言懼而名禮，絕句。或以名絕句者，非。”

（五）述章旨

章旨是指篇章的段落大意或中心思想。章句類注釋材料如趙岐《孟子章句》、王逸《楚辭章句》等，都少不了章旨的內容，如：

《孟子》：“梁惠王曰：‘寡人之於國也，盡心焉耳已。’”趙岐注：“章指：言王化之本在於使民養生喪死之備用足，然後導之以禮義，責己矜窮，則斯民集矣。”

其他類注疏也有闡述章旨的內容，如毛詩《故訓傳》在各詩篇首都有說明主題的“序”，也是說明章旨：

毛傳《豳風・東山》序：“一章言其完也，二章言其思也，三章言其室家之望女也。四章樂男女之得及時也。”

毛傳《碩鼠》序：“刺重斂也，國人刺其君重斂吞食於民，不修其政，貪而畏人，如大鼠也。”

毛傳《周南・漢廣》序：“德廣所及也。文王之道被于南國，美化行乎江漢之域，無思犯禮，求而不可得也。”

（六）析語法

古代沒有形成語法學，但不是說古人沒有語法觀念。古人關於語法現象的分析散見於訓詁著作中；今人作訓詁，也要分析語法，因爲古今語法的不同會有礙於理解。

說明詞類，如：

《淮南子·精神篇》："不識天下之以我備其物與？"高誘注："與，耶，辭也。"

《南都賦》："於顯樂都，既麗且康！"李善注："毛萇《詩傳》曰：於，歎辭。"

《吳都賦》："彫啄蔓藻，刷蕩漪瀾。"李善注："《說文》曰：刷，刮也。漪，蓋語辭也。"

《報任少卿書》："而事乃有大謬不然者夫。"李善注："夫，語助也。"

以上是說明虛詞。

說明詞類活用，如：

《舞鶴賦》："驚身蓬集，矯翅雪飛。"李善注："如蓬之集，如雪之飛。"

這是說明名詞"蓬"、"雪"作狀語。

《五君詠》五首之三："劉靈善閉關，懷情滅聞見。"李善注："言道德內充，情欲俱閉，既無外累，故聞見皆滅。"

這是說明動詞"聞"的使動用法。

說明賓語前置句式：

《左傳·僖公四年》："爾貢包茅不入，王祭不供，無以縮酒，寡人是徵。昭王南征而不復，寡人是問。"楊伯峻注："猶言寡人徵是。猶言寡人問是。"

《報任少卿書》："諺曰：誰爲爲之？孰令聽之？"李善注："誰爲，猶爲誰也。言己假欲爲善，當爲誰爲之乎？複欲誰聽之乎？"

這裏"誰爲"和"孰令"是賓語前置結構，李善注通過變換和串講說明了這種結構。

（七）明修辭

修辭能增強語言的表達效果，但古文中的有些修辭往往會成爲後人閱讀的障礙，因此，闡明修辭也是訓詁的常見內容。如：

說明互文見義：

《恨賦》："或有孤臣危涕，孽子墜心。"李善注："《孟子》曰：孤臣孽子，其操心也危，其慮患也深。《登樓賦》曰：涕橫墜而弗禁。《字林》曰：孽子，庶子也。然心當云危，涕當云墜。江氏愛奇，故互文以見義。"

《詩經·唐風·葛生》："葛生蒙楚，蘞蔓於野。予美亡此，誰與獨處。"孔穎達疏："此二句互文而同興。葛言生，則蘞亦生；蘞言蔓，則葛亦蔓。葛言蒙，則蘞亦蒙；蘞言于野，則葛亦當言于野。言葛生於此，延蔓而蒙於楚木；蘞亦生於此，延蔓而蒙於野中。"

說明比喻：

《漢書·蒯通傳》："且秦失其鹿，天下共逐之，高材者先得。"張晏注："以鹿喻帝位。”

《詩經·邶風·北風》：“北風其涼，雨雪其雱。”毛傳：“興也。北風，寒涼之風。雱，盛貌。”鄭箋：“寒涼之風，病害萬物。興者，喻君政教酷暴，使民散亂。”

說明變文，就是爲避重複而變換字詞：

《長楊賦》：“帥軍踤阹，錫戎獲胡。”李善注：“錫戎獲胡，言以禽獸錫戎，令胡自獲之。胡、戎一也，變文耳。”

《漢書·翟方進傳》：“兄宣，靜言令色，外巧內嫉。”楊樹達注：“此用《論語》巧言令色之文，變‘巧’言‘靜’者，以避下文‘巧’字。”

說明避諱：

《報孫會宗書》：“楊子幼位在列卿，爵爲通侯，總領從官。”李善引應劭注：“舊曰徹侯，避武帝諱，故爲通，言其功德通於王室也。”

《藉田賦》：“於是乃使甸帥清畿，野廬掃路。”李善注：“然師而爲帥者，避晉景帝諱也。”

（八）稽典故

古書常常引經據典，如果不了解出典，就不能準確理解文獻的旨意。因此，考稽典故也是訓詁的內容。如：

《詩經·大雅·緜》：“古公亶父，陶復陶穴，未有家室。”毛傳：“古公處豳，狄人侵之，事之以皮幣，不得免焉；事之以犬馬，不得免焉；事之以珠玉，不得免焉；乃屬其耆老而告之曰：‘狄人之所欲者，吾土地也。吾聞之，君子不以其所養人者害人。二三子何患於無君？’去之，逾梁山，邑於岐山之下。豳人曰：‘仁人之君，不可失也。’從之如歸市。”

唐代的李善爲《文選》作注，主要採用的是考稽典故的方式。《文選》是南朝蕭統按照“事出於沈思，義歸乎翰藻”的文學標準選編的詩文集，爲適應《文選》事必據典、言必雅正的語言特點，李善注則有典必引，以引爲主，注明語典與事典。李善注所徵引古籍多達 1 611 種，從經傳子史、各種文集直到緯候圖讖、譜牒雜藝，舉凡唐以前的各類古籍，皆在其徵引之列。如：

考語典：

《西北有高樓》：“清商隨風發，中曲正徘徊。”李善注：“宋玉《長笛賦》曰：‘吟清商，追流征。’”

稽事典：

《東都賦》：“覲明堂，臨辟雍。”李善注：“《東觀漢記》曰：‘永平三年正月，上宗祀光武皇帝于明堂，禮畢，升靈台。’三月，上初臨辟雍，行大射禮。”

（九）考名物

文獻中的名物、風俗、制度等，也會影響文意的理解，訓詁時也要對它們進行考釋和疏解，如：

《遊仙詩》："臨源挹清波，陵崗掇丹荑。"李善注："毛萇《詩傳》曰：《本草經》曰：赤芝，一名丹芝，食之延年。凡草之初生，通名曰荑，故曰丹荑。"

《周禮·天官·內宰》："以陰禮教六宫。"鄭玄注："六宫，謂后也。婦人稱寢曰宫。宫，隱蔽之言。后象王，主六宫而居之，亦正寢一，燕寢王。教者不敢斥言之，謂之六宫。若今皇后爲中宫矣。《昏禮》：母戒女曰：夙夜毋違宫事。"

《淮南子·泰族》："商鞅爲秦立相坐之法而百姓怨矣。"高誘注："相坐之法，一家有罪，三家坐之。"

（十）曉義理

古代文獻尤其是儒家經典，蘊含大量而豐富的哲學、義理內容，傳統訓詁不僅要解釋文獻中的語言，還要闡明經典中蘊含的義理，以求通經致用。如：

《詩經·周南·關雎》朱熹注引康衡言："妃匹之際，生民之始，萬福之原。婚姻之禮正，然後品物遂而天命全。"

朱熹這裏闡明的是宋儒理學的義理，其中也包含了注者的思想觀點。

《說文解字》："一，惟初太始，道立於一，造分天地，化成萬物。"

許慎對"一"的解釋並非僅僅是字義解釋，還闡釋"一"所蘊含的哲學義理。

第三十一節　訓詁的方法

我們在閱讀古代文獻的時候，往往會遇到一些不懂的字詞，這就需要採用一些方法來弄清楚它們的意思。訓詁的核心是解釋詞義，而古代漢語以單音節的詞爲主，因此，說到底，訓詁的方法就是探求和詮釋不懂字、詞之義的方法。

千百年來的訓詁實踐，已經形成了很多種成熟的訓詁方法，這裏主要介紹查詢故訓、據形索義、因聲求義、語用推義等基本的訓詁方法。其中語用推義又包括對文見義、連文知義、異文明義、語境得義、文例證義、名字覓義等方法。

一、查詢故訓

當不理解文獻中某個詞的意義時，可以先到故訓材料中去查一查，看看有沒有該詞的釋義，有則用之，這種簡便、最容易想到的方法就是查詢故訓。

千百年來，前人爲我們留下了大量的可資查詢的訓詁材料：不僅有卷帙浩繁的注釋類訓詁材料，如《十三經注疏》、《文選注》等經史子集舊注，也有《說文解字》、《爾雅》、《故訓匯纂》、《古字通假會典》、《辭源》、《漢語大字典》、《漢字大詞典》等纂集類辭書，還有《容齋隨筆》、《讀書雜誌》、《古書疑義舉例》等考證類訓詁材料。如：

《史記·張儀列傳》："（蘇秦）因而數讓之。"

這裏"讓"是什麼意思？查《說文解字》："讓，相責讓也。"《小爾雅》："詰責以辭謂之讓。"《廣雅》："讓，責也。"可見，"讓"用的是本義，即"責備"之義，大致可通。

而"數"又是何義？是不是頻數"多次"的意思？其實，"數"也是"責備"的意思，《廣雅》："數，責也。"清代的王念孫《讀書雜誌》正是根據《廣雅》和《戰國策》高誘注，指出"數"是"責"義，"數讓"就是"責備"的意思，而不是"多次責備"之義。"數"、"讓"經常連文成詞，如《後漢書·皇后紀下·獻穆曹皇后》："如此數輩，後乃呼使者入，親數讓之。"

二、據形索義

據形索義又稱"形訓"，是通過對漢字形體的結構分析來探求字詞之義的一種訓詁方法。漢字是表意文字，在造字之初，每個漢字的形體都是依據它最初所要表示的詞義來繪形的，即"據義繪形"。這就使漢字具有形義相統一的關係特點，而這種關係特點也是"據形索義"的理論基礎。

《左傳》裏的"止戈爲武"、"皿蟲爲蠱"，《韓非子》裏的"自環者謂之厶"等，都是早期利用據形索義方法的例子。東漢許慎撰的《說文解字》，主要以漢字的小篆形體爲分析物件，全面而系統地運用了"六書"理論和據形索義的方法來解釋字義。例如：

氣，雲氣也，象形。

口，人所以言、食也，象形。

果，木實也。从木，象果形在木之上。

本，木下曰本。从木，一在其下。

末，木上曰末。从木，一在其上。

取，捕取也。从又、从耳。

喿，鳥群鳴也。从品在木上。

雧，群鳥在木上也。从雥、从木。集，雧或省。

通過據形索義的方法分析出來的意義一般是詞的本義，即直接解釋字形並且在實際語言中被應用的詞的最初的意義。本義抓住了，綱舉目張，就可以進一步理解這個字詞的引申義乃至它的整個詞義系統，因此，僅從這個意義上看，《說文解字》對訓詁學的貢獻也是非常巨大的。

《說文解字》所據以索義的“形”，主要是小篆字之形。而有些漢字的形體發展到小篆階段已產生了較大的演變，失去了造字之初所表示的意義，因而《說文》中難免有本義說解與字形不合的情況。如：

《說文》：“若，擇菜也，从艸右。右，手也。”

上面例子中對“若”的釋義，就是根據“若”篆文形而訓釋爲會意字、“擇菜”的意思。但是，“若”甲骨文作，金文作、，商承祚《殷墟文字類編》解釋爲：“蔔辭諸‘若’字象人舉手而跽足，乃象諾時巽順之狀，古‘諾’與‘若’爲一字，故‘若’字訓爲順。古金文‘若’字與此略同。”王國維在《戩壽堂所藏殷虛文字考釋》中也說：“若，順也，古若諾一字。曶鼎以若維唯諾字。”孫海波在《甲骨文編》中則說：“，甲二〇五。象人跪跽而兩手扶其首，有巽順義，與《說文》訓擇菜之若偏旁不同。”綜上可見，“若”的本義應當是“順從”，如《爾雅·釋言》：“若，順也。”《詩經》：“播厥百穀，既庭且碩，曾孫是若。”許慎釋形錯誤。

因此，我們在應用據形索義的方法時，要儘量依據早期的古文字字形，如甲骨文、金文等。

運用據形索義的方法所探求出的本義一般還要求在文獻語言中有過用例，比如上例中釋“若”爲“順從”義，就有《爾雅》、《詩經》中的用例。甲骨文“我”象兵器之形，“我”的本義應該是某種兵器；但甲骨文和其他文獻語言中已不見其用例，它只作第一人稱代詞，《說文》：“我，施身自謂也。”因此，“兵器”是“我”的字義而不一定是“我”的本義。

運用據形索義的方法解釋形聲字時，一般只能解釋形聲字的類別義，如我們根據形旁只能知道“財、貨、資、貿、販、貸、賒、贅、賃”等字的意義和“錢財”有關，要想具體解釋這些字的具體意義，還必須同時依據它們各自的聲旁和古代文獻。

三、因聲求義

訓詁之旨，在於聲音，聲音和意義的關係問題是訓詁學的根本問題。所謂因聲求義，就是用音同或音近的詞來進行詞義訓詁的一種方法。比如：

利用形聲字：

《論語》："政者，正也。"

《荀子》："君，群也。"

《爾雅》："古，故也。"

《釋名》："皮，被也，被覆體也。"

利用音同、音近字：

《釋名》："廣平曰原，原，元也。"

《說文》："晚，莫也。"

《爾雅》："逼，迫也。"

《說文》："天，顛也。"

《釋名》："銘，名也。述其功美，使可稱名也。"

以上例子中，"晚"上古明母元部与"莫"明母鐸部，聲同韻近；在上古，"逼"和"迫"、"天"和"顛"聲音也相近。

其實，語言中音義的結合是偶然的，一個語義選擇哪一個語音形式並沒有必然的道理。但是，一旦某一個語義選擇某一語音來表達並約定俗成之後，這種音義關係就不是任意的了。語音是有限的，但詞義是無限的，一些詞的音義關係確定下來以後，隨着語言的發展，人們在創造新詞時，必然利用原有的音義關係，迅速而大量地創造新詞。這樣新詞就與原詞有了內在的聯繫，即它們的讀音相同或相近。這種由一個基本詞發展形成的一組音近義通的詞，就是同源詞。對於這種同源詞，我們可以按照聲音的綫索去探尋它們意義上的聯繫，從而進行詞義訓詁。

比如，"喬"有"高"義，比如喬遷、喬木等，从"喬"得聲的"橋"也有"高"義，即橋要高出水面，"轎"使用時也要抬高離地，"驕"是高大的馬，這樣，从"喬"得聲的詞可以形成一組同源詞，可見下表：

喬族字	"喬"聲之字多具有高義，是同源詞									
喬有高義	橋	轎	驕	嬌	僑	矯	蕎	礄	嶠	翹
	高出水面	抬高離地	高大的馬	姿高於衆	遠走高飛	低彎處變高	高莖植物	高崗之地	山尖而高	尾羽抬高

當然，能構成同源詞的也不僅僅限於同聲旁字，比如上表中的"翹"形體和"喬"就沒有聯繫。

因此，在應用因聲求義的方法時，不能僅僅限於同聲旁的字詞，即"就古音以求古義，引申觸類，不限形體"（王念孫《廣雅疏證·自序》）。比如：

《說文·韭部》：“韭，菜名，一種而久者，故謂之韭。”

《說文·月部》：“月，闕也。”

《釋名·釋宮室》：“倉，藏也，藏穀物也。”

《禮記·檀弓》：“葬者，藏也。藏也者，欲人之弗得見也。”

《孟子·滕文公上》：“庠者養也，校者教也，序者射也。”

由以上例子可以看出，利用因聲求義的方法可以探求事物的得名之由，即語源。這種方法在傳統訓詁學上又叫作“聲訓”。“聲訓”時讀音必須相同或相近，而且必須要以上古音爲依據，因爲大量同源關係的詞是在上古形成的，比如上例中的“晚”和“莫”今天讀音已經完全不同，而在上古它們聲同韻近。同時還要注意用古代文獻的材料作爲語義相通的證據，否則容易限於主觀臆測，比如東漢劉熙所著的《釋名》就有很多穿鑿附會的地方：

《釋名·釋疾病》：“痔，食也，蟲食之也。”

《釋名·釋兵》曰：“劍，檢也，所以防檢非常也。又，斂也，以其在身拱時斂在臂內也。”

《釋名》等傳統訓詁學著作的教訓告訴我們，利用“聲訓”進行訓詁時，一定要慎重。

因聲求義的方法不僅可以推求語源，還可以用來探求通假字的本字，即“破假借”。通假是不寫表示某個詞的意義的本字，而寫了一個意義毫無關係的同音詞的文字形式來表示這個詞的意義。如：

《莊子·至樂》：“俄而柳生其肘。”

《孟子·離婁下》：“蚤起，施從良人之所之。”

以上“柳”是通假字，“瘤”是“柳”的本字；“蚤”是通假字，“早”是“蚤”的本字。

可見，通假字的實質就是用來同音替代的別字。古人用字不規範，甚至使用通假字形成一種社會用字習慣，因此，古籍中充斥着大量的通假字，給閱讀古籍帶來很大麻煩。我們讀古書時絕不能拘泥於字形而望文生義，而是要用因聲求義的方法破其假借。清代的朱駿聲就說：“不知假借者，不可以讀古書。”（《說文通訓定聲·自序》）清代的王引之也說：“學者改本字讀之，則怡然理順；依借字解之，則以文害辭。”（《經義述聞·經文假借》）比如：

《左傳·莊公六年》：“齊人來歸衛俘。”

這裏，“俘”字不能望文生訓，“俘”是通假字，其本字是“寶”，在上古，兩字同屬“幫”母（錢大昕《古無輕脣音》），韻也相近，所以可以近音假借。可見，破假借時不能依据今天的语音，而是要以上古音相同或相近爲標準。

四、語用推義

語言文字在使用、流傳過程中会出现很多变化和文例，諸如對文、連文、異文等。語用推義的訓詁方法就是要利用這些变化和文例来推求字詞之義，它包括對文見義、連文知義、異文明義、語境得義、文例證義、名字覓義等。

（一）對文見義

對文從形式上看，是一種修辭現象，指在相同或相近的語法結構中，處於相對位置上的語言單位；但從內容上看，對文之間則有相對、相近、相類、相關或相同的語義關係。《禮記·禮運》："是故謀閉而不興，盜竊亂賊而不作。"這裏"興"和"作"就屬於對文同義。

訓詁時可以利用對文間的這種語義關係推求詞義。《詩經·小雅·皇皇者華》第二至第五章的最後一句分别是"周爰咨諏"、"周爰咨謀"、"周爰咨度"、"周爰咨詢"，詩人變文以避重複，使每句末字形成對文，訓詁家則據對文以推義，《爾雅·釋詁》："詢、度、咨、諏……謀也"就是根據以上對文作出這一訓釋的。再如：

《尚書·洪範》："木曰曲直，金曰從革。"俞樾曰："'曲直'對文，'從革'亦對文。《漢書·外戚傳》注曰：'從，因也，由也。'蓋'從'之義爲'由'，故亦爲'因'。從革，即因革也。金之性可因可革，謂之'從革'；猶木之性可曲可直，謂之'曲直'也。人知因革，莫知從革，斯失其解矣。"（《古書疑義舉例》卷七"兩字對文而誤解例"）

這裏俞樾利用"曲直"和"從革"對文，知"從"和"革"意義相對，又據《漢書》注，知"從"有"因"義，從而解釋"金"有"因襲"和"變革"兩種屬性。

（二）連文知義

"連文"也是一種修辭現象，古人說話行文，或者爲使語言更加明確，或者出於節奏上的需要，或者爲了加強語勢等等，常常喜歡連用同義的詞語，這種連用的同義詞叫作"複語"，也稱爲"重言"或"同義連文"。例如，《尚書·無逸》："自朝至於日中仄，不遑暇食"，孔穎達《正義》曰："'遑'亦'暇'也，重言之者，古人自有複語，猶云'艱難'也。"楊樹達《積微居小學述林·釋坻》："古連文之字多同義。《詩經·小雅·祈父》云：'胡轉予於恤，靡所底止。'底止連言，猶坻沚二文同義也。"

可見，利用"連文"的語義關係可以進行訓詁，再如：

《大戴禮記·文王官人》："其老，觀其意憲慎，強其所不足而不逾也。"俞樾曰："按：意、憲同義。原憲字子思，是'憲'有'思'義，意憲猶意思也。《禮記·樂記篇》：'發慮憲，求善良。''良'與'善'同義，'憲'與'慮'亦同義。自來但知'憲'之訓'法'，而不知'憲'之訓'思'，則'意憲'也，'慮憲'也，皆兩字不倫矣。"（《古書疑義舉例》卷七"兩字一義而誤解例"）

（三）異文明義

同一文獻的不同版本，或者是不同文獻記載同一事物出現的文字差異，稱爲異文。比如《詩經·小雅·雨無正》有"靡所止戾"，而《詩經·大雅·桑柔》則是"靡所止疑"，兩相比較，文意相同，僅一字不同，《爾雅·釋言》："疑，戾也。"這一訓釋就是根據"疑"、"戾"異文得出的。

異文之間往往存在着意義相同、相近的對應關係，或者本來就是同一個詞，只是使用了不同的文字形式，比如使用了異體字或通假字。因此，只要知道互爲異文的任何一方的詞義，就可以推知其他方的詞義，這就是利用異文訓詁的原理。例如：

《左傳·桓公十三年》："見莫敖而告諸天之不假易也。"杜預注："言天不借貸慢易之人。"王念孫曰："假易，猶寬縱也。天不假易，謂天道之不相寬縱也。僖三十三年《傳》曰：'敵不可縱'，《史記·春申君傳》：'敵不可假'，《秦策》作：'敵不可易'。是'假'、'易'皆寬縱之意也。"（《經義述聞》卷十七"天之不假易"條）

王念孫根據《左傳》作"敵不可縱"，《史記》作"敵不可假"，《秦策》作"敵不可易"，發現"縱"、"假"、"易"互爲異文，從而得出"假"、"易"都是"寬縱"之意。

（四）語境得義

這裏所說的語境，指的是上下文。所謂語境得義，是指從被訓釋詞的上下文中探求詞義的訓詁方法。一篇文章，其上下文中的詞語，往往會有文法、邏輯或意義上的聯繫，我們可以通過比較考察這種聯繫，從而達到詞義訓詁的目的。例如：

《韓非子·五蠹》："兔走觸株，折頸而死。"

這裏，兔子"走"而撞到樹上，竟然折斷了脖子，說明"走"的速度非常快。所以，根據語境，"走"的詞義應該是"跑"。再如：

《尚書·洪範》："恭作肅，從作乂，明作哲，聰作謀，睿作聖。""謀"字董仲舒、馬融、班固、鄭玄都解釋作"謀事"講。清代王引之則認爲："恭與肅，從與乂，明與哲，睿與聖義並相通。若以謀爲謀事，則以聰字義不相近，斯爲不類矣。今案謀與敏同，敏古讀作每，謀古讀作媒，謀敏聲相近，故字相通。《中庸》：'人道敏政，地道敏樹。'鄭注曰：'敏讀爲謀'，是其證也。《晉語》：'知羊舌職之聰敏肅給也。’聽與敏義相近，而云‘聽敏肅給’；猶睿與聖相近，而云‘睿聖武公’也。……故《五行傳》曰：聽之不聰，是謂不謀。不謀即不敏。若以爲不能謀事，則謀上須加能字，而其意始明。是毛公之解或哲或謀，伏生之解聰作謀，皆以謀爲敏，正與經相合。”（《經義述聞》卷三）

王引之正是利用上下文，得出“謀”不應訓爲“謀事”，應當與“聰”義近，並進一步指出“謀”應當釋爲“敏”，相當可信。

（五）文例證義

所謂文例證義，就是把同一部書中的相同類型的句子或不同書中的相關句子排比在一起，加以對照比較，從而求得對某一詞語的準確釋義。比如：

《詩經·邶風·終風》：“終風且暴。”

《毛傳》解釋爲：“終日風爲終風。”《韓詩》解釋爲：“終風，西風也。”清代的王念孫認爲這兩家的解釋“皆緣詞生訓，非經文本義”。他認爲“終猶如既”，“終風且暴”也即“既風且暴”。他排比了《詩經》中的用例來證明：

《詩經·邶風·燕燕》：“終溫且惠。”

《詩經·邶風·北門》：“終窶且貧。”

《詩經·小雅·伐木》：“終和且平。”

《詩經·小雅·甫田》：“終美且有。”

《詩經·小雅·正月》：“終其永懷，又窘陰雨。”

王氏認爲《詩經》中諸多“終……且（又）……”用例中的“終”都應當訓爲“既”。“既風且暴”是表示並列關係的緊縮句，王氏之說當爲定論。

（六）名字覓義

古人不僅取名，成年人還會取字。取字的原則是“傍其名而爲之字”（《白虎通義》），因此，名和字的意義是有聯繫的。有的相同或相近，如屈原本名平，原是字；有的相反，如韓愈字退之，晏殊字同叔。有的相關，如周瑜字公瑾，蘇軾字子瞻（登軾而瞻）。

《白虎通義·德論》：“聞名即知其字，聞字即知其名。”古人名、字意義的關聯也可以用來說明詞義，如楊樹達《積微居小學述林》：“春秋魯公子尾字施父，《後漢書》屢言首施兩端，王念孫爲首施即首尾。蓋古人文字名動多相因。就名詞言，施即是尾，公子尾名字取義於此。”

孔子弟子仲由字子路，“由”和“路”有何關係？“由”有行走的意思，成語“必由之路”即是其例，《廣雅》：“由，行也。”可見，古人名字可以幫助我們說明詞義的由來。

第三十二節　訓詁的術語

訓詁時常常使用一些具有特定含義的術語，即訓詁術語。只有了解這些術語的含義和用法，才能真正讀懂前人的訓詁著作。這裏主要介紹注音的術語、辨字的術語、釋義的術語和校勘的術語。

一、注音的術語

（一）直音的術語：音；讀曰；讀若；讀如

“音”、“讀曰”“讀若”、“讀如”等是直接用來注音的術語，如：

《西京賦》：“連岡乎嶓冢。”李善注：“嶓，音波。”

《上林賦》：“靈圄燕於閒館。”李善注：“閒，讀曰閑。”

《離騷》：“又重之以脩能。”洪興祖注：“故有絕才者謂之能，此讀若耐。”

《說文·匚部》：“匚，受物之器。象形。凡匚之屬皆從匚。讀若方。”

《呂覽·慎大篇》：“湯立爲天子，夏民親郼如夏。”高誘注：“郼讀如衣。今兗州人謂殷氏皆曰衣。”

其中，“讀如”、“讀若”主要是用來標明音讀，有時可以用來說明假借（見下文）。

（二）反切的術語：反；切

反切也叫反語，是用兩個字拼合成另一個字的傳統的注音方法，即取反切上字的聲母，反切下字的韻母和聲調，兩者拼合而得出被切字的讀音。如：

《史記·樊酈滕灌列傳》：“高祖之初與徒屬欲攻沛也，嬰時以縣令史爲高祖使。”張守節正義：“爲，於僞反。使，所吏反。”

《甘泉賦》：“振殷轔而軍裝。”善注：“轔，栗忍切。”

（三）變讀的術語：如字；破讀

用改變詞的通常讀音來表示同一個詞的不同詞性和意義，叫作“破讀”，古人稱爲“四聲別義”。相對於破讀而言，讀原來的讀音就叫作“如字”。例如：

《大學》：“所謂誠其意者，毋自欺也，如惡惡臭，如好好色。”陸德明《經典釋文》：“惡惡，上烏路反，下如字。好好，上呼報反，下如字。”

“恶恶”、“好好”中的前一個字都讀去聲，是破讀，後一個字要讀本音，所以稱“如字”。破讀的例子再如：

《論語·述而》：“子曰：‘飯疏食，飲水，曲肱而枕之，樂亦在其中矣。’”朱熹注：“枕，去聲。”

《論語·顏淵》：“愛之欲其生，恶之欲其死。”朱注：“恶，去聲。”

二、辨字的術語

（一）明通假字的術語：讀爲；讀曰；讀如；讀若

“讀曰”、“讀爲”是用本字本義來指明假借字。如：

《漢書·鄒陽傳》：“秦用戎人由余而伯中國。”顏師古注：“伯，讀曰霸。”

《荀子·王霸》：“賞賢使能以次之。”唐楊倞注：“賞，讀爲尚。”

“讀如”、“讀若”主要用以注音，有時也用來說明通假：

《詩經·鄭風·出其東門》：“出其闉闍，有女如荼。”鄭箋：“闍，讀當如‘彼都人士’之都，謂國外曲城之中市里也。”

《禮記·儒行》：“竟信其志。”鄭玄注：“信讀如屈伸之伸，假借字也。”

（二）辨古今字的術語：古字；今字；古作；今作

這組術語用來辨明古今字，如：

《揚荊州誄》：“青社白茅，亦朱其紱。”李善注：“毛萇《詩傳》曰：諸侯赤韍。韍與紱古今字。”

《畋獵下》：“其廑至矣，而功不圖。”李善注：“古今字詁曰：廑，今勤字也。”

《七發》：“發怒庢沓，清升逾跇。”李善注：“庢或爲底，古字也。”

《長楊賦》：“從者彷彿，骫屬而還。”李善注：“骫，古委字也。”

《周禮·天官·大宰》：“三曰官聯。”鄭玄注：“聯，讀爲連，古書連作聯。”

三、釋義的術語

（一）釋義的一般術語：曰，爲，謂之；謂，言

使用“曰”、“爲”、“謂之”這幾個術語時，被釋的詞總是放在它們後面，如：

《詩經·周南·漢廣》：“之子於歸，言秣其馬。”毛傳：“六尺以上曰馬。”

《左傳·文公三年》：“執事不以釁鼓。”杜預注：“以血塗鼓爲釁鼓。”

《詩經·邶風·谷風》：“習習谷風。”朱熹注：“東風謂之谷風。”

《樂府八首》："凝笳翼高蓋，疊鼓送華輈。"李善注："徐引聲謂之凝。"

"曰"、"爲"、"謂之"這幾個術語還可以用來區分同義詞或近義詞的細微差別，如：

《論語·學而》："有朋自遠方來，不亦悅乎？"鄭玄注："同門曰朋，同志曰友。"

《離騷》："惟草木之零落兮，恐美人之遲暮。"王逸注："草曰零，木曰落。"

《離騷》："各興心而嫉妒。"王逸注："害賢爲嫉，害色爲妒。"

《爾雅·釋器》："骨謂之切，象謂之磋，玉謂之琢，石謂之磨。"

"謂"、"言"和"謂之"用法不同，使用"謂之"時，被釋的詞放在"謂之"的後面；使用"謂"、"言"時，被釋的詞放在"謂"、"言"的前面。"謂"、"言"一般用在以具體釋抽象、以一般釋特殊，或者解釋詞在上下文裏的臨時意義。如：

《左傳·隱公元年》："子封曰：可矣，厚將得從。"杜預注："厚謂土地廣大。"

《離騷》："恐美人之遲暮。"王逸注："美人謂懷王也。"

《離騷》："昔三后之純粹兮，固衆芳之所在。"王逸注："后，君也。謂禹湯文王也。"

《道路憶山中》："殷勤訴危柱，慷慨命促管！"善注："危柱，謂琴也。"

《南州桓公九井作》："哲匠感蕭晨，肅此塵外軫。"善注："蕭晨，言秋晨也，言秋晨蕭瑟。"

"厚"的概念比較抽象，就用"土地擴大"的具體意義來解釋；而"懷王"是"美人"在文中的臨時意義。

（二）專釋形容詞的術語：貌

"貌"一般用在動詞或形容詞的後面，被釋的詞往往是表示某種性質或狀態的形容詞。如：

《雜體詩三十首》："寂曆百草晦，欻吸鶤雞悲。"善注："寂曆，彫疏貌。"

《離騷》："紛吾既有此內美兮，又重之以修能。"王逸注："紛，盛貌。"

《論語·陽貨》："夫子莞爾而笑。"何晏注："莞爾，小笑貌。"

（三）猶

使用"猶"這個術語時，釋者與被釋者往往是同義詞或近義詞的關係。如：

《詩經·邶風·式微》："式微式微。"（鄭玄箋："式，發聲也。"）朱熹注："微，猶衰也。"

《離騷》："怨靈修之浩蕩兮，終不察夫民心。"王逸注："浩猶浩浩，蕩猶蕩蕩。"

《於南山往北山經湖中瞻眺》："撫化心無厭，覽物眷彌重。"李善注："眷，猶戀也。"

（四）用作聲訓的術語：之言；之爲言

“之言”、“之爲言”這兩個術語，一般是聲訓，即用聲音相同或相近的詞進行解釋，目的在於探求事物的命名之義。如：

《爾雅·釋訓》：“鬼之言歸也。”

《論語·爲政》朱熹注：“政之爲言正也，德之爲言得也。”

《白虎通義·崩薨》：“葬之爲言下藏之也。”

四、校勘的術語

（一）校誤字的術語：當作；當爲

“當作”、“當爲”這兩個術語是用來表示聲誤和字誤的。如：

《周禮·天官·内饔》：“豕盲眡而交睫，腥。”鄭玄注：“腥當爲星，聲之誤也。”

《周禮·典婦》鄭注：“授當爲受，聲之誤也。”

《七發》：“輦道邪交，黄池紆曲。”善注：“黄當爲湟。”

《射雉賦》：“鯨牙低鏃，心平望審。”善注：“鯨，當作擎。”

（二）勘多字的術語：衍文；衍

古籍在流傳過程中誤增的文字，叫作衍文，簡稱“衍”。如：

《禮記·中庸》第二十章：“子曰：‘好學近乎知，力行近乎仁，知恥近乎勇。’”朱熹注：“‘子曰’二字，衍文。”

《禮記·檀弓》：“從母之夫，舅之妻，二夫人相爲服。”俞樾《古書疑義舉例》：“‘夫’字衍文也，‘二人’兩字合爲‘夫’。”

（三）明脱字的術語：脱文；闕文

古籍在流傳過程中脱漏的文字，叫作脱文，簡稱“脱”，也叫奪文、缺文、闕文。如：

《孟子·離婁下》：“齊人有一妻一妾而處室者……”朱熹集注：“章首當有‘孟子曰’字，闕文也。”

《詩經·桃夭》孔穎達疏：“此云家人，家猶夫也，猶婦也。”阮元《十三經注疏校勘記》：“猶婦”上當脱“人”字。

（四）曉異文的術語：一作；本作；又作；或作；或爲

這是一組明曉版本異文的校勘術語，如：

《楚辭·九歌·湘君》："望夫君兮未來。"洪興祖補注："未，一作歸。"

《侍宴樂遊苑送張徐州應詔詩》："風遲山尚響，雨息雲猶積。"李善注："集本作漬。"

《詩經·周南·關雎》："悠哉悠哉，輾轉反側。"陸德明釋文："輾，本亦作展。"

《禮記·文王世子》："文王有疾，武王不稅冠帶而養。"陸德明釋文："（稅）本亦作脫，又作說，同音他活反。"

《笙賦》："光歧儼其偕列。"李善注："歧，衆管也。以其分别，故謂之歧。或作伎，謂光華之伎也。"

《魏都賦》："爲袁紹檄豫州。"李善注："豫或爲務。"

古代文化常識七——古代的玉石（上）

《鴻門宴》中，劉邦贈項羽白璧一對，表明自己心地純潔如璧，絕無稱帝之心；贈亞父范增玉斗一對，以示尊敬和虔誠。《廉頗藺相如列傳》記載有"完璧歸趙"的故事，區區一塊"和氏璧"，爲什麼秦、趙兩國爲之展開針鋒相對的政治、外交鬥爭，並險些大動干戈？這不得不談到中國古代的玉石文化。

中國玉石文化源遠流長。早在新石器時代，我們的祖先就在使用石製工具的過程中發現了玉；自此以降，人們用玉作裝飾品，用玉顯示身份，用玉比況美德，用玉作交際手段，從而形成了中國特有的玉石文化。

《說文》："玉，石之美者。""玉"字甲骨文象一根繩子吊三塊玉石之形，漢字隸定時爲了和國王的"王"字相區别，才將原字體加點作"玉"。不過，它作爲偏旁時仍作"王"，表示與玉有關的事物。

《辭海·玉部》稱玉爲"溫潤而有光澤的美石"，這種美石如果沒有加工叫"璞"，《玉篇·玉部》："璞，玉未治者。"要把璞玉變成玉，還要經過"理"。《說文》："理，治玉也。"因此，理是將玉從璞石中按紋理分離出來的工序。《詩經·小雅》："它山之石，可以攻玉。"《韓非子》中"和氏璧"的故事就足以說明"理"對於識别玉的重要性。楚國有一個叫卞和的人，得到一塊璞玉，獻給厲王，可玉人鑒定爲石頭，厲王治卞和欺君罪而砍去了卞和的左腳；卞和又將璞玉獻給繼位的武王，玉人仍鑒定爲石頭，於是武王又砍去了卞和的右腳；至文王繼位，卞和抱着璞玉在山下痛哭三天，眼中都哭出了血，文王聽聞此事後，"乃使玉人理其璞"，終於得到寶玉，於是命名爲"和氏璧"。

璞被"理"成玉後還要對它進一步加工，"琱"和"琢"便是這種深加工的工序。《說文》："琱，治玉也。"琱也就是雕刻，後來才寫作"雕"。"琱"側重於刻，使玉有文采。而“琢”側重於磨，《爾雅·釋器》：“玉謂之琢，石謂之磨。”《禮記·學記》：“玉不琢，不成器。”人們可以根據需要把玉磨成各種形狀的玉器，如環、玦、璧、璋等。“琱”、“琢”本意指對玉石骨器的精細加工，引申爲學問道德上的鑽研深究，如《詩經·衛風·淇奧》就有“有匪君子，如切如磋，如琢如磨”，又被用來指文人錘煉文句，如楊萬里詩：“老來不辨琱詩句，報答風光各一篇。”蘇軾也有詩云：“淺斟杯酒紅升頰，細琢歌詞穩稱聲。”

如果玉石有污點也要琢去，如《詩經·大雅·抑》：“白圭之玷，尚可磨也。”“玷”和“點”二字同源，“點”是小黑點，“玷”專指玉上的斑點。清代唐甄《潛書·取善》：“古人得美玉，使良人琢之，必去玷以成器。”“玼”和“疵”同源，“疵”指一般的病，而“玼”特指玉石的毛病，《正字通·玉部》：“玼，玉病，與疵通。”瑕指玉的紅色斑點。《說文·玉部》：“瑕，玉小赤也。”雖然《禮記·聘義》中有“瑕不掩瑜”，但古人總希望玉能盡善盡美，如孟浩然就有詩云：“白璧無瑕玷，青松有歲寒。”《紅樓夢》第五回也有“一個是瑯苑仙葩，一個是美玉無瑕”。因此，瑕疵是玉之大忌。璽是古代帝王所執掌的玉印，是帝王權力的象徵，自然要求“白璧無瑕”了。宋應星《天工開物·珠玉》就有記載：“璞中之玉，有縱橫尺餘無瑕疵者，古者帝王取以爲璽。”《史記·廉頗藺相如列傳》中藺相如也正是利用秦王忌諱美玉有瑕的心理，才得以完璧歸趙。當藺相如發現秦王得到“和氏璧”無意償趙城池後，便謊稱“璧有瑕，請指示王”，於是璧又回到了他手中，從而取得了鬥爭的主動權，最終不辱使命。

古人按照萬物有靈的觀念，認爲美石——玉是山川的精華，因此，他們將玉賦予了人的全部美德。《說文》：“玉，石之美者，有五德，潤澤以溫，仁之方也。䚡理自外，可以知中，義之方也。其聲舒揚，專以遠聞，智之方也。不橈而折，勇之方也。銳廉而不技，絜之方也。”許慎認爲玉有仁義智勇潔五種美德。玉幾近完美，因此古人常以美玉比況美德，如《老子》中有“聖人披褐懷玉”，以顯示品行高潔；《晉書·賀循傳》記載：“循冰清玉潔，行爲俗表。”《詩經·衛風·淇奧》中這樣做比：“有匪君子，如金如錫，如圭如璧。”《離騷》中屈原更是以“何瓊珮之偃蹇兮”來比喻自己的高尚節操。珮是古人系在衣帶上的裝飾品，《墨子·辭過》：“鑄金以爲鉤，珠玉以爲珮。”《詩經·鄭風·子衿》中也有“青青子佩，悠悠我思”。古人喜歡佩戴珠玉不僅僅是爲了裝飾，更重要的是爲了顯示道德。《禮記·曲禮下》云：“君子無故玉不下身。”孔穎達疏：“玉，謂佩也，君子于玉比德，故恒佩玉，明身恒有德也。”《詩經·小雅·斯干》裏有“乃生男子……載弄之璋”，即後來所說的“弄璋之喜”，因爲古人希望所生“男子”長大後要做君子，而君子是要佩玉的。古人腰間常戴有一組佩玉，上面的横玉叫“珩”，許慎把“珩”解釋爲：“从玉行聲，所以節行止也。”《禮記·經解》：“行步則有環佩之聲。”也許正是“環佩之聲”的提醒，古人才“節其行止”。古人冠冕的兩側還懸有玉珮，叫“瑱”，也叫“充耳”，可以塞入耳中。鄭玄注：“玉瑱，塞耳者。”古人佩瑱是爲了警惕自己不要聽信流言蜚語。

練習題

一、請解釋下面一段文字中的加點詞語

積土成山，風雨興焉；積水成淵，蛟龍生焉；積善成德，而神明自得，聖心備焉。故不積蹞步，無以至千里；不積小流，無以成江海。騏驥一躍，不能十步；駑馬十駕，功在不舍。鍥而舍之，朽木不折；鍥而不舍，金石可鏤。螾無爪牙之利，筋骨之強，上食埃土，下飲黃泉，用心一也。蟹八跪而二螯，非蛇、蟺之穴無可寄託者，用心躁也。是故無冥冥之志者，無昭昭之明；無惛惛之事者，無赫赫之功。行衢道者不至，事兩君者不容。目不能兩視而明，耳不能兩聽而聰。螣蛇無足而飛，鼫鼠五技而窮。《詩》曰：“尸鳩在桑，其子七兮。淑人君子，其儀一兮。其儀一兮，心如結兮。”故君子結於一也。

二、古文標點今譯題

1. 儒以文亂法俠以武犯禁而人主兼禮之此所以亂也夫離法者罪而諸先生以文學取犯禁者誅，而群俠以私劍養故法之所非君之所取吏之所誅上之所養也法趣上下四相反也而無所定雖有十黃帝不能治也故行仁義者非所譽譽之則害功工文學者非所用用之則亂法楚人有直躬其父竊羊而謁之吏令尹曰殺之以爲直於君而曲於父報而罪之以是觀之夫君之直臣父之暴子也魯人從君戰三戰三北仲尼問其故對曰吾有老父身死莫之養也仲尼以爲孝舉而上之以是觀之夫父之孝子君之背臣也故令尹誅而楚姦不上聞仲尼賞而魯民易降北上下之利若是其異也而人主兼舉匹夫之行而求致社稷之福必不幾矣

2. 古者倉頡之作書也自環者謂之私背私謂之公公私之相背也乃倉頡固以知之矣今以爲同利者不察之患也然則爲匹夫計者莫如脩行義而習文學行義脩則見信見信則受事文學習則爲明師爲明師則顯榮此匹夫之美也然則無功而受事無爵而顯榮有政如此則國必亂主必危矣故不相容之事不兩立也斬敵者受賞而高慈惠之行拔城者受爵祿而信廉愛之說堅甲厲兵以備難而美薦紳之飾富國以農距敵恃卒而貴文學之士廢敬上畏法之民而養遊俠私劍之屬舉行如此治強不可得也國平養儒俠難至用介士所利非所用所用非所利是故服事者簡其業而遊學者日衆是世之所以亂也

三、名詞解釋

訓詁　訓詁學　傳　箋　疏　猶　謂之

四、簡答題

1. 訓詁工作的成果可以形成哪三種形態的材料？
2. 注釋類訓詁材料又包括哪五種類型？
3. 舉例說明訓詁的方法有哪些？

五、思考題

1. 因聲求義訓詁方法的原理是什麼？
2. 在利用據形索義的訓詁方法時，爲什麼要儘量依據早期的古文字字形？

六、實踐題

給下段《詩經・衛風・相鼠》的注疏加上標點符號，並用不同的符號標明毛傳、鄭箋、孔疏及《經典釋文》的注音（毛傳＿＿、鄭箋＿＿、孔疏﹏﹏、注音｛　｝）。

相鼠刺無禮也衛文公能正其群臣而刺在位承先君之化無禮
儀也 ○相息亮反篇內同 [疏] 相鼠三章章四句至禮儀正義曰作相鼠詩者刺無禮也由衛文公能正其群臣
禮儀故刺其在位有承先君之化無禮儀者由文公能化之使有禮而刺其無
使有所以美文公也凱風美孝子而反以刺君此刺無禮而反以美君作者之本意然也在
禮者位無禮儀文公不黜之者以其承先君之化弊風未革身無大罪不可人廢之故也 相鼠有皮人
而無儀 相視也無禮儀者雖居尊位猶爲暗昧之行箋云儀威儀也視鼠有皮雖處高
顯之處偷食苟得不知廉耻亦與人無威儀者同○行下孟反之處昌慮反 人而無儀不
死何爲 箋云人以有威儀爲貴今反無之傷化敗俗不如其死無所害也 [疏] 相鼠至何爲○正義曰文公能正其群臣而在位猶有
鼠有皮猶人之無儀何則人有皮鼠亦有皮鼠猶無
無禮者故刺之相禮儀何异于鼠乎人以有威儀爲貴人無禮儀則傷化敗俗此人不死何爲若死則無害也○
儀故可耻也人無大夫雖居尊位爲暗昧之行無禮儀而可惡猶鼠處高顯之居偷食苟得不知廉耻鼠無廉耻
箋視鼠至者同○正義曰以傳曰雖居尊位故箋言
與人無威儀者同故喻焉雖處高顯之居以對之 相鼠有齒人而無止 止所止息也箋云止容止
止可觀無止韓詩止節無
孝經曰容禮節也 人而無止不死何俟 俟待也 相鼠有體 體支體也 [疏] 傳體支體○正義曰上云有皮
體言之明此言體非徧體也故
有齒已指爲支體○ 人而無禮人而無禮胡不遄死 遄速也○遄市專反

第八單元

文　選

史　記

《史記》是我國第一部紀傳體通史，作者司馬遷（前 145—約前 87）字子長，左馮翊夏陽（今陝西省韓城縣）人。司馬遷自幼受父薰陶，酷愛讀書，且有志於著史。公元前 108 年，他繼承父職，擔任太史令，因而有機會閱覽衆多珍貴文獻。後隨漢武帝周遊各地，所到之處，司馬遷詳觀民風，遊覽名勝，積纍了豐富的閱歷。

公元前 104 年，司馬遷開始撰寫《史記》。公元前 98 年，李陵投降匈奴，司馬遷在朝中爲其辯護，觸怒了漢武帝，因而遭到宮刑處罰。受此打擊，司馬遷愈加發憤著書，他前後歷經十餘年的艱辛，終於撰成了這部可以藏之名山、澤被後世的巨著。

《史記》全書 52 萬餘字，共一百三十篇（其中有幾篇是西漢褚少孫撰寫），分爲本紀十二篇、表十篇、書八篇、世家三十篇、列傳七十篇。五個部分既各有側重，又相互照應，構成了一個完整龐大的體系，從不同角度反映了炎帝至西漢初期約三千年的歷史傳說。

《史記》的精華是傳記部分，它以人物爲核心來描寫世道滄桑，展現了一幅幅廣闊生動的社會場景。司馬遷善於刻畫人物，塑造了一系列栩栩如生的典型形象，文中往往寥寥幾筆，人物形象便躍然紙上。全書記事曲折生動，跌宕起伏，引人入勝，充滿傳奇色彩，對後世的史學與文學皆產生了深遠影響。《史記》不僅是史學名著，而且是文學名著，它完全無愧於“史家之絕唱，無韻之《離騷》”的稱譽，也貫徹了司馬遷“究天人之際，通古今之變”的初衷。

《史記》通行的古注有著名的“三家注”，此即南朝宋裴駰的《史記集解》、唐司馬貞的《史記索隱》和張守節的《史記正義》，中華書局《二十四史》點校本將三家注列於正文之中，以供讀者參考。

趙氏孤兒（趙世家）[1]

晉景公之三年[2]，大夫屠岸賈欲誅趙氏[3]。初，趙盾在時[4]，夢見叔帶持要而哭[5]，甚悲；已而笑，拊手且歌[6]。盾卜之[7]，兆絕而後好。趙史援占之，曰："此夢甚惡[8]，非君之身，乃君之子[9]，然亦君之咎。至孫，趙將世益衰。"屠岸賈者，始有寵於靈公，及至於景公而賈爲司寇[10]，將作難，乃治靈公之賊以致趙盾[11]，徧告諸將曰："盾雖不知，猶爲賊首。以臣弑君，子孫在朝，何以懲辠[12]？請誅之。"韓厥[13]曰："靈公遇賊[14]，趙盾在外，吾先君以爲無罪[15]，故不誅。今諸君將誅其後[16]，是非先君之意而今妄誅。妄誅謂之亂。臣有大事而君不聞，是無君也。"屠岸賈不聽。韓厥告趙朔趣亡[17]。朔不肯，曰："子必不絕趙祀，朔死不恨[18]。"韓厥許諾，稱疾不出。賈不請而擅與諸將攻趙氏於下宮，殺趙朔、趙同、趙括、趙嬰齊[19]，皆滅其族。

[1]"趙氏孤兒"的故事婦孺皆知，長盛不衰。程嬰含辛茹苦、忍辱負重，歷經十五載，終於復仇成功，實踐了當初的諾言，表現了國人堅韌不屈、重視信譽的優良傳統。文中情節環環相銜，波瀾起伏，緊張精彩，具有很強的可讀性，充分反映了《史記》善於設置懸念，以達到扣人心弦的特點。此故事後被改編成戲劇、小說、電影、電視劇等，在民間影響極爲廣泛。1754年，法國啓蒙思想家伏爾泰將它改編爲歌劇，稱爲《中國孤兒》，開始了其在海外的傳播。

[2]晉景公（？—前581），名據，晉成公之子，在位十九年。

[3]屠岸賈（？—約前583），晉國大臣，深受靈公寵愛。後靈公無道，被趙穿所殺，故屠岸賈一直伺機報復趙氏家族。

[4]趙盾，晉正卿，謚號"宣"，故亦稱趙宣子、宣孟。趙衰之子，趙朔之父。

[5]叔帶，趙盾遠祖，周幽王時，離周往晉，始建趙氏於晉。要，後來寫作"腰"。

[6]拊，拍，輕擊。

[7]卜，占卦。

[8]惡，兇險，不祥。

[9]非……乃，等於說"不是……就是"。

[10]司寇，官名，位於六卿之列，負責刑罰、糾察等職。

[11]"乃治"句，大意是於是藉口要懲處殺害靈公的暴徒，並把這罪過歸於趙盾。賊，犯上作亂的人，此處指當年殺死晉靈公的趙穿。致，等於說歸咎。

[12]辠，同"罪"。

[13]韓厥，即韓獻子，韓萬的玄孫，晉國大臣。

[14]靈公遇賊，靈公遭到殺害。賊，殺戮，殺害。

[15]先君，前代國君，此處指晉成公。

[16]後，後嗣，子孫。

[17] 趣（cù），趕快。

[18] 不恨，不遺憾。

[19] 趙同、趙括、趙嬰齊，趙盾同父異母的兄弟。

趙朔妻成公姊，有遺腹[1]，走公宮匿。趙朔客曰公孫杵臼，杵臼謂朔友人程嬰曰："胡不死?"程嬰曰："朔之婦有遺腹，若幸而男，吾奉之；即女也[2]，吾徐死耳。"居無何[3]，而朔婦免身[4]，生男。屠岸賈聞之，索於宮中。夫人置兒絝中[5]，祝曰[6]："趙宗滅乎，若號；即不滅，若無聲。"及索，兒竟無聲[7]。已脱，程嬰謂公孫杵臼曰："今一索不得，後必且復索之，奈何?"公孫杵臼曰："立孤與死孰難?"程嬰曰："死易，立孤難耳。"公孫杵臼曰："趙氏先君遇子厚[8]，子彊爲其難者[9]，吾爲其易者，請先死。"乃二人謀取他人嬰兒負之，衣以文葆[10]，匿山中。程嬰出，謬謂諸將軍曰[11]："嬰不肖[12]，不能立趙孤。誰能與我千金，吾告趙氏孤處。"諸將皆喜，許之，發師隨程嬰攻公孫杵臼。杵臼謬曰："小人哉程嬰！昔下宮之難不能死，與我謀匿趙氏孤兒，今又賣我。縱不能立[13]，而忍賣之乎!"抱兒呼曰："天乎天乎！趙氏孤兒何罪？請活之[14]，獨殺杵臼可也。"諸將不許，遂殺杵臼與孤兒。諸將以爲趙氏孤兒良已死[15]，皆喜。然趙氏真孤乃反在，程嬰卒與俱匿山中[16]。

[1] 遺腹，遺腹子。

[2] 即，如果。

[3] 無何，不久。

[4] 免，分娩，生孩子。後來寫作"娩"。

[5] 絝（kù），套褲。後來寫作"袴"。

[6] 祝，禱告。

[7] 竟，竟然。

[8] 遇，禮待。

[9] 彊（qiǎng），同"強"。勉力，努力。

[10] 衣以文葆，給他穿上綉花的襁褓。衣，穿，名詞用作動詞。以，介詞，把。

[11] 謬，假裝。

[12] 不肖，等於説不善或不成器。

[13] 縱，即使。

[14] 活，使……活，動詞使動用法。

[15] 良，果然，確實。

[16] 卒，最終。

居十五年，晉景公疾，卜之，大業之後不遂者爲祟[1]。景公問韓厥，厥知趙孤在，乃曰："大業之後在晉絕祀者[2]，其趙氏乎？夫自中衍者皆嬴姓也[3]。中衍人面鳥噣[4]，降佐殷帝大戊[5]，及周天子，皆有明德。下及幽厲無道[6]，而叔帶去周適晉，事先君文侯，至于成公，世有立功，未嘗絕祀。今吾君獨滅趙宗，國人哀之，故見龜策[7]。唯君圖之[8]。”景公問：“趙尚有後子孫乎？”韓厥具以實告。於是景公乃與韓厥謀立趙孤兒，召而匿之宮中。諸將入問疾，景公因韓厥之衆以脅諸將而見趙孤[9]。趙孤名曰武。諸將不得已，乃曰：“昔下宮之難，屠岸賈爲之，矯以君命，并命羣臣。非然，孰敢作難！微君之疾[10]，羣臣固且請立趙後[11]。今君有命，羣臣之願也。”於是召趙武、程嬰徧拜諸將，遂反與程嬰、趙武攻屠岸賈，滅其族。復與趙武田邑如故。

［1］“大業”句，大意是大業後代中不如意的人搗鬼。大業，即皋陶（yáo），偃姓，帝顓頊之苗裔，舜時任掌管刑獄之長官。

［2］絕祀，斷絕祭祀，指無後代。

［3］中（zhòng）衍，趙遠祖，伯益的玄孫，商朝人，嬴姓，曾爲帝大戊駕車。

［4］噣（zhòu），鳥嘴。

［5］佐，輔助。

［6］幽厲，“幽”指周幽王（前795—前771），西周天子，姬姓，名宫涅，因寵信褒姒而被犬戎攻破鎬京，致使身死國亡，在位十一年。“厲”指周厲王（？—前828），名胡，殘暴不仁，後被國人放逐於彘。

［7］見（xiàn），顯現，後來寫作“現”。龜策，龜甲和蓍草，古代占卦的工具。

［8］唯，表示希望、請求。圖，謀劃，考慮。

［9］因，憑藉，倚仗。

［10］微，非，不是。副詞，暗含假設的意味。

［11］固，本來。

及趙武冠[1]，爲成人，程嬰乃辭諸大夫，謂趙武曰：“昔下宮之難，皆能死。我非不能死，我思立趙氏之後。今趙武既立，爲成人，復故位，我將下報趙宣孟與公孫杵臼。”趙武啼泣頓首固請[2]，曰：“武願苦筋骨以報子至死[3]，而子忍去我死乎！”程嬰曰：“不可。彼以我爲能成事，故先我死；今我不報，是以我事爲不成。”遂自殺。趙武服齊衰三年[4]，爲之祭邑，春秋祠之[5]，世世勿絕。

［1］冠，戴帽子，古代男子一般在二十歲舉行加冠禮，表示已經成年。

［2］頓首，磕頭。

［3］苦，使……勤苦，形容詞使動用法。

［4］齊衰（zī cuī），喪服名，爲五服之一。服用粗麻布製成，其下部的邊則折轉縫起來。

［5］祠，祭祀。

田單列傳[1]

田單者，齊諸田疏屬也[2]。湣王時[3]，單爲臨菑市掾[4]，不見知[5]。及燕使樂毅伐破齊[6]，齊湣王出奔，已而保莒城[7]。燕師長驅平齊[8]，而田單走安平，令其宗人盡斷其車軸末而傅鐵籠[9]。已而燕軍攻安平，城壞[10]，齊人走，爭塗，以轊折車敗[11]，爲燕所虜。唯田單宗人以鐵籠故得脱，東保即墨。燕既盡降齊城[12]，唯獨莒、即墨不下[13]。燕軍聞齊王在莒，并兵攻之[14]。淖齒既殺湣王於莒[15]，因堅守距燕軍[16]，數年不下。燕引兵東圍即墨，即墨大夫出與戰，敗死。城中相與推田單[17]，曰："安平之戰，田單宗人以鐵籠得全[18]，習兵。"立以爲將軍，以即墨距燕[19]。

［1］本文是一篇單一的人物傳記，主人公田單在齊國兵敗如山倒之際，臨危受命，不負重託。兩軍對壘之時，田單胸有成竹，運籌於帷幄之中，最終轉弱爲強，一舉擊潰燕軍，收復大片失土。整個故事富於戲劇性，充滿了傳奇色彩。

［2］諸田疏屬，等於說田氏宗室遠房親屬。

［3］湣（mǐn）王，亦作閔王。

［4］臨菑，即臨淄，今山東省淄博市。市掾（yuàn），管理市場的輔助官員。

［5］見，被，表示被動。

［6］樂（yuè）毅，戰國時中山國靈壽（今河北省平山縣）人，戰國名將。公元前285年，樂毅率領趙、楚、韓、魏、燕五國聯軍伐齊，攻克齊七十餘城。

［7］已而，不久。保，依附。

［8］長驅，迅速長途向前進軍，指所向無敵。

［9］末，物體的尖端。傅，裹住。

［10］城壞，城牆倒塌。

［11］以，因爲。轊（wèi），車軸頭。敗，毀壞。

［12］降，使……投降，動詞使動用法。

［13］下，攻下。

［14］并兵，合兵，集中兵力。

［15］"淖齒"句，據《史記·田敬仲完世家》、《史記·范雎蔡澤列傳》記載，齊湣王被樂毅打敗後，匆匆逃到莒城。楚派淖齒率兵救援，淖齒趁火打劫，伺機殺死湣王，然後與燕軍瓜分齊土與珍寶。

［16］距，通"拒"，抵抗。

［17］相與，共同。

［18］得全，獲得保全。

［19］以，憑藉。

頃之[1]，燕昭王卒[2]。惠王立[3]，與樂毅有隙。田單聞之，乃縱反閒於燕[4]，宣言曰[5]："齊王已死，城之不拔者二耳[6]。樂毅畏誅而不敢歸，以伐齊爲名[7]，實欲連兵南面而王齊[8]。齊人未附[9]，故且緩攻即墨以待其事[10]。齊人所懼，唯恐他將之來，即墨殘矣[11]。"燕王以爲然[12]，使騎劫代樂毅。

［1］頃之，不久。之，助詞，用來調整音節，無實義。

［2］燕昭王（前335—前279），姓姬名平，燕王噲庶子，在位三十三年。

[3] 惠王（？一前272），燕昭王子，在位七年。

[4] 縱，施用。反閒（jiàn），指引誘敵方間諜或其他人取得虛假情報，製造其內部矛盾而乘機獲利。

[5] 宣言，揚言，公開地說。

[6] 之，助詞，用在主謂結構之間，取消句子獨立性，無實義。二，數詞作謂語。

[7] 以伐齊爲名，等於說用攻打齊國做幌子。名，名義。

[8] 連兵，集結軍力，指聯合即墨、莒的守軍。南面，面向南，古人以坐北朝南爲尊者之位，帝王諸侯會見臣子時，皆面向南方而坐，所以用“南面”來借指稱王。王齊，統治齊國。

[9] 附，歸附。

[10] 且，暫且。

[11] 殘，毀壞。

[12] 然，對，正確。

樂毅因歸趙，燕人士卒忿[1]。而田單乃令城中人食必祭其先祖於庭[2]，飛鳥悉翔舞城中下食[3]。燕人怪之。田單因宣言曰：“神來下教我。”乃令城中人曰：“當有神人爲我師。”有一卒曰：“臣可以爲師乎[4]？”因反走[5]。田單乃起，引還[6]，東鄉坐[7]，師事之[8]。卒曰：“臣欺君，誠無能也[9]。”田單曰：“子勿言也！”因師之[10]。每出約束[11]，必稱神師。乃宣言曰：“吾唯懼燕軍之劓所得齊卒置之前行與我戰[12]，即墨敗矣。”燕人聞之，如其言[13]。城中人見齊諸降者盡劓，皆怒，堅守，唯恐見得[14]。單又縱反閒曰[15]：“吾懼燕人掘吾城外冢墓[16]，僇先人[17]，可爲寒心[18]。”燕軍盡掘壟墓[19]，燒死人。即墨人從城上望見，皆涕泣，俱欲出戰，怒自十倍。

[1] 忿（fèn），憤怒。

[2] 庭，堂前空地，院子。

[3] 翔舞，飛舞。翔，盤旋而飛。

[4] 臣，第一人稱謙稱。

[5] 反，返回，回身。後來寫作“返”。

[6] 引，伸手拉。

[7] 東鄉坐，古人室內以坐西朝東爲尊者之位。鄉，通“向”，面向，朝着。

[8] 師事之，像對待老師那樣來侍奉他。師，名詞用作狀語，表示對人的態度。

[9] 誠，確實。

[10] 師，以……爲師，名詞意動用法。

[11] 約束，規章，法令。

[12] 劓，割掉鼻子，古代五種酷刑之一。

[13] 如，按照。

[14] 唯恐見得，只害怕被活捉。

[15] 縱，施展。

［16］冢（zhǒng）墓，墳墓。

［17］僇（lù），侮辱，羞辱。

［18］寒心，痛心，傷心。

［19］壟墓，墳墓，壟也是墓的意思。

田單知士卒之可用，乃身操版插[1]，與士卒分功[2]，妻妾編於行伍之閒[3]，盡散飲食饗士[4]。令甲卒皆伏[5]，使老弱女子乘城[6]，遣使約降於燕，燕軍皆呼萬歲。田單又收民金，得千溢[7]，令即墨富豪遺燕將[8]，曰："即墨即降[9]，願無虜掠吾族家妻妾[10]，令安堵[11]。"燕將大喜，許之。燕軍由此益懈[12]。

［1］版插，亦作"版臿"，泛指建築工具。版，築牆器具。插，通"鍤"，掘土器具。

［2］分功，分擔工作。

［3］行伍，古代兵制，五人爲伍，五伍爲行，泛指軍隊。

［4］饗，犒勞，宴請。

［5］甲卒，穿着鎧甲的士兵。伏，埋伏。

［6］乘城，登上城牆。

［7］溢，通"鎰"，古重量單位，二十兩爲一鎰。

［8］遺（wèi），送給。

［9］即，立刻，馬上。

［10］無，通"毋"，不要。虜掠，搶劫。

［11］安堵，等於說安居。堵，牆，借指居處。

［12］懈，鬆懈。

田單乃收城中得千餘牛，爲絳繒衣[1]，畫以五彩龍文[2]，束兵刃於其角[3]，而灌脂束葦於尾[4]，燒其端[5]。鑿城數十穴，夜縱牛[6]，壯士五千人隨其後。牛尾熱，怒而奔燕軍[7]，燕軍夜大驚。牛尾炬火光明炫燿，燕軍視之，皆龍文，所觸盡死傷。五千人因銜枚擊之[8]，而城中鼓譟從之[9]，老弱皆擊銅器爲聲，聲動天地。燕軍大駭，敗走。齊人遂夷殺其將騎劫[10]。燕軍擾亂奔走，齊人追亡逐北[11]，所過城邑，皆畔燕而歸[12]。

［1］絳繒衣，深紅色的綢衣。繒（zēng），綢子。

［2］五彩龍文，五顏六色的龍形花紋。文，花紋，後來寫作"紋"。

［3］束，綁。兵刃，兵器，武器。

［4］灌脂束葦於尾，將澆了油脂的蘆葦綁在牛尾巴上。

［5］其端，指蘆葦的末端。

［6］縱，放縱，不加約束。

［7］奔，衝向。

［8］銜枚，古代行軍作戰時，命士兵將枚橫銜在口中，用來防止喧嘩或叫喊。枚，形狀像筷子，兩端有帶子，可綁在脖子上。

［9］鼓譟，擂鼓吶喊。

[10] 夷殺，誅殺。

[11] 追亡逐北，追擊敗逃的敵人。“亡”與“北”本指逃跑，這裏指敗逃的人。

[12] 畔，通“叛”，背叛。

田單兵日益多[1]，乘勝，燕日敗亡，卒至河上，而齊七十餘城皆復爲齊。乃迎襄王於莒[2]，入臨菑而聽政[3]。襄王封田單，號曰安平君[4]。

[1] 日益，一天比一天更加。

[2] 襄王（？—前265），名法章，湣王子，在位十九年。淖齒殺湣王，法章更名改姓爲奴，後被莒城人立爲王以抗燕。

[3] 聽政，處理政務。

[4] 安平君，田單起兵於安平，故齊王用安平君作其封號。

太史公曰：兵以正合[1]，以奇勝[2]。善之者出奇無窮[3]；奇正還相生[4]，如環之無端[5]。夫始如處女[6]，適人開户[7]；後如脱兔[8]，適不及距：其田單之謂邪！

[1] 這裏至“無端”語出《孫子·勢》：“凡戰者，以正合，以奇勝。故善出奇者，無窮如天地，不竭如江河……奇正相生，如循環之無端，孰能窮之？”正，指正面軍隊。

[2] 奇，這裏指奇兵。

[3] 出奇，出奇兵，用其計。無窮，沒有窮盡。

[4] 還（xuán），旋轉，迴旋。

[5] 環，玉環。無端，沒有起點與終點。

[6] 這裏至“距”語出《孫子·九地》，原文爲：“是故始如處女，敵人開户；後如脱兔，敵不及距。”

[7] 適，通“敵”。開户，開門。

[8] 脱兔，逃脱的兔子，比喻行動迅速。

聶政（刺客列傳）[1]

聶政者，軹深井里人也[2]。殺人避仇，與母、姊如齊[3]，以屠爲事[4]。

[1] 韓非子一句“俠以武犯禁”，準確點明了刺客的特點。當邪惡勢力佔據上風之時，人們無法按照正常途徑解決問題，因而鋌而走險，冒死一搏。荊軻爲了政治理想，報必死之心刺殺秦王，千古傳爲美談。相形之下，聶政只是秉奉“士爲知己者死”的傳統道德，過於看重個人恩怨，在精神境界上稍遜一籌。尤其是在強調法治的今天，其作爲並不可取。當然，我們不能苛求前人，以今律古，從當時社會弱勢群體的角度而言，聶政不畏強暴、勇於抗爭的頑強精神仍能起到鼓舞人心的作用。

[2] 軹（zhǐ），古縣名，位於今河南省濟源縣。深井里，地名。

[3] 如，往，去。

[4] 屠，指屠宰牲畜。事，職業。

久之，濮陽嚴仲子事韓哀侯[1]，與韓相俠累有郤[2]。嚴仲子恐誅，亡去，游求人可以報俠累者[3]。至齊，齊人或言聶政勇敢士也[4]，避仇隱於屠者之閒[5]。嚴仲子至門請，數反，然後具酒[6]，自暢聶政母前[7]。酒酣，嚴仲子奉黄金百溢[8]，前爲聶政母壽。聶政驚怪其厚[9]，固謝嚴仲子[10]。嚴仲子固進，而聶政謝曰："臣幸有老母，家貧，客游以爲狗屠[11]，可以旦夕得甘毳以養親[12]。親供養備，不敢當仲子之賜[13]。"嚴仲子辟人[14]，因爲聶政言曰[15]："臣有仇，而行游諸侯衆矣；然至齊，竊聞足下義甚高[16]，故進百金者，將用爲大人麤糲之費[17]，得以交足下之驩[18]，豈敢以有求望邪！"聶政曰："臣所以降志辱身居市井屠者[19]，徒幸以養老母[20]；老母在，政身未敢以許人也。"嚴仲子固讓，聶政竟不肯受也[21]。然嚴仲子卒備賓主之禮而去[22]。

［1］濮陽，衛國都城，位於今河南省濮陽市。嚴仲子，名遂，韓國大臣。韓哀侯（？—前374），韓國國君，在位三年。按，《史記·六國年表》記載，韓列侯三年時，"盜殺韓相俠累"。《史記·韓世家》亦曰："列侯三年，聶政殺韓相俠累。"據此，韓哀侯當爲韓列侯之誤。

［2］俠累（？—前397），名傀，與嚴遂不和。《戰國策·韓策二》："韓傀相韓，嚴遂重於君，二人相害也。嚴遂政議直指，舉韓傀之過，韓傀以之叱於朝。嚴遂拔劍趨之，以救解。"郤，隔閡，仇恨。

［3］游，周遊。報俠累，向俠累報仇。

［4］或，有的人。

［5］閒（jiān），同"間"。

［6］具，備辦，準備。

［7］自暢聶政母前，親自捧着酒器來到聶政母親面前敬酒。暢，通"觴"，斟酒自飲。

［8］奉，捧着。

［9］厚，豐厚。

［10］固謝，固，堅決。謝，謝絕，推辭。

［11］客游，在外漂遊。客，名詞作狀語，像客人一樣，表示比喻。

［12］旦夕得甘毳以養親，每天能獲得美味來奉養母親。甘毳，香甜可口的東西。毳，通"脆"。

［13］當，承受。

［14］辟人，避開衆人。辟，回避，躲開。後來寫作"避"。

［15］因爲聶政言曰，於是對聶政說道。因，連詞，表示承接，於是，就。爲，介詞，表示對象，對，向。

［16］竊，私自，私下。謙詞。

［17］麤糲之費，粗糧的費用。麤，同"粗"。糲，糙米，粗糧。

［18］驩，通"歡"，歡心。

［19］降志辱身，降低志向羞辱自身。

［20］徒，只是。

［21］竟，終於。

[22] 卒備賓主之禮而去，最後完成了賓主的禮節才離開。備，完成。

久之，聶政母死。既已葬，除服[1]，聶政曰："嗟乎！政乃市井之人，鼓刀以屠[2]；而嚴仲子乃諸侯之卿相也，不遠千里[3]，枉車騎而交臣[4]。臣之所以待之，至淺鮮[5]矣，未有大功可以稱者[6]，而嚴仲子奉百金爲親壽，我雖不受，然是者徒深知政也[7]。夫賢者以感忿睚眦之意而親信窮僻之人[8]，而政獨安得嘿然而已乎[9]！且前日要政[10]，政徒以老母；老母今以天年終[11]，政將爲知己者用。"乃遂西至濮陽，見嚴仲子曰："前日所以不許仲子者[12]，徒以親在；今不幸而母以天年終[13]。仲子所欲報仇者爲誰？請得從事焉[14]！"嚴仲子具告曰[15]："臣之仇韓相俠累，俠累又韓君之季父也[16]，宗族盛多，居處兵衛甚設，臣欲使人刺之，終莫能就[17]。今足下幸而不棄，請益其車騎壯士可爲足下輔翼者[18]。"聶政曰："韓之與衛，相去中間不甚遠，今殺人之相，相又國君之親，此其勢不可以多人，多人不能無生得失[19]，生得失則語泄，語泄是韓舉國而與仲子爲讎，豈不殆哉！"遂謝車騎人徒[20]，聶政乃辭獨行。

[1] 除服，脱掉喪服。指三年（實際上是二十七個月）之喪已滿，不再守孝。

[2] 鼓刀，指擺弄刀子發出聲音。

[3] 遠，形容詞意動用法，以……爲遠。

[4] 枉車騎而交臣，屈駕同我交往。枉，謙詞，指使對方受屈。

[5] 淺鮮，輕微，淡薄。

[6] 稱（chèn），符合，配得上。

[7] 然是者徒深知政也，然而這説明他是深深了解我的呀。徒，副詞，乃。

[8] "夫"句，大意是那賢人因爲對微小的怨仇感到憤慨而來親近信任貧困不遇的人。睚眦，瞪眼看人，比喻微小的怨恨。窮僻，貧困偏僻。

[9] 嘿，同"默"。沈默，不説話。

[10] 要，請求。

[11] 天年，自然壽命。

[12] 不許，不同意。

[13] 終，去世。

[14] 請得從事焉，請允許我能盡力做這件事。焉，兼詞，於此。

[15] 具，副詞，全部。後來寫作"俱"。

[16] 季父，叔父，叔叔。

[17] 就，成功。

[18] 益，增加。其，《战国策·韩策二》作"具"。

[19] 生得失，出差錯。得失，偏義複詞，偏指"失"，"得"不表義。

[20] 人徒，衆多幫手。徒，徒黨。

杖劍至韓[1]，韓相俠累方坐府上[2]，持兵戟而衛侍者甚衆。聶政直入，上階刺殺俠累，左右大亂。聶政大呼，所擊殺者數十人，因自皮面決眼[3]，自屠出腸，遂以死。

［1］杖劍，持劍。

［2］方，正。

［3］因自皮面決眼，於是自己割掉臉皮，挖出眼珠。決，通“抉”，挖出。《戰國策·韓策二》作“抉”。

韓取聶政屍暴於市[1]，購問莫知誰子[2]。於是韓縣購之[3]，有能言殺相俠累者予千金。久之，莫知也。

［1］暴，顯露，暴露。

［2］購問，懸賞詢問。

［3］縣購，懸賞緝捕。縣（xuán），懸賞，後來寫作“懸”。

政姊榮[1]，聞人有刺殺韓相者，賊不得[2]，國不知其名姓，暴其屍而縣之千金，乃於邑曰[3]：“其是吾弟與[4]？嗟乎，嚴仲子知吾弟！”立起[5]，如韓，之市，而死者果政也[6]，伏屍哭極哀，曰：“是軹深井里所謂聶政者也。”市行者諸衆人皆曰[7]：“此人暴虐吾國相[8]，王縣購其名姓千金，夫人不聞與？何敢來識之也？”榮應之曰[9]：“聞之。然政所以蒙污辱自棄於市販之閒者，爲老母幸無恙[10]，妾未嫁也。親既以天年下世[11]，妾已嫁夫，嚴仲子乃察舉吾弟困污之中而交之[12]，澤厚矣[13]，可奈何！士固爲知己者死[14]，今乃以妾尚在之故，重自刑以絕從[15]，妾其奈何畏殁身之誅[16]，終滅賢弟之名[17]！”大驚韓市人。乃大呼天者三，卒於邑悲哀而死政之旁。

［1］榮，亦作“嫈”。

［2］賊不得，等於説兇手不知是誰。賊，殺人的人。

［3］於（wū）邑，等於説嗚咽。

［4］其是吾弟與，大概是我弟弟吧。其，語氣詞，表示揣測。與，語氣詞，表示疑問。後來寫作“歟”。

［5］立起，立刻動身。

［6］果，果然。

［7］行者，過路的人。

［8］暴虐，殘忍殺害。

［9］應，回答。

［10］無恙，沒有疾病，沒有憂患。

［11］下世，去世。

［12］察舉，考查提拔。

［13］澤，恩惠。

［14］固，本來。

［15］“重”句，又自毀容貌來斷絕連累別人的踪迹。從，踪迹，後來寫作“踪”。

［16］殁身，殺身，喪生。

［17］“終滅”句，最終埋沒賢弟的名聲。

晉、楚、齊、衛聞之[1]，皆曰："非獨政能也，乃其姊亦烈女也[2]。鄉使政誠知其姊無濡忍之志[3]，不重暴骸之難[4]，必絕險千里以列其名[5]，姊弟俱僇於韓市者[6]，亦未必敢以身許嚴仲子也[7]。嚴仲子亦可謂知人能得士矣！"

[1] 公元前453年，趙、魏、韓三家打敗知伯，瓜分晉國。從此，晉已不復存在，這裏是沿用舊名稱。

[2] 烈女，剛烈的女子。

[3] "鄉使"句，假如聶政果真知道他姐姐沒有容忍的意思。濡（rú）忍，柔順忍讓。

[4] "不"句，等於說不把暴露骸骨看作難事。

[5] 絕險，越過險阻。

[6] 僇（lù），通"戮"，殺戮，殺害。

[7] 未必，不一定。

漢　書

《漢書》是我國第一部紀傳體斷代史，作者班固字孟堅（32—92），扶風安陵（今陝西咸陽市）人。班固父班彪好著述，作《西漢史後傳》六十五篇，未竟而卒。班彪死後，班固繼承父志撰寫《漢書》。公元89年，班固跟隨大將軍竇憲征討匈奴，任中護軍。公元92年，竇憲在官場的權力鬥爭中失敗自殺，班固受株連入獄，旋即亡於獄中。班固死時，《漢書》尚缺八表和《天文志》，其妹班昭、馬續奉和帝之命補編而成。

《漢書》記事起於公元前206年，止於公元23年。全書約80萬字，共一百篇，計帝紀十二篇、表八篇、志十篇、列傳七十篇。《漢書》秉承帝王正統，完全以儒家價值觀爲圭臬，在思想觀念及文學性上皆較《史記》稍微遜色，但班固具有史家良知，能夠秉筆直書，客觀上反映了當時的社會情境，因而《漢書》基本上符合信史的要求，史料價值很高。

《漢書》注重人物描寫，不乏膾炙人口的名篇，舊時文人往往將它與《史記》並稱。其語言特色簡練傳神，莊重典雅，是學習典範文言的極佳讀本，但它不像《史記》那樣愛用民間流行的生動口語，故部分文字流於晦澀。

《漢書》歷代注本較多，東漢末年，服虔、應劭曾分別撰寫《漢書音義》、《漢書集解音義》，如今通行的注本有唐顏師古的《漢書注》及清王先謙的《漢書補注》。

藝文志諸子略（藝文志）[1]

儒家者流[2]，蓋出於司徒之官[3]，助人君順陰陽明教化者也[4]。游文於六經之中[5]，留意於仁義之際[6]，祖述堯舜[7]，憲章文武[8]，宗師仲尼[9]，以重其言[10]，於道最爲高。孔子曰："如有所譽，其有所試[11]。"唐虞之隆，殷周之盛，仲尼之業[12]，已試之效者也。然惑者既失精微[13]，而辟者又隨時抑揚[14]，違離道本[15]，苟以譁衆取寵[16]。後進循之[17]，是以《五經》乖析[18]，儒學寖衰[19]，此辟儒之患[20]。

［1］藝文，書籍。略，概要。《藝文志》是《漢書》十志之一，根據西漢劉歆《七略》撰成，文章依次介紹了六藝、諸子、詩賦、兵書、數術、方技等六部分。每一部分先列書目，後加論述，此處所選的諸子部分只取其論述而刪其書目。班固站在儒家的正統立場上，對先秦諸子及其學術流派進行了介紹。作者細緻分析了各個流派的源流及長短，提出了"捨短取長"、融會貫通的理念。文章的一些見解深中肯綮，啓人思慮，對人們了解當時的學術狀況頗具參考價值。

［2］流，流派。

［3］司徒，官名，秦以前主管對百姓進行教化之事。

［4］順陰陽，順應天地人事自然的規律。

［5］游文，等於說潛心文字。六經，指《詩》、《書》、《禮》、《樂》、《易》、《春秋》。

［6］留意，關注，關心。

［7］祖述，效法，仿效。

［8］憲章，效法，仿效。

［9］宗師，以……爲宗師，名詞意動用法。

［10］重其言，等於說增加自己學說的重要性。重，增加，抬高。

［11］"如"至"試"句，語出《論語·衛靈公》："如有所譽者，其有所試矣。"大意是假如我對人有所稱讚，就一定曾經試用過他。其，語氣詞，表示肯定。

［12］業，學業。

［13］精微，精深微妙。

［14］辟（pì）者，邪僻不正之人。辟，邪僻，後來寫作"僻"。抑揚，浮沈，進退。

［15］道本，儒學的根本。

［16］苟，苟且，隨便。譁衆取寵，使衆人興奮激動，以博取尊重。譁，使……喧鬧，形容詞使動用法。

［17］後進，後輩。

［18］乖析，支離破碎。乖，違反，此指違反五經本義。析，分離，此指弄得經義支離破碎。

［19］寖，同"浸"，逐漸。

［20］辟儒，鄙陋的儒生。

道家者流，蓋出於史官，歷記成敗存亡禍福古今之道[1]，然後知秉要執本[2]，清虛以自守[3]，卑弱以自持，此君人南面之術也[4]。合於堯之克攘[5]，《易》之嗛嗛[6]，一謙而四益[7]，此其所長也。及放者爲之[8]，則欲絕去禮學[9]，兼棄仁義，曰獨任清虛[10]，可以爲治。

［1］歷記，依次記載。

［2］秉要執本，掌握要旨和根本。“秉”、“執”皆爲執持之義。

［3］清虛，清淨虛無。以，介詞，用，其賓語“清虛”前置。下文“卑弱”句結構與此相同。

［4］君人，統治百姓。君，名詞用作動詞。

［5］克，能。攘，通“讓”，謙讓。

［6］嗛嗛，謙遜貌。嗛，通“謙”，謙虛。

［7］一謙而四益，等於說一項謙虛的品德，可以獲得四種好處。《周易·謙卦》：“天道虧盈而益謙，地道變盈而流謙，鬼神害盈而福謙，人道惡盈而好謙。”

［8］放，放浪，放縱。

［9］禮學，禮義之學。

［10］獨任，專任。任，任用。

陰陽家者流[1]，蓋出於羲和之官[2]，敬順昊天[3]，歷象日月星辰[4]，敬授民時[5]，此其所長也。及拘者爲之[6]，則牽於禁忌[7]，泥於小數[8]，舍人事而任鬼神[9]。

［1］陰陽家，一個研究陰陽律曆的學派。

［2］羲和，羲氏、和氏，傳說中上古掌管天地四時的官員。

［3］昊（hào），大。

［4］歷象，推算觀測。歷，通“曆”，此用作動詞。

［5］敬，慎重。授，交付，此處是“頒佈”的意思。時，天時。

［6］拘，固執。

［7］牽，牽制。

［8］泥（nì），拘泥。

［9］任，聽憑。

法家者流，蓋出於理官[1]，信賞必罰[2]，以輔禮制[3]。《易》曰“先王以明罰飭法[4]”，此其所長也。及刻者爲之[5]，則無教化，去仁愛[6]，專任刑法而欲以致治[7]，至於殘害至親，傷恩薄厚[8]。

［1］理官，治理獄訟的官員。

［2］信賞必罰，有功必賞，有罪必罰，指賞罰嚴明。

［3］禮制，禮儀制度。

［4］明罰飭（chì）法，嚴明刑罰，整頓法度。語出《周易·噬嗑（shì hé）》，原文“飭”作“勑”。

［5］刻，刻薄。

［6］去，捨棄。

［7］致治，使國家達到安定清平。

［8］傷恩，傷害恩義。薄厚，使仁厚變爲刻薄。薄，使……薄，形容詞使動用法。

名家者流[1]，蓋出於禮官[2]。古者名位不同[3]，禮亦異數[4]。孔子曰：“必也正名乎！名不正則言不順，言不順則事不成[5]。”此其所長也。及警者爲之[6]，則苟鉤鈲析亂而已[7]。

［1］名家，戰國時代的一個學派，該學派試圖用嚴密的推理方法來討論問題，解決問題，但有流於詭辯之處。

［2］禮官，主管禮儀的官員。

［3］名位，官職和品位。

［4］異數（shù），等次不同。

［5］“必”至“不成”句，語出《論語·子路》，原文爲：“子路曰：‘衛君待子而爲政，子將奚先?’子曰：‘必也，正名乎！’子路曰：‘有是哉，子之迂也！奚其正?’子曰：‘野哉，由也！君子於其所不知，蓋闕如也。名不正則言不順，言不順則事不成。’”正名，辨正名分。

［6］警（jiào），攻擊別人短處。

［7］鉤鈲（gōu pī），鉤取出奇談怪論而破壞名實。析亂，分析得支離破碎而混淆名實。

墨家者流，蓋出於清廟之守[1]。茅屋采椽[2]，是以貴儉；養三老五更[3]，是以兼愛；選士大射[4]，是以上賢[5]；宗祀嚴父[6]，是以右鬼[7]；順四時而行，是以非命[8]；以孝視天下[9]，是以上同[10]。此其所長也。及蔽者爲之[11]，見儉之利，因以非禮，推兼愛之意[12]，而不知別親疏。

［1］清廟，宗廟，宗廟清靜，故稱清廟。

［2］采，木名，即櫟（lì）木，古人心目中劣等的木。

［3］三老五更，古代設三老五更之位，天子按父兄之禮養之。

［4］選士，周代選拔人才的一種制度。《禮記·王制》：“命鄉論秀士，升之司徒，曰選士。”大射，爲祭祀擇士而舉行的射禮。

［5］上，通“尚”，崇尚，敬仰。

［6］嚴父，尊敬父親。

［7］右，推崇。

［8］非命，反對天命。

［9］視，通“示”，以物給人看。

［10］上同，指與在上者取得一致，達到天下太平。

［11］蔽，壅蔽。

［12］推，推行。

從横家者流[1]，蓋出於行人之官[2]。孔子曰：“誦《詩》三百，使於四方，不能專對，雖多，亦奚以爲[3]?”又曰：“使乎！使乎[4]！”言其當權事制宜[5]，受命而不受辭[6]，此其所長也。及邪人爲之[7]，則上詐諼而棄其信[8]。

［1］從（zòng）横家，戰國時期從事政治外交活動的策辯之士，其代表人物是蘇秦、張儀。從，後來寫作“縱”。

［2］行人，官名，掌管朝覲聘問之事，相當於後世之外交官。

［3］語出《論語·子路》。原文於“誦詩三百”之後，尚有“授之以政，不達”六字。專對，獨自應答。

[4]“使乎”句，這是孔子讚美使者的話，語出《論語·憲問》：“蘧伯玉使人於孔子，孔子與之坐而問焉。曰：‘夫子何爲？’對曰：‘夫子欲寡其過而未能也。’使者出，子曰：‘使乎！使乎！’”

[5] 權事制宜，衡量事實制定合適的對策。

[6]“受命”句，大意是接受出使的命令而不接受應答的話。《公羊傳·莊公十九年》：“聘禮，大夫受命而不受辭。”

[7] 邪人，心術不正之人。

[8] 詐諼（xuān），欺詐，諼也是詐的意思。

雜家者流[1]，蓋出於議官[2]。兼儒、墨，合名、法，知國體之有此[3]，見王治之無不貫[4]，此其所長也。及盪者爲之[5]，則漫羨而無所歸心[6]。

[1] 雜家，糅合諸家學説的一個流派，以《呂氏春秋》、《淮南子》爲代表。

[2] 議官，諫官。

[3] 國體，國家的典章制度。

[4] 王治，王者的政治。貫，貫通。

[5] 盪，放縱。

[6] 漫羨，散漫。

農家者流[1]，蓋出於農稷之官[2]。播百穀，勸耕桑[3]，以足衣食，故八政一曰食，二曰貨[4]。孔子曰“所重民食[5]”，此其所長也。及鄙者爲之[6]，以爲無所事聖王[7]，欲使君臣並耕，誖上下之序[8]。

[1] 農家，戰國時期反映農民思想，代表農民利益的一個學術流派。

[2] 農稷，農業。

[3] 勸，勉勵。

[4] 八政，《尚書·洪範》：“農用八政……一曰食，二曰貨，三曰祀，四曰司空，五曰司徒，六曰司寇，七曰賓，八曰師。”

[5] 語出《論語·堯曰》，原文爲：“所重：民、食、喪、祭。”

[6] 鄙，淺陋。

[7] 事，侍奉。

[8] 誖，擾亂。

小説家者流[1]，蓋出於稗官[2]。街談巷語，道聽塗説者之所造也。孔子曰：“雖小道，必有可觀者焉；致遠恐泥，是以君子弗爲也[3]。”然亦弗滅也。閭里小知者之所及[4]，亦使綴而不忘[5]。如或一言可采[6]，此亦芻蕘狂夫之議也[7]。

[1] 小説家，採集民間傳説議論，用來考察民情風俗的人士，含義與今不同。

[2] 稗（bài）官，負責記敘閭巷風俗的官員。

[3]“雖”至“也”句，語出《論語·子張》，今本原文“弗”爲“不”。小道，不入流的學説或技藝。致遠，這裏指做大事。致，達到。遠，遠處。

[4] 閭里，里巷，百姓居住之地。小知者，有小聰明的人。知（zhì），聰明，後來寫爲“智”。

［5］綴（zhuì），等於說著述，指組織文字而成篇章。

［6］如或，如果。

［7］芻蕘，（chú ráo），割草打柴，這裏借指一般百姓。狂夫，這裏指高談闊論而不切實際的人。

凡諸子百八十九家[1]，四千三百二十四篇。

諸子十家，其可觀者九家而已[2]。皆起於王道既微，諸侯力政[3]，時君世主，好惡殊方[4]，是以九家之術蠭出並作[5]，各引一端，崇其所善，以此馳說[6]，取合諸侯[7]。其言雖殊，辟猶水火[8]，相滅亦相生也。仁之與義，敬之與和，相反而皆相成也[9]。《易》曰："天下同歸而殊塗，一致而百慮[10]。"今異家者各推所長，窮知究慮[11]，以明其指[12]，雖有蔽短[13]，合其要歸[14]，亦《六經》之支與流裔[15]。使其人遭明王聖主[16]，得其所折中[17]，皆股肱之材已[18]。仲尼有言："禮失而求諸野[19]。"方今去聖久遠，道術缺廢[20]，無所更索[21]，彼九家者，不猶瘉於野乎[22]？若能修六藝之術[23]，而觀此九家之言，舍短取長，則可以通萬方之略矣[24]。

［1］凡，總共。

［2］九家，除掉小說家之外的九家。

［3］力政，以武力征伐。政，通"征"。

［4］殊方，不同的方法或旨趣。

［5］蠭，同"蜂"。蠭出，比喻紛然出現。蠭，像蜜蜂一樣，名詞用作狀語。

［6］馳說（shuì），等於說遊說。

［7］取合，迎合別人以求安身。

［8］辟（pì），比喻，後來寫作"譬"。

［9］"相反"句，大意是相互對立的事物卻都能相互促成。

［10］"天下"至"百慮"句，語出《周易·繫辭下》。

［11］窮知究慮，用盡心思。"窮"、"究"都是用盡的意思。

［12］指，旨意，意向。

［13］蔽短，弊病，缺點。

［14］要歸，要旨，要點所在。

［15］支，分支。流裔（yì），末流。

［16］遭，遇到。

［17］折中，調節使適中。

［18］股肱（gōng），大腿和胳膊，比喻左右輔佐的大臣。

［19］"禮失"句，這句話出處不詳。諸，兼詞，之於。野，指民間。

［20］缺廢，缺漏廢棄。

［21］更，另外。

［22］瘉，通"愈"，勝於，超過。

［23］六藝，六經。

［24］萬方，泛指全國各地。

卜式（卜式傳）[1]

卜式，河南人也[2]。以田畜爲事[3]。有少弟，弟壯，式脱身出。獨取畜羊百餘[4]，田宅財物盡與弟。式入山牧，十餘年，羊致千餘頭[5]，買田宅。而弟盡破其產，式輒復分與弟者數矣[6]。

［1］卜式身爲一介布衣之時，就心繫蒼生，爲國分憂，甘願捐獻一半家財助邊，充分體現了儒家"達則兼濟天下"的情操。

平時爲人處世，卜式總是謙而有讓，恪盡職分。他仁愛寬厚，屢屢眷顧其弟。國家處於多事之秋，他慷慨解囊，踴躍請纓，念念不忘回報社會。放眼古今，卜式這種富而爲仁、勇於進取的精神委實不可多得。

［2］河南，縣名，治所在今河南省洛陽市西郊。

［3］"以"句，把耕田畜牧作爲職業。田，耕種田地，後來寫作"佃"。

［4］"獨"句，只選取了一百多頭所畜養的羊。

［5］致，達到。

［6］輒，就。數（shuò），屢次，副詞作謂語。

時漢方事匈奴[1]。式上書，願輸家財半助邊[2]。上使使問式[3]："欲爲官乎?"式曰："自小牧羊，不習仕宦[4]，不願也。"使者曰："家豈有冤，欲言事乎?"式曰："臣生與人亡所爭[5]，邑人貧者貸之，不善者教之，所居，人皆從式，式何故見冤[6]?"使者曰："苟，子何欲[7]?"式曰："天子誅匈奴，愚以爲賢者宜死節[8]，有財者宜輸之。如此，而匈奴可滅也。"使者以聞[9]。上以語丞相弘[10]。弘曰："此非人情，不軌之臣[11]，不可以爲化而亂法。願陛下勿許。"上不報，數載，乃罷式。式歸，復田牧。

［1］"時"句，當時漢朝正進行（討伐）匈奴（的戰爭）。事，動詞，從事。

［2］輸，捐獻，交納。助邊，資助邊防。

［3］上，皇上，指漢武帝劉徹（前156—前87），在位五十四年。

［4］習，通曉，懂得。

［5］亡，無。

［6］見冤，被冤枉。

［7］苟，子何欲，假如（這樣），您想要什麼?《史記·平準書》作："苟如此，子何欲而然?"

［8］愚，副詞，表示自謙，等於說"我"。死節，爲氣節而死。

［9］以，介詞，把，其後省略"之"。聞，特指向國君報告。

［10］弘，指公孫弘（前200—前121），時任丞相，精於爲官之道，爲武帝所信任。

［11］不軌，不合法度，不守規矩。

歲餘，會渾邪等降[1]。縣官費衆[2]，倉府空[3]。貧民大徙，皆印給縣官[4]，無以盡贍[5]。式復持錢二十萬，與河南太守[6]，以給徙民。河南上富人助貧民者[7]，上識式姓名，曰："是固前欲輸其家半財助邊。"乃賜式外繇四百人[8]，式又盡復與官。是時富豪皆爭匿財，唯式尤欲助費[9]。上於是以式終長者，乃召拜式爲中郎[10]，賜爵左庶長[11]，田十頃[12]，布告天下，尊顯以風百姓[13]。

［1］漢武帝元狩二年（前121），匈奴渾邪王率四萬餘人降漢。

［2］縣官，朝廷，官府。

［3］倉，糧庫。府，錢庫。

［4］印給，依靠……供給。印，後來寫作"仰"。

［5］等於說"無法全部供給"。無以，固定結構，等於說"不能"或"無法"。

［6］與，動詞，給予。

［7］上，呈報，上報。

［8］外繇四百人，四百人戍邊（的代價）。繇，通"徭"，勞役。顔師古注："外繇謂戍邊也。一人出三百錢，謂之過更。式歲得十二萬錢也。"按當時制度，交納三百錢給官府，可由官府雇人代服勞役。

［9］尤，尤其，特别。

［10］中郎，官名，亦稱郎，皇帝的侍從。

［11］左庶長，第十級爵位。

［12］頃，土地面積單位，一百畝。

［13］尊顯，使……尊貴顯赫，形容詞使動用法，其後省略賓語"之"。風（fèng），動詞，教化。

初，式不願爲郎。上曰："吾有羊在上林中[1]，欲令子牧之。"式既爲郎，布衣草蹻而牧羊[2]。歲餘，羊肥息[3]。上過其羊所，善之。式曰："非獨羊也，治民亦猶是矣。以時起居[4]，惡者輒去[5]，毋令敗羣[6]。"上奇其言，欲試使治民。拜式緱氏令[7]，緱氏便之[8]；遷成皋令，將漕最[9]。上以式朴忠[10]，拜爲齊王太傅，轉爲相。

［1］上林，指上林苑，古代著名宫苑，故址在今陝西省西安市以西一帶。

［2］布衣草蹻（jué），用作動詞，穿布衣草鞋。

［3］肥息，肥壯蕃息。

［4］以時，按時。

［5］去，除掉。

［6］敗羣，危害群體。

［7］緱（gōu）氏，縣名，治所在今河南偃師市東南。令，縣令，一個縣的最高行政長官。

［8］緱氏便之，大意是緱氏的百姓安於這種治理方式。

［9］將漕最，輸送漕糧名列前茅。漕，漕糧，指通過水路運往京城的糧食。最，古代考核政績、軍功時的等級，以上等爲"最"，同"殿"相對。

［10］朴忠，樸實忠誠。朴，同"樸"，今爲"樸"的簡化字。

會呂嘉反[1]，式上書曰："臣聞主媿臣死[2]，羣臣宜盡死節。其駑下者[3]，宜出財以佐軍。如是，則強國不犯之道也[4]。臣願與子男及臨菑習弩、博昌習船者請行[5]，死之以盡臣節。"上賢之[6]，下詔曰："朕聞報德以德，報怨以直[7]。今天下不幸有事，郡縣諸侯未有奮繇直道者也[8]。齊相雅行躬耕[9]，隨牧畜蕃[10]，輒分昆弟，更造[11]，不爲利惑[12]。日者北邊有興[13]，上書助官[14]；往年西河歲惡，率齊人入粟；今又首奮，雖未戰，可謂義形於内矣[15]。其賜式爵關内侯，黄金四十斤，田十頃。布告天下，使明知之。"

［1］會，適逢。呂嘉（？—約前111），南越丞相。公元前113年，呂嘉率兵反，殺南粵王趙興及漢使。武帝令路博多領兵十餘萬反擊。公元前111年，呂嘉被擒，南越平定。

［2］媿，同"愧"，蒙羞。

［3］駑下，才能低劣。

［4］強，使……強大，形容詞使動用法。不犯，不受侵犯。

［5］"臣願"句，我願意同兒子以及臨淄通曉弓弩的、博昌精通駕船的百姓請求出征。子男，指兒子。博昌，今山東省博興縣。

［6］賢，以……爲賢，形容詞意動用法。

［7］語出《論語・憲問》："以直報怨，以德報德。"用公正回報怨恨，用恩惠報答恩惠。引文改變原文順序，表示先德後怨。

［8］奮繇直道，遵守直道奮發而起。繇，通"由"，遵守。

［9］齊相，即卜式。雅，一向。

［10］蕃，繁衍。

［11］更造，重新經營（家業）。

［12］不爲利惑，不被利益引誘。

［13］日者，等於說"往日"，用來追述往事。興，等於說"出兵"。

［14］官，官府。

［15］"可"句，可以說道義從心中表現出來了。

元鼎中[1]，徵式代石慶爲御史大夫。式既在位，言郡國不便鹽鐵而船有筭[2]，可罷。上由是不說式[3]。明年當封禪[4]，式又不習文章[5]。貶秩爲太子太傅[6]，以兒寬代之[7]。式以壽終。

［1］元鼎，漢武帝年號，起訖於公元前116年至公元前111年。

［2］不便鹽鐵，不方便實行鹽鐵專賣。筭（suàn），一種賦税，即人口税。

［3］說，喜歡，後來寫作"悦"。

［4］封禪（shàn），帝王在泰山上築壇祭天爲封，在泰山下辟場祭地爲禪。泛指帝王祭拜天地。

［5］文章，指文辭及禮樂制度。

［6］貶秩，降級。秩，官職的等級。

［7］兒（ní）寬（？—約前103），千乘（今山東高青縣）人，孔安國弟子，以研治《尚書》著名。

後漢書

《後漢書》是記載東漢歷史的紀傳體史書，作者范曄（398—445）字蔚宗，南朝宋順陽（今河南省淅川縣）人。東晉末年，范曄曾任劉裕之子劉義康的參軍。宋代晉，范曄心情鬱悶，任宣城太守時，開始立言述志，全心投入撰寫《後漢書》的工作。後劉子康與宋文帝劉義隆爭權奪利，范曄不幸捲入其中，被人告發欲廢宋文帝，謀立劉義康爲帝。公元445年，范曄因謀反罪被殺。

《後漢書》原計劃寫一百卷，范曄遇害時，全書尚未完畢，只完成紀十卷，列傳八十卷，尚缺志這一部分。南朝梁劉昭將晉司馬彪所撰的《續漢書》中的八篇志分爲三十卷移入其中，以補《後漢書》之缺，故今本《後漢書》共一百二十卷，計本紀十卷、列傳八十卷、志三十卷。

《後漢書》主要記載了從光武帝劉秀到獻帝劉協東漢一朝的史實，前後近兩百年，它繼承了《史記》的批判精神，敢於秉筆實錄，不徇私情，但在寫人敘事方面不如《史記》、《漢書》形象生動。

《後漢書》通行的注解是唐李賢所撰的《後漢書注》，清王先謙的《後漢書集解》也有重要參考價值。

范滂（黨錮傳）[1]

范滂字孟博，汝南征羌人也[2]。少厲清節[3]，爲州里所服，舉孝廉、光禄四行[4]。時冀州飢荒，盜賊羣起，乃以滂爲清詔使[5]，案察之[6]。滂登車攬轡，慨然有澄清天下之志[7]。及至州境，守令自知臧汙[8]，望風解印綬去[9]。其所舉奏，莫不厭塞衆議[10]。遷光禄勳主事[11]。時陳蕃爲光禄勳，滂執公儀詣蕃[12]，蕃不止之，滂懷恨，投版弃官而去[13]。郭林宗聞而讓蕃曰[14]："若范孟博者，豈宜以公禮格之[15]？今成其去就之名[16]，得無自取不優之議也[17]？"蕃乃謝焉[18]。

[1] 范滂是東漢後期的著名黨人，因同宦官集團進行鬥爭而名垂青史。范滂早年胸懷大志，爲官正直清廉，以致貪官污吏望風而逃。"黨錮之禍"發生後，爲了不連累他人，范滂主動赴獄，在獄中無所畏懼，同宦官集團進行了堅決鬥爭，最終慷慨赴刑場，與母親訣別。臨刑前，母子相互勉勵，大義凜然，表現了對理想的執著追求及對黑暗現實決不妥協的高尚情操。

[2] 汝南，漢郡名，位於今河南省平輿縣。征羌，東漢縣名，位於今河南省郾城縣。

[3] 厲，磨礪，後來寫作"礪"。

[4] 孝廉，漢朝選拔人才的一種科目，被選者應當孝敬父母，品德端方。光禄四行，光禄勳

選拔人才的四種科目，即敦厚、質樸、遜讓、節儉。

［5］清詔使，奉皇帝詔令巡視各地的官員。

［6］案察，等於說查處。

［7］慨然，慷慨貌。

［8］臧汙，貪贓受賄。臧，後來寫作“贓”。汙，同“污”。

［9］印綬，印信及繫印信的絲帶。

［10］厭塞（yā sè），鎮住，壓倒。

［11］光祿勳，即郎中令，掌管宮廷門衛和侍從等職。主事，掾屬之類的官職。

［12］“滂”句，范滂施行官家的禮儀拜訪陳藩。

［13］投版，比喻棄官。版，下屬見上司時所拿的手版。

［14］讓，責備。

［15］格，限制，要求。

［16］去就，偏義複詞，偏指“去”，去職。

［17］“得無”句，豈不自惹不寬容的議論。得無，莫非，豈不，表示揣度的語氣。

［18］焉，代詞，指范滂。

復爲太尉黄瓊所辟[1]。後詔三府掾屬舉謡言[2]，滂奏刺史、二千石權豪之黨二十餘人[3]。尚書責滂所劾猥多[4]，疑有私故。滂對曰：“臣之所舉，自非叨穢姦暴[5]，深爲民害，豈以汙簡札哉[6]！閒以會日迫促[7]，故先舉所急，其未審者[8]，方更參實[9]。臣聞農夫去草，嘉穀必茂；忠臣除姦，王道以清。若臣言有貳[10]，甘受顯戮[11]。”吏不能詰。滂覩時方艱，知意不行[12]，因投劾去[13]。

［1］太尉，最高軍事長官。

［2］“後”句，東漢以太尉、司徒、司空爲三公，可自行開府，故稱三公爲“三府”。掾屬，輔佐治理政務的官吏。謡言，民間流傳的歌謡或諺語。

［3］二千石，每月俸祿爲兩千石的官員，一般指太守。

［4］猥多，繁多，衆多。

［5］自，假如。叨穢，貪婪骯髒。叨，通“饕”，極其貪婪。姦暴，姦險殘暴。

［6］簡札，用來書寫的竹簡木片。

［7］“閒”句，近來因爲聚會的日期緊迫。

［8］審，明白，清楚。

［9］參實，驗證，核實。

［10］貳，通“忒（tè）”，差錯。

［11］顯戮，公開處死。

［12］意，意向，主張。

［13］投劾，呈遞文狀。

太守宗資先聞其名，請署功曹[1]，委任政事。滂在職，嚴整疾惡。其有行違孝悌，不軌仁義者，皆埽迹斥逐[2]，不與共朝。顯薦異節[3]，抽拔幽陋[4]。滂外甥西平李頌[5]，公族子孫[6]，而爲鄉曲所棄，中常侍唐衡以頌請資[7]，資用爲吏。滂以非其人，寢而不召[8]。資遷怒，捶書佐朱零。零仰曰[9]："范滂清裁[10]，猶以利刃齒腐朽[11]。今日寧受笞死[12]，而滂不可違。"資乃止。郡中中人以下[13]，莫不歸怨，乃指滂之所用以爲"范黨"[14]。

［1］署，代理。

［2］埽迹，等於說一掃而光。

［3］顯薦，公開推薦。異節，這裏指有獨特節操的人。

［4］幽陋，卑微而被埋沒的人才。

［5］李頌，李通的後人。新朝末年，李通與劉秀謀劃起兵反對王莽。東漢建立後，李通被封爲西平王。

［6］公族，王侯的同宗。

［7］中常侍，皇帝的侍從官，東漢時一般由宦官擔任，故用作宦官的代稱。

［8］寢，擱置，扣壓。

［9］仰，抬頭。

［10］清裁，清明的裁斷。

［11］齒，割切。

［12］笞，鞭打。

［13］中人，此指中等職務的官吏。

［14］指，斥責。

後牢脩誣言鉤黨[1]，滂坐繫黄門北寺獄[2]。獄吏謂曰："凡坐繫皆祭皋陶。"滂曰："皋陶賢者，古之直臣。知滂無罪，將理之於帝[3]；如其有罪，祭之何益[4]！"衆人由此亦止。獄吏將加掠考[5]，滂以同囚多嬰病[6]，乃請先就格[7]，遂與同郡袁忠爭受楚毒[8]。桓帝使中常侍王甫以次辨詰[9]，滂等皆三木囊頭[10]，暴於階下[11]。餘人在前，或對或否，滂、忠於後越次而進。王甫詰曰："君爲人臣，不惟忠國[12]，而共造部黨[13]，自相褒舉，評論朝廷，虚搆無端[14]，諸所謀結，並欲何爲？皆以情對，不得隱飾。"滂對曰："臣聞仲尼之言[15]，'見善如不及，見惡如探湯[16]。'欲使善善同其清[17]，惡惡同其汙[18]，謂王政之所願聞[19]。不悟更以爲黨[20]。"甫曰："卿更相拔舉[21]，迭爲脣齒[22]，有不合者，見則排斥，其意如何？"滂乃慷慨仰天曰："古之循善，自求多福；今之循善，身陷大戮。身死之日，願埋滂於首陽山側[23]，上不負皇天，下不愧夷、齊[24]。"甫愍然爲之改容[25]。乃得並解桎梏[26]。

［1］"後"句，牢脩師傅張成平時與宦官狼狽爲奸，後因慫恿其子殺人，被李膺所誅，宦官遂指使牢脩誣告李膺結黨營私。鉤黨，互相勾結成爲朋黨。

［2］坐繫，獲罪入獄。黄門，官署名。北寺獄，東漢黄門署屬下的監獄。

［3］理，申訴，辯白。

［4］"祭"句，大意是祭祀他有什麼用！

［5］掠考，笞打拷問。考，後來寫作“拷”。

［6］嬰病，等於説患病。

［7］格，刑牀。

［8］楚毒，猶酷刑。

［9］桓帝，即劉志（132—167），在位二十一年，任内興“黨錮之禍”。

［10］三木，枷鎖、手銬、腳鐐。囊頭，用物蒙蓋頭部。

［11］暴（pù），曬，後來寫作“曝”。

［12］惟，思念。

［13］部黨，朋黨，徒黨。

［14］無端，指莫須有的事情。

［15］仲尼，孔子名丘字仲尼。

［16］“見”句，語出《論語·季氏》，原文“惡”作“不善”。

［17］善善，褒揚善行。

［18］惡（wù）惡，憎恨邪惡。

［19］謂，認爲。

［20］更，反而。

［21］更相，互相。

［22］脣齒，比喻互相依靠而有共同利益的雙方。

［23］首陽山，位於今山西運城縣南，伯夷、叔齊餓死之地。

［24］夷、齊，指伯夷、叔齊，商朝孤竹君二子，因不食周粟而餓死於首陽山，歷代被視爲高潔之士的典範。

［25］愍然，哀憐貌。

［26］桎梏，腳鐐手銬。

滂後事釋，南歸。始發京師，汝南、南陽士大夫迎之者數千兩[1]。同囚鄉人殷陶、黄穆[2]，亦免俱歸，並衛侍於傍，應對賓客。滂顧謂陶等曰[3]：“今子相隨，是重吾禍也。”遂遁還鄉里[4]。

［1］南陽，漢郡名，位於今河南省南陽市。兩，車輛，後來寫作“輛”。

［2］殷陶、黄穆，前者乃當時著名孝子，後者曾任郡主簿。

［3］顧，回頭。

［4］遁，逃跑，躲避。

初，滂等繫獄，尚書霍諝理之[1]。及得免，到京師，往候諝而不爲謝[2]。或有讓滂者。對曰：“昔叔向嬰罪[3]，祁奚救之[4]，未聞羊舌有謝恩之辭，祁老有自伐之色[5]。”竟無所言。

［1］霍諝（xū），字叔智，魏郡鄴（今河北省臨漳縣）人，性剛直。

［2］候，拜訪。

［3］叔向，姓羊舌名肸（xī），春秋時晉國人，曾爲范宣子所囚，賴祁奚進言而獲釋。

［4］祁奚，字黄羊，春秋時晉大夫，以“外舉不避讎，内舉不避子”而聞名於世。

［5］自伐，自誇。

建寧二年[1]，遂大誅黨人，詔下急捕滂等。督郵吳導至縣[2]，抱詔書，閉傳舍[3]，伏牀而泣。滂聞之，曰：“必爲我也。”即自詣獄。縣令郭揖大驚，出解印綬，引與俱亡，曰：“天下大矣，子何爲在此？”滂曰：“滂死則禍塞[4]，何敢以罪累君，又令老母流離乎！”其母就與之訣[5]。滂白母曰：“仲博孝敬[6]，足以供養，滂從龍舒君歸黄泉[7]，存亡各得其所。惟大人割不可忍之恩，勿增感戚[8]。”母曰：“汝今得與李、杜齊名[9]，死亦何恨！既有令名[10]，復求壽考[11]，可兼得乎？”滂跪受教，再拜而辭。顧謂其子曰：“吾欲使汝爲惡，則惡不可爲；使汝爲善，則我不爲惡。”行路聞之[12]，莫不流涕。時年三十三[13]。

［1］建寧二年，公元169年。建寧，漢靈帝劉宏的年號。

［2］督郵，官名，太守助手，代表太守督察縣鄉，宣達教令，監管刑獄。

［3］傳（zhuàn）舍，旅館。

［4］塞，杜絕，止住。

［5］就，進前。

［6］仲博，范滂的弟弟。

［7］龍舒君，指范父范顯，曾任龍舒侯相。

［8］感戚，傷感悲戚。

［9］李、杜，指李膺（110—169）、杜密（？—169），兩人皆爲東漢末年堅決反對宦官專權的著名黨人。

［10］令名，美好的名聲。

［11］壽考，高壽，長壽。

［12］行路，路人，路過的人。

［13］范滂生於公元137年，卒於169年。

三國志

《三國志》是紀傳體的國别史，主要記載了東漢末年豪强並起及魏、蜀、吳三國鼎立的歷史。全書共六十五卷，計《魏書》三十卷、《蜀書》十五卷、《吳書》二十卷。作者陳壽（233—297）字承祚，巴西安漢（今四川省南充市）人，曾任蜀觀閣内史，蜀亡後，任晉著作郎。因仕途坎坷，屢受排擠，陳壽對官場的互相傾軋及民生疾苦有着清醒的認識，因而能真實披露現實，對讀者了解當時社會大有裨益。

《三國志》保持了《史記》的優秀傳統，記事寫人能抓住主要方面，語言要而不煩，歷來爲文人學者所重視，與《史記》、《漢書》、《後漢書》並稱爲“前四史”。

《三國志》的缺點是處理史料過於從簡，加之沒有“志”、“表”，致使許多地方語焉不詳，在史料方面存在嚴重不足。

陳壽去世後，南朝宋裴松之（372—451）博採群書，集思廣益，爲《三國志》做了數倍於原著的注，補充了許多珍貴的資料，極大地彌補了原著的不足，成了閱讀原著不可或缺的組成部分，文獻價值很高。

華佗（魏書·方技傳）[1]

華佗字元化[2]，沛國譙人也[3]，一名旉[4]。游學徐土[5]，兼通數經。沛相陳珪舉孝廉[6]，太尉黄琬辟[7]，皆不就[8]。曉養性之術[9]，時人以爲年且百歲而貌有壯容[10]。又精方藥[11]，其療疾，合湯不過數種[12]，心解分劑[13]，不復稱量，煮熟便飲，語其節度[14]，舍去輒愈[15]。若當灸[16]，不過一兩處，每處不過七八壯[17]，病亦應除[18]。若當針[19]，亦不過一兩處，下針言“當引某許[20]，若至，語人”。病者言“已到”，應便拔針[21]，病亦行差[22]。若病結積在内，針藥所不能及，當須刳割者[23]，便飲其麻沸散，須臾便如醉死[24]，無所知，因破取[25]。病若在腸中，便斷腸湔洗[26]，縫腹膏摩[27]，四五日差，不痛，人亦不自寤[28]，一月之間，即平復矣[29]。

[1] 這是一篇人物傳記，它生動記敍了古代名醫華佗的生平事迹，描繪了其高尚的醫德與神奇的醫術。華佗是名副其實的全科醫生，在外科、内科、婦科、兒科、針灸科等方面都具有極深的造詣，他還發明了麻醉術，創立了“五禽戲”，並深諳養生保健與醫學治療相輔相成的作用。值得注意的是，該文章對華佗的醫技有所誇大，人們不宜盲目迷信。

本篇選自《三國志·魏書·方技傳》。

[2] 華佗（約145—208），著名醫學家，擅長外、内、婦、兒、針灸各科醫術，是麻藥“麻沸散”的發明者。

[3] 沛國，東漢分封的一個諸侯國，治所位於今安徽省宿州市。譙（qiáo），今安徽省亳州市。

[4] 旉（fū），後來寫作“敷”。

[5] 徐土，徐州地區。徐州，古九州之一，包括今江蘇省長江以北及山東省、安徽省部分地區。

[6] 沛相，沛國的相。相，由朝廷派往諸侯國的實際執政者，地位相當於郡太守。

[7] 黄琬（141—192），字子琰，東漢江夏安陸（今湖北省安陸市）人。辟，徵召，薦舉。

[8] 就，上任，就職。

[9] 養性，養生。

[10] 壯容，青壯年時的容貌。

[11] 方藥，醫方藥物。

[12] 合湯，調製湯藥。湯，中藥湯劑。

[13] 心解分（fèn）劑，心裏明白藥物的分量。

[14] 節度，法度，規則。
[15] 舍去，離開。
[16] 灸，中醫的一種治療方法，用燃燒的艾絨熏灼人體穴位。
[17] 壯，中醫艾灸法術語，一灼爲一壯。
[18] 應除，隨手消除。
[19] 針，扎針，名詞用作動詞。
[20] 許，處所。
[21] 應，應聲。
[22] 行，立即。差（chài），痊愈。
[23] 刳（kū）割，剖開割掉。
[24] 須臾，一會兒。
[25] 破取，開刀取出積物。破，剖開，這裏指開刀。
[26] 斷腸，割開腸子。湔（jiān）洗，洗滌。
[27] 膏摩，用藥膏塗抹。膏，名詞用作狀語。
[28] 寤，醒悟，這裏是感覺到的意思。
[29] 平復，痊愈，復原。

故甘陵相夫人有娠六月[1]，腹痛不安，佗視脈，曰："胎已死矣。"使人手摸知所在，在左則男，在右則女。人云"在左"，於是爲湯下之[2]，果下男形，即愈。

[1] 甘陵，漢諸侯國名，位於今河北省清河縣。娠，懷孕。
[2] 爲湯下之，這裏指用瀉藥通導來打下胎兒。

縣吏尹世苦四支煩[1]，口中乾，不欲聞人聲，小便不利[2]。佗曰："試作熱食，得汗則愈；不汗[3]，後三日死。"即作熱食而不汗出，佗曰："藏氣已絕於內[4]，當啼泣而絕[5]。"果如佗言。

[1] 四支，手腳。支，肢體，後來寫作"肢"。煩，燥熱。
[2] 利，順利，暢通。
[3] 汗，出汗，名詞用作動詞。
[4] 藏氣，五臟的元氣。藏，內臟，後來寫作"臟"。
[5] 絕，死。

府吏兒尋、李延共止，俱頭痛身熱，所苦正同。佗曰："尋當下之[1]，延當發汗。"或難其異[2]，佗曰："尋外實[3]，延內實，故治之宜殊[4]。"即各與藥，明旦並起。

[1] 下，瀉，中醫治療疾病的一種方法。
[2] 難（nàn），責備，詰問。
[3] 實，中醫術語，指邪氣旺盛。
[4] 宜殊，應當不同。

鹽瀆嚴昕與數人共候佗[1]，適至[2]，佗謂昕曰："君身中佳否？"昕曰："自如常[3]。”佗曰：“君有急病見於面，莫多飲酒[4]。”坐畢歸，行數里，昕卒頭眩墮車[5]，人扶將還[6]，載歸家，中宿死[7]。

[1] 鹽瀆，地名，位於今江蘇省鹽城市。

[2] 適，剛剛。

[3] 自如常，等於說自我感覺與平時一樣。

[4] 莫，不要。

[5] 卒（cù），突然，後來寫作“猝”。眩（xuàn），頭暈眼花。

[6] 扶將，攙扶，“將”也是“扶”的意思。

[7] 中宿，半夜。

故督郵頓子獻得病已差，詣佗視脈，曰：“尚虛[1]，未得復，勿爲勞事[2]，御內即死[3]。臨死，當吐舌數寸。”其妻聞其病除，從百餘里來省之[4]，止宿交接[5]，中間三日發病[6]，一如佗言[7]。

[1] 虛，虛弱。

[2] 勞事，使人勞累的事。

[3] 御內，與女子交合。

[4] 省（xǐng），探望。

[5] 止宿，住宿，過夜。交接，交配，性生活的委婉語。

[6] 間（jiàn），間隔。

[7] 一，副詞，完全。

督郵徐毅得病，佗往省之。毅謂佗曰：“昨使醫曹吏劉租針胃管訖[1]，便苦欬嗽，欲卧不安。”佗曰：“刺不得胃管[2]，誤中肝也，食當日減[3]，五日不救。”遂如佗言。

[1] 醫曹吏，官府中負責醫療的小官。針胃管訖，針扎胃部完畢。

[2] 刺不得，等於說沒刺到。

[3] 日，逐日，一天天。名詞用作狀語。

東陽陳叔山小男二歲得疾[1]，下利常先啼[2]，日以羸困[3]。問佗，佗曰：“其母懷軀[4]，陽氣內養，乳中虛冷[5]，兒得母寒，故令不時愈[6]。”佗與四物女宛丸[7]，十日即除。

[1] 東陽，縣名，位於今山東省武城縣。

[2] 下利，中醫對“泄瀉”、“痢疾”的統稱。利，後來寫作“痢”。

[3] 羸困，瘦弱困乏。

[4] 懷軀，懷身，懷孕。

[5] “陽氣”句，大意是陽氣在體內生養，未能達到體表，致使乳汁虛冷。陽氣，中醫術語，指一種具有溫養全身組織臟器，維持體內生理功能等作用的元氣。

[6] 不時，不按時。

[7] 四物女宛丸，藥丸名，今已失傳。

彭城夫人夜之廁，蠆螫其手[1]，呻呼無賴[2]。佗令溫湯近熱，漬手其中[3]，卒可得寐[4]，但旁人數爲易湯[5]，湯令煖之[6]，其旦即愈。

［1］蠆（chài），蠍子一類的毒蟲。螫（shì），毒蟲咬刺。

［2］無賴，無可奈何，沒有辦法。

［3］漬（zì），浸。

［4］卒可得寐，終於能夠睡着。

［5］“但”句，但，只是。數（shuò）爲易湯，屢次替她換熱水。介詞“爲”後省略賓語“之”。

［6］，煖，同“暖”，溫熱。

軍吏梅平得病[1]，除名還家[2]，家居廣陵[3]，未至二百里，止親人舍。有頃，佗偶至主人許，主人令佗視平，佗謂平曰：“君早見我，可不至此。今疾已結[4]，促去可得與家相見[5]，五日卒。”應時歸[6]，如佗所刻[7]。

［1］軍吏，軍隊中的小官。

［2］除名，去掉名籍，取消原來的身份。

［3］廣陵，郡名，治所位於今江蘇省揚州市。

［4］結，凝聚，凝積。

［5］去，離開。

［6］應時，立刻。

［7］如佗所刻，等於説正是華佗所料定的時間。刻，限定。

佗行道，見一人病咽塞[1]，嗜食而不得下，家人車載欲往就醫[2]。佗聞其呻吟，駐車往視[3]，語之曰：“向來道邊有賣餅家蒜虀大酢[4]，從取三升飲之，病自當去。”即如佗言，立吐蛇一枚[5]，縣車邊[6]，欲造佗[7]。佗尚未還，小兒戲門前[8]，逆見[9]，自相謂曰：“似逢我公，車邊病是也[10]。”疾者前入坐，見佗北壁縣此蛇輩約以十數。

［1］病咽塞，患了喉嚨梗塞的病。

［2］車，用車，名詞用作狀語。

［3］駐車，停車。

［4］向來，剛才。蒜虀，蒜汁。酢（cù），同“醋”。

［5］蛇，同“蛇”，這裏指一種形狀像蛇的寄生蟲。

［6］縣，懸掛，後來寫作“懸”。

［7］造，造訪，拜訪。

［8］戲，遊戲，玩耍。

［9］逆見，迎面看見。

［10］病，這裏指寄生蟲。

又有一郡守病，佗以爲其人盛怒則差，乃多受其貨而不加治[1]，無何棄去[2]，留書罵之。郡守果大怒，令人追捉殺佗。郡守子知之，屬使勿逐[3]。守瞋恚既甚[4]，吐黑血數升而愈。

［1］貨，錢財。

［2］無何，沒多久。

［3］屬，囑咐，後來寫作“囑”。

［4］瞋恚（chēn huì），十分憤怒。瞋，發怒時睜大眼睛。恚，怨恨。

又有一士大夫不快[1]，佗云：“君病深，當破腹取[2]。然君壽亦不過十年，病不能殺君，忍病十歲，壽俱當盡，不足故自刳裂[3]。”士大夫不耐痛癢[4]，必欲除之。佗遂下手，所患尋差，十年竟死。

［1］不快，不適，不舒服。

［2］破腹，剖開腹部。

［3］不足，不值得。

［4］不耐，忍受不了。耐，受得住，禁得起。

廣陵太守陳登得病，胸中煩懣[1]，面赤不食。佗脈之曰[2]：“府君胃中有蟲數升，欲成內疽[3]，食腥物所爲也。”即作湯二升，先服一升，斯須盡服之[4]。食頃，吐出三升許蟲[5]，赤頭皆動，半身是生魚膾也，所苦便愈。佗曰：“此病後三期當發，遇良醫乃可濟救。”依期果發動[6]，時佗不在，如言而死。

［1］煩懣，中醫指內熱鬱結之病。

［2］脈，診脉，把脉。名詞用作動詞。

［3］內疽（jū），體內臟器的毒性腫塊。

［4］斯須，須臾，一會兒。

［5］許，約數，左右。

［6］發動，發作。

太祖聞而召佗，佗常在左右。太祖苦頭風[1]，每發，心亂目眩[2]，佗針鬲[3]，隨手而差。

［1］太祖，指曹操（155—220），即魏武帝，東漢末沛國譙人。頭風，一種神經性的頭痛病。

［2］目眩，眼花。

［3］鬲（gé），穴位名，在脊骨第七椎下兩旁。後來寫作“膈”。

李將軍妻病甚，呼佗視脈，曰：“傷娠而胎不去[1]。”將軍言：“聞實傷娠，胎已去矣。”佗曰：“案脈[2]，胎未去也。”將軍以爲不然。佗舍去，婦稍小差。百餘日復動[3]，更呼佗，佗曰：“此脈故事有胎[4]。前當生兩兒，一兒先出，血出甚多，後兒不及生。母不自覺，旁人亦不寤，不復迎[5]，遂不得生。胎死，血脈不復歸，必燥著母脊[6]，故使多脊痛。今當與湯，並針一處，此死胎必出。”湯針既加，婦痛急如欲生者。佗曰：“此死胎久枯，不能自出，宜使人探之[7]。”果得一死男，手足完具，色黑，長可尺所[8]。

［1］傷娠，指小產。

［2］案，通“按”，用手或指頭壓。

［3］動，發作。

［4］故事，慣例，先例。

［5］迎，迎接，這裏指“接生”。

［6］燥，中醫病因“六淫”（風、寒、暑、濕、燥、火）之一。著，依附，附着。

［7］探，掏取，摸取。

［8］所，不定數詞，表示大概的數目。

佗之絕技[1]，凡此類也[2]。然本作士人[3]，以醫見業[4]，意常自悔[5]，後太祖親理[6]，得病篤重[7]，使佗專視[8]。佗曰：“此近難濟[9]，恒事攻治[10]，可延歲月。”佗久遠家思歸，因曰：“當得家書[11]，方欲暫還耳[12]。”到家，辭以妻病，數乞期不反[13]。太祖累書呼[14]，又敕郡縣發遣[15]。佗恃能厭食事[16]，猶不上道。太祖大怒，使人往檢[17]。若妻信病，賜小豆四十斛，寬假限日[18]；若其虛詐，便收送之[19]。於是傳付許獄[20]，考驗首服[21]。荀彧請曰[22]：“佗術實工[23]，人命所縣，宜含宥之[24]。”太祖曰：“不憂，天下當無此鼠輩耶[25]？”遂考竟佗[26]。佗臨死，出一卷書與獄吏，曰：“此可以活人[27]。”吏畏法不受，佗亦不彊，索火燒之。佗死後，太祖頭風未除。太祖曰：“佗能愈此。小人養吾病[28]，欲以自重[29]，然吾不殺此子，亦終當不爲我斷此根原耳。”及後愛子倉舒病困[30]，太祖歎曰：“吾悔殺華佗，令此兒彊死也[31]。”

［1］絕技，高超的技藝。

［2］凡，皆，都。

［3］士人，士子，讀書人。

［4］以醫見業，等於說被人看作以醫術爲職業。

［5］“意”句，在中國封建社會，巫醫樂師之類皆屬於“方技”，被視爲賤業，故華佗經常會產生入錯行的懊悔心理。

［6］親理，親自處理（政事）。

［7］篤（dǔ）重，非常嚴重。篤指病勢沈重。

［8］專視，專一看視。

［9］近，短期。

［10］事，從事，進行。攻治，醫治，治療。

［11］當，剛才。

［12］方，正。

［13］乞期，請求延長假期。

［14］累書呼，屢次用書信傳喚。書，名詞用作狀語。

［15］敕，命令。發遣，徵發遣送。

［16］厭食事，等於說討厭靠侍候人爲生。

［17］檢，考察，查看。

［18］寬假，放寬，放鬆。

[19] 收送，逮捕押送。

[20] 傳（zhuàn）付，用傳車押送交付。

[21] 考驗首服，坦白服罪。

[22] 荀彧（yù）（163—212），字文若，潁川潁陰（今河南省許昌市）人，曹操的重要謀士，後被曹操逼迫自殺。

[23] 工，精湛，高明。

[24] 含宥（yòu），寬恕，寬容。

[25] 當，副詞，必定，會。

[26] 考竟，拷問窮究。

[27] 活，使……活，動詞使動用法。

[28] 養，放縱，這裏指對病情故意拖延，不加以根治。

[29] 自重，抬高自己的身價。

[30] 倉舒，曹操幼子曹沖的字。

[31] 彊死，等於說死於非命或活活死去。

初，軍吏李成苦欬嗽，晝夜不寤[1]，時吐膿血[2]，以問佗，佗言："君病腸臃[3]，欬之所吐，非從肺來也。與君散兩錢[4]，當吐二升餘膿血，訖，快自養[5]，一月可小起[6]，好自將愛[7]，一年便健。十八歲當一小發，服此散，亦行復差[8]。若不得此藥，故當死[9]。"復與兩錢散。成得藥，去五六歲[10]，親中人有病如成者，謂成曰："卿今彊健，我欲死，何忍無急去藥，以待不祥？先持貸我[11]，我差，爲卿從華佗更索。"成與之。已故到譙[12]，適值佗見收[13]，忽忽不忍從求[14]。後十八歲，成病竟發，無藥可服，以至於死。

[1] 寤，醒。這裏疑爲"寐"之誤，"入睡"的意思。

[2] 時，常常。

[3] 臃，腫脹。

[4] 散，藥末。

[5] 快，好好地。

[6] 小起，指病小有起色。

[7] 將愛，保養。

[8] 行，副詞，將要。

[9] 故，仍舊，仍然。

[10] 去（jǔ），收藏，後來寫作"弆"。

[11] 貸，借。

[12] 已故，因爲（這個）緣故。已，通"以"。

[13] "適"句，正好碰上華佗被捕。適值，恰好遇到。

[14] 忽忽，倉促，急忙。

廣陵吳普、彭城樊阿皆從佗學[1]。普依準佗治[2]，多所全濟[3]。佗語普曰："人體欲得勞動[4]，但不當使極爾[5]。動摇則穀氣得消[6]，血脈流通，病不得生，譬猶户樞不朽是也[7]。是以古之仙者爲導引之事[8]，熊頸鴟顧[9]，引輓腰體[10]，動諸關節[11]，以求難老。吾有一術，名五禽之戲[12]，一曰虎，二曰鹿，三曰熊，四曰猨[13]，五曰鳥，亦以除疾，並利蹄足[14]，以當導引。體中不快，起作一禽之戲，沾濡汗出[15]，因上著粉[16]，身體輕便，腹中欲食。”普施行之，年九十餘，耳目聰明[17]，齒牙完堅[18]。阿善針術。凡醫咸言背及胸藏之間不可妄針[19]，針之不過四分，而阿針背入一二寸，巨闕胸藏針下五六寸[20]，而病輒皆瘳[21]。阿從佗求可服食益於人者，佗授以漆葉青黏散[22]。漆葉屑一升[23]，青黏屑十四兩，以是爲率[24]，言久服去三蟲，利五藏，輕體，使人頭不白。阿從其言，壽百餘歲。漆葉處所而有[25]，青黏生於豐、沛、彭城及朝歌云[26]。

[1] 彭城，地名，位於今江蘇省徐州市。

[2] 依準，依據，按照。

[3] 全濟，保全，救活。

[4] 勞動，活動，運動。

[5] 極，疲乏，困倦。

[6] 動摇，指身體的活動。

[7] 户樞（shū）不朽，經常轉動的門軸不會腐朽。户，門。樞，門上的轉軸。

[8] 導引，導氣引體。古代醫家、道家的養生術，類似今日之氣功。

[9] 熊頸鴟顧，大意是模仿熊之攀枝，鴟之回頭的動作。頸，通“經”，懸掛。鴟（chī），鷂鷹。

[10] 引輓（wǎn），伸展。

[11] 動，使……活動，動詞使動用法。諸，衆，各個。

[12] 五禽之戲，模仿五種動物的動作和形態來進行肢體活動。五禽，五種動物，不限於鳥類。

[13] 猨，同“猿”。

[14] 利，使……利落，使……靈便。形容詞使動用法。

[15] 沾濡，浸濕（衣服），指汗水出來。

[16] 因上著（zhuó）粉，於是在上面塗抹爽身粉。

[17] 耳目聰明，耳聰目明，指耳目功能靈敏。

[18] 完堅，完整堅固。

[19] 凡醫，平庸的醫生。咸，副詞，都。妄，胡亂，隨便。

[20] 巨闕，中醫穴位名，約在臍上六寸五。

[21] 瘳（chōu），痊愈。

[22] 漆葉青黏（nián）散，一種補藥，主要成分爲漆葉與青黏。

[23] 屑，粉末。

[24] 率，比例。

[25] 處所，等於説處處，到處。

[26] 云，語氣詞，用在句末，無實義。

古　注

《史記三家注》選（一篇）

（西漢）司馬遷撰　（劉宋）裴駰集解
（唐）司馬貞索隱　（唐）張守節正義

題解　《史記》原名《太史公書》，是西漢司馬遷撰寫的我國第一部紀傳體的通史。司馬遷字子長，夏陽（今陝西韓城縣）人，生於公元前 145 年左右，卒於漢武帝征和年間，详年不可考。《史記》全書共一百三十卷，有十二本紀、十表、八書、三十世家、七十列傳，共約五十二萬六千五百字，記載了上自上古傳說中的黃帝時代，下至漢武帝元狩元年間共 3 000 多年的哲學、政治、經濟、軍事等方面的發展史。劉向等人認爲此書“善序事理，辯而不華，質而不俚”。與司馬光的《資治通鑒》並稱“史學雙璧”。

歷來爲《史記》作注的很多，其中最有影響的是“三家注”本：劉宋時裴駰（裴松之子）注的《史記集解》、唐司馬貞注的《史記索隱》、唐張守節注的《史記正義》。裴駰撰《史記集解》八十卷，該書有三個特點：第一，以南朝宋徐廣的《史記音義》爲本，並多有訂補；第二，引證豐富，多存佚書遺說；第三，對於傳聞異辭或司馬遷篡改的史料，略而不辯（注：參見孫欽善：《中國古文獻史》，中華書局 1994 年版）。司馬貞撰《史記索隱》三十卷，該書有四個特點：第一，以裴駰《史記集解》爲本，並有開創；第二，注重史實、史料的考訂與辨析；第三，注音釋義亦較詳備，多存異說是其特色；第四，精於校勘（注：見孫欽善：《中國古文獻史》，中華書局 1994 年版，頁 462 ~ 469）。總之，該書具有極高的史學研究價值。後世史學家譽稱該書的價值在裴、張兩家之上。張守節撰《史記正義》一百三十卷，該書有三個特點：第一，仿照諸經正義的體例，以裴駰《史記集解》爲基礎，吸收其後的新成果，兼下己意，進行補充疏解，打破“疏不破注”的原則。第二，自覺地繼承漢魏六朝音義之學的成果，精於注音、釋義、校字，體例詳明。第三，長於考證，尤善地理（注：參見孫欽善：《中國古文獻史》，中華書局 1994 年版，頁 471 ~ 481）。三家注本來各自單行，自宋合刻爲一書，把三家注散列正文之下。現存最早本子有南宋刻本，但流落日本，經商務印書館影印，收入百衲本二十四史中。今中華書局印有分段標點本《史記》。

《史記三家注·秦始皇本紀》(節選)

《秦始皇本紀》是秦始皇嬴政的傳。這裏節錄的是其前三段，用的是百衲本。

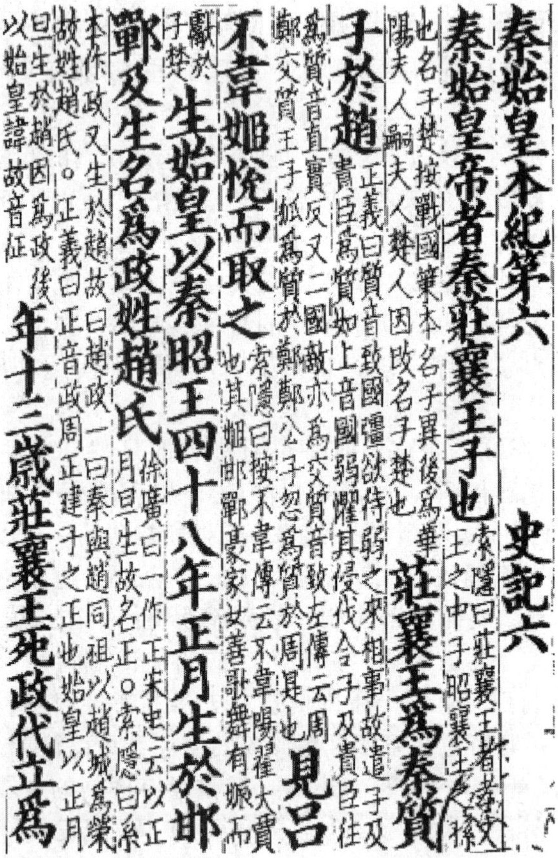

秦始皇本紀第六　史記六
秦始皇帝者秦莊襄王子也（索隱曰莊襄王者孝文王之中子昭襄王之孫也名子楚按戰國策本名子異後爲華陽夫人嗣夫人楚人因改名子楚也）莊襄王爲秦質
子於趙（正義曰質音致國彊欲待弱之來相事故遣子及貴臣爲質如上音國弱懼其侵伐令子及貴臣往爲質音直實反又二國敵亦爲交質音致左傳云周鄭交質王子狐爲質於鄭鄭公子忽爲質於周是也）見呂
不韋姬悅而取之（索隱曰按不韋傳云不韋陽翟大賈也其姬邯鄲豪家女善歌舞有娠而獻於子楚）生始皇以秦昭王四十八年正月生於邯
鄲及生名爲政姓趙氏（徐廣曰一作正宋忠云以正月旦生故名正○索隱曰系本作政又生於趙故曰趙政一曰秦與趙同祖以趙城爲榮故姓趙氏○正義曰正音政周正建子之正也始皇以正月旦生於趙因爲政後以始皇諱故音征）
年十三歲莊襄王死政代立爲

秦王當是之時秦地已并巴蜀漢中越宛有郢置南郡矣北收上郡以東有河東太原上黨郡東至滎陽滅二周置三川郡呂不韋為相封十萬戶號曰文信侯招致賓客游士欲以并天下李斯為舍人文穎曰主廄內小吏官名或曰侍從賓客謂之舍人也蒙驁為王齮徐廣曰一作齕。索隱曰蒙驁齊人蒙武之父蒙恬之祖王齮即王騎昭王二十九年代大夫陵代趙者。正義曰齮魚綺反劉伯莊云音綺後同麃公等為將軍應劭曰麃秦邑。索隱曰麃公蓋麃邑公史失其姓名。正義曰麃彼苗反蓋秦之縣邑大夫稱公若楚制王年少初即位委國事大臣晉陽反元年將軍蒙驁擊定之

二年麃公將卒攻卷正義曰將子匠反卒子必反卷丘員反斬首三萬

三年蒙驁攻韓取十三城王齮死十月將軍蒙驁攻魏氏暘有詭徐廣曰暘音場。索隱曰音暢。魏之邑名歲大饑

四年拔暘有詭三月軍罷秦質子歸自趙趙太子出歸國十月庚寅蝗蟲從東方來蔽天天下疫百姓內粟千石拜爵一級

五年將軍驁攻魏定酸棗地理志陳留有酸棗縣。正義曰括地志云酸棗故城在滑州酸棗縣北十五里古酸棗縣南燕虛長平徐廣曰一作千。駰案地理志汝南有長平縣也。索隱曰二邑名春秋桓十二年會于虛又戰國策曰拔燕酸棗虛桃人桃人亦魏邑虛地今闕蓋與諸縣相近按今東郡燕縣東三十里有故桃城則亦非遠。正義曰燕烏田反括地志云南燕城古燕國也滑州胙城縣是也姚虛在濮州雷澤

縣東十三里孝經援神契云帝舜生於姚墟即東郡也長平故城在陳州宛丘縣西六十六里雍丘山陽城地理志陳留有雍丘縣河內有山陽縣。正義曰雍於用反汴州縣皆拔之取二十城

初置東郡冬雷

六年韓魏趙衛楚共擊秦取壽陵正義曰徐廣云在常山按本趙邑也秦出兵五國兵罷拔衛迫東郡其君角率

其支屬徙居野王阻其山以保魏之河內

七年彗星先出東方見北方五月見西方正義曰彗音似歲反見並音行練反孝經內記云彗出北斗兵大起彗在三台臣害君彗在太微君害臣彗在天獄諸侯作亂所指其處大惡彗在日旁子欲殺父將軍驁死以攻龍孤慶都徐廣曰慶一作應。正義曰括地志云定州恒陽縣西南四十里有白龍水又有挾龍山又定州唐縣東北五十四里有孤山蓋都山也帝王紀云

望堯母慶都所居張晏云堯山在北堯母慶都山在南相去五十里北登堯山南望慶都山也注水經云望都故城東有山不連陵名之曰孤孤都聲相近疑即都山孤山及望都故城三處相近**還兵攻汲彗星復見**正義復扶富反見行見反**西方十六日夏太后死**索隱曰莊襄王所生母。正義曰子楚母也

八年王弟長安君成蟜正義曰蟜音紀兆反成蟜者長安君名也號爲長安君**將軍擊趙反**正義曰將如字將猶領也又子匠反**死屯留**正義曰括地志云屯留故城在潞州長子縣東北三十里漢屯留吁國也**軍吏皆斬死遷其民於臨洮**正義曰臨洮水故名臨洮洮州在隴右去京千五百五十一里言屯留之民被成蟜略衆共反故遷之於臨洮郡**將軍壁死**正義曰壁邊覓反言成蟜自殺壁壘之內**卒屯留蒲鶮反戮其屍**徐廣曰鶮一作鶮屯留蒲鶮皆地名也壁於此地時士卒死者皆戮其屍。索隱曰臨洮在隴西髙誘云屯留上黨

之縣名謂成蟜爲將軍而反秦兵擊之而蟜壁於屯留而死屯留蒲鶮二邑之反卒雖死猶皆戮其屍鶮古鶴字。正義

曰卒子恕反鶮音高汪同蒲鶮皆地名**河魚大上**索隱曰謂河水溢魚大上平地亦言遭水害也即漢

書五行志劉向所謂豕蟲之孽明年嫪毐誅魚陰類小人象。正義曰始皇八年黃河之魚西上入渭渭水也漢書五行

志云魚者陰類臣民之象也十七年滅韓二十六年盡并天下自滅韓至并天下盡十年矣周本紀云十年數之紀也天

下之所棄不過其紀明關東後屬秦其象類先見也**輕車重馬東就食**徐廣曰一無此

重字。索隱曰言河魚大上秦人皆輕車重馬並就食於東言牲河旁食魚也一云河魚大上爲災人遂東就食皆輕車

重馬而去**嫪毐**正義上躬虬反下酷歐反**封爲長信侯予之山陽地**

正義曰予音與括地志云山陽故城在懷州修武縣西北太行山東南**令毐居之**索隱曰嫪姓毐字按

漢書嫪氏出邯鄲王劭云賈侍中說秦始皇母子嫪毐淫坐誅故世人罵淫曰嫪毐也**宮室車馬衣**

服苑囿馳獵恣毐事無小大皆決於毐又以河

西徐廣曰河一作汾太原郡更爲毒國

九年彗星見或竟天攻魏垣蒲陽正義垣作洹垣音袁括地志云

故垣城漢縣治本魏王垣也在絳州垣縣西北二十里蒲邑

故城在隰州縣北四十五里在蒲水之北故言蒲陽即晉公

子重耳所居邑也四月上宿雍蔡邕曰上者尊位所在也裴駰云司馬迁記事當言帝則依違

但言上不敢媟言尊尊之意也己酉王冠帶劍徐廣曰年二十二。正義曰冠音灌礼記云年

二十而冠按年二十一也長信侯毐作亂而覺矯王御璽蔡邕曰御

者進也凡衣服加於身飲食入於口妃妾接於寢皆曰御御

之親愛者曰幸璽者印信也天子璽白玉螭虎鈕古者尊卑

共之月令曰固封璽左傳曰季武子璽書追而与之此諸侯

大夫印稱璽也衛宏曰秦以前民皆以金玉爲印龍虎鈕唯

其所好秦以來天子獨以印稱璽又獨以玉羣臣莫敢用。

正義曰崔浩云李斯磨和璧作之漢諸帝世傳服之謂傳国

璽韋曜吳書云璽方四寸上勾交五龍文曰受命于天既壽

永昌漢書云文曰昊天之命皇帝壽昌按二文不同漢書元

后傳云王莽令王舜逼太后取璽王太后怒投地其角小缺
吳志云孫堅入洛屯除漢陵廟軍於甄官井得璽後歸魏晉
懷帝永嘉五年六月帝蒙塵平陽璽入前趙劉聰至東晉成
帝咸和四年石勒滅前趙得璽穆帝永和八年石勒爲慕容
儁滅濮陽太守戴施入鄴得璽使何融送晉傳宋宋傳南齊
南齊傳梁梁傳至天正二年侯景破梁至廣陵北齊將辛術
定廣陵得璽送北齊至周建德六年正
月平北齊璽入周周傳隋隋傳唐也

及太后璽以發縣卒正義子忽反下同**及衛卒官騎戎翟君公舍人將欲攻蘄年宮爲亂**地理志蘄年宮在雍。正義曰蘄巨衣反括地志云蘄年宮在岐州城西故城內**王知之令相國昌平君昌文君發卒攻毐**索隱曰昌平君楚之公子立以爲相後徙於郢項燕立爲荊王史失其名昌文君亦不知也**戰咸陽**正義曰括地志云咸陽故城亦名渭城在雍州北五里今咸陽縣東十五里秦孝公已下並都此城始皇鑄金人十二於咸陽即此也**斬首數百皆拜爵及宦者皆在戰中亦拜爵**

一級毐等敗走即令國中有生得毐賜錢百萬殺之五十萬盡得毐等衛尉竭漢書百官表曰衛尉秦官內史肆佐弋竭漢書百官表曰秦時少府有佐弋漢武帝改爲佽飛掌弋射者。正義弋音翊中大夫令齊等正義曰令力政反中大夫令秦官也齊名也二十人皆梟首縣首於木上曰梟。正義曰梟古堯反懸首於木上曰梟車裂以徇滅其宗正義曰說苑云秦始皇太后不謹幸郎嫪毐始皇取毐四支車裂之取兩弟撲殺之取太后遷之咸陽宮下令曰以太后事諫者戮而殺之蒺藜其脊諫而死者二十七人茅焦乃上說曰齊客茅焦願以太后事諫皇帝曰走告若不見闕下積死人耶使者問焦焦曰陛下車裂假父有嫉妒之心囊撲兩弟有不慈之名遷母咸陽有不孝之行蒺藜諫士有桀紂之治天下聞之盡瓦解無向秦者王乃自迎太后歸咸陽立茅焦爲傅又爵之上卿括地志云茅焦滄州人也及其舍人輕者爲鬼薪應劭曰取薪給宗廟爲鬼薪也如淳曰律說鬼薪作三歲。正義曰言毐舍人罪重者已刑戮輕者罰徒役三歲及奪爵遷蜀四千餘家家房陵正義曰括地志云房陵即今房州房陵縣古楚漢中郡地也是巴蜀之境地理志云房陵縣屬漢中郡在益州部接東南一千三百一十里也四月寒凍有死者正義曰四月建巳之月孟夏寒凍民有死者以秦法酷急則天應之而史書之故尚書洪範云急常寒若孔注云君行急則常寒順之楊端和攻衍氏索隱曰端和秦將衍氏魏邑○正義曰衍羊善反在鄭州彗星見西方又見北方從斗以南八十日

十年徐廣曰甲子相國呂不韋坐嫪毐免桓齮爲將軍齊趙來置酒齊人茅焦說秦王曰秦方以天下爲事而大王有遷母太后之名恐諸侯聞之由此倍秦也秦王乃迎太后於雍而入咸陽說苑曰始皇帝立茅焦爲傅又爵之上卿太后大喜曰天下亢直使敗復成安秦社稷使妾母子復相見者茅君之力也復居甘泉宮徐廣曰表云咸陽南宮也大索逐客李斯上書說乃

常　識

第三十三節　古籍的版本

版本，版原來指簡牘，本指底本。雕版印刷開始後，把刻印本叫作版，而把手寫書叫作本。“版本”連用出現於宋初，當時指雕版印書的專稱，以後版本的範圍逐漸擴大，上古的簡帛，中古的手寫本，近古的拓本、活字本、影印本等包含一切形式的書籍，都可以叫作版本。

印刷術發明之前，古籍的傳播只有手抄一種途徑，經過輾轉傳抄，手寫本必然會有訛誤，傳抄得越多，文字的差異也就越大，造成社會上有各種手寫本的存在。有了印刷術之後，由于人們所持的底本本身就不同，複製印刷的本子也無法取得一致，久而久之，同一古籍就出現許多不同的本子，有的本子比較精審，而有的本子則錯誤百出，對於讀者而言，當然希望挑選錯誤很少的本子。因此對於古籍整理，首先要廣泛搜集各種版本，鑒定古籍刻印的年代，確定其文物價值，並確定古籍在印刷、裝幀等方面的特點，逐漸成爲一門專門的學問，叫作版本之學。

學界通常認爲版本之學開始於西漢劉向、劉歆父子校理群書之時，到了宋代，版本的研究受到重視，出現了尤袤《遂初堂書目》這樣專門的版本目錄書籍。清代的版本學則達到了一個興盛的時期，出現了許多版本目錄學的專著。清初錢曾根據其藏書所寫的《讀書敏求記》一書，被後世稱爲版本學的奠基之作。新中國成立以後，版本的研究走上了科學化的道路，版本學也成爲一個相對獨立的學科。

版本學與目錄學、校勘學，都是清人校讎學的範圍，三者事實上密不可分，而且這三個分支都起源於劉向父子的《別錄》和《七略》，校勘學需要各種版本，因而離不開版本學，而要鑒定版本的優劣，又不能沒有校勘學，而要揭示版本的源流，對古籍的狀況作系統的把握，就要用目錄學綜合起來。

一、版本的常用書及入門書

常用於版本查找、檢索、閱讀的綜合性版本書籍有三種，即《增訂四庫簡明目錄標注》、《中國古籍善本書目》和《中國版本文化叢書》。

《增訂四庫簡明目錄標注》，邵懿辰著，該書以《四庫全書簡明目錄》作爲基礎，每種書下依次列出各種版本，書後有三種附錄，查找版本非常方便。

《中國古籍善本書目》，此書分經、史、子、集和叢書五部，收錄全國古籍善本五萬七千五百種，有十萬多部書。每一書著錄書名、卷數、作者和版本，這是我國現存古籍善本的總彙，可以順利查找一些珍貴的古籍版本，一些從前不爲人所知的善本，也借助此書得以面世。

《中國版本文化叢書》，任繼愈主編，以奚椿年的《中國書源流》爲開始，再從宋本、元本、明本到清刻本、新文學版本，按照時代發展的順序，刻畫出了歷代版本文化的整體風貌，又從稿本、批注本到插圖本、佛經版本以及少數民族版本，以專題版本的形式，展示了專門領域版本文化的風采。

近代以來，爲了普及版本知識，擴大版本學在社會上的影響，一些學者撰寫了淺顯易懂的書籍，如葉德輝《書林清話》、李致忠的《古籍版本知識 500 問》、毛春翔的《古書版本常談》、陳國慶的《古書版本淺說》，都能做到兼顧學術性与可讀性，是比較好的入門書。其中毛春翔的《古書版本常談》，寫得深入淺出，有文獻，有插圖，有見解，毛氏長期在浙江圖書館工作，有豐富的版本鑒定的實踐，因此談起版本鑒定自然條分縷析，絲絲入理。全書介紹古籍版本的源起、歷代版刻的特點、善本的界定，以及如何鑒別古書版本，深受讀者的喜愛，爲普及版本知識起到重要的作用。

二、版本的類別

版本有各種不同的分類方法，研究者的視角不同，就可以把版本區分爲不同的類型。手寫本不僅費時費力，傳播的範圍有限，而且容易在抄寫中出錯，雕版印刷技術出現後，這一面貌才得到改觀，所以通常說的版本，是以雕版印刷的爲主。

1. 按照刻印的時代劃分

最早的雕刻印書，見於中唐，今天能夠看到的，只有敦煌發現的《金剛經》，長約一丈六尺，高一尺，由七個印張粘連成卷子，卷末說明是咸通九年印刻，距今已有一千多年。隨着技術的進步，印刷術開始廣泛應用。今天能夠見到的版本，以宋刻本爲早。

（1）宋刻本。

宋版書在字體方面的特點，早期爲歐體（歐陽詢），中期爲顏體（顏真卿），晚期爲柳體（柳公權）。版式早期爲單欄，後爲左右雙邊、上下單邊，白口，單魚尾，多有刻工名字，以示負責。宋版書多爲蝴蝶裝，一版就是一葉，版心向內，四周向外，折叠起來，這様可以保護書腦，也有用綫縫的，如同今天的綫裝書。宋版書刻印精美，文字訛誤極少，保存了唐以前古籍的風貌，是古籍中難得的珍品，具有很高的文物鑒賞價值，但能夠傳到今天的宋刻本，已經是鳳毛麟角。後世藏書家把宋版書視爲極品，每得一宋刻本，便視爲鎮庫之寶。在明代宋版書已經計頁售價，今天就更加價值昂貴了。

（2）金刻本。

金代的刻書中心在山西平水一帶，也就是今天的臨汾，此地戰火少有波及，因此多有刻書坊。金刻本今天能見到的很少，比較有名的如《趙城金藏》和《劉知遠諸宮調》。《趙城金藏》是金代民間雕刻的大藏經，藏於山西趙城廣勝寺，故稱《趙城金藏》，全書爲卷軸裝，總計有七千卷之多。《劉知遠諸宮調》在甘肅張掖的黑水城出土，按照紙墨刀法，知是金代平水坊本。諸宮調是宋金時期的説唱文學，邊説邊唱，在當時頗受歡迎。

（3）元刻本。

元刻本字體多沿用宋體，版框爲四周雙邊，版心多爲雙魚尾，黑口。元刻本，北方以大都、平水爲中心，南方則以江浙、福建爲書坊集中之地。元代刻書延續了宋代的餘緒，元代的官刻本，好多出自杭州，如《宋史》、《金史》、《遼史》，都是先編好書，然後送到杭州刻印。元代的坊刻本更爲廣泛，福建建陽、建安的書坊尤其出名，刻印的本子有的製作精良，如余氏勤有堂刻《國朝名臣事略》、虞氏務本堂刻《趙子昂詩集》，都比較著名。元代私刻本也有不少，如吉安王常刻《王荊公詩箋注》，刻印精良，算得上是典範之作。

（4）明刻本。

明代刻書的數量和種類，都超過以往任何一個朝代，刻書的中心則在南北兩京。明太祖將宋元以來在杭州形成的書版和刻工，轉移到南京，使南京成爲當時南方的刻書中心，明代所修的《元史》、《大明律》，都在南京刻印。永樂遷都以後，北京也成了全國的刻書中心。元代對刻書多有干預，但明代則比較寬鬆。明代刻書也有其特點，如明代坊刻本刊印經史百家及詩文集時，喜歡加上插圖或者著述，照顧文化水平不高的人閲讀，也喜歡刻印通俗實用的書籍，包括民間戲曲、小説、彈詞等通俗文學作品。

明代前期以官刻本爲主，中期以後以私刻、坊刻本爲主。明刻本的字體，早期爲仿宋體或趙體，中期爲顔體，後期爲長宋體。版框爲四周雙邊，初期爲粗黑口，以後多爲白口。明代刻書傳世的不少，既有精品，也有任意删改，擅自改動原文的，後世甚至有“明人刻書而書亡”的説法，因此對於明刻本要仔細鑒别，方能知其優劣。

（5）清刊本。

清代刊印的書籍，在現存古籍中數量最多，其中一些是部頭很大的叢書，典型的如陳夢雷的《古今圖書集成》，是歷史上規模最大的銅活字印書。清代一些學者和藏書家熱衷於校書，並且由此出現了一批精校精刻本，學術價值很高。尤其是乾隆前後的精刻本，有許多被列爲善本。

2. 按照版式和字體劃分

(1) 大字本。

刻本半頁十行，每行二十字，有些宋刻本半頁不足十行，每行十四字，可謂字大如錢，這就是大字本。大字本，所費卷帙頗多，因此售價也高。

(2) 小字本。

每半頁在十五行以上，每行二十五字以上，叫作小字本。宋刻本中已經有大字本、小字本之分。小字本價格相對低廉，多爲民間所用。

(3) 巾箱本。

巾箱是古人存放頭巾的小匣子，古人認爲該本起源於南齊衡陽王手寫《五經》置於巾箱中，故得此名。宋代有人把書雕刻成很小的版式，也叫作“巾箱本”，成爲考生夾帶進入試場作弊的用具。但也不能一概抹殺其作用，巾箱本方便攜帶，取用隨意，因此一直以來在社會上廣爲流傳。清代文言小說的傳播，主要靠巾箱本，當時很受讀書人的歡迎，說明巾箱本確實有獨到的用處。

(4) 書帕本。

明代盛行刻書的風氣，外放回京的官員，往往把自己在外任職時所刻的書附上巾帕，送給上司或者同僚，這就是“書帕本”。書帕本只是作爲禮品贈送，是行賄的附加物，用來掩飾賄賂，顯示自己的高雅而已，送收的雙方都不會較真，因此所刻之書多爲草率，不重視文字內容，質量甚至在坊刻本之下，這樣刻書，非但無益，反而浪費，因此書帕本在明刻本中屬於質量最次的一種。

(5) 活字本。

活字有泥活字、铜活字、木活字之分。宋元已经有了活字本子，但實物已經看不到了。現存最早的活字本是一九七二年发現的西夏木活字排印本《大方廣佛華嚴經》。

另有所謂“聚珍本”，其實也是活字本，清乾隆年間，準備刻印散見於《永樂大典》中的秘本，負責此事的金簡提出用木活字印刷，雖得到乾隆皇帝同意，却認爲活字這一名稱不好聽，改爲聚珍版，這套書都注明“武英殿聚珍版”的字樣，因此稱爲“聚珍本”。

(6) 彩印本。

彩印本就是套印本，套印有兩色套印，也有三色、四色乃至五色套印的，最常見的是红色與黑色套印，正文爲黑字，批注或評點爲红字。明代採用分版分色套印，技術上也出現了餖版和拱花，拱花和餖版常常一起使用。套印工序複雜，每版只能印幾十部，數量不可能太多，但套印書色彩耀眼，深受大衆喜歡。現在傳世的古籍套印本已經比較稀少。

（7）百衲本。

所謂“百衲本”，就是用不同的書版拼湊起來，從而刻印成一部完整的書籍。商務印書館彙集各種版本的善本，印成《二十四史》，因此叫作“百衲本二十四史”。如《史記》用宋慶元黄善夫家塾本，《漢書》用宋景祐刻本，《舊唐書》用宋紹興本，《新唐書》用宋嘉祐本，《元史》用明洪武刻本，《明史》則用乾隆武英殿原刻本。

3．按照學術價值劃分

（1）孤本。

指古籍之中内容完備，但流傳很少，各家目錄沒有涉及，在社會上僅存一部的書。世之僅見的孤本，如《永樂大典》；海内孤本，如宋刻三十卷本的《五臣注文選》。

（2）秘本。

指古籍中十分罕見，爲人珍藏，不肯輕易示人的一類書。周亮工《書影》中提到胡應麟曾經得到《夷堅志》的百卷本，在當時是秘本。清代編《四庫全書》，當時徽州的商人兼藏書家獻給朝廷許多秘本。

（3）善本。

善本的名稱，開始於宋代。關於古籍善本的含義，清末張之洞曾提出三點：一是足本，沒有刪削，沒有缺頁；二是精本，校勘精善，或者注釋詳善；三是舊本，應該是舊刻本和舊抄本。這一標準爲後世所接受，至於说到“舊”的程度，由于古籍原本保存至今，非常不容易，所以明代以前包括明代的，只要是内容完備、精校精刊的本子都可以算是善本。到了今天，時間上的限制更是放寬。

1978年，《中國善本書總目》開始編纂，在確定收錄標準和範圍時，規定了“三性”、“九條”，對善本的概念作了一個詳盡的表述，所謂“三性”，就是歷史文物性、學術資料性和藝術代表性。所謂“九條”，就是善本九條具體的標準：

①元代以前刻印或抄寫的圖書；②明代刻印、抄寫的古籍（版本模糊，流傳較多者除外）；③清代乾隆以前流傳較少的印本、抄本；④太平天國及歷代農民革命政權所刻印的古籍；⑤辛亥革命前在學術研究上有獨到見解或有學派特點，或集衆說較有系統的稿本，以及流傳很少的刻本、抄本；⑥辛亥革命前反映某一時期、某一領域或某一事件資料方面的稿本；⑦有名人學者批校、題跋的印本、抄本；⑧在印刷上能反映我國印刷技術發展，代表一定時期印刷水平的各種活字本、套印本，或有較精版畫的刻本；⑨明代印譜、清代集古印譜、名家篆刻的鈐印本（有特色或有親笔題記的）。

（4）珍本。

指古籍中流傳很少，刻印很早，學術價值很高的文獻。珍本不等於善本，善本必須內容精善，否則談不上善本，但珍本指其珍稀而言，可能內容有所殘缺，但因爲世上所無，因此值得珍視。如宋版殘冊《文苑英華》和《春秋經傳》的宋版殘卷，都爲收藏者所追捧。

4．按照刻印者的屬性劃分

（1）官刻本。

指朝廷和各級官府機構或者書院等教育部門主持刻印的書籍，這個所指範圍比較廣泛，具體來說還可以細分，主要有監本、書院本、郡齋本、藩刻本、內府本、書局本、經廠本等。監本是國子監刻印的書籍。尤其是宋代，朝廷的刻書一般由國子監負責，一書的刊印，要經過嚴格的程序，從而保證了刻書的質量。明代在南京、北京都設國子監，刻印的書籍分別叫作南監本、北監本。書院本指各地書院刻印的書，郡齋本指府立學校刻印的書。藩刻本則指明代各地藩王府邸所刻之書。內府本也叫殿本，是清代的宮廷刻書。清代同治、光緒年間在各省設立書局，書局刻印了衆多的書籍，叫作書局本。經廠是明代司禮監所屬的刻書機構，其所刻之書叫作經廠本。

（2）坊刻本。

各地書坊刻印的書籍，叫作坊刻本。南宋浙江、福建兩地，有許多書坊，福建的建陽一帶，更加集中。福建建陽的書坊，到明代仍然很多。近代以後，書坊刻印喜歡使用石印，因爲成本比較低廉，而且速度很快。一般來說，坊刻本以贏利爲目的，質量比較差，文字錯漏或其他問題比較多，但坊刻本的優勢是能以量取勝，喜歡投人所好，凡社會中下層群衆需要的生活日用、醫藥、科舉乃至通俗文學，無不廣泛刊行，在普及文化方面有很大功勞。坊刻本在印刷技術方面也有功勞，如套印、餖版和拱花，都應歸功於坊刻本。

坊刻本的質量比較差，這只是一般的情況，也有比較出色的，如宋代臨安陳氏、尹氏書籍鋪，刻書不輸給官刻本和私刻本。

（3）私刻本。

或者叫作家刻本，由私人出資刻印，其目的不是爲了牟利，所以往往不計成本。宋神宗解除民間刻書禁令，從此私刻本屢見不鮮，每個朝代都有。私刻本的質量比較好，也比較講究校勘，如清代鮑廷博的知不足齋本，就是比較精審的私刻本。

宋代私家刻書最著名的，如周必大所刻的《歐陽文忠公集》和《文苑英華》，廖瑩中世彩堂刻《昌黎先生集》、《河東先生集》，紙瑩墨潤，裝幀与內容俱佳，堪稱宋版書中的珍品，這些都是有名的私刻本。

此外，版本按照內容完整程度劃分，可分爲足本、删節本、增補本、批注本和輯佚本。

足本就是古籍的内容全部完整，沒有殘缺或者刪節，刪節本指有的古籍書名不變，但内容已經經過刪節，與通常的本子不同。增補本是在原本的基礎上增加了一些新的内容。批注本指將後人的批注附記於原本的刻本，如《洗冤錄》有多種批注本。輯佚本指原著已經失傳，後人根據其他文獻保存該書的内容加以收集整理而成的本子，輯佚本恢復原本的程度各不相同，有的恢復得比較完整，有的只能恢復部分内容。

版本还可以按照地域來劃分，如浙本、蜀本、閩本等，浙江盛產紙張，文化發達，印書數量衆多，南宋以來刻本更加盛行。蜀本指四川的刻本，四川从唐末五代開始就雕版刻書，歷史悠久。閩本也叫建本，就是福建刻本，尤其是建陽的麻沙、崇安一帶，多以刻書求售爲業者，時稱麻沙本，但麻沙本質量低劣，幾乎成爲劣本的代名詞。版本也可以依據刻印的時間順序來劃分，可分爲祖本、原刻本、重刻本、複刻本、影刻本等，祖本指衆多不同的刻本，却有一個共同的來源，這個作爲共同來源的本子，就是祖本。原刻本就是初刻本，指第一次刻印的本子，相對於重印、翻印而言。影刻本是完全按照原刻本模擬仿刊的本子，根據底本的不同，又有影宋本、影元本之分。影刻本始於明代，製作精良的影刻本，可以達到以假亂真的程度，對保存古籍的原貌起了重要的作用。

三、版本的鑒别

古籍種類繁多，而且同一古籍也有不同的傳本，真僞難辨，優劣難分，因此版本的鑒定，需要專門的技術知識和經驗，古代藏書家對此有大量的實踐經驗，並總結出一套古籍鑒定的方法，值得今天的人學習領會。明代高濂《遵生八牋·燕閑清賞上》："宋人之書，紙堅刻軟，字畫如寫，格用單邊，間多諱字，用墨稀薄，雖着水濕，燥无湮迹，開卷一種書香，自生異味。元刻仿宋單邊，字畫不分粗細，較宋邊條闊多一綫，紙鬆刻硬，用墨穢濁，中無諱字，開卷了無臭味。"對宋元版刻的特點作了描述，非此道中人不能說出這番話。

1. 根據牌記和序跋進行鑒别

牌記爲刻書的標識，一般在書的卷尾，文字各有詳略，主要說明刻版的年月及出版人，或者書坊的名號。宋元以後牌記多出現於坊刻本。私家、官府、書坊刻本使用牌記較多，從而形成明顯可資查考的依據。除牌記外，古書還在卷尾刻上矩形墨綫框圍，並在其中說明版刻情況，叫作木記，也有狹長墨綫框圍，也在其中加上說明的，叫作條記。牌記、木記、條記，可以反映當時版刻的情況，是版本判斷最爲確切的證據。

按照習慣，在一書正文的前後，一般都有序跋，序跋中注明作者的姓名以及作品完成的時間，如果是原書原序，可以判定其版刻的年代。一些古籍的序跋可能有多個，有原作者留下的，也有後代重印者留下的，加上影印本極像原本，甄別時必須謹慎從事，不能貿然下結論。

2. 根據題跋識語和藏家印章進行鑒别

古代藏書家或學者，得到一種珍稀的古籍，往往記錄個人的心得，以及古籍的版刻源流，寫在書頁上，叫作題跋識語，可據此鑒别此書的優劣。

藏書的印章從唐朝開始，一直流行不衰。有官方印章的古籍，通常比較珍貴。根據藏書的印章，可以知道古籍的時代下限，印章的可信度比較高，但印章也可以僞造，這是需要特别注意的。

3. 根據字體、版式和紙張進行鑒别

各個朝代的古籍版式，往往各具特點，抓住這些特徵，基本上可以判斷是什麽時候的古籍。宋刻本，早期爲白口單邊，每行的字數也不一樣，後來則爲左右雙邊，間或也有四周雙邊和黑口者。元刻本則爲黑口，字體多爲沿襲宋體。明刻本從正德年間之後，一般爲白口，字體爲長方形的硬體字，頗爲僵硬無趣。

紙張方面，宋代浙刻本、蜀刻本多用白麻紙，只不過浙刻本紙質勻細，蜀刻本紙質比較粗糙。南宋至明代，福建印書常用黄色竹紙，久之黄紙就成了閩刻本的一個特徵。明代常用白棉紙印書，清代則以開化紙印書最爲著名。當然，紙張只是識别版本的一個依據，還要綜合考慮其他因素。在古代有些人爲了牟取暴利，僞造仿造古刻本很有專業水平，連内行都覺得真假難分，一不小心就可能上當受騙。

4. 根據刻工名字進行鑒别

有的刻本在版心下方刊有刻工的名字，根據刻工的情况，可以判斷其版刻時代，這對於宋元刻本更加有效。刻工專門從事雕版的工作，有的刻工可能會刻印過多種古籍，把這些刻工的名字聯繫起來考慮，就可以互相推定版刻的時間。

5. 根據避諱字進行鑒别

避諱包括避帝王諱、避家諱或爲尊者諱，元代不講究避諱，宋代及清代避諱比較嚴格。後世版本家把避諱字作爲判斷古籍時代的根據之一。其中古籍中帝王諱字的分佈情况，可以作爲版本時代的直接證據，所以版本鑒定時非常重視帝王諱字的分析。

在古籍版本鑒别中，還有一種古籍真僞的鑒别，不同於普通版本的鑒别，主要是辨别僞宋本、僞元本，針對的是造假的古籍，古籍造假很早就有，嘉靖時就出現仿宋刻本，僞造蛀蝕的假象來冒充古刻本。古籍真僞的鑒别，是古籍版本鑒别的一個特殊領域。

明代的學問家胡應麟，字元瑞，號少室山人，浙江蘭溪人，有豐富的辨僞經驗，寫成一部辨僞專書《四部正訛》，在書中提出著名的“辨僞八法”：

(1)“核之《七略》，以觀其源”，就是說凡西漢以前的可疑書籍，可用《漢書·藝文志》來辨別，因爲《七略》的大部分著録保留在其中。

(2)“核之群志，以觀其緒”，就是通過核對歷代正史的藝文志或者經籍志，可以知道該書何時見於著録，何時無存，以考察其流傳的情況。

(3)“核之並世之言，以觀其稱”，就是通過核對與某書作者同一時代人的著作，查看有無談到或引用該書的地方。

(4)“核之異世之言，以觀其述”，就是核對後世的著作，查檢其中有無引用或發揮該書的言論或觀點。

(5)“核之文，以觀其體”，就是從文體上加以核對，查檢該書是否和所處時代的筆調相吻合。

(6)“核之事，以觀其時”，就是从内容上加以核對，查檢該書是否和所處時代的史事相符合。

(7)“核之撰者，以觀其託”，就是核對作者，考察書籍是否出於託古。

(8)“核之傳者，以觀其人”，就是核對傳佈者，查明首先傳佈書籍的出自何人。

《四部正訛》辨認僞書達七十多種，其中作僞最多的是子書，其次才是經、史、集三種。胡應麟以後，古籍真僞的鑒别受到關注，成爲一個專門的科目。古籍辨僞是版本鑒别的基礎，如果真僞都成了問題，那麼其他的鑒别就無從談起了。

第三十四節　古籍的目録

余嘉錫《目録學發微》云：“目謂篇目，録則合篇目及敘言之也。”簡要地說，“目”指的是篇目名稱，“録”則是内容提要加上篇目。“目録”一語，本於《漢書·藝文志》：“每一書已，輒條其篇目，撮其旨意，録而奏之。”後世因襲，把記録篇目、書名和内容提要的著述稱爲目録。目録有一書的目録，如《史記》的《太史公自序》，分别說明每一篇的内容梗概和意圖目的，也有群書的目録，把一個時代的書名和提要都彙總起來，讓人一看到就知道這一時期有哪些著作，以及其大致的内容。

“目録”連用見於《七略》：“《尚書》有青絲編目録。”這是指《尚書》一書的目録。班固《汉書·敍傳》云：“劉向司籍，九流以别，爰著目録，略序洪烈，述《藝文志》第十。”這是指群書的目録。目録雖然也可以指一書的目録，但真正完整意義上說的目録應該是群書的目録，目録必須從宏觀上對古籍進行把握。許世瑛《中國目録學史》：“目録學者，將群書部次甲乙，條别異同，推闡大義，疏通倫類，將以辨章學術，考鏡源流，欲人即類求書，因書究學之專門學術也。”這個定義從根本上揭示了目録學的性質。

一、目錄的主要作用

古人治學，非常看重目錄之學，認爲要“辨章學術，考鏡源流”，非目錄之學不可。目錄學以簡捷明瞭的辦法，給人指明治學的途徑，可以提高學習的效率，尤其是在搜集、利用文獻資料方面更是功不可沒。古人早就認識到不明目錄无益於治學，唐代毋煚《古今書錄·序》云：“苟不剖判條源，甄明科部，則先賢遺事，有卒代而不聞；大國經書，遂終年而空泯。使學者孤舟泳海，弱羽憑天，銜石填溟，倚仗追日，莫聞名目，岂詳家代，不亦勞乎，不亦弊乎！”具體來說，目錄的作用表現在如下幾個方面：

第一，爲閱讀和學習指示可靠的途徑。古書數量繁多，浩如煙海，哪怕窮盡一生的時間，也只能窺其萬一。因此初學者面對衆多的古籍，猶如泛舟海上，會有迷失方向的困惑。只有借助目錄學這一工具，才能避免迷失航向。懂得了目錄之學，對古籍的全貌會有一個基本的了解，做到心中有數。同時又能學會有针對性的閱讀，通過目錄書的學習，可以知道哪些書籍是常用書，哪些書籍是淹沒无聞的，也可以知道古人最重視的是哪些書籍，真正堪稱精華的又是什麽書籍。古人對此多有經驗之談，王鳴盛《十七史商榷》卷一云：“目錄之學，學中第一緊要事，必從此問途，方能得其門而入。”用目錄學的方法來駕御學習，可以收到事半功倍的效果。

第二，可以了解古代學術的巨大成就及其源流演變。一部總結時代的目錄書，往往就是反映這個時代學術成就的鏡子，可以使该時代所達到的文化水準充分展現出來。古代的學術文化源遠流長，古人的學派、門派的觀念比今天強烈，也強調師承關係，而這些在目錄學中也有明確的反映。目錄書不僅是檢索的指南，而且本身就是對學術文化的總結，古代許多著名的學者，同時也是目錄學家，撰寫的目錄書中，有豐富的學術觀點，值得我們學習和參考。

第三，目錄是古籍整理必需的工具，也是古典文化研究時搜集資料的指南。許多研究是從文獻資料的整理開始的，文獻資料佔有不充分，就會影響研究的進程乃至結論。文獻資料的查找離不開目錄學，从目錄學中也可以認識到文獻資料和文化研究的內在邏輯。可以毫不夸張地說，每一種目錄書都有其獨特的作用。只有了解各種目錄書的作用，才能巧妙地挖掘其應有的價值，真正做到古爲今用。

二、目錄書的基本結構

按照目錄書在內容上的差別，余嘉錫在《目錄學發微》中把目錄書區分成三種：

一是部類之後有小序，書名之下有解題者；二是有小序而無解題者；三是小序、解題都無，只著書名者。三種目錄書中，最有價值的當然是有解題的目錄書。目錄書牽涉的具體古籍五花八門，但其關鍵的用語不外三個，即篇目、解題和小序，抓住這三個關鍵詞，就可以理順基本的綫索，篇目、解題、小序成爲目錄書基本結構的三個要素。

1. 篇目

或者叫作篇名、書名，是目錄的第一要素，也是古籍目錄的首要內容，具體來說，包括篇名、卷數、作者、版本以及收藏的情況。許多先秦古籍没有篇目，今天通行的名稱往往是後世加上的，如墨子的《兼愛》、荀子的《勸學》等；書名也是如此，如諸子的《孟子》、《莊子》等，其實是表示對人的尊稱；或者根據內容來命名，如《戰國策》。到了後世，才改變了這種情況，篇名、書名在必備之列。

2. 解題

或者叫作敍錄、書錄、提要，可以由此考察作者的生平事迹，揭示古籍的內容，闡明其學術價值，給學習者指示門徑。解題目錄是我國目錄最早的形式，是古籍目錄的主要部分，也是目錄學的主要內容。解題目錄還可以區分爲三種類型：

（1）敍錄體：這是目錄最早的體例，劉向的《別錄》已肇其始。劉向的敍錄有三個內容，一是版本情況，校書的經過，確定的篇數；二是介紹該書作者的生平事迹、思想觀點；三是對该书的評價，評點古籍是敍錄中最主要的內容，也最能反映出敍錄者的學識。到了宋代晁公武的《郡齋讀書志》、陳振孫《直齋書錄解題》，體例上更加完備，主要描述古籍的卷帙、學術淵源、版本異同等，《四庫全書總目》則爲敍錄體的集大成者。

（2）傳錄體：這種體例比敍錄體內容簡略，由晉朝的荀勖《中經新簿》發其端，只記錄書名及注解，《漢書·藝文志》是現存最早採用注解的目錄，或者書名加上作者簡單的傳記，讓人們了解作者、了解文獻內容，這也是傳錄體的一種，是南齊王儉的《七志》首創的。總之，傳錄體是魏晉南北朝目錄學發展的結果。

（3）辑錄體：廣泛輯錄與該書相關的資料，然後進行評論，如馬端臨的《文獻通考》，就彙集相關的資料，對參證考索很方便。《文獻通考·經籍考》是辑錄體目錄的開山之作，輯引大量原書序跋、他人的評論，馬端臨是目錄學家，又是歷史學家，比較注重材料的作用，其目的在於因書而究學，從而把文獻學推進到一個新的階段。後世許多目錄書沿用這種體例，不僅是輯錄，而且進行深入的考辨，成爲考據之學的組成部分，如清朱彝尊的《經義考》、章學誠的《史籍考》。

3. 小序

就是部序与類序的習慣叫法，其主要作用是“辨章學術，考鏡源流”，對該類古籍的學術源流、演變、特點，對該類古籍的沿革及類目變更作出總體的介紹。類序分爲總序、大序和小序，總序是全書綱領，小序介紹學術源流，大序是對小序的總結。劉歆的《七略》對各家學術得失利弊作了分析，然後彙成一編，這是小序體的開始。以後《隋書·經籍志》都有小序，書中有總序、部序、類序四十八篇。《崇文總目》現存三十篇類序，由歐陽修撰寫，這些類序或概述門類源流，或釐清新類始末，或總結學術規律，與《漢志》、《隋志》相比並不遜色，不過總體而言，書目中有小序的只有寥寥數種。

三、目錄書的類別

目錄書的分類有多種方法，這裏只按照基本屬性來分類。目錄書按照其基本屬性，可以分成史家目錄、官修目錄、私家目錄三種，三種目錄書各具特點，而且歷史悠久，在時間上許多目錄書都有先後繼承的關係，可以反映學術文化的前後銜接，對古籍文獻的查找都起過重要的作用，從中也可以發現目錄書的演變踪迹。

1. 史家目錄

史家目錄指正史中記載書目的部分，《漢書》有《藝文志》，《隋書》有《經籍志》，此後《舊唐書》、《新唐書》、《宋史》、《明史》、《清史稿》都有書目志。《漢書·藝文志》和《隋書·經籍志》，分別開創了六分法和四分法，因此在史家目錄中最爲重要。以後古籍分類雖然出現過九分法和十二分法，但影響甚微，主要的還是六分法和四分法。

《漢書·藝文志》以劉歆的《七略》爲藍本，分類完全按照劉歆的辦法，分爲六藝、諸子、詩賦、兵書、術數、方技，共六大類，每一大類下再分若干小類，從而將所有的書目都統貫起來。由于劉向《別錄》和劉歆《七略》早已失傳，《漢書·藝文志》成了我國現存最早的目錄学書目。《漢書·藝文志》爲後世學者推崇備至，因爲周秦以來的學術文化，經由《漢書·藝文志》才可以知其源流。班固開創的史家目錄，把簡冊典籍的傳播納入史書的範圍，在史書中開創了先例，也提高了史書本身的學術價值。

《隋書·經籍志》跟《漢書·藝文志》類似，也是一部綜合性的史家目錄。東漢至南北朝，出現了一些書目志，但由于各種原因都散失了，因此《隋書·經籍志》記錄的書目，對於這段歷史時期的各種著述而言，有着特殊的意義。《隋書·經籍志》使用經史子籍的四分法，對目錄分類產生了深遠的影響。先有總序，經史子籍四部各有後敍，四部之下分類小敍有四十篇，東漢魏晉南北朝時期，各類著述散亡嚴重，《隋書·經籍志》則將各類著述的書目名稱保留下來，爲了解這一時期的學術源流提供了可靠的綫索。

《舊唐書·經籍志》，五代時劉昫編撰，此書志的藍本爲唐玄宗時毋煚的《古今書錄》，其體例仿效《漢書·藝文志》，每一類下都有小序。但劉昫等人編撰時，刪減太甚，開元以後的書籍，又沒有補充，致使連李白、韓愈的詩文都沒有，雖然精簡，但漏略太多。

《新唐書·藝文志》，北宋歐陽修等編撰，在《舊唐書·經籍志》的基礎上，增加了兩萬多卷書籍，內容比較齊全。在每個類目內，分“著錄”与“不著錄”兩部分，“著錄”是指毋煚《古今書錄》原有的著錄；“不著錄”是指歐陽修新增加的唐人著述。

《宋史·藝文志》，爲元朝脫脫等編撰，編寫有宋一代的書志，有許多有利條件，但是編寫者顯然過於草率，以致錯誤百出，重複錯漏很多，成爲史家目錄中最爲蕪雜的一種。此書必須要與宋代其他目錄書互相參看，才能對宋代的書目有客觀的認識。

《明史·藝文志》，張廷玉等修撰，以黃虞稷的《千頃堂書目》爲藍本，《千頃堂書目》中原有宋元時期的著述，《明史·藝文志》則是專門敍錄明代的書目，因此成爲我國第一部斷代的書志。《明史·藝文志》總共著錄四千六百三十三部，但所載其實還是太簡略，不足以反映明人著述的全貌，許多書沒有收入其中。

《清史稿·藝文志》，爲趙爾巽等編修，模仿《明史·藝文志》，也是斷代目錄，是研究清代學術文化必讀的書目，但由于時代動蕩等原因，其內容不夠完備，時常出現差錯。

史家目錄只有以上七家，而且算不上完備，因此清代一些學者，要麼爲沒有書志的正史作補志，要麼爲內容不夠齊全的史書目錄作補志，在一定程度上彌補了這些不足。

2. 官修目錄

官修目錄就是國家藏書目錄，皇帝下令，由專人把朝廷的藏書編成目錄，最早的官修目錄就是《別錄》和《七略》，劉向按照漢成帝的詔命，每一書整理完畢，就列其篇目，敍述大意，然後上奏，將這些單篇的敍錄彙總在一起，就是《別錄》，其子劉歆繼承父親的事業，最後編成《七略》，可以說《七略》是我國第一部官修目錄。雖然《別錄》、《七略》都已經亡佚，但《七略》的重要內容，保留在《漢書·藝文志》之中。

魏晉以後，官修目錄也時有所見，在西晉武帝之時，荀勖、張華奉詔修撰新目錄書，在三國魏鄭默《中經簿》的基礎上，編出《中經新簿》，並把《七略》對文獻的六分法作了改動，分爲甲、乙、丙、丁四類，這是四分法的開始。到了东晉，書籍散亡嚴重，李充編撰《晉元帝四部書目》，仍然沿襲荀勖的分類法，但作了部分調整，把諸子之書歸入丙部，把史書歸入乙部，已經形成經、史、子、集的序列，四部分類法至此完全成熟。

隋唐時期的官修目錄主要有《隋大業正御書目錄》和《群書四部錄》，《隋大業正御書目錄》是隋煬帝時柳顧言所修，隋朝結束了南北分裂的局面，書籍也比從前豐富，因此隋煬帝令柳顧言另外編成此一目錄。《隋書·經籍志》有許多內容，就來自《隋大業正御書目錄》。《群書四部錄》是唐玄宗時元行衝編撰的，有兩百卷之多，根據內府藏書編成，後來又有《開元四庫書目》，《新唐書·藝文志》即據此編成。

宋代的主要官修目錄有《崇文總目》和《中興館閣書目》，前者爲北宋仁宗時命王堯臣、歐陽修等編成，體例效仿《開元四庫書目》，著錄藏書三萬多卷，分成四部四十五類，可惜早已散亡，現在只有輯佚本。後者爲南宋孝宗時命陳騤等編修，名爲《中興館閣書目》，計有四部五十二門，後寧宗時，命張攀等編成《中興館閣續書目》，都已亡佚。

明清兩代的官修目錄，最具代表性的就是《文淵閣書目》和《四庫全書總目》，《文淵閣書目》二十卷，明英宗時楊士奇主編完成，按照《千字文》"天地洪荒"等二十字排序號，著錄七千多部書籍，但後世評價不高，稱其類似記錄書名的記賬冊。《四庫全書總目》有兩百卷，由總编纂紀昀審定，有總序和小序，分四部編排，對每種書都寫出提要，涉及一萬多種書，所以也叫作《四庫全書總目提要》。此書體例合理，立論也中允，對許多古籍都有考辨訂正之功，是古代目錄書中的上乘之作，但也存在一些缺點，如倉促成書，對有的書沒有通讀，就妄加評論，對前代的目錄書志參考不夠等等。其中值得一提的是存目書，這些書由于數量龐大，全部刊刻有難度，因此並未被收入《四庫全書》，但在《四庫全書總目》之中卻有記錄，分別列出提要，共有六千多種。

3. 私家目錄

私家目錄，就是私人藏書目錄，古代藏書家人數衆多，對於個人或私家的藏書，大都編有目錄，藏書丰豐超過一定數量，需要編出目錄，方便管理和查找。私家目錄編纂的時間很早，南齊王儉的《七志》和梁阮孝緒的《七錄》，都是私人所修，但數量和種類上還不能與官修目錄相比。

私家目錄最簡單的，就是記流水賬的形式，把藏書的書名、著者逐一記錄下來，但也有內容和體例都很規範的，具有很高的參考價值。如宋朝晁公武，有藏書兩萬多卷，平時校讀之餘，記下每種書的內容梗概，最後寫成《郡齋讀書志》一書，全書分經、史、子、籍四部分，每部分再分類，共四十五類，每類都有序，每書都有提要，著錄古籍一千九百三十七部，包括許多已經散失的書籍。

宋代著名的私家目錄還有陳振孫的《直齋書錄解題》和尤袤的《遂初堂書目》，直齋是陳振孫的別號，陳氏積二十餘年之力，寫成《直齋書錄解題》，著錄各種書籍三千多種，分爲五十三類，並且品評書中的得失，因此名爲解題，論數量要超過南宋朝廷的目錄。尤袤的《遂初堂書目》只有一卷，篇幅很少，之所以引人注目，是因爲此書的體例，既載目錄又著版本，開創了版本學的先河，書中僅僅版本的名稱就有舊監本、京本、杭本、川本、高麗本等十八種之多。

明清兩代的藏書家更多，傳世的私家目錄也最多，有數百種之多，無論藏書家的人數，還是私家目錄的編製，都達到空前繁榮的程度。其中突出的有這樣幾種：

《天一閣書目》，天一閣是明代范欽的藏書樓，也是我國最古老的藏書樓，地點在浙江寧波，藏書七萬多卷，其中地方志最爲齊備，爲人所稱道，但范欽編的書目已經散失。清代阮元編過《天一閣書目》十卷，事出衆手，也多有漏略。到了近代，國家多難，天一閣也屢次遭到厄運，古籍散失頗多。新中國成立後，天一閣受到重點保護，成爲享譽天下的藏書樓。

《汲古閣珍藏秘本書目》，毛扆編撰，毛扆爲毛晉之子，毛晉是明末常熟著名的藏書家，汲古閣就是他家藏書樓的名字，毛晉家道殷實，喜歡藏書，藏書有八萬多冊。毛晉的汲古閣也是他的書坊名稱，毛晉刻印過許多書籍，爲古典文化的傳播貢獻了畢生的心血。但毛氏後人沒能繼承其業，其藏書散失殆盡。

《鐵琴銅劍樓藏書目錄》，瞿鏞編撰，鐵琴銅劍樓爲瞿鏞的藏書樓，地點在常熟古里村，目錄中收集了宋版書、元版書以及珍稀本子一千兩百多種，而且每種書籍都有解題。瞿家對珍本書籍極力守護，數度使這些善本古籍免於戰火的威脅。新中國成立後，瞿家把部分藏書捐獻給國家，部分善本歸國家圖書館收藏。

《皕宋樓藏書志》，陸心源編撰，皕宋樓爲陸心源藏書處，地點在浙江吳興，專門收藏宋版元版本子以及珍稀書籍，陸心源退歸故里後，依靠藏書和校書度過餘生。就書目本身而言，實則《皕宋樓藏書志》出於李宗蓮之手，李宗蓮認爲皕宋樓宋刊元刊的品種，要遠遠勝過天一閣。《皕宋樓藏書志》的體例是先列出刻本，後收錄各書的序跋。陸心源去世以後，其子陸樹藩，以十萬銀元的代價，將藏書出售給日本人，致使國寶級的珍稀古籍，流落到異國他鄉，成爲當時國內知識界的一大恨事。

其他著名的私家目錄，如明代高儒的《百川書志》、趙琦美的《脉望館書目》、黃虞稷的《千頃堂書目》，清代丁丙的《善本書室藏書志》、錢曾的《述古堂書目》、黃丕烈的《蕘圃藏書題識》，都是著名藏書家所爲，學術價值也很高。私家目錄對中國古代的目錄學作出了傑出的貢獻，成爲古代目錄學重要的組成部分。

四、目錄書的使用方法

了解目錄的作用和類別，還要講究使用的方法，遵循必要的規矩，才能輕鬆自如地使用目錄書，使目錄爲學習和研究发揮真正的作用。

第一，要熟悉目錄學的入門書，這種目錄書有指點迷津的用途，對於初學者而言十分有用。余嘉錫《目錄學發微》專門提到了兩本目錄書，一是《四庫全書總目》，二是《書目答問》，認爲切合學生學習目錄的需要。

《四庫全書總目》以四部分類，經部分爲十類，史部分爲十五類，子部分爲十四類，集部分爲五類，總共四十四類。全書可謂提綱挈領，綱舉目張，將衆多的古籍文獻收羅其中。同時又有專業化的傾向，考慮到了適應知識界各種不同的需求。每類都有類序，可以使人領略到細分領域的專門文化歷史，幫助學習的人擴大視野，引發讀者探究的興趣。仿佛進入森林，既不迷路，又能遍識各種樹木名稱，而且知其由來，明其出處，因此《四庫全書總目》對於學習者和治學者的指導意義，是不言而喻的。

《書目答問》五卷，張之洞撰，是一部具有指導性、普及性的目錄書，目的不是爲了學術研究，而是輔導後輩如何讀書。《書目答問》有五卷三十六類，收錄書籍兩千多種，在經史子集以外，單列叢書爲一部，這種處理無疑是很有見地的，可以說是張氏的一個創見。《書目答問》本是普及性的目錄書，因此撰寫時考慮到了實際的需要，那種罕用、生僻或者質量低劣的書籍，就沒有包含在內。由于《書目答問》的這些特點，此書成了《四庫全書總目》之後影響最爲廣泛的目錄書。民國時范希曾撰《書目答問補正》，補充了許多書籍，也糾正了《書目答問》中的一些錯誤。

第二，懂得一些目錄學的常識，借鑒前人的經驗，減少不必要的重複勞動，避免因爲經驗缺乏而走彎路。要治學，通目錄是第一步，古籍浩如煙海，何以窺其崖略，只有依靠目錄之學。目錄學不僅能爲查找資料指示途徑，擴大研究者的視野，更重要的是，古代的目錄學本身就是一門专門的學問，通过目錄書的學習，對古代學術文化演化的歷史有了進一步的了解，對古籍的優劣得失也有了基本的判斷，所以治學時必然能胸有成竹，擇善而從，選擇那些版本精善、內容優勝的古籍來閱讀，而不必勞頓於低層次的重複，也不會爲那些低劣的本子所困擾。從這個意義上說，现在的圖書館檢索系統雖然发達，卻沒有這個功能，不如古代目錄學的便捷精深，這不能不說是一個遺憾。古籍目錄學具有“因書究學”的作用，古代許多學者爲我們樹立了典範，也積纍了許多寶貴的經驗，運用目錄爲治學服務，並參考前人的治學方法，對於求學路上的後來者而言是很有必要的。

第三，必須善於甄別，能夠從衆多的目錄書中迅速找到自己需要的書籍。明清以來，目錄書籍大量出現，近代和現代人編的目錄書，更是遍地開花，其中既有綜合目錄，也有專題目錄，更有針對性很強的目錄書，因此必須學會根據自己研究的方向，來尋找合適的目錄書，才能使之成爲有力的工具。例如想要知道古代輯佚書的情況，可以查看孫启治等編撰的《中國古佚書輯本目錄解題》，這是第一部收錄輯佚書籍的專題目錄書；想要知道某種地方志的情況，可以查找《中國地方志聯合目錄》，此書中收有南宋以來的方志八千兩百種；想要了解戲曲目錄的情況，可以查閱吳平等編修的《歷代戲曲目錄叢刊》，此書是戲曲目錄的集大成者。總之，可以根據自己制定的方向，確定最合適的目錄書，進行治學和探討，就可以收到事半功倍的成效。

第三十五節　古籍的校勘

校勘也叫“校讎”，或者叫“校理”、“校訂”，就是對語言文字進行比較和改正，對不同的版本和相關內容進行比對，訂正文字的錯訛衍亂，這就叫作校勘。校勘和版本、目錄之學密不可分，離開版本和目錄，校勘就無從談起。到了清代，隨着語言文字学的興起，校勘也成爲一門單獨的學科，受到人們的重視。校勘有廣義、狹義之分，廣義的校勘學，古人叫作校讎學，包括版本、目錄、校勘、辨僞、輯佚等，相當於今天的文獻學，狹義的校勘學，專門指古籍整理文字比勘的方法和學問。

古書在流傳過程中，由于各種主觀和客觀的原因，經過傳抄和翻刻，在文字上必然出現異同不一的情況，甚至會出現嚴重的脫漏錯訛的現象。有的古書有不同的版本，連內容都有很大的出入。因此必須要用校勘學的方法，慎重地加以審定，使古書盡可能地接近本來的面貌，這樣才能避免以訛傳訛。如果無視校勘的重要作用，或者本身就不善於校勘，那麽古籍整理的質量會大打折扣，給人們提供切實可靠的文獻資料的願望也會落空。

一、古籍校勘的歷史

古籍校勘的歷史可以上推至周朝，孔子刪定《詩》、《書》，整理《春秋》，本身就做了大量的校勘工作，孔子所說的“無徵不信”也成了後世校勘遵循的原則，因此俞樾認爲校勘的方法出自於孔子。孔子的弟子子夏也精於校勘，《呂氏春秋·察傳》言子夏經過衛國，聽到有人在讀史書“晉師三豕涉河”，子夏云：“非也，是己亥也。”六國文字的“己亥”與“三豕”容易混淆，經過傳抄致誤，因此此人所讀的文字出現了錯誤。

首次由官府組織，大規模對古籍進行校勘，是在西漢成帝時期。漢成帝有感國家藏書太多，閱讀選擇多有不便，詔令光祿大夫劉向校經傳、諸子、詩賦，步兵校尉任宏校兵書，太史令尹咸校數術，侍醫李柱國校方技。每一種書校勘完成，再由劉向記下篇目和提要，奏報給皇帝。劉向死後，其子劉歆繼承了父業。校書是整理的開端，而其最終成果，就是《別錄》和《七略》。北宋重視古籍校勘，專門設立崇文院，歐陽修等人都參加了校勘，校勘完畢，都撰成敍錄，一如劉向往事，這是中國歷史上第二次官府組織的大規模校勘，校勘的對象也是國家藏書。

私家校書也漸成風氣，東漢的鄭玄，遍治古文經與今文經，彙校群經，集爲一家，校勘時不改動原文，只在注釋中加以說明，其嚴謹的態度，爲後世學者所效仿。西晉的杜預，對《左傳》有着精到的校勘。唐代陸德明的《經典釋文》，對經典的傳本作了文字異同的比對，保留了大量異文，對校勘作用很大。

宋代校勘開始成爲單獨的門類，有專門的校書機構，並且制定校勘條例。宋代校勘名家有劉恕、宋祁、沈括、趙明誠、鄭樵。尤其是鄭樵，擅長校勘，除了親自實踐外，還撰寫了《通志·校讎略》，第一次從理論上對校勘作了經驗總結。宋代校勘專書有方崧卿《韓集舉正》十卷、彭叔夏《文苑英華辨證》十卷，都是上乘之作。南宋岳珂制定了最早的校勘條例，包括版本、字畫、注疏、音釋、句讀、脱簡、考定異同等一整套的程序。岳珂所刻的《刊正九經三傳沿革例》嚴格按程序校勘，堪稱校勘的典範。

元明兩代校勘並不興盛，但並非乏善可陳，如元吳師道的《戰國策校注》，被《四庫總目》評爲最善，又如胡三省的《資治通鑒音注》，名爲音注，實爲校注，把校勘與考證相結合，以豐富的材料保證校勘的正確性。明代的梅鷟著有《尚書考異》，考證古文《尚書》爲僞書，其中有不少校勘成果，受到後人重視。

清代考據之學興起，校勘作爲考據重要的一環，也有了空前的進步。乾嘉學派在經史等方面解決了不少懸而未決的問題，出現了一些校勘學的專著，如章學誠的《校讎通義》等，校勘學在清代進入了一個興盛的時期。清代的校勘名家有戴震、何焯、惠棟、王念孫、鮑廷博、全祖望、黃丕烈、孙星衍、阮元、盧文弨等一大批人，經過他們校勘的書籍，堪稱善本。著名的校勘書籍還有盧文弨刊刻的《群書拾補》、阮元的《十三經注疏校勘記》。不過清人校勘成果的主要形式還不是專著，而是通過其他途徑：或者寫成校勘記，附在書籍之後，如清殿本《十三經》、《廿四史》就都附有考證；或者把校勘所得寫在研治經史諸子相關的著作中，著名的有王念孫的《讀書雜誌》、王引之的《經義述聞》、王鳴盛的《十七史商榷》、俞樾的《群經平議》和《諸子平議》等。

近人對校勘頗有建樹的當推陳垣。1931 年他的《元典章校補釋例》即《校勘學釋例》問世，初步建立了校勘學的理論體系。《校勘學釋例》全面總結了校勘古籍的理論、方法、原則和體例。不僅繼承了古代校勘學的傳統，而且突破了以經史諸子爲主的傳統，把校勘學運用於中古白話古籍，使校勘學具有更加普遍的適用性。

二、校勘的內容

校勘的目的有三，一是存真，二是校異，三是訂訛。最上乘的校勘，必定以訂訛爲目的。校勘學並不神秘，校勘的重點，就是那些文字上出現的錯誤，糾正這些錯誤是校勘學的基本任務，也是校勘存在的價值所在。古書中出現的文字錯誤，其表現方式各種各樣，在不同古籍中出現的問題也各具特點。通常而言，精審的版本，出现差錯的概率很低，而那種劣本，出現的問題往往難以計數。總的來說，這些錯誤現象又大致可以歸結爲六種情況，即訛文、脫文、衍文、倒文、闕文和錯簡。

1. 訛文

就是訛字、錯字，是在流傳過程中出現的錯別字。葛洪《抱樸子·內篇》卷十九，遐覽："書字，人知之，猶尚寫之多誤，故諺曰：'書三寫，魚成魯，虛成虎。'此之謂也。"越是傳寫多的古籍，出現訛誤的概率也越大，古人常說校书如掃落葉，一邊掃一邊生，說明校勘的確任重道遠，尤其是時代久遠的先秦兩漢的古籍，校勘的難度更大。

《淮南子·齊俗訓》："柱不可以摘齒，筐不可以持屋。"高誘注："筐，小簪也。"《太平御覽·居處十五》引《淮南子》作"蓬不可以持屋"。王念孫謂"筐"、"蓬"均是"筳"字之訛文。筳讀若庭、挺，《爾雅》："庭，直也。"《考工記·弓人》注："挺，直也。"小簪形直，因此稱爲筳。柱與筳，大小不同，而其形皆直，故類舉之。此言大材不可小用，小材不可大用，故柱可以持屋，而不可以摘齒，小簪可以摘齒，而不可以持屋。"筳"字隸書或作"莛"，與"蓬"相似。"筐"與"筳"草書亦相似，故誤"筳"爲"筐"、"蓬"。

訛文比較嚴重的，不僅是一個或兩個字的錯誤，有的句子甚至整句都錯，如宋代洪邁《容齋四筆》卷二談到"抄傳文書之誤"云："因記曾紘所書陶淵明《讀山海經》詩云：'形夭無千歲，猛志固常在。'疑上下文義若不貫，遂取《山海經》參校，則云：'刑天，獸名也，口中好銜干戚而舞。'乃知是'刑天舞干戚'，故與下句相應，五字皆訛。"刑天舞干戚，結果成了"形夭無千歲"，五個字全部都錯，難怪不知所云了。

2. 脫文

也叫作奪文、奪字、脫字、脫簡，就是在古書流傳過程中脫落的文字。輕則脫落一個、兩個字，嚴重的甚至整個段落或者整篇脫落。脫文的存在，使人們無法完整準確地理解原文的含義，通常要使用校勘的方法加以補充完整。

《王梵志詩校注》卷四："親還同席坐，知卑莫上頭。忽然人恠責，可不衆中羞。"項楚云："知卑，'知'原脫，據餘本補。"則"知"字原爲脫文。

《淮南子·主術》："故民之化也，不從其所言而從其所行。"王念孫《讀書雜誌》案："民之化也"本作"民之化上也"，下句"其"字正指"上"而言。脫"上"字則義不相屬。《文子·精誠》篇正作"民之化上"。

造成脫文的原因是多方面的，主要是上下文有相同或類似的文字，抄寫時容易認爲是重複而遺漏，也有的是古籍存放太久遭到蟲咬霉變，或者出土時本身已經殘缺。

3. 衍文

也叫作羡文、剩文，指古書流傳過程中由于抄寫、刻版等原因而多出的文字或句子。造成衍文的原因很複雜，一些衍文是疏忽造成的，有的是有意添加上去的，也有的則是把注文錯當成正文而造成衍文的。

古人校書，對經書在流傳過程中出現的衍文，如同對待脫文一樣，在注中指出。如《儀禮·大射》："公降，立於阼階之東南，南鄉。小臣師詔揖諸公卿大夫，諸公卿大夫西面，北上。揖大夫，大夫皆少進。"鄭玄注："上言'大夫'，誤衍耳。"賈公彥疏："云'上言大夫，誤衍'者，以其大夫與公卿面有異，故下別言'大夫少進'，明上有'大夫'誤，衍'大夫'、'大夫'四字也。"

《墨子·經說下》："遠修近修也，先後久也。"俞樾《群經平議》云："上'修'字衍文，'遠近修也，先後久也'相對爲文，以地之相去言曰修，以時之相去言曰久。"俞樾從對文的文法結構入手，判斷前一"修"字是衍文。

《王梵志詩校注》卷三："負恩必須酬，施恩慎勿索。得他一石面，還他拾斗麦。"項楚云："勿索，原作'勿色索'，衍'色'字。"原文"色"字即是衍文。

4. 倒文

也叫作倒字，指古書在流傳過程中文字或語句出現順序倒置的現象。

《莊子·刻意》："故曰聖人休休焉，則平易矣。"俞樾《諸子平議》云："按，休焉二字傳寫誤倒，此本作'故曰聖人休焉，休則平易矣'。《天道篇》'故古帝王聖人休焉，休則虛'，与此文法相似，可據訂正。"

也有原文不誤，而校錄者不慎寫成倒文的，通常寫本文獻容易出現這種問題，如：

《敦煌變文集》之《目連缘起》："既登聖賢之位，思報父母之深恩"，又下文："聖賢此時來救濟，世尊又施白毫光。"但檢視原卷，兩處"聖賢"均作"賢聖"。郭在貽謂"聖賢"、"賢聖"都可以指聖者和賢者，只不過內典（佛教經典）謂之"賢聖"，外典（非佛教經典）謂之"聖賢"，這裏既然是佛教故事，原文應該是"賢聖"，校錄的人只聽說"聖賢"，未聽說"賢聖"，因此加以誤倒。

5. 闕文

就是脫漏，也叫作缺文、壞文、壞字、爛文，指簡冊或書籍年久霉變，蠹虫侵蝕，或者主觀上沒有辨認清楚，從而造成個別文字殘缺不全的情況，輕的脫漏一個字，嚴重的甚至整行、整篇都會脫漏。如明代北監本多以南監本爲底本進行刻印，如《十三經注疏》和《二十一史》，但錯訛較多，遼金諸史缺文動輒數頁，爲人所詬病。

主觀上沒有辨認清楚，也會出現闕文。《敦煌變文集》之《妙法蓮華經講經文》："因何國主苦求哀，爲□長劫免輪回。"郭在貽謂闕文處寫本作"徒"字，"徒"是"圖"的借字，徒、圖通借變文中多見，如："意徒會下聽經人，知道蓮花難得遇。"

變文校錄者不了解這一原因，因此把此處處理成闕文。

6. 錯簡

錯簡就是文字錯亂，原本指簡牘散亂，將竹簡重新整合時次序出現錯亂，後世把古書中句子、段落或篇章出現錯置的情況也叫作錯簡。古人使用竹簡，以繩索編繫，時久則編絕，導致簡策脫亂。

東漢的鄭玄注經時，先要審錯亂之迹，予以校正。如《禮記·樂記》："愛者宜歌《商》，溫良而能斷者宜歌《齊》。夫歌者，直己而陳德也，動己而天地應焉，四時和焉，星辰理焉，萬物育焉。故《商》者，五帝之遺聲也。寬而靜，柔而正者宜歌《頌》；廣大而靜，疏達而信者宜歌《大雅》；恭儉而好禮者宜歌《小雅》；正直而靜，廉而謙者宜歌《風》。肆直而慈愛。"鄭注："此文換簡失其次。'寬而靜'宜在上；'愛者宜歌《商》'，宜承此下行，讀云'肆直而慈愛者宜歌《商》'。《商》，宋詩也。"

在紀年敘事中也容易出現錯簡，《漢書·百官公卿表上》元狩三年"御史大夫"欄："三月壬辰，廷尉張湯爲御史大夫。六年，有罪自殺。"《史記·漢興以來將相名臣年表》作"元狩二年"。《漢紀》載："二年三月壬辰，御史大夫李蔡爲丞相，張湯爲御史大夫。"可見，《漢書》將"元狩二年"史事錯亂爲"三年"。

三、校勘的方法

古代校勘學者在他們的校勘實踐中，積纍了豐富的經驗，也摸索出了一整套的方法，到了清代乃至近代，校勘的基本方法也已經建立起來。清末葉德輝，曾提出校勘之法有二，一曰死校，二曰活校。《藏書十約·校勘》云："今試其法，曰死校，曰活校。死校者，據此本以校彼本，一行幾字，鉤乙如其書；一點一畫，照錄而不改；雖有誤字，必存原文。顧千里廣圻，黃蕘圃丕烈所刻之書是也。活校者，以群書所引，改其誤字，補其闕文；又或錯舉他刻，擇善而從，別爲叢書，板歸一式。盧抱經文弨，孫淵如星衍所刻之書是也。斯二者，非國朝校勘家刻書之秘傳，實兩漢經師解經之家法。鄭康成注《周禮》，取故書、杜子春諸本，錄其字而不改其文，此死校也。劉向校錄中書，多所更定；許慎撰《五經異議》，自爲折中，此活校也。其後隋陸德明撰《經典釋文》，臚載異本；岳珂刻《九經》、《三傳》，抉擇衆長，一死校，一活校也。明乎此，不僅獲校書之奇功，抑亦得著書之捷徑也已。"陳垣則提出對校、本校、他校和理校四種方法，得到學界的認同和沿用。

1. 對校

也叫作"死校"，葉德輝《藏書十約·校勘》稱之爲"死校"。"死校"雖是比較機械的一種校勘方法，但是最爲可靠的方法。凡是校書，先用對校，然後再考慮其他的方法。通常以底本（最好是祖本或珍本）爲依據，跟其他版本逐字逐句進行對照比勘，記錄各種版本的異同之處。這種方法是校勘的基礎，在校勘之初，記錄各種文字的異同，有助於此後作出客觀的判斷，避免主觀武斷。但如果僅僅局限於對校，而不作進一步的校勘，那樣的校勘會失去意義，成爲人人都會的機械工作。

對校的關鍵是廣泛搜羅同一古籍的各種版本，如果能夠順利搜集到所有主要的版本，那麼對校的效果將十分明顯，各種本子的優劣就會自動顯示出來，這對於校勘而言無疑是很有利的，反之，如果版本搜羅困難，只能用推理的方法去校勘，那將是有限的，並非理想的方法，這就是古人之所以重視版本的原因。我國對古籍各種版本的保存情況不太樂觀，加上版本流通困難，使得對校這種看似容易的方法，客觀上受到了諸多的限制。

張元濟《校史隨筆》有“鉤魚”條，說是《遼史》元刻本常言“鉤魚”，如本紀第一：“太祖九年十月鉤魚于鴨綠江。”全書有二十多處，但殿本、南監本都作“釣魚”。後來看到《遼史拾遺》和程大昌的《演繁露》，才知道“釣魚”應爲“鉤魚”。所謂鉤魚，是遼代王室的盛禮，天寒設帳於冰上，鑿冰取魚，這就叫鉤魚。後人不知其義，改成釣魚。

2．本校

就是使用本書的證據進行自我證明的方法，對於發現的文字錯誤，使用本書的證據加以糾正，同一書中的內容、體例、文字會有千絲萬縷的聯繫，巧妙地利用這種聯繫，就可以解決許多訛誤。這種方法也叫作“內證法”。本校法對於那些沒有祖本或別本的古籍非常切合，由于沒有其他的版本可作參考，只能從該書的內部尋找依據。

《敦煌變文集》之《秋胡變文》：“今蒙娘教，聽從游學，未季娘子賜許已不?”原校改“季”爲“知”，認爲“季”是“知”的音近訛字，郭在貽謂“季”當爲“委”，下文正云：“未委娘子賜許已不?”而“委”有知義，《敦煌變文字義通釋》言之已詳，因此“未委”就是“未知”的意思。

3．他校

就是用他書來校勘本書的方法。他書有幾個方面的含義，一指此書作者所寫的其他古籍，二指同時代的其他古籍，三指本書內容引及的前代古籍，四指引錄本書內容的後世古籍。古人編纂了許多類書或者叢書，有的卷帙浩繁，涉及了衆多古籍，這就爲他校法提供了有利的條件，尤其是距離本書時間不遠的類書，就顯得更有價值。

《水經注》卷十八，渭水，又東北過武功縣北，注云：“渭水又東，溫泉水注之。水出太一山，其水沸涌如湯。杜彥達曰：可治百病，世清則疾愈，世濁則無驗。”

對於這一處溫泉的記載，各本文字均同，但溫泉療疾竟與“世清”、“世濁”相關，實在匪夷所思，康熙《隴州志》所引酈注爲深入校勘提供了極好的依據。《隴州志》卷一方輿·溫泉引《水經注》云：“然水清則愈，濁則無驗。”據此，陳橋驛認爲現存各本的“世清”、“世濁”，實爲“水清”、“水濁”的音訛。因此他校未必要遵守“從衆不從寡”的原則，衆本皆誤亦時有所見，這便是一個明顯的例子。

《鹽鐵論》卷一，禁耕第五：“山海者，財用之寶路也。鐵器者，農夫之死士也。”王利器云：“‘寶’下原無‘路’字，今據張敦仁說校補。”張敦仁的依據是《通典》卷十引此句寶下有路字，下文云“寶路開則百姓贍”，即承此而來。《文獻通考》引此亦有“路”字。《通典》和《文獻通考》都彙集了許多資料，拿來作爲他校，無疑很有用。只不過類書和叢書也是良莠不齊，文字訛漏差異也有很多，具體校勘時要仔細對待。

使用他校法，涉歷文獻範圍廣泛，耗時較多，但有時非此法不能糾正錯訛，因此他校在校勘中有重要的作用。

4．理校

理校就是在缺乏其他版本依據和文字材料佐證的情況下，根據文理、事理及常識進行分析判斷，對文字錯誤進行訂正的校勘方法。理校是校勘中最高明的方法，也是最危險的方法。说理校高明，是因爲理校有時候最能反映一個人的校勘水平，说理校危險，是因爲理校容易犯片面臆斷的錯誤。在各本互異，無所適從，沒有古本可以依據時，便須用理校法，前提是必須謹慎，陳垣《元典章校補釋例》說到理校，也只敢用在顯而易見的錯誤上。

《資治通鑒·周紀二》：“十七年，秦大良造伐魏。”元代胡三省音注云：“大良造之下當有‘衛鞅’二字，意謂傳寫《通鑒》者逸之。”這是根據歷史來訂正原文，而據章钰校注，宋百衲十二行本、涵芬樓影印宋十一行本、明孔天胤本等皆有“衛鞅”二字。可見胡三省所言不虛。

《墨子·非儒下》：“夫飢約則不辭妄取以活身，羸飽僞行以自飾。”王念孫謂“羸飽”本作“贏飽”，贏之爲言盈也，贏飽正與上文飢約相對。此校並無版本作爲依據，而是凭借訓詁之理，說到底還是理校。

錯用理校法的情況，在古今歷史上都出現過。唐代李綽《尚書故實》有一個典型的例子，說韓愈的長子韓昶爲集賢校理，見史傳有金根車處，皆以爲誤，悉改根字爲银字，爲當時人所譏諷。因爲“金根車”是專門的名詞，秦漢時以金飾車以爲乘輿，謂之金根車。崔豹《古今注》：“金根車，秦制也。秦并天下，閱三代之輿服，謂殷得瑞山車，一曰金銀車，故因作金根之車。”漢代沿襲其名，也叫金根車。韓昶不知其故，僅僅按照常理去判斷，而不去考究金根車的來歷，結果誤改原文。

校勘的任務是存真復原，去其訛誤，補其罅漏，使古籍盡可能接近原貌，校勘的原則則是不輕易改動原文，即使原文有明顯的訛誤，在校勘記中說明即可，而不能擅自改動原文，即使最好的底本，也會存在問題，如果改動原文，那麼底本的原貌就不復存在，古人把保留原貌叫作“不校之校”，這種態度無疑是正確的。校勘的方法也需要靈活應用，在實際的校勘中，往往是數法兼而用之，有人稱爲彙校，有人稱爲合校，所指都差不多，綜合運用校勘方法，比單獨使用一種方法更加能夠奏效。

古代文化常識八——古代的玉石（下）

古人認爲玉是有德之物，可以取信，瑞就是用作符信的玉。瑞玉可用作君臣信物，亦可作爲諸侯結盟的憑證。可作符信的瑞玉有璧、瑗、環、琥、璜、瑞等多種。而將瑞玉一分爲二的工序叫“班”。《說文》：“班，分瑞玉。”將在外，見到國君所執另一半玉符才會按令調兵。兩情相悅的男女也時常以瑞玉相約，雙方各執一半瑞玉，作爲海誓山盟的信物。

古人尚禮而輕財，認爲愛財是小人之舉，愛玉乃君子品性，所以玉就成了最高貴的禮品。劉邦在匆匆赴鴻門宴時也不忘帶上玉璧以討好項羽；晉公子重耳流亡時路經曹國，曹國人“乃饋盤飧寘璧”，以禮遇公子，公子“受飧反璧”，以表婉謝，後來人們就用“璧謝”一詞來表示不受饋贈之物並表謝意。“玉帛”原指瑞玉和束帛，在古代泛指玉製禮器，又指古代諸侯參與會盟朝聘時所持的禮物。當兩國反目，劍拔弩張時，一國奉上玉帛，以表重修於好之意，於是兩國就“化干戈爲玉帛”了。

古人稱環的玉質部分爲“肉”，中空部分爲“好”。如玉的外環大於中空部分是瑗，反之爲璧，恰好相等才是環。環在古代也常當作貴重禮物送人。成語“結草銜環”就包含一個贈環的故事：東漢人楊寶曾救活了一隻黃雀，當天夜裏就有一位黃衣童子自稱是西王母使者，贈送楊寶四枚白環，以謝楊寶救命之恩。玦是古代環形有缺口的佩玉，因“玦”和“決”諧音，古時玦常用作表示決斷、決絕的象徵物。《楚辭·九歌·湘君》：“捐余玦兮江中，遺余佩兮醴浦。”屈原“寧爲玉碎，不爲瓦全”，與賣國者決絕，最終以身殉國。鴻門宴上，范增向項羽“舉所佩玉玦者三”，這裏“玦”傳達出這樣的資訊：作出決斷，除掉劉邦。只可惜項羽不能當機立斷，最終遺恨千古。據《北齊書·樂陵王百年傳》記載，北齊樂陵王百年遭人陷害，當他得知孝昭皇帝要召見他時，深知凶多吉少，此地一別，將不會再和愛妃斛律氏見面，於是“割帶玦留于妃斛律氏”，以表訣別之意。《荀子·大略》：“召人以瑗，絕人以玦，反絕以環。”這裏國君用各種玉器表明對臣子的態度。如果召見臣子則賜予“瑗”，因爲“瑗”和表援引之義的“援”是音義同源字；如果要流放臣子則賜予“玦”，表示與之訣別；如果寬恕了流放之臣則賜予“環”，表示其可以回還。因爲“環（環）”和“還（還）”是音義同源字，古人就常以環暗示回還，復好。楊倞注：“古者臣有罪待放於境，三年不敢去，與之環則還。”

先民的尚玉之風也滲透在語言文字當中。漢字中與玉發生聯繫的字有很多，僅在《說文解字》中，玉部漢字就有126個。古人視玉和金子一樣貴重，因此，“玉”、“金”二字經常連用，如“金玉良言”、“金玉其外”、“玉昆金友”、“玉堂金馬”、“金相玉質”、“玉圭金臬”、“金枝玉葉”、“金科玉律”等。古人用“玉”字一般修飾美好珍貴的事物，如“玉照”、“玉女”、“玉顔”、“玉體”、“玉音”，《詩經·召南》：“白茅如束，有女如玉。”形容身段用“玉樹臨風”、“亭亭玉立”；稱美女夭折爲“香消玉殞”、美女消瘦爲“玉減香消”，憐香惜玉之情溢於言表；稱美酒爲“瓊漿玉液”、“玉醅”；求别人辦事囑道：“深望玉成其事。”

在古代，玉石文化滲透於古人生活的各個領域。玉最早是作爲生産工具使用，早期先民認爲玉能通神，所以又將玉用作祭祀的禮器。後來玉的使用範圍越來越大，不僅作裝飾品、吉祥物、珍貴的禮品，而且作爲身份的象徵、信用的標誌、品德的化身而加以佩帶或使用。統治階級又用來作爲權力、等級的標誌，據《周禮·春官宗伯》記載，周天子分諸侯時，就要“以玉作六瑞，以等爲邦：王執鎮圭，公執桓圭，侯執信圭，伯執躬圭，子執穀璧，男執蒲璧”。古人還用玉殮葬，貴族死了也要口中含玉，叫“飯琀”，這樣據説死後不僅不會挨餓，還能使身體永不腐朽。有的王族死後還要穿玉衣，用玉器作陪葬品。西漢中山靖王劉勝墓中的“金縷玉衣”就是由2 498塊玉片用金絲連綴而成。古人認爲玉還有藥用價值，《神農本草經》記載人食了玉粉可以“柔筋健骨，安魂魄”，甚至晉葛洪《抱樸子》記載，人服了玉水可以長生不死，還可以成爲仙人。可見，古人對玉的崇拜達到了迷信的程度。據《尹文子》記載，曾有人向魏王獻了一塊寶玉，魏王向玉工詢問此玉之價，玉工答道：“此無價以當之，五城之都僅可一觀。”既然如此，戰國時秦王提出要以十五城換取和氏璧就不足爲奇了。

練習題

一、釋詞題（解釋句中加點詞的意義）

1. 宣子使趙穿逆公子黑臀于周而立之。（左傳·宣公二年）
2. 晉趙莊姬爲趙嬰之亡故，譖之于晉侯。（左傳·成公八年）
3. 長女妻趙衰而生盾。（史記·趙世家）
4. 要中當有金玉寶器。（史記·陳丞相世家）
5. 多多益善，何爲爲我禽？（史記·淮陰侯列傳）
6. 買臣深怨，常欲死之。（漢書·朱買臣傳）
7. 守尸吏然火置卓臍中。（後漢書·董卓傳）

8. 權果狐疑，不時見芝。(三國志·蜀書·鄧芝傳)

9. 勣對之號慟，割股肉以啖之。(舊唐書·李勣傳)

10. 彼不豔其妻。(聊齋志異·陸判)

二、古文標點今譯題

1. 給下面的文段加上標點。

(1) 太史公曰陳丞相平少時本好黃帝老子之術方其割肉俎上之時其意固已遠矣傾側擾攘楚魏之閒卒歸高帝常出奇計救紛糾之難振國家之患及呂后時事多故矣然平竟自脫定宗廟以榮名終稱賢相豈不善始善終哉非知謀孰能當此者乎（史記·陳丞相世家）

(2) 雖考先志於載籍收遺逸於當時蓋非一耳一目之所親聞覩也又安敢謂無失實者哉衛朔失國二傳互其所聞呂望事周子長存其兩說若此比類往往有焉從此觀之聞見之難由來尚矣（搜神記·序）

2. 翻譯下面的文段。

信引兵東，未渡平原，聞漢王使酈食其已說下齊，韓信欲止。范陽辯士蒯通說信曰："將軍受詔擊齊，而漢獨發間使下齊，寧有詔止將軍乎？何以得毋行也！且酈生一士，伏軾掉三寸之舌，下齊七十餘城；將軍將數萬衆，歲餘乃下趙五十餘城。爲將數歲，反不如一豎儒之功乎？"於是信然之，從其計，遂渡河。齊已聽酈生，即留縱酒，罷備漢守禦。信因襲齊歷下軍，遂至臨菑。齊王田廣以酈生賣己，乃亨之，而走高密，使使之楚請救。(史記·淮陰侯列傳)

三、古文閱讀題

魏顆敗秦師於輔氏，獲杜回。杜回，秦之力人也。初，魏武子有嬖妾，無子。武子疾，命顆曰："必嫁是妾。"病困，則更曰："必以是爲殉。"及武子卒，顆不殉妾。人或難之，顆曰："疾病則亂，吾從其治也。"及輔氏之役，魏顆見老人結草以亢杜回，杜回躓而顛，故獲之。夜夢見老父曰："余是所嫁婦人之父也。爾用先人之治命，是以報汝。"(論衡·死僞)

1. 分析文中四個"是"字的詞性及用法。

2. 指出文中三個"以"字的詞性及用法。

3. 文中兩個"殉"字的用法有什麼不同？

四、什麼是官刻本、坊刻本和私刻本？分別有什麼特點

五、解題目錄還可以區分爲哪幾種類型，請簡答之

六、我國古代有哪些官修目錄，簡單說明其情況

七、前人使用版本和目錄學的方法進行治學，取得豐碩的成果，如《水經注》、《紅樓夢》等等，請結合學習的興趣點，選擇一種或兩種自己認爲十分重要的古籍，對其版本目錄的狀況進行查找搜尋，並寫出心得或札記

八、什麼是他校？他校有什麼優點

九、什麼是訛文？試舉例說明之

第九單元

文　選

曹　植

曹植（192—232），字子建，三國時魏詩人。曹操第三子。曹植自幼聰慧，誦讀詩文，出言爲論，下筆成章，深得曹操的喜愛。曹操曾一度欲立他爲太子。建安二十五年（220），曹操病逝，曹丕繼魏王位，不久又稱帝，對曹植處處限制和打擊。黃初七年（226），曹叡繼位，即魏明帝，對曹植仍嚴加防範和限制。曹植在文、明二世的12年中，曾被遷封過多次，最後的封地在陳郡，卒謚“思”，故後人稱之爲“陳王”或“陳思王”。曹植的詩文成就很高，是建安文學的集大成者，在兩晉南北朝時期，他的作品被推尊到文章典範的地位。曹植生前自編過作品選集共78篇。曹植死後，明帝曹叡曾爲之集錄著作百餘篇。《隋書·經籍志》著錄有集30卷，又《列女傳頌》1卷、《書贊》5卷。原集至北宋末散失。今存常熟瞿氏鐵琴銅劍樓所藏南宋寧宗時刊本《曹子建集》10卷。清代丁晏《曹集銓評》、朱緒曾《曹集攷異》，又對各篇細加校訂，並增補了不少佚文遺句，是較完備的兩個本子。今人趙幼文有《曹植集校注》。

求自試表[1]

臣植言：臣聞士之生世，入則事父，出則事君[2]。事父尚於榮親，事君貴於興國[3]。故慈父不能愛無益之子，仁君不能畜無用之臣[4]。夫論德而授官者[5]，成功之君也；量能而受爵者[6]，畢命之臣也[7]。故君無虛授[8]，臣無虛受；虛授謂之謬舉[9]，虛受謂之尸祿[10]。《詩》之素餐[11]，所由作也。昔二虢不辭兩國之任[12]，其德厚也；旦奭不讓燕魯之封[13]，其功大也。今臣蒙國重恩，三世于今矣[14]。正值陛下升平之際[15]，沐浴聖澤[16]，潛潤德教[17]，可謂厚幸矣[18]。而位竊東藩[19]，爵在上列，身被輕煖，口厭百味[20]，目極華靡[21]，耳倦絲竹者，爵重祿厚之所致也。退念古之受爵祿者，有異於此，皆以功勤濟國[22]，輔主惠民。今臣無德可述，無功可紀[23]，若此終年，無益國朝，將挂風人彼己之譏[24]。是以上慚玄冕[25]，俯愧朱紱[26]。

［1］本文選自《文選》卷三七。曹丕死後曹叡即位，爲明帝。明帝在政治上依然對曹植採取嚴加防範、不予任用的態度，使曹植長久處在受壓制的境地。太和二年（228），曹植向明帝進呈此疏以求用。

［2］入，在家裏。出，出仕。

［3］這句話是說，侍奉父親最重要的是使他感覺榮耀，侍奉君主最重要的是讓國家強大。

［4］畜，喜愛。《墨子》："雖有賢君，不愛無功之臣；雖有慈父，不愛無益之子。"

［5］論德，考查其德行。

［6］量，估量。

［7］畢，盡。畢命之臣指盡忠效力的臣子。

［8］虛，空。

［9］謬舉，錯誤提拔。

［10］尸，古代祭祀中象徵神鬼受祭的活人。尸祿，白白拿俸祿。

［11］《詩經·魏風·伐檀》："彼君子兮，不素餐兮。"此詩譏諷貴族不勞而獲。

［12］二虢指文王的弟弟，虢仲、虢叔，虢仲封於東虢，虢叔封於西虢。

［13］旦奭分別指，姬旦和姬奭，周武王的弟弟，周初分別被封於魯和燕。

［14］三世，魏武帝、魏文帝、魏明帝。

［15］陛下，指魏明帝。升平，國家太平。

［16］聖澤，皇帝的恩澤。

［17］潛潤，沈浸。

［18］厚幸，大幸。厚，大。

［19］竊，偷盜。東藩，指曹植所封的雍丘王。藩本義是籬笆，引申爲屏障。

［20］厭，滿足。

［21］極，倦。華靡，華麗奢靡。

［22］濟，益。

［23］紀，通"記"。

［24］風人，詩人。《毛詩》："彼己之子，不稱其服。"

［25］帝王所戴的一種禮帽。《周禮》："王之五冕，玄冕朱裏。"

［26］紱，蔽膝。加於長衣之前，一種重要的禮儀服飾。朱紱，紅色的蔽膝，帝王所配服飾。

方今天下一統，九州晏如[1]，顧西尚有違命之蜀[2]，東有不臣之吳。使邊境未得稅甲[3]，謀士未得高枕者，誠欲混同宇內[4]，以致太和也[5]。故啓滅有扈而夏功昭[6]，成克商奄而周德著[7]。今陛下以聖明統世[8]，將欲卒文武之功[9]，繼成康之隆[10]。簡良授能[11]，以方叔邵虎之臣[12]，鎮衛四境，爲國爪牙者[13]，可謂當矣。然而高鳥未挂於輕繳[14]，淵魚未懸於鉤餌者[15]，恐釣射之術或未盡也。昔耿弇不俟光武，亟擊張步，言不以賊遺於君父也[16]。故車右伏劍於鳴轂，雍門刎首於齊境[17]，若此二子，豈惡生而尚死哉？誠忿其慢主而陵君也[18]。夫君之寵臣，欲以除害興利，臣之事君，必以殺身靜亂，以功報主也。昔賈誼弱冠，求試屬國[19]，請係單于之頸而制其命；終軍以妙年使越[20]，欲得長纓占其王[21]，羈致北闕[22]。此二臣豈好爲夸主而耀世俗哉[23]？志或鬱結，欲逞才力，輸能於明君也。昔漢武爲霍去病治第，辭曰："匈奴未滅，臣無以家爲？"固夫憂國忘家，捐軀濟難[24]，忠臣之志也。今臣居外，非不厚也；而寢不安席，食不遑味者，伏以二方未剋爲念[25]。

［1］晏如，安然。

［2］顧，但是。

［3］稅，通"脫"。

［4］混同宇內是說天下一統。

［5］太和，太平。

［6］啓是夏代的第一個君主；扈，夏代的一個氏族。史書記載夏啓曾消滅了有扈氏。

［7］成指周成王。周成王時，被封於商的武庚叛亂，後被平。《史記》記載周成王曾東伐淮夷徐奄。

［8］統，治。統世即治世。

［9］卒，完成。文武，周文王、周武王。

［10］成康，周成王、周康王。文武成康都是所謂的明君。隆，盛。

［11］簡，通"柬"，後來作"揀"，挑選。

［12］方叔，周宣王卿士，先後征伐過玁狁、荊蠻。邵虎，也是周宣王卿士，平定淮夷。

［13］爪牙，勇將。注意，此處爪牙是褒義詞，和現代不同。這裏爪牙指曹真禦蜀，曹休防吳。

［14］繳（zhuó），繫在箭上的絲繩。高鳥，高飛的鳥，這裏指蜀。

［15］淵魚，深淵的魚，這裏指吳。

［16］耿弇，漢光武帝劉秀的大將。耿弇討伐張步，有人建議耿弇等劉秀大軍到來後再戰，耿弇不同意，認爲不能把討賊留給皇帝，遂出兵，大破張步。

［17］車右，古代戰車，御者在左，武士在右。雍門，這裏用了一個典故，《說苑》："越甲至齊，雍門狄請死之，齊王曰：'鼓鐸之聲未聞，矢石未交，長兵未接，子何務死？知爲人臣之禮邪？'雍門狄對曰：'臣聞之，昔王田於囿，左轂鳴，車右請死之。王曰："子何爲死？"車右曰："爲其鳴吾君也。"王曰："左轂鳴此者，工師之罪也，子何爲死？"車右曰："吾不見工師之乘，而見其鳴吾君也。遂刎頸而死。有之乎？"'齊王曰：'有之。'雍門狄曰：'今越甲至，其鳴吾君，豈左轂之下哉？車右可以死左轂，而臣獨不可以死越甲邪？'遂刎頸而死。是日越人引甲而退七十里。齊王葬雍門子以上卿。"

［18］慢，不敬。凌，欺侮。

［19］屬國，指典屬國，漢代職官，主管外交事務。

［20］終軍，漢武帝時人。妙年，終軍死時才二十幾歲。

［21］占，疑錯字。《魏書·陳思王傳》“占”作“纓”，繫。

［22］羈，縛。

［23］俗，衍文。

［24］捐，棄。濟，渡過。

［25］二方，吳、蜀二國。

伏見先武皇帝，武臣宿兵，年耆即世者有聞矣[1]；雖賢不乏世，宿將舊卒猶習戰也。竊不自量，志在效命，庶立毛髮之功，以報所受之恩。若使陛下出不世之詔，效臣錐刀之用，使得西屬大將軍[2]，當一校之隊[3]，若東屬大司馬[4]，統偏師之任[5]。必乘危蹈險，騁舟奮驪[6]，突刃觸鋒，爲士卒先。雖未能禽權馘亮[7]，庶將虜其雄率[8]，殲其醜類[9]，必效須臾之捷，以滅終身之愧，使名挂史筆，事列朝榮，雖身分蜀境，首懸吳闕，猶生之年也。如微才不試[10]，沒世無聞，徒榮其軀而豐其體，生無益於事，死無損於數，虛荷上位而忝重祿[11]，禽息鳥視[12]，終於白首，此徒圈牢之養物，非臣之所志也。流聞東軍失備[13]，師徒小衄[14]，輟食棄餐，奮袂攘衽[15]，撫劍東顧，而心已馳於吳會矣。

［1］年耆，年老。即世，去世。

［2］大將軍，指曹真。

［3］校，古代軍制，五百人爲校。

［4］大司馬，指曹休。

［5］偏師，是謙虛的說法。

［6］驪，黑色的馬。

［7］馘，戰中割下敵人左耳計功。亮指諸葛亮。

［8］率，通“帥”，這一句是說俘獲敵軍統帥。

［9］醜類，對敵方的蔑稱。

［10］試，用。

［11］忝，耻辱。

［12］息、視，指生活，這一句是說像禽鳥一樣地生活。

［13］流聞，傳聞。

［14］太和二年，曹休在石亭被吳將陸遜打敗。衄，挫折。

［15］袂，衣袖。衽，衣襟。

臣昔從先武皇帝，南極赤岸[1]，東臨滄海，西望玉門，北出玄塞[2]，伏見所以行軍用兵之勢，可謂神妙矣。故兵者不可預言，臨難而制變者也。志欲自效於明時，立功於聖世。每覽史籍，觀古忠臣義士，出一朝之命[3]，以殉國家之難，身雖屠裂[4]，而功銘著於景鍾[5]，名稱垂於竹帛，未嘗不拊心而歎息也[6]。

［1］極，至、到。赤岸，地名。

［2］玄塞，這裏指長城。

［3］一朝，一旦。

［4］屠裂，割裂。

［5］景鐘，大鐘。

［6］拊，拍、捶。

臣聞明主使臣，不廢有罪。故奔北敗軍之將用，秦魯以成其功[1]；絕纓盜馬之臣赦[2]，楚趙以濟其難[3]。臣竊感先帝早崩，威王棄世[4]，臣獨何人，以堪長久？常恐先朝露，填溝壑，墳土未乾，而身名並滅。臣聞騏驥長鳴，伯樂昭其能；盧狗悲號[5]，韓國知其才。是以效之齊楚之路，以逞千里之任，試之狡兔之捷，以驗搏噬之用。今臣志狗馬之微功，竊自惟度[6]，終無伯樂韓國之舉，是以於邑而竊自痛者也[7]。

［1］《史記》："秦繆公使百里奚子孟明視、蹇叔子西乞術及白乙丙將兵襲鄭，晉發兵遮秦兵於殽，虜秦三將以歸。後還秦三將，穆公復三人官秩，復使將兵伐晉，大敗晉人，以報殽之役。"又載："曹沫者，魯人也，以勇力事魯莊公。爲魯將，與齊戰，三敗三北，魯莊公懼，乃獻遂邑之地以和，猶復以爲將。齊桓公許與魯會于柯而盟，桓公與莊公既盟於壇上，曹沫執匕首劫齊桓公，公問曰：'子將何欲？'曹沫曰：'齊強魯弱，而大國侵魯，亦已甚矣。今魯城壞即壓境，君其圖之。'桓公乃許盡還魯之侵地。曹沫三戰所亡，盡復于魯。"

［2］《說苑》載："楚莊王賜群臣酒，日暮，華燭滅，有引美人衣者，美人援絕冠纓，告王知之。王曰：'賜人酒醉，欲顯婦人之節，吾不取也。'乃命左右勿上火，與寡人飲，不絕纓者不懽也。群臣纓皆絕，盡懽而去。後與晉戰，引美人衣者五合五獲，以報莊王。"《呂氏春秋》載："昔者秦繆公乘馬右服失之，野人取之，繆公自往求之，見野人方將食之於岐山之陽。繆公笑曰：'食駿馬之肉，不飲酒，余恐傷汝也。'遍飲而去。韓原之戰，晉人已環繆公之車矣，晉梁靡已扣公左驂矣，野人嘗食馬於岐山之陽者三百有餘人，畢力爲繆公疾鬥於車下，遂大克晉，及獲惠公以歸。"

［3］這裏應該是"楚秦"，之所以寫成"楚趙"，可能是避免和前面的"秦魯"雷同。《史記》記載"趙氏之先，與秦共祖"。所以本文改秦爲趙。

［4］威王，指曹彰，威是謚號。

［5］盧狗，韓國的名狗。

［6］惟度，思忖。

［7］於邑，即鬱悒、鬱悶之義。

夫臨博而企竦[1]，聞樂而竊抃者[2]，或有賞音而識道也。昔毛遂，趙之陪隸[3]，猶假錐囊之喻，以寤主立功；何況巍巍大魏多士之朝，而無慷慨死難之臣乎！夫自衒自媒者[4]，士女之醜行也；干時求進者[5]，道家之明忌也。而臣敢陳聞於陛下者，誠與國分形同氣，憂患共之者也。冀以塵露之微，補益山海；螢燭末光，增輝日月。是以敢冒其醜而獻其忠，必知爲朝士所笑。聖主不以人廢言，伏惟陛下少垂神聽，臣則幸矣。

［1］博，下棋。企竦，踮起腳跟。

[2] 抃，拍手。

[3] 隸，地位低下的臣子。

[4] 自衒，自己吹嘘。

[5] 干，求。

嵇 康

嵇康（223—263），字叔夜，三國魏譙郡銍（今安徽省濉溪縣）人，官至曹魏中散大夫，故世稱嵇中散。"竹林七賢"之一，與阮籍齊名，並稱"嵇阮"。他是曹魏宗室之婿，拒絕與司馬氏合作。後因得罪鍾會，爲其構陷，而被司馬昭處死。

與山巨源絶交書[1]

康白：足下昔稱吾於潁川，吾嘗謂之知言[2]。然經怪此[3]，意尚未熟悉于足下，何從便得之也？前年從河東還，顯宗、阿都説足下議以吾自代[4]；事雖不行，知足下故不知之。足下傍通，多可而少怪[5]；吾直性狹中，多所不堪，偶與足下相知耳。間聞足下遷，惕然不喜；恐足下羞庖人之獨割，引尸祝以自助，手薦鸞刀，漫之羶腥[6]。故具爲足下陳其可否。

[1] 這封信是嵇康聽到山濤在由選曹郎調任大將軍從事中郎時，想薦舉他代其原職的消息後寫的。信中拒絕了山濤的薦引，指出人的秉性各有所好，申明他自己本性疏懶，不堪禮法約束，不可加以勉強。

[2] 潁川，指山濤的叔父山嶔。古代常以某人的任職地名、籍貫、官名作爲他的代稱，山嶔曾爲潁川太守。山濤曾向山嶔稱説嵇康不願出仕，故嵇康認爲知言。

[3] 經，常常。

[4] "前年"二句，河東，指山西境内黄河以東地區。顯宗，公孫崇的字。阿都，吕安小名阿都，字仲悌，與嵇康爲至交。

[5] "足下"二句，指山濤處事圓滑，善於應變，多所許可，少所責怪的世故態度。

[6] "恐足下"四句，《莊子·逍遥遊》："庖人雖不治庖、尸祝不越樽俎而代之矣。"庖人，廚師。尸祝，指祭祀中執祭版對神主祝禱的人。薦，舉。鸞刀，指環上有鈴的刀。

吾昔讀書，得並介之人[1]，或謂無之，今乃信其真有耳。性有所不堪，真不可强。今空語同知有達人，無所不堪，外不殊俗，而内不失正[2]，與一世同其波流，而悔吝不生耳。老子、莊周，吾之師也，親居賤職[3]；柳下惠、東方朔，達人也，安乎卑位[4]。吾豈敢短之哉[5]！又仲尼兼愛，不羞執鞭[6]；子文無欲卿相，而三登令尹[7]。是乃君子思濟物之意也[8]。所謂達能兼善而不渝，窮則自得而無悶[9]。以此觀之，故堯、舜之君世[10]，許由之巖棲[11]，子房之佐漢[12]，接輿之行歌，其揆一也[13]。仰瞻數君，可謂能遂其志者也。故君子百行，殊途而同致，循性而動，各附所安。故有處朝廷而不出，入山林而不反之論[14]。且延陵高子臧之風[15]，長卿慕相如之節[16]，志氣所托，不可奪也。

［1］並介之人，並，指能兼濟天下；介，指耿介孤直。這兩種品性相互矛盾，故下句說“或謂無之”，再下一句“今乃信其真有耳”是反話，用來諷刺山濤。

［2］“今空語”四句，達人，通達世理的人。外，指外表。內，指內心。

［3］親居賤職，老子曾爲周朝的守藏史，莊周曾爲宋國漆園吏，都是小官。

［4］“柳下惠”三句，柳下惠曾做魯國士師，管獄訟之事；東方朔在漢武帝時爲郎官，職位卑下。

［5］短，輕視。

［6］“又仲尼”二句，《論語·述而》：“子曰：‘富而可求也，雖執鞭之事，吾亦爲之。’”

［7］“子文”二句，《論語·公冶長》：“令尹子文，三仕爲令尹，無喜色；三已之，無慍色。”這兩句意爲令尹子文不把卿相名位作爲追求的目標，故能於進退超然。

［8］濟物，濟世。

［9］“所謂”二句，意爲孔子和子文才是所謂“達則兼善天下”而始終不變其志，“窮則獨善其身”而能自得無悶的人。“達則兼善天下”語出《孟子·盡心》；“遁世無悶”語出《易經·乾傳》。

［10］君世，爲君王於世。

［11］許由，古代傳說中的高潔之士，相傳堯讓天下於他，他不受，而到箕山下去隱居。巖棲，指栖宿於山中。

［12］子房，張良的字。張良曾輔佐劉邦，建立漢朝。

［13］“接輿”二句，接輿，春秋時楚國的隱士。《論語·微子》：“楚狂接輿歌而過孔子，曰：‘鳳兮！鳳兮！何德之衰！往者不可諫，來者猶可追，已而，已而！今之從政者殆而！’孔子下，欲與之言，趨而避之，不得與之言。”其揆一也，揆，原則，道理。這一句意思是，以上諸人出處行爲雖然不同，而各從其志，原則是一致的。

［14］“故有”二句，《韓詩外傳》卷五：“朝廷之人爲祿，故入而不出；山林之士爲名，故往而不返。”

［15］“且延陵”句，延陵（今江蘇武進），春秋時吳國季札曾居其地，這裏即以延陵代替季札。吳君諸樊死，將立季札，季札引曹宣公死後，諸侯欲立子臧，子臧拒不接受的故事，表示學子臧來推辭繼位。

［16］“長卿”句，《史記·司馬相如傳》：“相如（字長卿）既學，慕藺相如之爲人，更名‘相如’。”

吾每讀尚子平、臺孝威傳，慨然慕之，想其爲人[1]。少加孤露，母兄見驕[2]，不涉經學。性復疏嬾，筋駑肉緩，頭面常一月十五日不洗；不大悶癢，不能沐也。每常小便而忍不起，令胞中略轉，乃起耳[3]。又縱逸來久，情意傲散，簡與禮相背[4]，懶與慢相成[5]，而爲儕類見寬[6]，不攻其過。又讀《莊》、《老》，重增其放[7]。故使榮進之心日頹[8]，任實之情轉篤[9]。此由禽鹿，少見馴育[10]，則服從教制；長而見羈，則狂顧頓纓，赴蹈湯火；雖飾以金鑣，饗以嘉肴，逾思長林而志在豐草也。

［1］“吾每讀”三句，尚子平，後漢人，據李善注《文選》引《英雄記》，曾爲縣功曹，後棄官歸家，入山砍柴爲生。臺孝威，名佟，據《後漢書·逸民傳》，他隱居武安山，鑿穴爲居，採藥爲業。

［2］“少加”二句，孤露，指幼年喪父；母兄見驕，即爲母兄所溺愛而驕縱。

［3］“令胞中”二句，讓尿在膀胱中略略轉動而將脹出時才起身去小便。

［4］“簡與禮”句，簡，簡慢，這裏意爲舉止隨便。

［5］慢，傲慢。

［6］見寬，被寬容。

［7］重，更加。放，放蕩。

［8］榮進，做官求榮。

［9］任實，放縱任性。

［10］“此由”二句，由，同“猶”。禽，同“擒”。少，從小。

阮嗣宗口不論人過[1]，吾每師之，而未能及。至性過人，與物無傷，唯飲酒過差耳[2]。至爲禮法之士所繩，疾之如讎，幸賴大將軍保持之耳[3]。以不如嗣宗之賢，而有慢弛之闕[4]；又不識人情，闇于機宜；無萬石之慎，而有好盡之累[5]，久與事接，疵釁日興[6]，雖欲無患，其可得乎？又人倫有禮[7]，朝庭有法，自惟至熟[8]，有必不堪者七，甚不可者二。卧喜晚起，而當關呼之不置[9]，一不堪也；抱琴行吟，弋鈞草野，而吏卒守之，不得妄動，二不堪也；危坐一時，痺不得摇[10]，性復多虱[11]，把搔無已，而當裹以章服[12]，揖拜上官，三不堪也；素不便書[13]，又不喜作書，而人間多事，堆案盈机[14]，不相酬答，則犯教傷義，欲自勉強，則不能久，四不堪也；不喜弔喪，而人道以此爲重，已未見恕者所怨，至欲見中傷者；雖瞿然自責[15]，然性不可化，欲降心順俗[16]，則詭故不情[17]，亦終不能獲無咎無譽[18]，如此五不堪也；不喜俗人，而當與之共事，或賓客盈坐，鳴聲聒耳，囂塵臭處[19]，千變百伎[20]，在人目前，六不堪也；心不耐煩，而官事鞅掌[21]，機務纏其心[22]，世故繁其慮，七不堪也。又每非湯、武而薄周、孔，在人間不止此事，會顯世教所不容[23]，此甚不可一也。剛腸疾惡，輕肆直言，遇事便發，此甚不可二也。以促中小心之性[24]，統此九患，不有外難，當有内病，寧可久處人間邪？

［1］阮嗣宗，即阮籍，嗣宗爲其字。《晉書》稱他“發言玄遠，口不臧否人物”。

［2］與物無傷，待人接物，沒有傷害之心。過差，即過度。

［3］“至爲禮法”三句，繩，繩削，這裏指彈劾、糾正人的過失。大將軍，指司馬昭。保持，保護。李善注引孫盛《晉陽秋》：“何曾於太祖坐，謂阮籍曰：‘卿任性放蕩，敗禮傷教，若不革變，王憲豈得相容!’謂太祖：‘宜投之四裔，以絜王道。’太祖曰：‘比賢素羸病，君當恕之。’”

保護了阮籍。

［4］慢弛之闕，傲慢懶散的缺點。

［5］“無萬石”二句，萬石，指漢朝石奮，他歷事高祖、文帝、景帝，以謹慎著稱，在人前“如不能言者”。他和四個兒子皆俸二千石，故景帝稱之爲萬石君。好盡，即毫不忌諱，盡情而言。

［6］疵釁，缺點和罪過。

［7］人倫有禮，人倫舊指君臣、父子、夫婦、兄弟、朋友之間的關係。由這些關係便會產生一些道德規範，合乎這些規範的便謂之“有禮”。

［8］惟，思。

［9］當關，守門小吏。不置，不停。

［10］痺（bì），麻痹。

［11］性，通“身”。

［12］章服，即官服。

［13］不便，不習，不善於。

［14］机，同“几”，書案。

［15］瞿然，恐懼貌。

［16］降心順俗，壓抑自己傲散的心意，隨順世俗。

［17］詭故不情，違背本性，是自己所不情願的。

［18］無咎無譽，即無榮無辱。

［19］囂塵臭處，囂塵，喧雜多塵；臭處，穢氣所集。均指官府所在。

［20］千變百伎，指仕途中人各種鉤心鬥角的伎倆。

［21］鞅掌，繁忙紛擾貌。

［22］機務，官府要務。

［23］“又每非湯、武”三句：湯、武，指商湯和周武王取代夏、商。周、孔，指周公、孔子建立禮教。當時司馬懿父子以湯、武自命，借維護禮教，誅鋤異己。非湯、武而薄周、孔，實際上是反對司馬氏的篡魏，嵇康終於因此遭殺害。人間，相對隱居而言，指出仕。此事，指非湯武薄周孔之事。世教，正統禮教。

［24］促中小心，心胸狹隘。

又聞道士遺言，餌术、黄精[1]，令人久壽，意甚信之。遊山澤，觀魚鳥，心甚樂之。一行作吏，此事便廢，安能舍其所樂，而從其所懼哉！

［1］餌术、黄精，道家中有服食派，認爲久服术（zhú，草名，山薊）與黄精，均可輕身延年。餌，服食。

夫人之相知，貴識其天性，因而濟之。禹不偪伯成子高，全其節也[1]。仲尼不假蓋于子夏，護其短也[2]。近諸葛孔明不偪元直以入蜀[3]，華子魚不強幼安以卿相[4]。此可謂能相始終，真相知者也。足下見直木必不可爲輪，曲者不可爲桷[5]，蓋不欲以枉其天才[6]，令得其所也。故四民有業，各以得志爲樂，唯達者爲能通之；此足下度內耳。不可自見好章甫，強越人以文冕也[7]；己嗜臭腐，養鴛雛以死鼠也[8]。吾頃學養生之術，方外榮華[9]，去滋味，遊心於寂寞，以無爲爲貴，縱無九患[10]，尚不顧足下所好者。又有心悶疾，頃轉增篤，私意自試，不能堪其所不樂。自卜已審[11]，若道盡途窮則已耳。足下無事冤之[12]，令轉於溝壑也[13]。

［1］“禹不偪”二句，偪，逼迫。傳説中三代時的賢者伯成子高，堯舜時立爲諸侯，至夏禹時辭去諸侯而歸耕，禹往見之，子高告以今世德衰，耕而不顧。見《莊子・天地篇》。

［2］“仲尼”二句，蓋，雨具。孔子將行，遇雨，門人告訴他子夏（卜商，子夏爲其字）有雨具，孔子説，“商之爲人也，啬於財，吾聞與人交者，推其長者，違其短者，故能久也”。於是不向卜商借用。

［3］“近諸葛”句，元直，徐庶的字。他與諸葛亮爲友，同事劉備，後其母爲曹操所獲，因別劉備而歸曹操，未隨劉備入川，參與建立蜀漢。

［4］“華子魚”句，子魚，華歆的字。幼安，管寧的字。兩人同學，魏明帝時華歆爲太尉，推舉管寧，詔以爲大中大夫，寧固辭不受。

［5］桷（jué），屋上承瓦的木條是直的，曲木不能用來做桷子。

［6］枉，屈。天才，指本性。

［7］“不可”二句，章甫，殷代冠名。文冕，飾有圖紋的漂亮帽子。越，今福建、浙江一帶。《莊子・逍遥遊》：“宋人資章甫而適諸越，越人斷髮文身，無所用之。”

［8］“己嗜”二句，《莊子・秋水》：“鵷雛發南海而飛於北海，非梧桐不止，非練實不食，非醴泉不飲。於是鴟得腐鼠，鵷雛過之，仰而視之曰：嚇！”言外之意，不要因爲自己喜歡做官而勉强别人也來做官。

［9］外，鄙棄、排斥。

［10］九患，指上文七不堪和二甚不可。

［11］自卜已審，自己已考慮十分明確。

［12］無事冤之，平白無故地使我冤屈。

［13］轉於溝壑，指死亡。

吾新失母兄之歡，意常悽切。女年十三，男年八歲，未及成人，況復多病，顧此悢悢[1]，如何可言。今但願守陋巷，教養子孫；時與親舊敍闊，陳説平生。濁酒一杯，彈琴一曲，志願畢矣。足下若嬲之不置[2]，不過欲爲官得人，以益時用耳。足下舊知吾潦倒麤踈，不切事情[3]，自惟亦皆不如今日之賢能也。若以俗人皆喜榮華，獨能離之，以此爲快；此最近之，可得言耳。然使長才廣度，無所不淹，而能不營，乃可貴耳。若吾多病困，欲離事自全，以保餘年，此真所乏耳。豈可見黄門而稱貞哉[4]！若趣欲共登王途[5]，期於相致，共爲懽益，一旦迫之，必發其狂疾。自非重怨，不至於此也。野人有快炙背而美芹子者，欲獻之至尊，雖有區區之意，亦已疏矣[6]。願足下勿似之。其意如此。既以解足下[7]，並以爲别[8]。嵇康白。

［1］悢（liàng）悢，悲恨。

［2］嬲（niǎo）之不置，糾纏不放。

［3］不切事情，指沒有見識，缺乏辦事才能。

［4］“豈可”句，黄門，指宦官。宦官不淫亂，不能稱爲貞潔；喻自己不慕榮華是因爲缺乏才能，並不值得稱賞。

［5］趣（cù），急於。登王途，即入仕。

［6］“野人”四句，《列子・楊朱》：“宋國有田父，常衣緼黂，僅以過冬。暨春東作，自曝於日，不知天下之有廣廈隩室，緜纊狐貉，顧謂其妻曰：‘負日之暄（暖，即炙背），人莫知者，以獻吾君，將有重賞。’里之富室告之曰：‘昔人有美戎菽、甘枲莖、芹萍子者，對鄉豪稱之。鄉豪取而嘗之，蜇於口，慘於腹。衆哂而怨之，其人大慚。’”區區，微小而誠懇之意。疏，遠，不切合事理。

［7］解，解喻。

［8］别，指絕交。

韓　愈

韓愈（768—824），字退之，出生於河内河陽（今河南省孟縣），郡望昌黎郡（今河北省昌黎縣），自稱昌黎韓愈，世稱韓昌黎。貞元八年（792）始中進士。先後擔任宣武及寧武節度使判官。貞元末，任監察御史。後纍官至刑部侍郎，因諫迎佛骨，被貶爲潮州刺史。穆宗時，爲國子監祭酒，歷京兆尹、吏部侍郎，又稱韓吏部。卒謚“文”，世稱“韓文公”。韓愈是唐代古文運動的倡導者，反對單純追求形式的駢文，對後世的文風有巨大的影響。他的詩文都有突出的成就，現存的作品輯爲《昌黎先生集》。

張中丞傳後敍[1]

元和二年四月十三日夜[2]，愈與吴郡張籍閲家中舊書[3]，得李翰所爲《張巡傳》[4]。翰以文章自名[5]，爲此傳頗詳密，然尚恨有闕者[6]，不爲許遠立傳[7]，又不載雷萬春事首尾[8]。

［1］本文及下一篇均選自《昌黎先生集》。張中丞，張巡（708—757）。中丞是官職名。张巡是鄧州南陽（今屬河南）人，一說蒲州河東（今山西永濟市）人，開元末進士，初仕爲太子通事舍人，後歷任清河（今河北清河）县令、真源（江蘇儀徵市）县令。安史之亂起，張巡起兵討伐，數勝叛軍。至德二年（757）正月，引兵與太守許遠共守睢陽（今河南商丘），睢陽被圍數月，城中糧絕，守軍羅雀掘鼠爲食。河南節度使賀蘭進明嫉妒張巡的功名聲望而不肯援救。至十月初九，城陷，張巡被捕不屈，遂被殺。

［2］元和二年，元和是唐憲宗年號，公元 807 年。

［3］張籍，字文昌，和州烏江（今安徽和縣）人，貞元十五年（799）進士，曾問學於韓愈。

文中說他是吳郡人，是指他的郡望。

［4］李翰，趙州贊皇（今河北元氏縣）人，曾撰《張巡傳》，已佚。

［5］自名，自負。

［6］闕，通“缺”，不足之處。

［7］許遠，杭州鹽官（今浙江海寧）人，一說杭州新城（今浙江富陽市）人。安史之亂初，任睢陽太守。

［8］雷萬春，張巡部下偏將。按，韓愈此文沒有述及雷萬春，雷萬春可能是南霽雲之誤。

遠雖材若不及巡者[1]，開門納巡，位本在巡上[2]，授之柄而處其下[3]，無所疑忌，竟與巡俱守死，成功名，城陷而虜[4]，與巡死先後異耳[5]。兩家子弟材智下，不能通知二父志[6]，以爲巡死而遠就虜[7]，疑畏死而辭服於賊[8]。遠誠畏死[9]，何苦守尺寸之地，食其所愛之肉[10]，以與賊抗而不降乎？當其圍守時，外無蚍蜉蟻子之援[11]，所欲忠者，國與主耳，而賊語以國亡主滅。遠見救援不至，而賊來益衆，必以其言爲信[12]。外無待而猶死守，人相食且盡，雖愚人亦能數日而知死處矣[13]，遠之不畏死亦明矣[14]。烏有城壞其徒俱死[15]，獨蒙愧恥求活？雖至愚者不忍爲[16]。嗚呼！而謂遠之賢而爲之邪[17]？說者又謂，遠與巡分城而守，城之陷自遠所分始，以此詬遠[18]。此又與兒童之見無異。人之將死，其臟腑必有先受其病者[19]；引繩而絕之，其絕必有處[20]。觀者見其然，從而尤之，其亦不達於理矣[21]。小人之好議論，不樂成人之美如是哉！如巡、遠之所成就，如此卓卓[22]，猶不得免，其他則又何說！

［1］若，似乎。

［2］許遠是太守，張巡是縣令，許遠地位比張巡高。

［3］柄，權柄。處其下，位居其下。據《新唐書》，許遠認爲自己才能不及張巡，就請張巡全面指揮，自己受其調遣。

［4］虜，被俘。

［5］許遠與張巡的不同只是死的先後而已。據《新唐書》，許遠被俘後被送往洛陽，行至偃師（今河南偃師縣）被殺。

［6］許、張兩家子弟才智低下，不能了解許遠、張巡的想法。這裏兩家子弟實際指張巡的兒子張去疾。《新唐書》載，張去疾曾上書唐代宗，說當時張巡與許遠各守城的一面，許遠負責的一面被攻破而許遠未死，張巡則被殺，可見許遠有意投降。張去疾請求追罷許遠的官爵，爲張巡洗冤。後經朝廷百官議論，先死後死不能說明忠奸，不應追奪許遠的官爵。

［7］就虜，同意被俘。

［8］辭服，投降。

［9］誠，果真。

［10］食其所愛之肉，《新唐書》載，睢陽被圍，城中絕糧，士兵多餓死，張巡殺其愛妾給將士們吃，許遠也殺了自己的奴僕給將士們吃。

［11］蚍蜉，大螞蟻。蟻子，小螞蟻。兩者比喻微弱的援兵。

［12］信，真實。

［13］無待，無所等待。此處指沒有救兵。猶，尚且。且，即將。數日，計算日子。死處，死的地方。

［14］由此而看，許遠不畏死亡是很明顯的事情。

［15］烏有，哪裏有。徒，徒衆，此處指部隊。

［16］忍，能也（見《說文》）。不忍爲，不能爲，不肯爲。

［17］邪，通“耶”，疑問語氣詞。

［18］這一句是說，談論的人又說，許遠和張巡分城而守（張巡守城東北，許遠守西南），而許遠所守最先被攻陷，大家都因此而攻擊許遠。

［19］臟腑，內臟。

［20］引，拉。絕，斷。處，某個地方。

［21］尤，責備。此句是說，人們見到人死、繩斷的現象，就怪罪某一器官或者繩子的某一段，這也太不明理了。

［22］卓卓，卓越。

當二公之初守也，寧能知人之卒不救，棄城而逆遁[1]？苟此不能守，雖避之他處何益？及其無救而且窮也，將其創殘餓羸之餘，雖欲去，必不達[2]。二公之賢，其講之精矣[3]。守一城，捍天下，以千百就盡之卒，戰百萬日滋之師，蔽遮江、淮，沮遏其勢，天下之不亡，其誰之功也[4]？當是時，棄城而圖存者，不可一二數[5]；擅強兵坐而觀者相環也[6]。不追議此，而責二公以死守，亦見其自比於逆亂，設淫辭而助之攻也[7]。

［1］寧能，豈能。卒，最終。逆，預先。此句是說，當初張巡、許遠鎮守睢陽時，怎麼能預料他人終不來救而事先棄城逃走呢？當時有人責怪二人不撤退保存實力而死守睢陽，所以韓愈爲之申辯。

［2］窮，無路可走，沒有辦法。將，率領。羸，瘦弱。餘，剩餘的將士。達，這裏指成功。這是說，開始守城時，張巡、許遠沒有料到始終沒有人來救援，所以不撤；後來，士兵爲傷殘飢餓所困，出城而逃更是死路一條，不如因城而死守。

［3］講，研究。

［4］就盡，將死。日滋，一天比一天多。沮遏，阻止。此句是說，睢陽是戰略要衝，守住睢陽就能阻遏敵人進入江淮流域。

［5］不可一二數，不能用一兩個來計算，形容其多。

［6］擅，掌握。相環，首尾相連，極言其多。

［7］比，親比。淫辭，邪說。

愈嘗從事于汴、徐二府，屢道於兩府間，親祭於其所謂雙廟者[1]。其老人往往說巡、遠時事云[2]。

［1］從事，官名。州刺史佐吏，這裏名詞動用。汴，汴州，今河南開封。徐，徐州，今江蘇徐州。道，取道。用爲動詞。雙廟，張、許死後，詔贈張巡爲揚州大都督，許遠爲荊州大都督，於

睢陽立廟，名“雙廟”。

［2］云，句末語氣詞。

南霽雲之乞救于賀蘭也[1]，賀蘭嫉巡、遠之聲威功績出己上[2]，不肯出師救。愛霽雲之勇且壯，不聽其語[3]，彊留之，具食與樂，延霽雲坐[4]。霽雲慷慨語曰：“雲來時，睢陽之人不食月餘日矣。雲雖欲獨食，義不忍[5]；雖食，且不下咽。”因拔所佩刀斷一指，血淋漓以示賀蘭。一座大驚，皆感激，爲雲泣下。雲知賀蘭終無爲雲出師意，即馳去。將出城，抽矢射佛寺浮屠[6]，矢著其上磚半箭[7]，曰：“吾歸破賊，必滅賀蘭，此矢所以志也[8]。”愈貞元中過泗州[9]，船上人猶指以相語：城陷，賊以刃脅降巡[10]。巡不屈，即牽去，將斬之。又降霽雲，雲未應，巡呼雲曰：“南八[11]，男兒死耳，不可爲不義屈。”雲笑曰：“欲將以有爲也[12]，公有言，雲敢不死？”即不屈。

［1］賀蘭，賀蘭進明。賀蘭爲複姓。

［2］出己上，超過自己。

［3］不聽其語，不聽南霽雲求救的話。

［4］具，準備，陳設。延，邀請。

［5］從道義上不忍心這麼做。

［6］浮屠，佛塔。

［7］著（zhuó），附着。箭，箭杆。矢著其上磚半箭，是説箭射中佛塔頂上磚，箭杆沒入一半。

［8］志，標誌、記號，此處用爲動詞。

［9］貞元，唐德宗年號。泗州，今江蘇盱眙縣。

［10］叛軍用刀脅迫張巡投降。

［11］南八，南霽雲排行第八。

［12］原打算要有所作爲。此處指南霽雲原想假降，再伺機報國。

張籍曰：有于嵩者，少依於巡。及巡起事，嵩常在圍中[1]。籍大曆中於和州烏江縣見嵩[2]，嵩時年六十餘矣。以巡初嘗得臨渙縣尉[3]，好學，無所不讀。籍時尚小，粗問巡、遠事，不能細也[4]。云：巡長七尺餘，鬚髯若神。嘗見嵩讀《漢書》，謂嵩曰：“何爲久讀此？”嵩曰：“未熟也。”巡曰：“吾於書讀不過三遍，終身不忘也。”因誦嵩所讀書，盡卷不錯一字[5]。嵩驚，以爲巡偶熟此卷，因亂抽他帙以試[6]，無不盡然[7]。嵩又取架上諸書，試以問巡，巡應口誦無疑。嵩從巡久，亦不見巡常讀書也。爲文章，操紙筆立書，未嘗起草[8]。初守睢陽時，士卒僅萬人[9]，城中居人户亦且數萬，巡因一見問姓名[10]，其後無不識者。巡怒，鬚髯輒張。及城陷，賊縛巡等數十人坐，且將戮。巡起旋[11]，其衆見巡起，或起或泣[12]。巡曰：“汝勿怖，死，命也！”泣不能仰視。巡就戮時，顔色不亂[13]，陽陽如平常[14]。遠寬厚長者，貌如其心。與巡同年生，月日後於巡，呼巡爲兄，死時年四十九。

［1］于嵩常常在叛軍包圍之中。

［2］大曆，唐代宗年號。和州烏江縣，今安徽和縣。

［3］因爲張巡的緣故，于嵩曾做過臨涣縣的縣尉。臨涣縣，今安徽濉溪县臨涣鎮。縣尉，縣令的屬官，負責治安。

［4］細，詳細。

［5］盡，到……盡頭，這裏指背完一卷。

［6］帙，本指書衣，這裏意思同卷。

［7］盡然，都是這樣。

［8］起草，打草稿。

［9］僅，近，幾。

［10］因，由于。

［11］旋，小便。

［12］衆人皆以爲叛軍要處死張巡，因此有的站起來，有的哭泣。

［13］顔色，臉色。

［14］陽陽，毫不在意的樣子。

嵩，貞元初死于亳、宋間[1]。或傳嵩有田在亳、宋間，武人奪而有之，嵩將詣州訟理[2]，爲所殺。嵩無子。張籍云。

［1］宋，宋州，今河南商丘。

［2］于嵩去睢陽告狀。詣州，指去睢陽。

柳子厚墓誌銘

子厚諱宗元[1]。七世祖慶，爲拓跋魏侍中，封濟陰公[2]。曾伯祖奭[3]，爲唐宰相，與褚遂良、韓瑗[4]俱得罪武后[5]，死高宗朝[6]。皇考諱鎮[7]，以事母棄太常博士，求爲縣令江南[8]；其後以不能媚權貴，失御史[9]。權貴人死[10]，乃復拜侍御史[11]，號爲剛直[12]。所與游，皆當世名人。

［1］柳宗元（773—819），字子厚，河東解縣（今山西運城西南）人。世稱柳河東，曾任柳州刺史，又稱“柳柳州”。與韓愈皆倡導古文運動，並稱“韓柳”。作墓誌銘例當稱死者官銜，因韓愈和柳宗元是篤交，故稱字。諱，名。生者稱名，死者稱諱。

［2］“七世祖慶”三句，柳宗元《先侍御史府君神道表》云：“六代祖諱慶，後魏侍中左僕平齊公，五代祖諱旦，周中書侍郎濟陰公。”與韓愈所敍有出入。有人懷疑“侍中”後面脱去“封平齊公，六世祖旦爲周中書侍郎”若干字，也有人懷疑柳慶也被封爲“濟陰公”而史書漏略。拓跋，北魏皇族的姓，故稱。

［3］曾伯祖奭（shì），字子燕，柳旦之孫，柳宗元高祖子夏之兄。當爲高伯祖，此作曾伯祖誤。柳奭在貞觀年間爲中書舍人，因外甥女王氏爲皇太子（唐高宗）妃，擢升爲兵部侍郎。王氏當了皇后後，又升爲中書侍郎。652 年（永徽三年）代褚遂良爲中書令，位相當於宰相。後來高宗欲廢王皇后立武則天爲皇后，韓瑗和褚遂良力爭，武則天一黨人誣説柳要和韓、褚等謀反，被殺。

［4］褚遂良（596—658），字登善，曾做过吏部尚書、同中書門下三品、尚書右仆射等官。受太宗遺詔輔政。以諫高宗廢王皇后，爲武后所惡，後憂忿而死。精於書法，與歐陽詢、虞世南、薛稷並稱爲“唐初四大書法家”。韓瑗（606—659），字伯玉，雍州三原（今陝西三原東北）人。曾任宰相。反對高宗廢王皇后，又爲褚遂良辯護，爲武后所惡。

［5］武后，武則天（624—704），名曌，唐高宗后，後爲武周皇帝，公元690—704年在位。

［6］高宗（628—683），即李治，唐代皇帝，公元650—683年在位。

［7］皇考，已經去世的父親。

［8］太常博士，太常寺掌宗廟禮儀的屬官。柳鎮在唐肅宗時授左衛率府兵曹參軍，輔佐郭子儀守朔方。後調長安主簿，母親去世後守喪，後來命爲太常博士。柳鎮以有尊老孤弱在吳，再三辭謝，願擔任宣城（今屬安徽）縣令。這裏說“以事母棄太常博士”，可能是作者的失誤。

［9］權貴，這裏指竇參。柳鎮曾遷殿中侍御史，因不肯與御史中丞盧佋、宰相竇參一同誣陷侍御史穆贊，後又爲穆贊平反冤獄，得罪竇參，被竇參以他事陷害貶官。

［10］權貴人死，其後竇參因罪被貶，第二年被唐德宗賜死。

［11］侍御史，御史臺的屬官，職掌糾察百僚，審訊案件。

［12］號爲剛直，郭子儀曾表柳鎮爲晉州錄事參軍，晉州太守驕悍好殺戮，官吏不敢與他相爭，而柳鎮獨能抗之以理，所以這樣說。

子厚少精敏，無不通達。逮其父時，雖少年，已自成人，能取進士第，嶄然見頭角[1]，衆謂：“柳氏有子矣。”其後以博學宏詞[2]授集賢殿正字[3]。儁傑廉悍[4]，議論證據今古，出入經史百子。踔厲風發[5]，率常屈其座人[6]，名聲大振，一時皆慕與之交。諸公要人，爭欲令出我門下，交口薦譽之。

［1］嶄然，高峻之貌。見（xiàn），同“現”。

［2］博學宏詞，柳宗元於796年（貞元十二年）中博學宏詞科，年二十四。唐制，進士及第者可應考博學宏詞，取中後即授予官職。

［3］集賢殿，集賢殿書院，掌刊輯經籍，搜求佚書。正字，集賢殿置學士、正字等官，正字掌管編校典籍、刊正文字的工作。柳宗元二十六歲授集賢殿正字。

［4］儁，同“俊”。廉悍，方正勇敢。

［5］踔（chuō）厲風發，議論縱横，言辭奮發，見識高遠。踔，遠。厲，高。

［6］率，每每。

貞元十九年[1]，由藍田尉拜監察御史[2]。順宗即位，拜禮部員外郎[3]。遇用事者得罪[4]，例出爲刺史[5]；未至，又例貶州司馬[6]。居閑[7]，益自刻苦，務記覽，爲詞章，汎濫停蓄[8]，爲深博無涯涘[9]，而自肆於山水間[10]。元和中，嘗例召至京師；又偕出爲刺史[11]，而子厚得柳州[12]。既至，歎曰：“是豈不足爲政耶？”因其土俗[13]，爲設教禁[14]，州人順賴[15]。其俗以男女質錢[16]，約不時贖，子本相侔[17]，則沒爲奴婢。子厚與設方計[18]，悉令贖歸[19]。其尤貧力不能者，令書其傭[20]，足相當，則使歸其質。觀察使下其法於他州[21]，比一歲[22]，免而歸者且千人。衡湘以南爲進士者[23]，皆以子厚爲師；其經承子厚口講指畫爲文詞者，悉有法度可觀。

［1］貞元十九年，公元803年。貞元爲唐德宗年號。

［2］藍田，今屬陝西。尉，縣府管理治安、緝捕盜賊的官吏。監察御史，御史臺的屬官，掌分察百僚，巡按郡縣，糾視刑獄，整肅朝儀諸事。

［3］禮部員外郎，官名，掌管辨別和擬定禮制之事及學校貢舉之法。柳宗元得做此官是王叔文、韋執誼等所薦引。

［4］用事者，掌權者，指王叔文。唐順宗做太子時，王叔文任太子屬官，順宗登位後，王叔文任户部侍郎，深得順宗信任。於是引用新進，施行改革。舊派世族和藩鎮宦官擁立順宗子李純爲憲宗，將王叔文貶黜，後來又將其殺害。和柳宗元同時貶作司馬的共八人，號“八司馬”。

［5］例出，按規定遣出。永貞元年（805），柳宗元被貶爲邵州（今湖南邵陽）刺史。

［6］例貶，依照“條例”貶官。永州，今湖南永州市。司馬，本是州刺史屬下掌管軍事的副職，唐時已成爲有職無權的冗員。

［7］居閑，處於閑暇的時候。

［8］汎濫，文筆汪洋恣肆。停蓄，文筆雄厚凝煉。

［9］涯涘，均是水邊。

［10］肆，放情。

［11］偕出，和很多人一起。元和十年（815），柳宗元等“八司馬”同時被召回長安，但又同被遷往更遠的地方。

［12］柳州，唐置，屬嶺南道，即今廣西柳州市。

［13］因，順着，按照。

［14］教禁，教諭和禁令。

［15］順賴，順從信賴。

［16］質，典當，抵押。

［17］子，子金，即利息。本，本金。相侔（móu），相等。

［18］與設方計，替債務人想方設法。

［19］悉，皆。

［20］書，寫，記下。傭，當雇工。此指雇工勞動所值，即工資。

［21］觀察使，又稱觀察處置使，是中央派往地方掌管監察的官。下其法，推行贖回人質的辦法。

［22］比，及，等到。

［23］衡湘，衡山、湘水，泛指嶺南地區。爲，應試。

其召至京師而復爲刺史也，中山劉夢得禹錫亦在遣中[1]，當詣播州[2]。子厚泣曰：“播州非人所居，而夢得親在堂，吾不忍夢得之窮，無辭以白其大人[3]；且萬無母子俱往理。”請於朝，將拜疏，願以柳易播，雖重得罪[4]，死不恨。遇有以夢得事白上者[5]，夢得於是改刺連州[6]。嗚呼！士窮乃見節義。今夫平居里巷相慕悅，酒食游戲相徵逐[7]，詡詡強笑語以相取下[8]，握手出肺肝相示[9]，指天日涕泣，誓生死不相背負，真若可信。一旦臨小利害，僅如毛髮比，反眼若不相識。落陷阱不一引手救，反擠之，又下石焉者，皆是也。此宜禽獸夷狄所不忍爲，而其人自視以爲得計。聞子厚之風，亦可以少愧矣！

［1］中山，今河北定縣。劉夢得，劉禹錫（772—842），字夢得，彭城（今江蘇銅山縣）人，中山爲郡望（其祖先漢景帝子劉勝曾封中山王）。王叔文失敗後，劉禹錫被貶爲郎州司馬，這次召還入京後又貶播州刺史。

［2］詣，前往。播州，治今貴州遵義市。

［3］大人，父母。此指劉禹錫之母。句謂這種不幸的處境難以向老母講。

［4］重（chóng）得罪，再加一重罪。

［5］“遇有”句，指當時御史中丞裴度、崔群上疏爲劉禹錫陳情一事。

［6］刺，用作動詞，任刺史。連州，唐屬嶺南道，州治在今廣東連縣。

［7］徵，約之來，逐，隨之去。徵逐，往來頻繁。

［8］詡詡（xǔ），討好取媚的樣子。強（qiǎng），勉強，做作。取下，指採取謙下的態度。

［9］出肺肝相示，譬喻做出非常誠懇和坦白的樣子。

子厚前時少年，勇於爲人，不自貴重顧藉[1]，謂功業可立就，故坐廢退[2]。既退，又無相知有氣力得位者推挽[3]，故卒死於窮裔[4]。材不爲世用，道不行於時也。使子厚在臺省時[5]，自持其身，已能如司馬刺史時，亦自不斥；斥時有人力能舉之，且必復用不窮。然子厚斥不久，窮不極，雖有出於人，其文學辭章，必不能自力以致必傳於後如今無疑也。雖使子厚得所願，爲將相於一時，以彼易此，孰得孰失，必有能辨之者。

［1］顧藉，顧惜。

［2］坐，因他人獲罪而受牽連。廢退，指遠謫邊地，不用於朝廷。

［3］有氣力，有權勢和力量的人。推挽，推舉提攜。

［4］窮，盡頭。裔，衣末。窮裔，指偏遠之處，即柳州。

［5］臺省，御史臺和尚書省。

子厚以元和十四年十一月八日卒[1]，年四十七。以十五年七月十日，歸葬萬年先人墓側[2]。子厚有子男二人：長曰周六，始四歲；季曰周七[3]，子厚卒乃生。女子二人，皆幼。其得歸葬也，費皆出觀察使河東裴君行立[4]。行立有節概[5]，重然諾[6]；與子厚結交，子厚亦爲之盡，竟賴其力。葬子厚於萬年之墓者，舅弟盧遵。遵，涿人[7]，性謹慎，學問不厭。自子厚之斥，遵從而家焉，逮其死不去。既往葬子厚。又將經紀其家[8]，庶幾有始終者。

［1］元和十四年，公元819年。元和爲唐憲宗年號。

［2］萬年，在今陝西長安縣境內。

［3］季，最小的孩子。

［4］河東，今山西永濟縣。裴行立，絳州稷山（今山西稷山縣）人，時任桂管觀察使，是柳宗元的上司。

［5］節概，節操度量。

[6] 然、諾，都是應允的聲音，這裏指重視諾言、守信的意思。

[7] 涿，涿州，治今河北涿州市。

[8] 經紀，安排打理。

銘曰：是惟子厚之室，既固既安，以利其嗣人。

王安石

王安石（1021—1086），字介甫，號半山，封荊國公。世人又稱王荊公。北宋撫州臨川人（今江西臨川），中國歷史上傑出的政治家、思想家、文學家，唐宋八大家之一。北宋丞相、新黨領袖。在位期間，積極推進改革，遭到保守勢力的反對，最後被迫辭職。他的散文成就很高，擅長說理，峻峭清雄。他的詩也有一定成就。著有《王臨川集》、《臨川集拾遺》等。

論本朝百年無事劄子[1]

臣前蒙陛下問及本朝所以享國百年、天下無事之故。臣以淺陋，誤承聖問[2]，迫於日晷[3]，不敢久留，語不及悉[4]，遂辭而退。竊惟念聖問及此[5]，天下之福，而臣遂無一言之獻，非近臣所以事君之義，故敢昧冒而粗有所陳。

[1] 本文選自《臨川集》。熙寧元年，王安石得以被詔，越次入對，與神宗面對面長談治國之策，隨後便奏進了這份《論本朝百年無事劄子》，歷數宋朝開國百年以來的政治狀況及其弊端，指出改革的勢在必行。

[2] 誤承，這裏爲自謙之詞。聖問，皇帝詢問。

[3] 日晷（guǐ），本指按照日影移動來測定時間的儀器，這裏指時間。

[4] 悉，詳盡。

[5] 惟，想。下面的“伏惟”意思相同。

伏惟太祖躬上智獨見之明[1]，而周知人物之情僞[2]，指揮付託，必盡其材；變置施設，必當其務。故能駕馭將帥，訓齊士卒，外以扞夷狄[3]，内以平中國。於是除苛賦，止虐刑，廢強横之藩鎮[4]，誅貪殘之官吏，躬以簡儉爲天下先[5]。其於出政發令之間，一以安利元元爲事[6]。太宗承之以聰武，真宗守之以謙仁，以至仁宗、英宗，無有逸德[7]。此所以享國百年而天下無事也。

[1] 躬，本身具有。上智，極高的智慧。

[2] 周，全面。

[3] 扞，同“捍”，抵抗。

[4] 指宋太祖收回節度使的兵權。

［5］躬，親自。

［6］元元，老百姓。本句謂政令都以使老百姓得到利益爲準。

［7］逸德，失德。

仁宗在位，歷年最久。臣于時實備從官[1]，施爲本末[2]，臣所親見。嘗試爲陛下陳其一二，而陛下詳擇其可，亦足以申鑒[3]于方今。

［1］備，充數，這裏是謙詞。王安石在仁宗時曾任知制誥，替皇帝起草詔令，是皇帝的侍從官。

［2］一切措施的經過和原委。

［3］申鑒，引爲借鑒。漢荀悦有《申鑒》五卷，言爲政之鑒，王安石即取義於此。

伏惟仁宗之爲君也，仰畏天，俯畏人，寬仁恭儉，出於自然。而忠恕誠慤[1]，終始如一，未嘗妄興一役，未嘗妄殺一人，斷獄務在生之[2]，而特惡吏之殘擾。寧屈己棄財于夷狄[3]，而終不忍加兵。刑平而公[4]，賞重而信。納用諫官御史，公聽並觀[5]，而不蔽於偏至之讒[6]。因任衆人耳目，拔舉疏遠[7]，而隨之以相坐之法[8]。蓋監司之吏[9]以至州縣，無敢暴虐殘酷，擅有調發，以傷百姓。

［1］慤（què），誠懇。

［2］斷獄，審判案件。生，指給犯人留有活路。

［3］指北宋每年向契丹和西夏政權獻幣納絹求和的事。王安石這裏是替仁宗曲爲辯解。

［4］平，正。

［5］意思是廣泛聽取各方面的意見。

［6］偏至，片面。

［7］此句意思是提拔與皇帝及貴要關係不密切但有真才實學的人。

［8］相坐之法，宋代官吏舉薦制度規定，凡被舉薦的官吏犯有過錯罪責，舉薦人須受連帶處分。

［9］監司，宋代各路分置提點刑獄司、轉運使司、提舉常平司，這三司除各自有職守外，還負有某些方面的監察責任，總稱監司。

自夏人順服，蠻夷遂無大變，邊人父子夫婦，得免於兵死，而中國之人，安逸蕃息，以至今日者，未嘗妄興一役，未嘗妄殺一人，斷獄務在生之，而特惡吏之殘擾，寧屈己棄財于夷狄而不忍加兵之效也。大臣貴戚、左右近習[1]，莫敢強橫犯法，其自重慎或甚於閭巷之人。此刑平而公之效也。募天下驍雄橫猾以爲兵[2]，幾至百萬，非有良將以禦之，而謀變者輒敗。聚天下財物，雖有文籍，委之府史，非有能吏以鉤考[3]，而斷盜者輒發[4]。凶年饑歲，流者填道，死者相枕，而寇攘者輒得[5]。此賞重而信之效也。大臣貴戚、左右近習，莫能大擅威福，廣私貨賂，一有奸慝[6]，隨輒上聞。貪邪橫猾，雖間或見用，未嘗得久。此納用諫官、御史，公聽並觀，而不蔽於偏至之讒之效也。自縣令京官以至監司台閣，升擢之任，雖不皆得人，然一時之所謂才士，亦罕蔽塞而不見收舉[7]者。此因任衆人之耳目、拔舉疏遠而隨之以相坐之法之效也。

［1］近習，皇帝身邊親近的人。

［2］驍雄横猾，指勇猛強暴而奸詐的人。

［3］鉤考，鉤求考校，仔細核查。

［4］發，被揭發。

［5］寇攘者，強盜。得，被抓獲。

［6］奸邪的事情。

［7］收舉，這裏指任用。

升遐之日[1]，天下號慟，如喪考妣[2]，此寬仁恭儉出於自然，忠恕誠慤，終始如一之效也。

［1］升遐，對皇帝死亡的諱稱，這裏指仁宗去世。

［2］考指去世的父親，妣指去世的母親。

然本朝纍世因循末俗之弊[1]，而無親友群臣之議。人君朝夕與處，不過宦官女子；出而視事[2]，又不過有司之細故[3]，未嘗如古大有爲之君，與學士大夫討論先王之法以措之天下也[4]。一切因任自然之理勢，而精神之運有所不加[5]；名實之間有所不察。君子非不見貴，然小人亦得廁其間[6]。正論非不見容，然邪説亦有時而用。以詩賦記誦求天下之士，而無學校養成之法；以科名資歷敍朝廷之位，而無官司課試之方。監司無檢察之人，守將非選擇之吏。轉徙之亟既難於考績[7]，而游談之衆因得以亂真。交私養望者多得顯官[8]，獨立營職者或見排沮[9]。故上下偷惰取容而已[10]。雖有能者在職，亦無以異於庸人。農民壞于繇役，而未嘗特見救恤，又不爲之設官，以修其水土之利。兵士雜于疲老[11]，而未嘗申敕訓練[12]，又不爲之擇將，而久其疆埸之權。宿衛則聚卒伍無賴之人[13]，而未有以變五代姑息羈縻之俗[14]。宗室則無教訓選舉之實，而未有以合先王親疏隆殺之宜[15]。其于理財，大抵無法，故雖儉約而民不富，雖憂勤而國不強。賴非夷狄昌熾之時，又無堯、湯水旱之變[16]，故天下無事，過於百年。雖曰人事，亦天助也。蓋纍聖相繼[17]，仰畏天，俯畏人，寬仁恭儉，忠恕誠慤，此其所以獲天助也。

［1］因循末俗，沿襲舊俗。

［2］視事，指臨朝料理國政。

［3］細故，細小的事情。

［4］措，這裏是實施的意思。

［5］這兩句是説因循守舊，沒有努力改革。

［6］廁，參與。

［7］轉徙，調動官職。亟（qì），頻繁。

［8］交私養望，私下勾結、獵取聲望的人。

［9］獨立營職，不靠別人、勤於職守。沮，壓抑。

[10] 取容，討好、取悅上司。

[11] 雜于疲老，混雜了年邁力疲之人。

[12] 申敕，指政府發佈命令，這裏引申爲約束、告誡。

[13] 宿衛，禁衛軍。

[14] 羈縻，籠絡。

[15] 親疏隆殺（shài），指親近或疏遠、恩寵或冷落。宜，原則。

[16] 相傳堯時有九年水患，商湯時有五年的旱災。

[17] 纍聖，纍代聖君，這裏指上文提到的宋太祖、太宗、真宗、仁宗、英宗諸帝。

伏惟陛下躬上聖之質[1]，承無窮之緒[2]，知天助之不可常恃，知人事之不可怠終，則大有爲之時，正在今日。臣不敢輒廢“將明”之義[3]，而苟逃諱忌之誅[4]。伏惟陛下幸赦而留神，則天下之福也。取進止[5]。

[1] 具備最聖明的資質。

[2] 緒，傳統。這裏指帝業。

[3] 將明，謂大臣輔佐帝王，明於處事。語出《詩經·大雅·烝民》：“肅肅王命，仲山父將之；邦國若否，仲山父明之。”

[4] 因觸犯皇帝忌諱而受到懲罰。

[5] 這是古代大臣進奏時卷末的套語，意思是我的意見是否正確，請予裁決。

蘇　軾

蘇軾（1037—1101），字子瞻，眉州眉山（今屬四川）人，號東坡居士。嘉祐二年（1057）中進士，纍官至端明殿學士兼翰林院侍讀學士等職，死後謚爲“文忠”。他一生仕途不順，屢遭貶斥，最遠被貶到瓊州（今海南島），任瓊州別駕。北還後死於常州。他在文學藝術方面堪稱全才。他的文章汪洋恣肆，明白暢達；詩清新豪健，善用誇張比喻，在藝術表現方面獨具風格；詞開豪放一派，對後世影響深遠；書法擅長行書、楷書，能自創新意，用筆豐腴，筆勢跌宕，與黄庭堅、米芾、蔡襄並稱“宋四家”。蘇軾的作品收入《東坡七集》、《東坡詞》以及《東坡樂府》等。

留侯論[1]

古之所謂豪傑之士者，必有過人之節。人情有所不能忍者，匹夫見辱，拔劍而起，挺身而鬭，此不足爲勇也。天下有大勇者，卒然臨之而不驚[2]，無故加之而不怒。此其所挾持者甚大，而其志甚遠也。

[1] 本文選自《東坡七集》的《應詔集》。該文是嘉祐六年（1061）蘇軾應“制科”時所上

《進論》之一，寫作之時當在此前。張良，字子房，輔佐劉邦滅秦破項，建立漢朝，封於留（今江蘇沛縣東南），稱留侯。

［2］卒，通“猝”，突然。

夫子房受書於圯上之老人也[1]，其事甚怪，然亦安知其非秦之世有隱君子者出而試之。觀其所以微見其意者，皆聖賢相與警戒之義；而世不察，以爲鬼物[2]，亦已過矣。且其意不在書，當韓之亡，秦之方盛也，以刀鋸鼎鑊待天下之士。其平居無罪夷滅者，不可勝數。雖有賁、育[3]，無所復施。夫持法太急者，其鋒不可犯，而其末可乘[4]。子房不忍忿忿之心，以匹夫之力而逞於一擊之間；當此之時，子房之不死者，其間不能容髮，蓋亦已危矣。千金之子，不死於盜賊，何者？其身之可愛，而盜賊之不足以死也。子房以蓋世之材，不爲伊尹、太公之謀[5]，而特出於荊軻、聶政之計[6]，以僥倖於不死，此固圯上老人之所爲深惜者也。是故倨傲鮮腆而深折之[7]。彼其能有所忍也，然後可以就大事，故曰：“孺子可教也。”

［1］子房受書，張良年輕時，圯下老人曾贈與他《太公兵法》。

［2］以爲鬼物，王充《論衡·自然》引人之說云：“或曰：張良遊泗水之上，遇黃石公授太公書，蓋天佐漢誅秦，故命令神石爲鬼書授人。”

［3］賁、育，孟賁、夏育，古代勇士。

［4］而其末可乘，謂待其力量衰微到極點時始有機會可乘。

［5］伊尹、太公，伊尹，商朝開國功臣。太公，又稱太公望，即呂尚，周朝開國功臣。

［6］荊軻、聶政，戰國時刺客。荊軻曾爲燕太子丹刺殺秦王，未成被殺。聶政曾爲嚴仲子刺殺韓相俠累，事成後毀容自殺。

［7］鮮腆，無禮。

楚莊王伐鄭，鄭伯肉袒牽羊以逆[1]。莊王曰：“其君能下人，必能信用其民矣。”遂捨之。勾踐之困於會稽，而歸臣妾於吳者，三年而不倦[2]。且夫有報人之志，而不能下人者，是匹夫之剛也。夫老人者，以爲子房才有餘，而憂其度量之不足，故深折其少年剛銳之氣，使之忍小忿而就大謀。何則？非有生平之素，卒然相遇於草野之間，而命以僕妾之役，油然而不怪者，此固秦皇之所不能驚，而項籍之所不能怒也。

［1］鄭伯，即鄭襄公。文中所引楚莊王伐鄭事見於《左傳·宣公十二年》。逆，迎接。

［2］“勾踐”三句，《史記·越王勾踐世家》載，越國被吳國打敗後，越王勾踐曾和范蠡入吳，勾踐自請爲臣，妻爲妾，三年後才被放回越國。他臥薪嚐膽，發奮復仇，終於滅了吳國。

觀夫高祖之所以勝，而項籍之所以敗者，在能忍與不能忍之間而已矣。項籍唯不能忍，是以百戰百勝而輕用其鋒；高祖忍之，養其全鋒而待其弊，此子房教之也。當淮陰破齊而欲自王，高祖發怒，見於詞色。由此觀之，猶有剛強不忍之氣，非子房其誰全之[1]？

［1］“當淮陰”六句，《史記·淮陰侯列傳》載，韓信平齊後，派人見漢王劉邦，求暫時代理齊王以鎮撫齊。劉邦大罵韓信。張良、陳平暗中踩劉邦足，陳平告以今局勢不利於漢，應善待韓

信，以免生變。劉邦這才醒悟，改口答應，並派張良去立韓信爲齊王，徵調他的兵攻擊項羽。

太史公疑子房以爲魁梧奇偉，而其狀貌乃如婦人女子[1]，不稱其志氣。嗚呼！此其所以爲子房歟！

［1］“太史公”二句，見《史記·留侯世家》文末“太史公曰”。

王夫之

王夫之（1619—1692），字而農，湖南衡陽人。崇禎十五年（1642）舉人。明亡，清軍南下，他於衡山舉兵抗清，失敗後，浪迹在浯溪、郴州、耒陽等地，最後歸隱於衡山的石船山，著書以終。王夫之學識淵博，對天文、地理、曆法、數學都有研究，尤精於哲學、經學、史學。他總結並發展了中國傳統的唯物主義，是明末清初著名的哲學家、啓蒙思想家。他善詩文，工詞曲，散文充滿戰鬥精神，文筆縱橫捭闔，氣概雄肆。其著作有一百多種，後人彙集爲《船山遺書》。

論梁元帝讀書[1]

江陵陷[2]，元帝焚古今圖書十四萬卷[3]。或問之，答曰：“讀書萬卷，猶有今日，故焚之。”未有不惡其不悔不仁而歸咎於讀書者，曰：“書何負於帝哉？”此非知讀書者之言也。帝之自取滅亡，非讀書之故，而抑未嘗非讀書之故也。取帝之所譔著而觀之[4]，搜索駢麗[5]，攢集影跡[6]，以誇博記者，非破萬卷而不能。于其時也，君父懸命于逆賊[7]，宗社垂絲於割裂[8]；而晨覽夕披[9]，疲役於此，義不能振，機不能乘，則與六博、投瓊、耽酒、漁色也又何以異哉[10]？夫人心一有所倚[11]，則聖賢之訓典，足以錮志氣於尋行數墨之中，得纖曲而忘大義，迷影跡而失微言，且爲大惑之資也，況百家小道，取青妃白之區區者乎[12]？

［1］本文選自《讀通鑒論》。

［2］江陵，在今湖北江陵縣。

［3］元帝，南朝梁元帝蕭繹，在位三年。蕭衍第七子，初封湘東王，侯景叛梁圍建康，派王僧辯、陳霸先滅景，即位於江陵，年號承聖。當時梁州、益州已並於西魏，襄陽也在西魏控制之中。江陵形勢十分孤立。承聖三年九月西魏軍南攻江陵。十一月江陵城陷，被俘遭害。蕭繹好讀書，善五言詩，但性矯飾，多猜忌。藏書十四萬卷，於江陵城破時被全部焚毀。

［4］譔，通“撰”，寫作。

［5］駢麗，同“駢儷”，駢文多用偶句，故稱。

［6］攢（cuán）集，聚集。影跡，事迹，典故。

［7］君父，指梁武帝蕭衍，梁元帝之父。逆賊，指侯景。原爲北魏大將，後歸高歡，又降梁，被封河南王。梁武帝太清二年（548），叛梁攻破建康，餓死梁武帝。

［8］宗社，宗廟社稷。這句是說國家在危急存亡之時。

［9］披，打開，指展卷閲讀。

［10］六博，古代博戲名。投瓊，即擲骰子。耽酒，沈湎於酒。漁色，獵取女色。

［11］倚，偏。

［12］取青妃（pèi）白，指文章寫作講究對仗。妃，通“配”。

嗚呼！豈徒元帝之不仁，而讀書止以導淫哉？宋末胡元之世[1]，名爲儒者，與聞格物之正訓[2]，而不念格之也將以何爲。數《五經》、《語》、《孟》文字之多少而總記之，辨章句合離呼應之形聲而比擬之，飽食終日，以役役於無益之較訂，而發爲文章，侈筋脈排偶以爲工[3]，于身心何與耶？于倫物何與耶[4]？于政教何與耶？自以爲密而傲人之疏，自以爲專而傲人之散，自以爲勤而傲人之惰。若此者，非色取不疑之不仁[5]，好行小慧之不知哉[6]？其窮也，以教而錮人之子弟；其達也，以執而誤人之國家；則亦與元帝之兵臨城下而講《老子》[7]，黄潛善之虜騎渡江而參圓悟者奚別哉[8]？抑與蕭寶卷、陳叔寶之酣歌恒舞，白刃垂頭而不覺者[9]，又奚別哉？故程子斥謝上蔡之玩物喪志[10]，有所玩者，未有不喪者也。梁元、隋煬、陳後主、宋徽宗皆讀書者也[11]，宋末胡元之小儒亦讀書者也，其迷均也。

［1］胡元，元朝。“胡”是對少數民族的蔑稱。

［2］格物之正訓，對格物的正確解釋，這裏是指朱熹的解釋。“格物”語出《大學》：“致知在格物。”是後世儒學討論的重要命題。

［3］筋脈，文章的層次結構。

［4］倫物，人倫物理。

［5］色取不疑之不仁，語本於《論語・顔淵》：“色取仁而行違，居之不疑。”意爲表面上似乎愛好仁德，實際行爲卻不如此，可是自己竟以仁人自居而不加疑惑。

［6］好行小慧，《論語・衛靈公》：“群居終日，言不及義，好行小慧，難矣哉！”好行小慧，喜歡賣弄小聰明。不知，同“不智”。

［7］《梁書・元帝紀》：“（承聖三年即554年）九月辛卯，世祖（即元帝）於龍光殿述《老子》義，尚書左僕射王褒爲執經。乙巳，魏遣其柱國萬紐於謹率大衆來寇。冬十月丙寅，魏軍至於襄陽，蕭督率衆會之。丁卯停講，内外戒嚴。”

［8］“黄潛善”句，黄潛善，宋高宗南渡時宰相。《宋史・黄潛善傳》記載金人南侵：“鄆、濮相繼陷沒，宿、泗屢警，右丞許景衡以護衛單弱，請帝避其鋒，潛善以爲不足慮，率同列聽浮屠克勤說法。”克勤，北宋末南宋初僧人，1127年（高宗建炎元年）住持金山寺，適高宗於十月至揚州，賜號圓悟禪師。“虜騎渡江而參圓悟”即指此事。

［9］“抑與”二句，蕭寶卷，即南朝齊東昏侯，荒淫無度，梁兵圍困京城時，他仍演奏歌舞，後爲部下所殺。陳叔寶，即陳後主。在位時廣修宫室，酣飲無度，隋兵臨近，仍然奏樂縱酒，作詩不輟。後來被俘虜。

［10］程子斥謝上蔡玩物喪志，程子，即程顥，字伯淳，學者稱明道先生，北宋理學家。謝上蔡，即謝良佐，字顯道，上蔡人，程門弟子，學者稱上蔡先生。《宋元學案》卷十四《明道學案下》："《程氏遺書》曰：良佐昔錄五經語作一冊，伯淳見之，謂曰玩物喪志。"

［11］隋煬，隋煬帝楊廣。陳後主，陳叔寶。宋徽宗，趙佶，多才多藝，不僅工書善畫，而且精通音律。

或曰："讀先聖先儒之書，非雕蟲之比，固不失爲君子也。"夫先聖先儒之書，豈浮屠氏之言，書寫讀誦而有功德者乎？讀其書，察其跡，析其字句，遂自命爲君子，無怪乎爲良知之說者起而斥之也[1]。乃爲良知之說，迷于其所謂良知，以刻畫而仿佛者[2]，其害尤烈也。

［1］良知，《孟子》有"人之所不學而能者，其良能也；所不慮而知者，良知也"之句，後明王陽明闡演爲"致良知"學說。

［2］意思是說盡力實踐於"致良知"。

夫讀書將以何爲哉？辨其大義，以立修己治人之體也；察其微言，以善精義入神之用也。乃善讀者有得于心而正之以書者鮮矣。下此，而如太子弘之讀《春秋》而不忍卒讀者[1]，鮮矣。下此，而如穆姜之于《易》[2]，能自反而知愧者，鮮矣。不規其大，不研其精，不審其時，且有如漢儒之以《公羊》廢大倫[3]，王莽之以譏二名待匈奴[4]，王安石以國服賦"青苗"者，經且爲蠹[5]。而史尤勿論已。讀漢高之誅韓、彭而亂萌消[6]，則殺親賢者益其忮毒[7]；讀光武之易太子而國本定，則喪元良者啓其偏私[8]；讀張良之辟穀以全身，則爐火彼家之術進[9]；讀丙吉之殺人而不問[10]，則怠荒廢事之陋成。無高明之量以持其大體，無斟酌之權以審於獨知，則讀書萬卷，止以導迷，顧不如不學無術者之尚全其樸也。

［1］太子弘之讀《春秋》，《新唐書·三宗諸子傳》："孝敬皇帝弘，顯慶元年立爲皇太子。受《春秋左氏》於率更令郭瑜，至楚世子商臣弒其君，喟而廢卷曰：'聖人垂訓，何書此耶？'瑜曰：'孔子作《春秋》，善惡必書，褒善以勸，貶惡以誡，故商臣之罪，雖千載猶不得滅。'弘曰：'然所不忍聞，願讀他書。'"太子弘是唐高宗的兒子，謚爲"孝敬皇帝"。

［2］穆姜，春秋時魯宣公夫人，魯成公之母。穆姜和叔孫僑如私通，想廢掉成公而立叔孫僑如。成公死後，兒子魯襄公即位，將其遷於東宮。曾命卜史占卦，吉，卜史勸她趕緊逃走，可以免去災禍。但她反省自己曾做惡事，和卦象的吉兆不符，拒絕逃走，後來死在東宮。

［3］漢儒之以《公羊》廢大倫，建武二年（26），漢光武帝劉秀立貴人郭氏爲皇后，其子劉強爲太子。十七年廢郭后，立貴人陰氏爲皇后。十九年廢劉強，立陰后子劉莊爲太子。在詔書中稱："《春秋》之義，立子以貴。"劉莊即是後來的漢明帝。"《春秋》之義，立子以貴"，是公羊家的說法。"大倫"即是"人倫"。

［4］王莽之以譏二名待匈奴，王莽奏令中國不得有兩個字的名字並派使者含蓄地告訴匈奴，匈奴單于於是上書："臣故名囊知牙斯，今謹更名曰知。"王莽很高興。

［5］"王安石以國服"二句，《周禮·地官司徒·泉府》："凡民之貸者，與其有司辨而授之，以國服爲之息，凡國之財用取具焉。歲終，則會其出入而納其餘。"國服，原爲一地區所出產品之

意。王安石用此經文推行青苗法。《宋史·王安石傳》："青苗法者，以常平糴本作青苗錢，散與人户，令出息二分，春散入斂。"蘇轍《再論青苗狀》所說"熙寧之初，王安石、吕惠卿用事，首建青苗之法，其實放債取利，而妄引《周官·泉府》之言，以文飾其事"，即指此事。經且爲蠹，意思是以上漢儒、王莽、王安石妄用經義，經都變爲有害之物。

［6］漢高，漢高祖劉邦。韓，韓信。彭，彭越。

［7］忮，嫉妒。

［8］"讀光武"二句，指漢光武帝廢太子劉強，另立劉莊爲太子事。元良，《禮記·文王世子》："一有元良，萬國以貞，世子之謂也。"後因以元良爲太子的代稱。

［9］"讀張良"二句，"張良之辟穀以全身"的事情記載於《史記·留侯世家》："留侯曰：'願棄人間事，欲從赤松子遊耳。'乃學辟穀，道引輕身。"辟穀，不食五穀；及行道引之術，指古人以爲可以長生的方法。爐火，指道家燒丹煉汞之術。彼家，儒家指佛、道爲彼家。

［10］丙吉之殺人而不問，《漢書·丙吉傳》記載丙吉外出，遇到清道的人發生群鬥的事，死傷的人橫陳路上，丙吉經過不聞不問，掾史覺得奇怪。丙吉往前走，遇到有人追趕牛，牛氣喘急，吐出舌頭。丙吉停下車子，讓隨員騎馬過去問："追牛走多遠了？"掾史更覺得丞相不問群鬥而問追牛的事，太不恰當了，有的因此譏刺丙吉，丙吉說："老百姓爭鬥，相互殺傷，這是長安令、京兆尹職責應當禁止、防備和追捕的事，我的職責是年終奏請實行賞罰罷了。宰相不親自處理小事，不應當在路上過問打架鬥毆之類的事。正當春天還不應當很熱，害怕牛行走不遠卻因暑熱而喘息，這意味着氣候不合節令，擔心將會傷害全國百姓，因此而問這事。"掾吏都心悦誠服，認爲丙吉注重的是大事。

故子曰："吾十有五而志於學。"志定而學乃益，未聞無志而以學爲志者也。以學而遊移其志，異端邪說，流俗之傳聞，淫曼之小慧，大以蝕其心思，而小以荒其日月，元帝所爲至死而不悟者也。惡得不歸咎於萬卷之涉獵乎？儒者之徒，而效其卑陋，可勿警哉？

姚 鼐

姚鼐（1731—1815）字姬傳，室名惜抱軒，世稱惜抱先生、姚惜抱，安徽桐城人。清代著名散文家，與方苞、劉大櫆並稱爲"桐城三祖"。乾隆二十八年（1763）中進士，任禮部主事、四庫全書纂修等職，後辭官南歸，先後主講於揚州梅花、江南紫陽、南京鐘山等地書院。著有《惜抱軒全集》等，曾編選《古文辭類纂》。

李斯論[1]

苏子瞻謂李斯以荀卿之學亂天下[2]，是不然。秦之亂天下之法，無待于李斯，斯亦未嘗以其學事秦。

［1］本文選自《惜抱軒詩文集》。李斯，秦丞相。原爲楚國上蔡（今河南省上蔡縣西南）人。曾從戰國著名學者、政治家荀卿學習，後入秦。秦統一全國，李斯爲丞相，秦始皇用其建議，禁私學，焚《詩經》、《尚書》，以加強中央集權。始皇死後，他追隨趙高，迫令秦始皇長子扶蘇自殺，立胡亥爲二世皇帝，後爲趙高所忌，被殺。

［2］苏子瞻，即蘇軾。蘇軾《荀卿論》："荀卿明王道，述禮樂，而李斯以其學亂天下。"荀卿，即荀子，名況，戰國時代思想家、教育家。曾遊學於齊，三爲祭酒，後赴楚國爲蘭陵令，著書終老於楚，韓非、李斯都是他的學生。

當秦之中葉，孝公即位[1]，得商鞅任之[2]。商鞅教孝公燔《詩》、《書》，明法令[3]，設告坐之過[4]，而禁遊宦之民[5]。因秦國地形便利[6]，用其法，富強數世，兼併諸侯，迄至始皇。始皇之時，一用商鞅成法而已，雖李斯助之，言其便利，益成秦亂，然使李斯不言其便，始皇固自爲之而不厭。何也？秦之甘於刻薄而便於嚴法久矣，其後世所習以爲善者也[7]。

［1］孝公，秦孝公，戰國時秦國君，公元前361—前338年在位，任用商鞅變法，使秦國逐漸強大。

［2］商鞅，戰國政治家，衛國人，姓公孫，名鞅，亦稱衛鞅。後因戰功封商（今陝西省商縣東南），號商君，因稱商鞅。孝公六年任爲秦國左庶長，實行變法，升爲大良造，孝公十二年遷都咸陽，進一步實行變法。其變法內容主要是獎勵耕織、廢除貴族世襲特權、按軍功大小定爵位等級、廢除井田制、准許買賣土地、統一度量衡等。商鞅變法爲秦國的富強打下了基礎。

［3］燔（fán），焚，燒。按商鞅"燔《詩》、《書》，明法令"的主張見於《韓非子・和氏》所引。

［4］告坐之過，藏奸不告之罪及連坐之罪。《史記・商君列傳》："令民爲什伍，而相收司連坐。不告奸者腰斬，告奸者與斬敵首同賞。"

［5］遊宦之民，他國來遊以求仕進者。

［6］因，憑藉，依靠。

［7］習以爲善，習以爲常，不知其弊。

斯逆探始皇、二世之心[1]，非是不足以中侈君張吾之寵[2]。是以盡舍其師荀卿之學，而爲商鞅之學；掃去三代先王仁政[3]，而一切取自恣肆以爲治，焚《詩》、《書》，禁學士[4]，滅三代法而尚督責[5]，斯非行其學也，趨時而已。設所遭值非始皇、二世，斯之術將不出於此，非爲仁也，亦以趨時而已[6]。

［1］逆探，猜度試探。逆，猜測。二世，秦二世，名胡亥。

［2］中（zhòng），投合。侈君，殘暴放縱的君主。

［3］三代，夏、商、周三個朝代。

［4］禁學士，指秦始皇坑儒生犯禁者。

［5］尚督責，李斯上書二世說："督責之術設，則所欲無不得矣。群臣百姓救過不給，若此則帝道備。"二世於是"行督責益嚴"（《史記・李斯列傳》）。督，督察，檢查；責，責之以法。

［6］“設所”四句，假設遇到的不是始皇、二世，李斯的辦法不會如此，但那也不是因爲他實行仁政，仍不過是趨時而已。

君子之仕也，進不隱賢；小人之仕也，無論所學識非也，即有學識甚當，見其君國行事，悖謬無義，疾首嚬蹙于私家之居[1]，而矜誇導譽於朝庭之上，知其不義而勸爲之者，謂天下將諒我之無可奈何於吾君，而不吾罪也；知其將喪國家而爲之者，謂當吾身容可以免也[2]。且夫小人雖明知世之將亂，而終不以易目前之富貴，而以富貴之謀，貽天下之亂，固有終身安享榮樂，禍遺後人，而彼宴然無與者矣[3]。嗟乎！秦未亡而斯先被五刑夷三族也，其天之誅惡人，亦有時而信也邪！《易》曰：“眇能視，跛能履；履虎尾，咥人凶。”[4]其能視且履者幸也，而卒於凶者，益其自取邪！

［1］嚬蹙，皺眉蹙頓。嚬，通“顰”。

［2］容，容或，或許。

［3］宴然，安閑的樣子。

［4］“眇能視”四句，語見《易經·履》。眇，瞎一眼。咥（dié），咬。弱視可以看東西，腿瘸可以走路，踩到老虎尾巴上，老虎就會咬人，有災難。這幾句的意思是說：小人雖能竊居高位，作威作福，但最後終會得到凶報。

且夫人有爲善而受教於人者矣，未聞爲惡而必受教於人者也。荀卿述先王而頌言儒效[1]，雖間有得失，而大體得治世之要。而蘇氏以李斯之害天下罪及於卿，不亦遠乎？行其學而害秦者，商鞅也；舍其學而害秦者，李斯也。商君禁遊宦，而李斯諫逐客[2]，其始之不同術也[3]，而卒出於同者[4]，豈其本志哉！宋之世，王介甫以平生所學[5]，建熙寧新法，其後章惇、曾布、張商英、蔡京之倫[6]，曷嘗學介甫之學耶？而以介甫之政促亡宋，與李斯事頗相類。夫世言法術之學足亡人國，固也。

［1］儒效，儒家治世的功效。《荀子》一書中有《儒效篇》。

［2］諫逐客，秦始皇曾發佈逐客令，驅逐異國來秦任事者，李斯寫了著名的《諫逐客書》，指出不能“逐客以資敵國”，秦始皇聽取了他的意見，取消了逐客令。

［3］不同術，商鞅的禁遊宦與李斯的諫逐客，在政策上是相反的，那是因爲李斯開始時實行的還是荀卿之學，與商鞅不同。

［4］卒出於同，最後與商鞅之學一致起來了。

［5］王介甫，即王安石，北宋政治家，宋神宗熙寧年間（1068—1077），曾兩次拜相，推行青苗、均輸、市易、免役、農田水利等新法，由于保守派的頑固反對，新法歸於失敗。

［6］章惇，字子厚，曾爲王安石所用，哲宗時任爲尚書左僕射，再次推行新法。曾布，曾參與制定新法，章惇當權時，他任同知樞密院事，又攻擊章惇，主張調和新舊兩派的矛盾。張商英，字天覺，受章惇薦，任監察御史，對司馬光等廢新法不遺餘力地進行攻擊。蔡京，字元長，興化仙遊（今屬福建省）人，司馬光恢復舊法，他任開封知府按期完成，受到讚揚。章惇執政後，他又助其推行新法。崇寧元年（1102）任右僕射，後又任太師，以推行新法爲名，加重剝削，排除異己。

吾謂人臣善探其君之隱，一以委曲變化從世好者，其爲人尤可畏哉！尤可畏哉！

古　注

《文選注》
（梁）蕭統編　（唐）李善注

《文選》又稱《昭明文選》，是中國現存的最早一部詩文總集，由南朝梁武帝的長子蕭統組織文人共同編選。蕭統（501—531），字德施，南蘭陵（今江蘇常州西北）人，是梁武帝蕭衍的長子，是個很淵博的學者、文學家。蕭統死後謚“昭明”，所以他主編的這部文選稱作《昭明文選》。該書選錄了周、秦、漢、晉、宋、齊、梁七代123家（無名氏除外）詩、賦、騷、各體文700餘篇。全書共60卷，分爲賦、詩、騷、七、詔、冊、令、教、文、表、上書、啓、彈事、箋、奏記、書、檄、移、對問、設論、辭、序、頌、贊、符命、史論、史述贊、論、連珠、箴、銘、誄、哀、碑文、墓誌、行狀、弔文、祭文38類。所選多大家之作，時代愈近入選愈多。其中楚辭、漢賦和六朝駢文佔有相當比重，詩歌則多選對偶嚴謹的顏延之、謝靈運等人作品，陶淵明等人平易自然之作則入選較少。作品劃分的類別，則能反映漢魏以來文學發展、文體增多的歷史現象。

唐代崇尚文學，以詩賦取士，《文選》更成爲士人舉子必讀的文學範本，文選學也成爲一種專門之學。唐代的文選學，其注釋類的成果最爲突出的便是李善的《文選注》。李善（630—689），揚州江都（今屬江蘇省）人。曾從曹憲（揚州人）學《文選》，並爲《文選》作了詳細的注解。在作注過程中，李善博採衆家之長，包括自己年少兒子在内的意見，他都予以採納吸收。顯慶年間，李善將修改完善後的六十卷《文選注》上呈給唐高宗李治。高宗皇帝讀後，大加讚賞，賜給李善絹綢一百二十匹，並下詔將李善的六十卷《文選注》藏於秘閣。《文選注》也因此大行於當時，而且歷代流傳，至今仍有極高的地位和巨大的影響。《文選注》的主要成就有如下幾個方面：第一，既是集成之作而又有所創新；第二，詳於釋事；第三，精於辨字、注音、釋義；第四，擅長校勘；第五，小傳和解題精核簡當；第六，徵引博贍，體例嚴明（參見孫欽善：《中國古文獻史》，中華書局1994年版，頁417—432）。現在最常見的版本有1977年中華書局影印出版的李善《文選注》。

《解嘲》（節選）

揚雄《解嘲》見於《文選注》卷四五“設論”。這裏節選其中的一段。

不爲之少（方言曰飛鳥曰雙四鴈曰乘）昔三仁去而殷墟二老歸而周熾（三仁微子箕子比干孟子曰伯夷避紂居北海之濱聞文王作興曰盍歸乎來吾聞西伯善養老者二老者天下之大老也）子胥死而吳亡種蠡存而越霸（史記曰吳旣誅子胥遂伐齊越王勾踐襲殺吳太子王聞乃歸與越平越王勾踐遂滅吳又曰越王勾踐返國奉國政屬大夫種而使范蠡行成爲質於吳後越大破吳也）五羖入而秦喜樂毅出而燕懼（史記曰百里奚亡秦走宛秦穆公聞百里奚欲重贖之恐楚不與請以五羖皮贖之楚人許與之繆公與語國事繆公大悅又曰樂毅伐齊破之燕昭王死子立爲燕惠王惠王乃使騎劫代將而召毅毅畏誅遂西奔趙惠王恐趙用樂毅以伐燕也）

范雎以折摺而危穰侯（危穰侯已見李斯上書折摺已見鄒陽上書晉灼曰摺古拉字也力荅切）蔡澤以噤吟而笑唐舉（史記曰唐舉見蔡澤熟視而笑曰吾聞聖人不相殆先生乎韋昭曰噤欺禀切吟疑甚切）故當其有事也非蕭曹子房平勃樊霍則不能安當其無事也章句之徒相與坐而守之亦無所患故世亂則聖哲馳騖而不足世治則庸夫高枕而有餘（說苑曰管仲庸夫也桓公得之以爲仲父漢書賈誼曰陛下高枕終無山東之憂楚辭曰堯舜皆有舉任兮故高枕而自適）夫上世之士或解縛而相或釋褐而傅（左氏傳曰齊鮑叔帥師來言曰子糾親也請君討之管召讎也請受而甘心焉乃殺子糾于生竇召忽死之管仲請囚鮑叔受之及堂阜而脫之歸而以告曰管夷吾治於高傒使相可也公從之墨子曰傅說被褐帶索庸築傅巖武丁得

之皋以爲三公。或倚夷門而笑。應劭曰侯嬴也秦伐趙趙求救於魏無忌將百餘人往過嬴嬴無
所誡更還見嬴嬴笑之以謀告無忌韋昭曰笑人不知己也或橫江潭而漁。服虔曰漁父也或七十
說而不遇。應劭曰孔丘也已見東方朔荅客難或立談而封侯。史記曰虞卿說趙孝
成王再見爲趙上卿故號爲虞卿譙周曰食邑於虞也或枉千乘於陋巷。呂氏春秋曰齊
桓公見小臣稷一日三至弗得見從者曰萬乘之主不見布衣之士一日三至而不得見亦可以止矣桓公曰不
然士傲爵祿者固輕其主君傲霸王者亦輕其士從夫子傲爵祿吾庸敢傲霸王乎或擁篲而先
驅。擁篲鄒衍也七略曰方士傳言鄒子在燕其游諸侯畏之皆郊迎擁篲也是以士頗得信
其舌而奮其筆。窒隙蹈瑕而無所詘也。李奇曰君臣上下有瑕隙乖離之漸
則可抵而取之。窒竹栗切當今縣令不請士。郡守不迎師。羣卿不揖客。
將相不俛眉。言奇者見疑。行殊者得辟。言世尚同而惡異爾雅曰辟罪

文四十五　九　季重刊　昌彥

也。行趨步也。行胡庚切是以欲談者卷舌而同聲。欲步者擬足而
投跡。言不敢奇異也故欲談者卷舌不言待彼發而同其聲欲行者擬足不前待彼行而投其跡也周易
曰子曰同聲相應莊子曰多物將往投跡者衆嚮使上世之士。處乎今世。策非
甲科。史記曰歲課甲科爲郎中乙科爲太子舍人然甲科爲第一行非孝廉。舉非方
正。獨可抗疏。時道是非。高得待詔。下觸聞罷。又安得青
紫。言抗疏有所觸犯者帝報以聞而罷之言不任用也且吾聞之。炎炎者滅。隆隆

常　識

第三十六節　古書的句讀

學習古代漢語，我們有必要了解一些古書斷句、標點的知識，應該學會斷句、標點古書，這將有助於提高我們閱讀古書的能力。斷句是讀懂古書的前提，古書句讀（dòu）是閱讀古書的一項基本功。

古書一般是不加斷句的，更沒有標點，人們讀書時要自己斷句，即要自己加句讀。何爲句？語意已完爲句，即一句話完了，就在字的旁邊加一個點或一個圓圈，這叫句。何爲讀？語意未完爲讀，即一句話沒完，但讀的時候需要停頓一下，就在字的後面居中處加一個點，這叫“讀”。二者合起來就叫作句讀。句讀只起斷句作用，和今天的標點符號不同。句讀只是古人斷句的標記，所斷開的句子只是一種語意停頓。至於是否是一個完整的句子，上一句和下一句之間是什麽關係，句子的内容是記言還是記事，表達的是什麽樣的語氣，都是不管的。現代意義上的古書標點，是要根據古書的實際内容，用標點符號把原文句子的停頓、結構關係和語氣等清晰而準確地表現出來。這一點是必須注意的。

古人非常重視句讀的訓練。《禮記·學記》說：“一年視離經辨志。”“離經”，就是指離析經書，把成段的經文按照文意斷開，便於誦讀，這就是點斷經典的能力。東漢高誘《淮南子·敍》說：“自誘之少，從故侍中同縣盧君，受其句讀。”韓愈《師說》也說：“彼童子之師，授之書而習其句讀者也。”唐代的李匡乂在《資暇集》中甚至認爲：“學識如何觀點書。”足見古人對斷句的重視。可以說，能否給古書加以正確的句讀、標點，是體現我們學識修養和水準的一個重要方面。

刻書加句讀符號是從宋代才開始的，南宋岳珂在《刊正九經三傳沿革例》中就提到：“監蜀諸本皆無句讀，惟建監本始仿館閣校書式從旁加圈點。”但是句讀的提法早在宋代以前就有了，唐代房玄齡等人修的《晉書·樂志》就明確地提出“句讀”（字作“度”）的術語。古書汗牛充棟，極少數加了句讀。“五四”以後，有了用標點符號標點的古書。

斷句無誤，說明對句子的理解基本正確；但是，如果斷句有誤，那就一定是對句子的理解錯了。有時，斷句無誤，不一定說明對句子的理解基本正確。如果標點符號用錯了，就說明並沒有真正理解原文的意思。例如：

李氏子蟠，年十七，好古文六藝經傳，皆通習之。（韓愈：師說）

按照這種斷句，所好和所通習的都是古文和六藝經傳，這是不對的。正確的標點應該是：

李氏子蟠，年十七，好古文，六藝經傳皆通習之。

又如：

興元中，有僧曰法欽，以其道高，居徑山。時人謂之徑山長者。（《唐語林》，上海古籍出版社 1978 年版，頁 10）

以上標點，雖然把該斷的地方都斷開了，卻把句子之間的關係弄錯了。表原因的介詞“以”只管到“道高”，“居徑山”成了“道高”的結果。爲什麽只有“道高”，才能“居徑山”呢？二者之間沒有因果關係。而“時人謂之徑山長者”成了與上文沒有關係的獨立句子。其實，“道高”和“居徑山”都是原因，介詞“以”一直管到“徑山”，“時人謂之徑山長者”才是結果，因此，中間不能用句號隔斷。正確的標點應該是：

興元中，有僧曰法欽。以其道高，居徑山，時人謂之徑山長者。

在閱讀古書時怎樣才能不把句子斷錯，不用錯標點呢？這就要研究導致錯誤的原因。其實，原因是多方面的。大致分爲四個方面：一是意義不明，二是語法不明，三是音韻不明，四是缺乏古代文化知識。正確地標點古書，要有豐富的古代漢語的語音、詞彙、語法、修辭知識和古代文化知識。標點古書最基本的要求是做到以下幾點：標點後的字句要能夠講得通，標點後的句子內容要能夠合情合理、符合作者的原意，標點後的句子要符合古代漢語的語法和音韻。要求和導致錯誤的原因是對應的。下面分別加以討論（以斷句爲主，也涉及標點符號）。

一、不明字詞句義

字詞句的意義弄不清楚，這是句讀標點錯誤的最主要、最常見的原因。不明詞義，不通文理，都容易導致句讀錯誤。

有時是不明詞義，有時是把甲義誤認爲乙義，有時是把兩個單音詞誤以爲複音詞，有時不能把上下文連貫起來，不從上下文仔細體會古人的文意，似懂非懂，不求甚解，不通文理。這樣，斷句、標點就容易產生錯誤。

例一

（正）項籍少時，學書不成，去；學劍，又不成。

（誤）項籍少時，學書不成，去學劍，又不成。（《史記·項羽本紀》，中華標點本）

這裹，斷句者沒有弄清楚“去”的古代漢語詞義，而以現代漢語的“去”的意思來理解，犯了錯誤。

例二

（正）是時桓楚亡在澤中。梁曰：“桓楚亡人，莫知其處，獨籍知之耳!”（王伯祥：史記選）

（誤）是時桓楚亡在澤中。梁曰：“桓楚亡，人莫知其處，獨籍知之耳!”（《史記·項羽本紀》，中華標點本）

這裹，錯誤的標點看上去似乎沒有問題，仔細體會文義，就發現文理不通。既然，“人莫知其處”，爲什麼又“獨籍知之”呢？上下矛盾。“亡人”是“亡命之人”的意思。不同的標點，對“莫”的理解也不一樣，前者是無定代詞，後者是否定副詞。

例三

（正）綦毋張喪車，從韓厥曰：“請寓乘。”從左右，皆肘之，使立於後。（左傳·成公二年）

（誤）綦毋張喪車，從韓厥曰：“請寓乘，從左右。”皆肘之，使立於後。（參看王伯祥《春秋左傳讀本》，頁 250）

這裹是說綦毋張站在左邊和右邊，韓厥都用手肘撞他，讓他站到後面去。如果把“從左右”看成是說的話，那麼“皆肘之”就沒有依憑了。“請寓乘，從左右。”如果是說的話，上下文義說不通。杜預注和孔穎達疏都是把“從左右”和“皆肘之”連起來解釋的。要求把說的話和動作行爲分清楚。

要注意記言與記事的不同。記言往往是引語，要注意正確使用引號，標明引語的起訖。如果記事與記言混淆，也會導致文義的割裂或情理的不通。

例四

（正）洪於大義，不得不死；念諸君無事空與此禍，可先城未敗，將妻子出。（《資治通鑒》，中華標點本）

（誤）洪於大義，不得不死；念諸君無事，空與此禍，可先城未敗，將妻子出。（呂叔湘《“通鑒”標點瑣議》，見《中國語文》1979 年第 2 期）

這段文字是寫臧洪糧盡援絕，叫部下將士帶妻子棄城逃命。斷句者沒有弄懂句中的複音詞“無事”是“沒有必要”、“犯不上”的意思，並不是現代漢語中的意思，因而斷錯。

例五

（正）使盡之，而爲之簞食與肉，置諸橐以與之。（左傳·宣公二年）

（誤）使盡之，而爲之簞食，與肉，置諸橐以與之。（王伯祥《春秋左傳讀本》，頁 201）

這裏斷句的對錯就看是把“與”看成連詞還是動詞。前者，“與”一爲連詞，一爲動詞；後者，兩個“與”都看成動詞；文義截然不同。

例六

（正）世儒學者，好信師而是古，以爲賢聖所言皆無非，專精講習，不知難問。（論衡・問孔篇）

（誤）世儒學者，好信師而是古，以爲賢聖所言，皆無非專精講習，不知難問。（中華書局《諸子集成》本）

這裏斷句的對錯就看對“非”的理解。前者看成名詞，當作“錯誤”講；後者誤認爲否定副詞，所以弄錯了。

所以，斷句標點之前，一定要讀懂原文，不要輕易標點，应反復考慮標點後的字句要能夠說得通，這是最起碼的要求。

二、不明語法、修辭

字詞按照一定的規則組織成爲句子，語法就是組詞造句的規則。句讀、標點不符合語法，容易產生比“不明文義”更大的錯誤。這些錯誤涉及所斷內容不成句，句子之間的關係、層次不清楚或錯誤等。

例一

（正）或時賢而輔惡；或以大才從於小才；或俱大才，道有清濁；或無道德，而以技合；或無技能，而以色幸。（論衡・逢遇篇）

（誤）或時賢而輔惡，或以大才從於小才，或俱大才。道有清濁。或無道德而以技合，或無技能而以色幸。（中華書局《諸子集成》本）

這裏，有五個以“或”起頭的句子並列在一起，表示列舉種種情形。再看錯誤的標點，錯誤很多，也很明顯，顯示不出五個句子的並列關係。把“道有清濁”獨立成句，上下文都講不通了。在“或俱大才”後加句號更加不妥。

這個例子說明，斷句沒有問題，並不說明對句子的關係就真正弄懂了。一加標點，錯誤就顯現無疑。

例二

（正）劉裕足爲一世之雄；劉毅家無儋石之儲，樗蒲一擲百萬；何無忌，劉牢之之外甥，酷似其舅：共舉大事，何謂無成?（南史・宋本紀）

（誤）劉裕足爲一世之雄，劉毅家無儋石之儲，樗蒲一擲百萬，何無忌，劉牢之之外甥，酷似其舅，共舉大事，何謂無成。（《南史・宋本紀上》，中華書局 1975 年版點校本）

這是東晉末年權臣桓玄劉裕等人的一段話。錯誤的標點一口氣用了七個逗號，似乎句子的結構很單純。其實，從“劉裕”到“其舅”，是用三個並列分句敍述劉裕等三個人的情況。“共舉大事，何謂無成”，是由此得到的情況。

例三

（正）夫拜謁，禮義之效，非益身之實也。（論衡·非韓篇）

（誤）夫拜謁禮義之效，非益身之實也。（中華書局《諸子集成》本）

這句話的意思應該是“拜謁是禮義之效，而不是益身之實”。古代漢語的判斷句一般不用繫詞，否定判斷要用“非”。“拜謁”後面應該斷句，用逗號斷開。標點者沒有弄懂，所以錯了。

例四

（正）廄焚，子退朝，曰：“傷人乎？”不問馬。（論語·鄉黨）

（誤）廄焚。子退朝。曰。傷人乎不。問馬。（陸德明：經典釋文）

一般都是在“乎”字斷句。陸德明《經典釋文》認爲，“一讀至不字絕句”。王若虛在《滹南遺老集》卷五《論語辨惑》中就曾批評這樣的斷句，他說：“聖人至仁，必不至賤畜而無所恤也。義理之是非，姑置勿論，且道世之爲文者，有如此語法乎？故凡解經，其論雖高，其於文勢語法不順者，亦未可遽從，況未高乎！”古代漢語沒有在疑問語氣詞後再加“不”字的疑問句。不顧語法規律的事實而一味主觀地推求“義理”，結果就不可能不錯。

例五

（正）且夫天者，氣邪？體也？（論衡·談天篇）

（誤）且夫天者，氣邪？體也。（中華書局《諸子集成》本）

這裏是說，“再說，天是氣呢？還是實體呢？”這是一個選擇性問句，往往用疑問語氣詞“邪”和“也”相呼應。標點者不懂這一特點，不知道在“也”的後面要用問號，而是標點爲一個句號。

例六

（正）是故治世之音安以樂，其政和；亂世之音怨以怒，其政乖；亡國之音哀以思，其民困。（禮記·樂記）

（誤）是故治世之音安。以樂其政和。亂世之音怨。以怒其政乖。亡國之音哀。以思其民困。（陸德明：經典釋文）

（誤）是故治世之音安。以樂。其政和。亂世之音怨。以怒。其政乖。亡國之音哀。以思。其民困。（陸德明：經典釋文）

這一段話，從唐代起就有幾種不同的斷句法。陸德明《經典釋文》說：“雷讀上至安絕句，樂音岳，二字爲句。崔讀上句依雷，下‘以樂其政和’，總爲一句。下‘亂世’‘亡國’各放此。”按：雷讀、崔讀都是錯的。句中“以”是連詞，王引之

《經傳釋詞》指出“以”和“而”的作用相同。“安以樂”就是“安而樂”的意思，“其政”、“其民”是主語，“和”、“乖”、“困”是形容詞作謂語。按照崔讀斷句，“以”只能看作介詞，“樂”、“怒”、“思”是動詞謂語，“其政”、“其民”是賓語，“和”、“乖”、“困”是什麼呢？無所隸屬。按照雷讀斷句，“以樂”二字爲句，“以”不管是連詞還是介詞，都不成句。

例七

（正）夫王者有過，異見於國。不改，滅見草木；不改，滅見於五穀；不改，滅至身。（論衡・異虛篇）

（誤）夫王者有過，異見於國，不改；滅見草木，不改；滅見於五穀，不改，滅至身。（中華書局《諸子集成》本）

假設問句特別是否定的假設，不用連詞，在古代漢語裏是常見的。這裏，標點者不懂“不改”是一種假設，等於說“如果不改”，因而把分號用錯了，整個句子的關係就錯了。第三個“不改”用了逗號，自亂其例；如果用了分號，那麽，後面的“滅至身”獨立成句，沒有着落。

此外，我們還可以從句子的排比、對偶、對仗角度來斷句標點。例如：

彼人含其明則天下不鑠矣人含其聰則天下不累矣人含其知則天下不惑矣人含其德則天下不僻矣（莊子・外篇・胠篋）

彼人含其明，則天下不鑠矣；人含其聰，則天下不累矣；人含其知，則天下不惑矣；人含其德，則天下不僻矣。（莊子・外篇・胠篋）

離婁之明公輸子之巧不以規矩不能成方圓師曠之聰不以六律不能正五音堯舜之道不以仁政不能平治天下（孟子・離婁上）

離婁之明，公輸子之巧，不以規矩，不能成方圓；師曠之聰，不以六律，不能正五音；堯舜之道，不以仁政，不能平治天下。（孟子・離婁上）

有時，標點後的字句似乎都能夠說得通，但仔細體會就會發現，標點後的上下文的內容前後矛盾，不合情理，或者不合作者原意，或者句子關係不清楚。這就要求標點後的內容做到合乎情理，合乎古代漢語語法，符合作者的原意，句子前後關係清晰，沒有矛盾。

三、音韻不明

不懂音韻，也會影響到句讀、標點的正確性。這方面的情況在韻文裏比較多見，在散文中比較少見，但也值得我們注意。

例一

（正）衛侯貞卜，其繇曰：“如魚竀尾，衡流而方羊，裔焉大國，滅之將亡。闔門塞竇，乃自後逾。”（左傳・哀公十七年）

（誤）衛侯貞卜。其繇曰。如魚竀尾。衡流而方羊裔焉。大國滅之。將亡。闔門塞竇。乃自後逾。（世界書局銅版《四書五經》下冊，頁542）

錯誤的斷句，大概是根據《左傳》杜預注孔穎達疏。杜孔二人以“衡流而方羊裔焉”爲句，清代顧炎武、王引之、武億等人都不同意。顧炎武《杜解補正》說：“當以‘裔焉大國’爲句。言其邊於大國，將見滅而亡。”這是對的。孔穎達認爲“繇詞之例，未必皆韻”，“或韻或不韻，理無定準”；因而說“竇”、“逾”不與“將”、“亡”爲韻。實際上是“羊”與“亡”押韻（古音同在陽部），“竇”與“逾”押韻（古音同在侯部）。這是換韻，不能說是“或韻或不韻”。這種錯誤是不明韻例造成的。

例二

（正）養氣自守，適食則酒。閉明塞聰，愛精自保。適輔服藥引導，庶冀性命可延，斯須不老。既晚無還，垂書示後。（論衡・自紀篇）

（誤）養氣自守，適食則酒，閉明塞聰，愛精自保。適輔服藥引導，庶冀性命可延。斯須不老，既晚無還，垂書示後。（中華書局《諸子集成》本）

這一段文字是韻文，“守”、“酒”、“保”、“導”、“老”、“後”都是韻腳字。“延”後面用句號是不對的，因爲它不是韻腳；“老”是韻腳，“老”後面應該用句號。

例三

（正）趙王餓，乃歌曰：“諸呂用事兮，劉氏微；迫脅王侯兮，強授我妃。我妃既妒兮，誣我以惡；讒女亂國兮，上曾不寤。我無忠臣兮，何故棄國？自快中野兮，蒼天與直。吁嗟不可悔兮，寧早自賊。”（漢書・高五王傳）

（誤）趙王餓，乃歌曰：“諸呂用事兮，劉氏微。迫脅王侯兮，強授我妃。我妃既妒兮，誣我以惡。讒女亂國兮，上曾不寤。我無忠臣兮何故。棄國自快中野兮，蒼天與直。吁嗟不可悔兮，寧早自賊。（漢書・高五王傳）

這是顏師古的斷句，他在“何故”下自注：“謂不能明白之也。”在“自賊”下又自注：“賊，害也。悔不早棄趙國而快意自殺於田野之中，今乃被幽餓也。”既然是歌，故有韻。顏師古以“我無忠臣兮何故”爲句，誤將“故”入韻。如此斷句，則“微”、“妃”爲韻，“妒”、“惡”、“寤”、“故”爲韻，“直”、“賊”爲韻。按文例，“兮”字後都應該斷開，那麼“我無忠臣兮”爲句，“何故”不能連上讀，也不能夠獨立成句，所以要連下讀，與“棄國”爲句。此外，從文義看，“我無忠臣兮何故”、“棄國自快中野兮”意思似乎都不通。其實，趙王所歌，前四句爲韻，中間四句爲韻，後六句爲韻，“微”、“妃”爲韻，“妒”、“惡”、“寤”爲韻，“國”、“直”、“賊”爲韻。如此，文義、押韻均無疑礙。

例四

（正）維是子產，執政之式。維其不遇，化止一國。誠率是道，相天下君。交暢旁達，施及無垠。於虖！四海所以不理，有君無臣。（韓愈：子產不毀鄉校頌）

（誤）維是子產，執政之式。維其不遇，化止一國。誠率是道，相天下君。交暢旁達，施及無垠。於虖四海。所以不理。有君無臣。（《國學基本叢書簡編》本《韓昌黎集》）

這是一篇頌讚體的文韻，每句四字（“四海所以不理”六字），兩句一換韻，中間插入一個“於虖”（嗚呼）。如果按照後一種讀法，就失其韻讀，與文體不合了。而且，“四海所以不理”等於說“四海之所以不理”，“四海”斷句是不通的。

例五

（正）吳黃龍中，童謠云：“行白者，君追汝，句驪馬。”

（誤）吳黃龍中，童謠云：“行白者君，追汝句驪馬。”（歷代詩話續編）

這是一首童謠，童謠一般都要押韻。標點沒有注意到童謠的押韻特點。

例六

（正）精神者，所以原本人之所由生，而曉寤其形骸九竅，取象與天。合同其血氣，與雷霆風雨；比類其喜怒，與晝宵寒暑。（王念孫《讀書雜誌》之《淮南子》）

（誤）精神者，所以原本人之所由生，而曉寤其形骸九竅，取象與天。合同其血氣，與雷霆風雨比類；其喜怒，與晝宵寒暑並明。（淮南子·要略）

王念孫指出，此段是韻文，“生”、“天”爲韻，“雨”、“怒”、“暑”爲韻。“並明”二字爲後人所加，“比類”連上讀，“其喜怒”獨立成句，結果是句法參差，“失其韻矣”。

從本節內容來說，對於押韻的文字，我們斷句、標點後的內容要和古代的音韻相符合。這是一個比較高的要求，也是衡量標點內容對錯的一個重要的標準。

四、缺乏古代文化知識，不知出典

學習古代漢語需要多方面的知識，既要有古代漢語本身的文字詞彙語法語音修辭文體方面的知識，又要有古代天文曆法歷史地理典章制度等方面的知識。上面三節主要談了缺乏古代漢語本身的文字詞彙語法語音修辭文體方面的知識所帶來的斷句標點的錯誤，這裏主要談缺乏古代文化知識，就會影響到對某些特定詞語的了解；不知出典，就容易用錯標點。這些都會造成斷句標點的錯誤。

例一

（正）牽牛爲犧牲，其北河鼓。河鼓：大星，上將；左右，左右將。（胡仔《苕溪漁隱叢話·後集》卷七）

（誤）牽牛爲犧牲。其北河鼓。河鼓大星。上將左右。左右將。（《萬有文庫》本《苕溪漁隱叢話》）

張守節《史記正義》說："河鼓三星，在牽牛北，主軍鼓。蓋天子三將軍：中央大星，大將軍；其南左星，左將軍；其北右星，右將軍。所以備關梁而拒難也。"張守節說得很明白，"河鼓"有三顆星，中間的大星爲上將，左右二星爲左右將。《萬有文庫》本斷句者缺乏古代天文常識，其斷句就完全不可理解了。

例二

（正）彗星復見西方十六日。夏太后死。（史記·秦始皇本紀）

（誤）彗星復見西方。十六日，夏太后死。（史記會注考證）

原文是說彗星不斷在西方出現，一共出現十六天，不是說夏太后死在十六日這一天。古人用干支記日，《史記》是這樣，史書都是這樣。《史記》中，數字和"日"連用都是說多少天，而不是說某月某日。用數字記日，大概起自東漢。《史記會注考證》的斷句者不懂中國古代的干支曆法制度，因而出現錯誤。

例三

（正）泰山聳左爲龍，華山聳右爲虎，嵩爲前案，淮南諸山爲第二重案。（《聽雨叢談》卷五《京城建置里數》）

（誤）泰山聳左爲龍華山。聳右爲虎嵩。爲前案。淮南諸山。爲第二重案。（《聽雨叢談》，中華書局 1959 年版）

泰山、華山、嵩山屬於五嶽。泰山是東嶽，在北京之左，所以說聳左；華山是西嶽，在北京之右，所以說聳右；嵩山是中嶽，在北京之前，所以說嵩爲前案。斷句者弄不清楚這些地理關係，甚至連五嶽都弄不清楚，錯得離譜，所斷完全不可理解。

例四

（正）冬，十一月，初令郡國舉孝廉各一人，從董仲舒之言也。（《資治通鑒》卷十七）

（誤）冬，十一月，初令郡國舉孝、廉各一人，從董仲舒之言也。（呂叔湘："通鑒"標點瑣議）

這裏斷句本來很簡單，但標點者還是弄錯了。"孝廉"古代不曾分開過。因而"孝廉"不宜斷開。其實"各一人"是就各郡國而言的。

例五

（正）自作清歌傳皓齒，風起，雪飛炎海變清涼。……試問嶺南應不好，欲道，此心安處是吾鄉。（蘇軾：定風波）

（誤）自作清歌傳皓齒。風起雪飛。炎海變清涼。……試問嶺南應不好。卻道此心安處是吾鄉。（《萬有文庫》本《苕溪漁隱叢話·後集》）

“定風波”作爲詞牌分前後兩闋，最後三句的字數是七、二、七，而且二字句與前面七字句還要押仄聲韻。這裏前闋應該在“風起”處斷句，後闋應該在“卻道”後斷句。《萬有文庫》本的斷句者不懂“定風波”詞牌的格律，把它斷錯了。

從本節內容來說，斷句、標點後的內容沒有詞彙語法語音文字修辭文體等方面的錯誤，不代表就沒有問題了。有時，由于缺乏天文曆法歷史地理典章制度等方面的知識而導致斷句標點的錯誤，這是我們要注意的。這對我們來說，是更高的要求。

古代的注釋家，對某些古文句子，會有不同的句讀 。這些不同的句讀，有的是注疏家弄錯了，有的是數讀皆通。數讀皆通，有兩種情況：一種只是不同的斷法，如《論語·季氏》：“君子疾夫，舍曰欲之，而必爲之辭。”一讀“夫”後不斷句，還有一讀“欲之”後也不讀斷。

即：君子疾夫舍曰欲之，而必爲之辭。

君子疾夫舍曰欲之而必爲之辭。

以上句子無論哪一種讀法，意思都一樣。

另一種是因爲時代久遠，無法確定作者的原意，暫時數讀皆通，如《論語·公冶長》：“願車馬，衣輕裘，與朋友共，敝之而無憾。”《白虎通》引作“願車馬輕裘與朋友共敝之”，無“衣”字，從“敝之”斷句；《一切經音義》引作“共敝之而無憾”，是以“共”與“敝之而無憾”連爲一句。

即：願車馬輕裘與朋友共，敝之而無憾。

願車馬輕裘與朋友，共敝之而無憾。

“共”字屬上或屬下，意思稍有區別，現在還無從確定哪一斷法符合作者的原意。

前人對古書句讀有很多實踐，如清代王念孫、王引之父子在自刻的《廣雅疏證》、《經傳釋詞》加上句讀符號，後人經過不斷總結，寫成著作，如武億的《經讀考異》和《句讀敍述》、楊樹達的《古書句讀釋例》等，值得我们重视。拿《古書句讀釋例》來說，全書舉例凡一百六十八條，內容豐富。分爲誤讀的類型：①當讀而失讀；②不當讀而誤讀；③當屬上讀而誤屬下；④當屬下讀而誤屬上。誤讀的貽害：①原文不誤因誤讀而誤改；②原文不衍誤讀而誤刪；③原文不脫因誤讀而誤補；④原文不倒因誤讀而誤乙。誤讀的原因：①因文省而誤讀；②因不識古字通假而誤讀；③因不識古韻而誤讀；④因字誤而誤讀；⑤因字衍而誤讀；⑥因字脫而誤讀。特殊的例句：數讀皆可通。

綜上所述，由于情況複雜，造成句讀標點錯誤的原因是多樣的。經過今人標點過的古籍也常有錯誤的地方。這就要求我們不光能夠標點古文，还要對有標點的古文能把錯誤的地方找出來。這就需要我們有一定的判斷能力。因此，我們要多讀古書，多掌握材料，重視古書標點的學習和練習，從而提高閱讀古書的能力。

可見，標點古書是一種綜合性的工作，需要實事求是的精神、認真細緻的治學態度，需要正確運用古代漢語詞彙、語法、音韻以及古代文化常識等多方面的知識。可以說，檢驗一個人古代漢語知識水準和修養的程度，標點古書是一個很好的檢驗標準。

第三十七節　古文的今譯

一、關於古文的今譯

我國古籍浩如煙海，文字難讀難懂，一般人可能讀不懂原文，當要了解原文內容時，讀譯文就可以了。因而，就需要古文今譯。古文今譯就是在正確理解文言文的基礎上，準確而流暢地將文言文譯成規範的現代漢語。這是一項重要的工作，事關整理古籍、繼承文化遺產、弘揚和普及傳統文化。

培養和提高古書閱讀能力，古文今譯是一種有效方法。初學古代漢語，閱讀能力低，只靠讀古注、今注，不一定能夠真正讀懂原文，通過譯文可以更好地理解原文。因此，做一些古文今譯，是很有必要的。古文今譯是一項實踐性很強的綜合訓練，需要具有古代漢語文字、詞彙、語法、音韻、修辭等方面的知識，還要具有古代文化常識如天文、曆法、歷史、地理、典章制度等 。只有在實踐中綜合運用各種知識，反復琢磨，積纍經驗，才能真正讀懂、讀通古文，做好古文今譯的訓練，從而提高古書閱讀能力。

早在漢代，人們就已讀不懂上古文獻了，開始有專人對上古文獻如《尚書》、《詩經》進行翻譯。例如：

《詩經・鄘風・柏舟》："母也天只！不諒人只！"西漢毛亨傳云："母也天也，尚不信我。"

又《 柏舟》："之死矢靡它。"毛亨傳云："至己之死，信無它心。"

又《 柏舟》："髧彼兩髦，實維我儀。"東漢鄭玄箋云："兩髦之人，謂共伯也，實是我之匹，故我不嫁也。"

《詩經・鄘風・君子偕老》："子之不淑，云如之何！"鄭玄箋云："子乃服飾如是，而爲不善之行，於禮當如之何！"

帝曰："咨！四嶽！朕在位七十載，汝能庸命，巽朕位！"嶽曰："否德忝帝位。"

曰：“明明揚側陋。”師錫帝曰：“有鰥在下，曰虞舜。”帝曰：“俞！予聞，如何?”（尚書·堯典）

堯曰：“嗟！四嶽！朕在位七十載，汝能用命，踐朕位!”嶽應曰：“鄙德忝帝位。”堯曰：“悉舉貴戚及疏遠隱匿者。”衆皆言於堯曰：“有矜在民間，曰虞舜。”堯曰：“然，朕聞之，其如何?”（司馬遷：史記·五帝本紀）

20 世紀 20 年代開始出現用現代漢語翻譯文言文的情形。如 1923 年郭沫若的《卷耳集》就有對《詩經》的翻譯。

古文今譯有其必然性，具有一定的現實意義，爲一般人閱讀古籍創造了條件，是訓練和提高古文閱讀能力、檢驗古漢語水平的重要手段，同時也能夠增強運用現代漢語的能力。

二、古文今譯的要求：信、達、雅

古文今譯就是準確而流暢地將文言文譯成規範的現代漢語，那麼有什麼具體的要求或標準呢？近代著名翻譯家嚴復曾在《天演論·譯例言》中提出翻譯外文的原則和要求：“譯事三難：信、達、雅。求其信已大難矣。顧信不達，雖譯猶不譯也，則達尚焉……信、達而外，求其爾雅。”這雖然是針對外文漢譯說的，但同樣適用於古文今譯。今天“信”、“達”、“雅”作爲外文漢譯、古文今譯的原則和要求爲人們所熟知。具體說來，所謂“信”，指譯文必須忠實於原文，表達準確；所謂“達”，指譯文的表達要順暢、明白；所謂“雅”，指譯文要典雅、優美、流暢，能反映原文的語言風格。三者互相聯繫，各有側重，是一個有機整體。“信”是翻譯的基本要求，“達”是翻譯的根本標準，“雅”是翻譯追求的目標和境界。對一般文言文的翻譯要做到“信”和“達”，對古代文學作品的翻譯還要做到“雅”。下面舉例進行具體分析。

（一）信

“信”即真實、準確，要求翻譯忠實於原文。這是對文言文今譯最基本的要求。譯文要準確地反映原作的含義，不能曲解原文內容，不能以翻譯者的意思替代原文的意思。準確地理解原文，要求真正讀懂、讀通，搞清原文的字、詞、句的含義和涉及的語法、修辭、文体現象等。可以說，古文今譯沒有做到“信”，就不可能有真正的“達”、“雅”。例如：

原文：吾嘗爲鮑叔謀事而更窮困，鮑叔不以我爲愚，知時有利不利也。（史記·

管晏列傳）

譯文：我曾經爲鮑叔謀劃事情而生活更加困難，鮑叔不把我當作愚蠢的人，知道有時有利有時不利。

這個翻譯，似乎沒有問題，其實有兩個明顯錯誤：一是將“窮困”理解爲“生活困難”，二是將“時”理解爲“有時”。這裏，“窮困”是“困窘”的意思，“時”是“時運”的意思。

原文：讀書欲睡，引錐自刺其股，血流至足。（戰國策·秦策一）

譯文：讀書想睡覺，就拿起錐子刺自己的屁股，血流到脚上。

這裏，“睡”應該是“打瞌睡”的意思，“股”應該是“大腿”的意思。翻譯者拿現代漢語來理解文言文，哪有不錯的道理？

原文：天下不多管仲之賢而多鮑叔能知人也。（史記·管晏列傳）

譯文：天下沒有很多管仲那樣的賢才，天下有很多鮑叔那樣能知人的人。

這裏，“多”不是“很多”的意思，而是形容詞的意動用法，是“稱讚”的意思。

原文：姜氏何厭之有？（左傳·隱公元年）

譯文：姜氏什麼滿足的有？

這裏，譯文採用一一對應的翻譯，但現代漢語卻沒有這樣的說法。原文有一個賓語前置的用法，“何厭之有”即“有何厭”。

（二）達

“達”指譯文要通暢明白，符合現代漢語的規範。要求譯文的字句要順暢、明瞭、自然。不能用似通非通、文白夾雜的語言表述，不能拘泥或硬譯。

原文：鄂侯爭之急，辨之疾，故脯鄂侯。（戰國策·趙策）

譯文：鄂侯爭這件事很急，辯這件事很急，所以就把鄂侯做成了乾肉。

譯文做到了“信”，對每個詞的翻譯和對句子內容的理解，基本正確；但表達不夠通順、明白、自然，也不夠規範。可以譯成“鄂侯爲這件事（和紂王）爭辯得很厲害，所以（紂王）就把鄂侯殺了，做成了肉乾”。

原文：子曰：“隱者也。”使子路反見之。至，則行矣。（論語·微子）

譯文：孔子說：“隱士啊。”讓子路返回去見他。到了，卻走了。

原文有省略成分，“隱者也”是主語省略的判斷句，“使”、“至”、“行”的主語都不同，並且省略了。譯文對原文的省略成分都沒有補充，意思上不夠明白。

可以譯成：孔子說：“他是個隱士啊。”讓子路返回去見他。子路到了他家，他卻出門了。

原文：爾何知？中壽，爾墓之木拱矣！（左傳・僖公三十二年）

譯文：你知道什麼？六七十歲，你墓上的樹木兩手合抱了！

原文隱含的省略成分譯文沒有明白地顯示出來，讀起來似通非通。

試比較：你知道什麼？（如果你只活到）六七十歲，你墓上的樹木（現在也該長到）兩手合抱了！

（三）雅

“雅”，就是在“信”、“達”的基礎上，譯文講究修辭、文采，達到典雅、優美、流暢，能反映原文的語言風格。“雅”是對譯文的最高要求。它要求譯文鮮明、生動、優美，保持原文的語言特色，再現原文的風格。但是如果不顧原文，脫離了“信”、“達”的基礎而隨意發揮，甚至憑空添加一些內容，一味使得譯文生動優美，這種做法就錯了。對於一般的翻譯來說，首先要努力做到“信”和“達”；至於“雅”，就是翻譯努力追求的目標。

原文：閨中少婦不知愁，春日凝妝上翠樓。忽見陌頭楊柳色，悔教夫婿覓封侯。（王昌齡：閨怨）

譯文：大人家的一位年輕太太笨得像牛，平日光吃白飯不曉得憂愁；春天對着鏡子打扮完畢，扭扭揑揑走上紅漆的高樓。她嗑着瓜子消磨時間，忽然看見了田埂上發綠的楊柳；這才想起丈夫出門打仗已經一年，現在不知道在青海還是蘭州；新婚夫妻不能一起過快樂的春天，都因爲自己要男人去得個血腥臭的銜頭（倪海曙：《長安集》，生活・讀書・新知三聯書店 1983 年版，頁 70）。

譯文做到了“信”、“達”，就“雅”而言，做到了典雅、流暢，也能反映原文的語言風格，但還是憑空添加了一些內容，如“笨得像牛，平日光吃白飯……嗑着瓜子消磨時間……現在不知道在青海還是蘭州；新婚夫妻不能一起過快樂的春天”等等，有點“雅”過頭了，真是“過猶不及”。其實，真正稱得上“雅”的翻譯是很少的。

三、古文今譯的方法以及要注意的問題

（一）直譯與意譯

所謂直譯，就是按照原文的語序進行翻譯，儘量使原文中的每個詞都能在譯文中得到反映。直譯的特點就是“直”，將原文直接翻譯過來。直譯講究對原文的忠實，重視詞語的對應關係，要求譯文和原文儘量做到詞與詞、句與句的一一對應。

所謂意譯，就是不拘泥於原文的具體字句，而是按照原文所表達的意思，籠統地

加以翻譯。“意”就是指文章的意思、思想內容，意譯的特點就是把原文的思想內容展現出來。

古今漢語有同有異，存在着古今詞語不同、古今詞語搭配不同、句子結構不同、表達方式不同。古漢語中，省略比較多，有一些特殊的語法、修辭現象。這些現象在現代漢語中很難找到對應的説法，就只能採取意譯。爲了更好地將原文的內容表達出來，意譯時可增删、調换詞語，可以重新安排句子的結構，甚至可以在深刻理解原文的基礎上，只按照原文大意進行翻譯。

原文：冀復得兔，兔不可復得，而身爲宋國笑。（韓非子・五蠹）

譯文一：希望再得到兔子，兔子是不會再得到的，而他自己卻被宋國人所嘲笑。

譯文二：希望再撿到碰死的兔子，結果當然不能再得到兔子，這件事卻成了宋國的一個笑話。

可以看出，譯文一是直譯，譯文二是意譯。

原文：采采卷耳，不盈頃筐。嗟我懷人，置彼周行。（詩經・周南・卷耳）

譯文一：採來採去的蒼耳子，
斜口筐子可還沒有裝滿。
可憐我惦記那遠行的人，
把籃子擱在那大路邊。（于在春：國風普通話翻譯）

譯文二：一片碧綠的原野，
原中有卷耳蔓草開着白色的花。
有位青年婦女左邊肘上掛着一隻淺淺的提籃，
她時時弓下背去摘取卷耳，
又時時昂起頭來凝視着遠方的山丘。
她的愛人不久才出了遠門，
是騎着一匹黑馬，攜着一個童僕去的。
她在家中思念着他坐立不安，
所以才提着籃兒走出郊外來摘取卷耳。
但是她在卷耳的青白的葉上，
看見她愛人的英姿；
她在卷耳的銀白色的花中，
也看見她愛人在向她微笑。
遠方的山丘上也看見她愛人在立馬躊躇。
帶着個愁慘的面容，
又好像在向她訴説別離羈旅的痛苦。

所以她終究沒有心腸採取卷耳了，
她終竟把她的提籃丟在路旁，
盡在草茵上思索。（郭沫若：卷耳集）

可以看出，譯文一是直譯，譯文二是意譯。

其實，直譯與意譯各有優劣，有必要進行比較。

直譯忠實於原文的語言，詞句基本對應，能保持原文的語言風格。有時譯文顯得不順暢，有時表達不清晰，或者不符合現代漢語的表達習慣。存在過於死板、不知變通，甚至是硬譯的現象。“硬譯”是逐字逐句地翻譯原文，譯文卻不一定符合現代漢語的表達習慣。因此，對於直譯不能簡單理解，由于古今漢語在文字、詞彙、語法、修辭、文化等方面存在差異，翻譯時對原文做一些適當的調整，是必要的，也是應該的，結果並不破壞直譯的效果。

意譯比較靈活，不拘泥原文字句，便於讀者理解原文的思想內容。如果對原文隨意增刪，任意發揮，就會喪失原文的語言風格，甚至流於亂譯。

比較而言，古文翻譯時以“直譯爲主，意譯爲輔”是一個切合實際的好方法。

具體來說，在古文翻譯時，從詞語到句子結構，一般能直接對譯的就直接翻譯，只有在直譯表達不了原文意思的情況下，才進行意譯。儘量做到多直譯，少意譯。楊伯峻先生說過：“譯文在盡可能不走原意並保持原來風格下力求其流暢明白。但古人言辭簡略，有時不得不加些補充詞句。”（孟子譯注·例言）

（二）古文今譯的方法

古文今譯的情況比較複雜，涉及很多方面。人們在具體的實踐中，進行了一定的歸納總結，提出了一些行之有效的方法。這裏，結合具體例子，談一些基本方法。

1. 對（對譯）

對譯是按原文詞序和句法結構，逐詞逐句地進行翻譯。要求緊扣原文詞句，努力做到原文的每個字詞句在譯文中都得到落實，不能漏譯。凡能句對句、詞對詞、字對字翻譯的內容，儘量按原文句式對譯。這是古文今譯最基本的方法。例如：

原文：溫故而知新，可以爲師矣。（論語·爲政）

譯文：溫習舊知識並能掌握新知識，就可以做老師了。

原文：十年春，齊師伐我。公將戰，曹劌請見。（左傳·魯莊公十年）

譯文：（魯莊公）十年的春天，齊國軍隊攻打我國。莊公將要應戰，曹劌請求（魯莊公）接見（他）。

原文：吾不能早用子，今急而求子，是寡人之過也。（左傳·僖公三十年）

譯文：我不能早任用您，現在（國家情況）危急了卻來求您，這是我的過錯啊。

以上三例譯文對譯得很好，再看下面二例：

原文：君子疾夫舍曰“欲之”而必爲之辭。（論語·季氏）

譯文一：君子討厭那種迴避說“想做某件事”卻一定要爲那件事找個託辭。

譯文二：君子討厭那種人，他們想做某件事，不公開說“想做”，卻一定要爲自己找一個藉口。

這裏，譯文一緊扣原文字句，字字落實，做到對譯文；譯文二是意譯，原文有的詞在譯文中沒有能夠一一落實。

原文：向者，僕常廁下大夫之列，陪外廷末議。（司馬遷：報任安書）

譯文一：先前，我曾經夾雜在下大夫的行列，陪伴外朝的官吏發一些微不足道的議論。

譯文二：以前，我曾經在朝當官，在朝廷上發表一些小小的議論。

這裏，譯文一緊扣了原文字句，一一對應，完整地表達了原文的意思。譯文二理解正確，但沒有緊扣原文字句，原文的意思未能完整表達。

2. 换（替换）

替换即用現代漢語中的意義相當的語言成分來代替現在已經不用的古文中的語言成分。主要有詞語替换，包括古語詞、古今異義詞、古漢語虛詞等。例如：

原文：余幼時即嗜學，家貧，無從致書以觀，每假借於藏書之家。（宋濂：送東陽馬生序）

譯文：我很小的時候就愛好學習，家裏窮，沒有地方得到書來看，常常向有藏書的人家去借。

原文：其子曰：“不築，必將有盜。”其鄰人之父亦云。暮而果大亡其財。其家甚智其子，而疑鄰人之父。（韓非子·說難）

譯文：他的兒子說：“不修築的話，一定會有賊來偷竊。”他的鄰居的父親也這樣說。到了晚上他家裏果然丟失了很多的財物。那户人家認爲他的兒子很聰明，卻懷疑鄰居的父親。

3. 調（調整）

古代漢語有一些特殊的詞序和表達方式，翻譯成現代漢語時，必須做適當的調整，才合乎現代漢語的表達習慣。例如：

原文：吾誰欺？欺天乎？（論語·子罕）

譯文：我欺騙誰呢？欺騙老天爺嗎？

這是古代漢語疑問句的代詞賓語前置。

原文：楚國方城以爲城，漢水以爲池。（左傳·僖公四年）

譯文：楚國把方城山作爲城牆，把漢水作爲護城河。

這是古代漢語介詞賓語的前置。

原文：甚矣，汝之不惠！（列子·湯問）

譯文：你的不聰明也太過分啦！

這是古代漢語主謂倒裝句。

原文：南方有鳥焉，名曰蒙鳩，以羽爲巢，而編之以髮。（荀子·勸學）

譯文：南方有一種小鳥，名字叫蒙鳩，它們用羽毛來建鳥巢，而用毛髮來編織它。

這是古代漢語介詞結構作補語。翻譯時，介詞結構要譯成狀語。

原文：使盡之，而爲之簞食與肉，置諸橐以與之。（左傳·宣公二年）

譯文：趙盾讓靈輒吃完了食物，並且給他準備了一筐飯和肉，把它們放在口袋裏，送給他。

這是古代漢語雙賓語句。

原文：封故御史大夫周苛周昌孫子爲列侯。（漢書·景帝紀）

譯文：封先前的御史大夫周苛的孫子和周昌的兒子爲列侯。

這是古代漢語修辭方式“並提”的運用。

原文：煙籠寒水月籠沙，夜泊秦淮近酒家。（杜牧：泊秦淮）

譯文：煙霧般的水氣和朦朧的月光籠罩着寒冷的河水和岸邊的沙地，夜晚客船停泊在秦淮河邊靠近酒家的地方。

這是古代漢語修辭方式“互文”的運用。

原文：爲肥甘不足於口與？輕暖不足於體與？（孟子·梁惠王上）

譯文：是因爲肥美的食物不能滿足嘴的需要嗎？还是因爲又輕又暖的衣服不能滿足身體的需要嗎？

這是古代漢語修辭方式“借代”的運用。

4. 留（保留）

保留是指直接保留古文中的詞語，不予翻譯。凡古今意義相同的詞語，特别是一些基本詞彙，可以保留不譯；一些现在已經消失的表示古代事物的詞語、一些專有名詞，諸如人名、國名、地名、朝代名、民族名及官號、年號、謚號、典章制度名稱、度量衡名稱、特殊稱謂等，一般都可保留不譯；一些抽象名詞往往古今意義有别，找不到恰當的詞語去翻譯，不如保留爲好；還有一些今天已常用的成語、習慣用語，也可保留不譯。例如：

原文：初，鄭武公娶于申，曰武姜，生莊公及公叔段。（左傳·隱公元年）

譯文：當初，鄭武公在申國娶妻，叫作武姜，生下莊公和公叔段。

原文：子厚以元和十四年十月八日卒，年四十七。（韓愈：柳子厚墓誌銘）

譯文：子厚在元和十四年十月八日逝世，享年四十七歲。

原文：道可道，非常道；名可名，非常名。（老子·一章）

譯文：道可以用言語表達的，就不是常道；名可以說得出來的，就不是常名。

5. 增（增補）

增補是指對古代漢語省略或表達簡略的地方，今譯時作必要的增添補充。古代漢語省略比較多，今譯時應補出省略的成分；古代漢語一般表達簡略，爲準確表達原意，今譯時須作必要的增添。例如：

原文：及莊公即位，爲之請制。公曰："制，巖邑也，虢叔死焉，他邑唯命。"（左傳·隱公元年）

譯文：到鄭莊公繼位（做了國君），姜氏就替他（共叔段）請求制（這個地方）。莊公說："制是險要的城邑，（以前）虢叔死在那裏，（不宜給他，）其他地方一定聽從（您的）吩咐。"

這是補充省略的成分。

原文：一鼓作氣，再而衰，三而竭。（左傳·魯莊公十年）

譯文：第一次擊鼓振作士氣，第二次（擊鼓）（士氣）已經衰落，第三次（擊鼓）（士氣）便竭盡了。

這是對表達簡略的補充。

原文：蚓無爪牙之利，筋骨之強，上食埃土，下飲黃泉，用心一也。（荀子·勸學）

譯文：蚯蚓（雖然）沒有鋒利的爪牙，沒有堅硬的筋骨，（但是）能夠在上吃到地面的泥土，向下飲到地下的泉水，（這就是）用心專一（的緣故）。

這是補充必要的關聯詞，以求內容表達更準確。

6. 刪（刪減）

刪減是指古文中個別詞語可以刪掉不譯。古代漢語某些表達方式和虛詞，現代漢語已不再使用，只要譯文能夠表達清楚，可以刪減不譯。例如：

原文：夫戰，勇氣也。（左傳·莊公十年）

譯文：作戰，靠的是勇氣。

以上六種具體的翻譯方法是人們在翻譯的實踐中總結出來的，多爲直譯時所採用，這樣可以做到比較準確地對譯原文，使字詞句逐一落實。人們還提煉出一些古文今譯的口訣，如：正確理解，忠於原文；儘量保留，逐字落實；合理調整，適當增刪；妥善處理，保持風格。這些口訣對古文今譯還是有指導意義的。

在古文今譯的實踐中，我們還要注意具體的步驟。一般要做到理解、表達、修改相結合。理解就是從字詞句到語段、篇章，反復閱讀，弄懂原文含義；表達就是在理解的基礎上將原文翻譯出來。以直譯爲主，以意譯爲輔，力求"信"、"達"、"雅"。既忠實原文，又要對原文作適當的增補、刪減。要注意翻譯出來的句子切忌殘缺不全，也切忌半文半白；修改就是要對原文再領會，對譯文再推敲，反復查找脫漏與訛誤，注意銜接與過渡。

在古文今譯的實踐中，我們還要注意引起常見誤譯的原因，諸如：不了解字詞含義；不了解古代漢語的語法、修辭、文體；不了解古代社會生活；不了解古代文化和典章制度；不了解注釋與翻譯的不同等。

總之，古文今譯要做到“信”、“達”，很不容易，要達到“雅”的境界，非常困難。我們唯有高度重視，勤於實踐，真正掌握古文今譯的技能，提高古文今譯水準，在“信”、“達”的基礎上，逐步做到“信”、“達”、“雅”的完美結合。

第三十八節　古代的文體

文體，指文章的體裁。我們學習古代漢語，就會閱讀不同文體的文章。了解古代文體的特點及其演變，有助於古文閱讀能力的提高。

古代文章家早就注意到不同文體的特點。例如三國曹丕《典論·論文》認爲：“夫文本同而末異。蓋奏議宜雅，書論宜理，銘誄尚實，辭賦欲麗。”曹丕把文體分爲“奏議、書論、銘誄、辭賦”四種。再如晉代陸機《文賦》認爲：“詩緣情而綺靡，賦體物而瀏亮。碑披文以相質，誄纏緜而悽愴。銘博約而溫潤，箴頓挫而清壯。頌優遊以彬蔚，論精微而朗暢。奏平徹以閑雅，說煒曄而譎誑。”對很多文體進行了分析。南朝劉勰《文心雕龍》是專門講文體的巨著。例如《文心雕龍·明詩》：“若夫四言正體，則雅潤爲本；五言流調，則清麗居宗；華實異用，惟才所安。”《文心雕龍·頌贊》：“頌者，容也，所以美盛德而述形容也。……原夫頌惟典雅，辭必清鑠，敷寫似賦，而不入華侈之區；敬慎如銘，而異乎規戒之域。”《文心雕龍·誄銘》：“誄者，累也；累其德行，旌之不朽也。”這些都是對文體的專門論述。《昭明文選》是影響很大的文章選集，分文體三十七種。清代古文家姚鼐《古文辭類纂》把文章分爲論辨、序跋、奏議、書說（shuì）、贈序、詔令、傳（zhuàn）狀、碑誌、雜記、箴銘、頌贊、辭賦、哀祭十三類，大部分是應用文。

文體劃分的標準主要是文章的語言形式、內容、應用範圍等三方面。就語言形式而言，古代文體可分爲韻文、駢文、散文三大類。三者的區別主要在於是否押韻。韻文的特點是押韻，包括詩辭歌賦，銘箴頌贊。關於辭賦，清姚鼐《古文辭類纂序》認爲：“辭賦類者，風雅之變體也。……辭賦固當有韻，然古人亦有無韻者，以義在託諷，亦謂之賦耳。”駢文和散文不押韻，二者的區別是駢文辭藻華麗，注重句式整齊，音韻和諧，講究平仄、對仗，散文則不押韻，也不講究平仄、對仗。凡韻文、駢文以外的文章，都可以稱爲散文。唐宋人把“駢文”叫作“時文”，把“散文”叫作“古文”。古代散文可分爲史傳文、論說文、雜記文、應用文等四類。下面分別介紹各類散文的特點。

一、史傳文

史傳文也叫歷史散文。主要有三類：編年體、紀傳體、紀事本末體。

編年體的主要特點是以年代爲經，以歷史事件爲緯，著名的代表作有《春秋》、《左傳》和《資治通鑒》。我們學過的《䢵之戰》、《赤壁之戰》就是編年體歷史散文。

紀傳體打破了編年體的局限，主要特點是以記敍人物活動爲中心。紀傳體的創始人是司馬遷，《史記》就是以本紀、世家、列傳等人物傳記爲主要內容的。如《史記》的《項羽本紀》、《孔子世家》、《淮陰侯列傳》、《廉頗藺相如列傳》，《漢書》的《張騫傳》，《後漢書》的《張衡傳》都是這種體裁。我們通常所說的官修的二十四史都是採用這種體裁編寫的。發展到後來，除了史官官修的國史，還有文人寫的人物傳紀也屬於這種體裁，例如柳宗元的《童區寄傳》。此外，形式上也有所發展，如"行狀、行述、行略、事略"等，例如方苞的《左忠毅公逸事》。紀傳體史傳文對小說、故事等文學形式的發展產生重要影響。如六朝的志怪小說、唐宋傳奇等都深受《史記》的影響。

紀事本末體的特點是以歷史事件爲主綫，將有關專題材料集中在一起，分專題寫作。這種體裁首創於南宋時期的袁樞。袁樞根據《資治通鑒》的材料，寫了《通鑒紀事本末》，把 1 300 多年的歷史，歸納爲 230 多個專題，如"三家分晉"、"秦並六國"、"高帝滅楚"、"匈奴和親"等。章學誠認爲紀事本末體"文省於紀傳，事豁於編年"。此外，還有國別體，以諸侯國爲單位分別記敍歷史，如《國語》、《戰國策》。

二、論說文

論說文是闡明道理的文章。政論、文論、史論、學術論文等都屬於論說文。

春秋戰國時期，論說文已經發展成熟。"諸子百家"都屬於論說文的範圍。最早的論說文是語錄體的孔子的《論語》，沒有題目，沒有完整的篇章結構。真正的論說文要從《墨子》開始，後來學術自由，百家爭鳴，《莊子》、《孟子》、《荀子》、《韓非子》等論說文集都有正式的題目，每一篇文章有明確的主題，有清晰的文章的結構、層次，這就使得論說文得到空前的發展。

從秦漢以後，論說文有了新的發展，開始出現單篇論文，體裁也多樣化了。常見的有以下幾種：

"論"的議論方式以論證爲主，要求善於分析，說理透徹。漢初賈誼的《過秦論》是較早出現的單篇論文。後來也有一些著名的“論”，如南北朝范縝的《神滅論》、宋代蘇洵的《六國論》等。

“說”的主要特點是闡述某一事物、某一問題的道理。如韓愈的《師說》、柳宗元的《捕蛇者說》。“論”與“說”的界限很難分得清楚。

“辯”是辨是非，别真僞，特點是駁正一個錯誤的論點或辯證某些事實。如韓愈的《諱辯》、柳宗元的《桐葉封弟辯》。

“原”就是探源，開始於唐代，特點是對某種理論、主張、制度或社會習俗，從根本上考察、探討，理論性比較強。韓愈的《原道》、《原毀》，黃宗羲的《原君》、《原臣》。

“寓言”都富有哲理性。先秦諸子的論說文中保存了大量的寓言，如《莊子》中的“庖丁解牛”，《韓非子》中的“守株待兔”、“矛與盾”等。唐代柳宗元的《三戒》也是著名的寓言名篇。

論說文有的是發表自己的主張，闡明一個道理（論）；有的是辨别事理的是非，駁斥别人的言論（辨）。例如，《淮南子》是論，而《論衡》則是辨；《過秦論》是論，而《神滅論》則是辨。

三、雜記文

雜記文的範圍比較廣泛。特點是以記事爲主，偶爾有一些議論。分爲兩類。

（一）有關山川地理、寫景狀物、風土人情的雜記文

這一類文章很多，例如酈道元《水經注》，楊衒之《洛陽伽藍記》，柳宗元的《小石潭記》，范仲淹的《岳陽樓記》、《徐霞客遊記》，姚鼐的《登泰山記》，龔自珍《病梅館記》等。

（二）記文

古人把筆記文歸入小說一類，特點是以記事爲主，篇幅短小；内容豐富，五花八門，有歷史掌故、奇聞逸事、隨筆小品、文字考證、志怪小說、讀書雜記等。著名的有劉義慶的《世說新語》、沈括的《夢溪筆談》、顧炎武的《日知錄》、袁枚的《隨園隨筆》、紀昀的《閱微草堂筆記》等。

四、應用文

應用文的範圍很廣泛，體裁多樣。下面擇要介紹。

奏議就內容來說，大部分是議論文 。奏議是古代臣屬進呈皇帝的奏章的統稱，包括奏、議、書、疏、表、對策、封事等，《文心雕龍》提到有“章表”、“奏啓”、“議對”三類。即“章以謝恩，奏以按劾，表以陳請，議以執異”。《文章有體序說》也提道：“七國以前，皆稱上秦初改書曰奏。漢定禮議，是有四品：一曰章，以謝恩；二曰奏，以按劾；三曰表，以陳情；四曰議，以執議。”如李斯的《諫逐客書》、賈誼的《論積貯疏》、董仲舒的《對賢良策》、諸葛亮的《出師表》、李密的《陳情表》、魏徵的《諫太宗十思書》、胡銓的《戊午上高宗封事》等。

詔令是皇帝給臣屬的書信、命令，如漢高祖劉邦《求賢詔》、漢武帝劉徹《求茂材異等詔》等，還有檄文，主要用於“曉喻、聲討”，如唐駱賓王《爲徐敬業討武曌檄》。

碑誌包括碑銘和墓誌銘。碑銘範圍廣泛，特點是刻石紀念，有封禪碑、紀功碑，例如秦始皇《泰山刻文》、班固《封燕然山銘》；有關寺廟、橋樑等建築物的刻文，例如王簡栖《頭陀寺碑文》、韓愈《南海神廟碑》等。此外還有用於墳墓的墓碑、墓碣、墓表。墓碑、墓碣的內容前面有文，後面有押韻的銘文。墓表有的有銘文，有的沒有。如韓愈《平淮西碑》、《唐故相權公墓碑》。

墓誌銘是記載死者生前事迹的，內容前有散文體的誌，後有押韻的銘文，如韓愈《柳子厚墓誌銘》。

哀祭是哀悼死者的文辭，包括哀辭、祭文、誄。如顏延年的《陶徵士誄》、韓愈的《祭十二郎文》、袁枚的《祭妹文》。

箴銘用於規誡、祝頌。銘的內容有記功勒勛，有宮室銘、器皿銘。例如班固的《封燕然山銘》、劉禹錫的《陋室銘》、庾信的《團扇銘》等。銘大多是四個字一句的韻語。箴是自我警戒的格言，基本也是四個字一句的韻語，例如韓愈的《五箴》、龔自珍的《八箴》等。

頌贊用於對別人的歌頌和讚揚，一般是四字的韻語，也有不押韻的。例如陶淵明的《扇上畫贊》，韓愈的《伯夷頌》、《子產不毀鄉校頌》等。

書說就形式和內容來說，大多數應歸於議論文。書信在古代議論文中佔有相當重要的位置。例如李白的《與韓荊州書》、韓愈的《答李翊書》、王安石的《答司馬諫議書》等。

贈序唐代開始出現，指古代人們送別時以詩文贈與對方。例如韓愈《送孟東野序》、《送李願歸盤谷序》、《送董邵南序》，柳宗元《送薛存義之任序》，宋濂《送東陽馬生序》等。

序跋也叫“敍”，或稱“引”，是說明書籍著述或出版意旨、編次體例和作者情況的文章，也可包括對作家作品的評論和對有關問題的研究闡發。“序”一般多在書籍或文章前面，列於書後的稱爲“跋”或“後序”。這類文章，按不同的內容和表達方式分別屬於說明文或議論文，說明編寫目的、簡介編寫體例和內容的，屬於說明文。對作者作品進行評論或對問題進行闡發的屬於議論文。例如《〈指南錄〉後序》、《伶官傳序》等。

以上對一些主要的文體做了介紹。總的來說，前人對文體的分類有一定客觀根據，但有些分類不夠科學，界限也不是很清楚。就名稱來看，有的是同名而異實；就內容來看，有些作品可能跨類。

古代文化常識九——古代的器物（上）

古代的器用什物種類很多，這裏只談談幾種生産工具和起居用品。

（一）生産工具：耒、耜、籠、機杼、規、矩

耒、耜是上古耕田的工具。《說文解字》：“耒，手耕曲木也。”耒是用曲木製成的形如木叉的翻土農具，起初是用自然的曲木，後來則“揉木爲耒”。《韓非子》中有“釋其耒而守株”，可見，守株待兔的農夫使用的農具就是耒。耜類似於現在的鍬，開始以木、石等製造，後來逐漸改用青銅或鐵鑄造。耒和耜本來是兩種農具。耒上端勾曲，下端分叉；耜的下端則是一塊圓頭的平板，後來嵌入青銅或鐵片，就成了犁的前身。古人常以耒耜並舉，例如《孟子·滕文公上》說：“陳良之徒陳相，與其弟辛，負耒耜而自宋之滕。”耒耜又用作一般農具的代稱。

蠶桑紡織的工具，有採桑用的“籠”。《陌上桑》：“青絲爲籠系，桂枝爲籠鉤。”“機杼”則是古人紡織用的機器。唐李白《贈范金鄉》詩之二：“百里雞犬靜，千廬機杼鳴。”宋魏慶之《詩人玉屑·詩法·趙章泉題品三聯》：“隔林仿佛聞機杼，知有人家住翠微。”木匠的工具中，有“規”和“矩”。規是畫圓形的工具，矩則是畫方形的工具。《荀子·賦》：“圓者中規，方者中矩。”《孟子》中則有“不以規矩，不能成方圓”的名句。“規矩”又引申爲標準、法度之義，至今常被人們使用。

（二）起居用品：席、筵、牀、几、案、桌、椅

古人席地而坐，所以登堂必先脫屨。席長短不一，長的可坐數人，短的僅坐一人。席和筵是同義詞，區別開來說，筵比席長些，是鋪在地上墊席的；席是加在筵上供人坐的。後來筵用來表示宴飲的陳設。陳子昂《春夜別友人》：“金樽對綺筵。”

“筵席”後來成爲一個詞，用作酒饌的代稱。

古代牀比較矮小，《釋名》：“人所坐卧曰牀。”可見上古的牀既可以用作坐具，又可以用作卧具。《史記》記載劉邦曾經“倨牀”（蹲坐在牀上）接見來客，《孟子·萬章上》裏的“舜在牀琴”，《木蘭詩》裏的“開我東閣門，坐我西閣牀”，這些牀應該都是用作坐具；《詩經·小雅·斯干》裏的“載寢之牀”，則是用作卧具。東漢末年起出現了一種“胡牀”，可能是從少數民族引進的，其牀面用繩帶交叉貫穿而成，可以折叠，類似今天的折叠椅，後來逐漸演變爲木質的“交椅”。

上古几是長方形的，不高，類似今天北方的炕几。几的作用是供跪坐着的人憑依而稍作休息。人跪坐時累了倚伏在几上，叫“憑几”。《孟子·公孫丑上》就有孟子“隱几而卧”。

案與几近似，有食案、書案等區别。食案形體不大，矮足，實爲古代用以進送食物的托盤，《後漢書·梁鴻傳》即載有梁鴻妻“舉案齊眉”。書案長方形，兩端有寬足向內曲成弧形，不高，也就是古代的書桌。

大約漢代開始，出現了較高的桌子，而桌子的普遍使用，則是唐代及其以後的事；再後來又出現了椅子。桌、椅的出現改變了古人長期席地而坐的習慣。

練習題

一、指出下列句子中的詞類活用

1. 于其時也，君父懸命于逆賊，宗社垂絲於割裂；而晨覽夕披，疲役於此，義不能振，機不能乘，則與六博、投瓊、耽酒、漁色也又何以異哉？（論梁元帝讀書）

2. 乃爲良知之説，迷于其所謂良知，以刻畫而仿佛者，其害尤烈也。（論梁元帝讀書）

3. 伏惟太祖躬上智獨見之明，而周知人物之情僞，指揮付託，必盡其材。（論本朝百年無事劄子）

4. 兵士雜于疲老，而未嘗申敕訓練，又不爲之擇將，而久其疆埸之權。（論本朝百年無事劄子）

5. 以此觀之，故堯、舜之君世，許由之巖棲，子房之佐漢，接輿之行歌，其揆一也。（與山巨源絕交書）

二、標點題

景林寺在開陽門內御道東講殿疊起房廡連屬丹檻炫日繡桷迎風實爲勝地寺西有園多饒奇果春鳥秋蟬鳴聲相續中有禪房一所內置祇洹精舍形製雖小巧構難比加以禪閣虛

靜隱室凝邃嘉樹夾牖芳杜匝階雖云朝市想同巖谷靜行之僧繩坐其內飧風服道結跏數息有石銘一所國子博士盧白頭爲其文白頭一字景裕范陽人也性愛恬靜丘園放傲學極六經說通百氏普泰初起家爲國子博士雖在朱門以注述爲事注周易行之於世也

三、翻譯題

里有丁一士者矯捷多力兼習技擊超距之術兩三丈之高可翩然上兩三丈之闊可翩然越也余幼時猶及見之嘗求睹其技使余立一過廳中余面向前門則立前門外面相對余轉面後門則立後門外面相對如是者七八度蓋一躍即飛過屋脊耳後過杜林鎮遇一友邀飲橋畔酒肆中酒酣共立河岸友曰能越此乎一士應聲聳身過友招使還應聲又至足甫及岸不虞岸已將圮近水陡立處開裂有紋一士未見誤踏其上岸崩二尺許遂隨之墜河順流而去素不習水但從波心踴起數尺能直下而不能旁近岸仍墜水中如是數四力盡竟溺焉蓋天下之患莫大於有所恃恃財者終以財敗恃勢者終以勢敗恃智者終以智敗恃力者終以力敗有所恃則敢於蹈險故也

四、古書的句讀和標點有什麼不同

五、古書標點要注意什麼

六、造成古書句讀標點錯誤的主要原因有哪些

七、如何劃分古代的文體

八、指出下列作品所屬文體

《孔子世家》、《原道》、《水經注》、《世說新語》、《神滅論》、《陳情表》、《泰山刻石》、《陋室銘》、《伶官傳序》、《諱辯》

九、標點下列文字，指出對這段文字翻譯的錯誤

原文：孔子既得合葬於防曰吾聞之古也墓而不墳今丘也東西南北之人也不可以弗識也於是封之崇四尺孔子先反門人後雨甚至孔子問焉曰爾來何遲也曰防墓崩孔子不應三孔子泫然流涕曰吾聞之古不修墓

譯文：孔子已得到機會將父母合葬在防，說："我聽說，古代是做墓不做墳的。如今我孔丘是四處奔波的人，不可以不認識。"於是就在墓地上堆高積土，高達四尺。孔子先回去了，門徒還在修墓。後來下了一場大雨，門徒們回來了。孔子問他們，說："你們爲什麼回來遲了？"回答說："防止墓坍塌。"孔子沒有答話多次。孔

子流下了眼淚，說：“我聽說過，古人是不在墓上堆高積土的啊！”

十、標點下列文字，並結合古注進行分析

孔子之喪有自燕來觀者舍於子夏氏子夏曰聖人之葬人與人之葬聖人也子何觀焉（禮記·檀弓上）

鄭注云：與，及也。是以聖人之葬人以下十二字爲一句。孔疏引王肅云：聖人葬人與屬上句，以言若聖人葬人與，則人庶有異聞，得來觀者。若人之葬聖人，與凡人何異，而子何觀之？是以聖人以下分作二句讀。

第十單元

文　選

屈　原

屈原，名平，字原。生於公元前340年，卒年不詳。戰國時代楚國文學家、政治家，出身楚國王族，世代高官。其生平事迹主要見於《史記·屈原列傳》，選錄如下：

“屈原者，名平，楚之同姓也。爲楚懷王左徒。博聞彊志，明於治亂，嫻於辭令。入則與王圖議國事，以出號令；出則接遇賓客，應對諸侯。王甚任之。上官大夫與之同列，爭寵而心害其能。懷王使屈原造爲憲令，屈平屬草，上官大夫見而欲奪之，屈平不與，因讒之曰：‘王使屈平爲令，衆莫不知，每一令出，平伐其功，以爲非我莫能爲也。’王怒而疏屈平。

“屈平疾王聽之不聰也，讒諂之蔽明也，邪曲之害公也，方正之不容也，故憂愁幽思而作《離騷》。……屈平既絀，其後秦欲伐齊，齊與楚從親，惠王患之，乃令張儀詳去秦，厚幣委質事楚，曰：‘秦甚憎齊，齊與楚從親，楚誠能絕齊，秦原獻商、於之地六百里。’楚懷王貪而信張儀，遂絕齊，使使如秦受地。張儀詐之曰：‘儀與王約六里，不聞六百里。’楚使怒去，歸告懷王。懷王怒，大興師伐秦。秦發兵擊之，大破楚師於丹、淅，斬首八萬，虜楚將屈匄，遂取楚之漢中地。懷王乃悉發國中兵以深入擊秦，戰於藍田。魏聞之，襲楚至鄧。楚兵懼，自秦歸。而齊竟怒不救楚，楚大困。明年，秦割漢中地與楚以和。楚王曰：‘不願得地，願得張儀而甘心焉。’張儀聞，乃曰：‘以一儀而當漢中地，臣請往如楚。’如楚，又因厚幣用事者臣靳尚，而設詭辯於懷王之寵姬鄭袖。懷王竟聽鄭袖，復釋去張儀。是時屈平既疏，不復在位，使於齊，顧反，諫懷王曰：‘何不殺張儀?’懷王悔，追張儀，不及。其後諸侯共擊楚，大破之，殺其將唐昧。……長子頃襄王立，以其弟子蘭爲令尹。楚人既咎子蘭以勸懷王入秦而不反也。

“屈平既嫉之，雖放流，睠顧楚國，繫心懷王，不忘欲反，冀幸君之一悟，俗之一改也。其存君興國而欲反覆之，一篇之中三致志焉。然終無可奈何，故不可以反，卒以此見懷王之終不悟也。……

“令尹子蘭聞之大怒，卒使上官大夫短屈原於頃襄王，頃襄王怒而遷之。屈原至於江濱，被髮行吟澤畔。顏色憔悴，形容枯槁。……於是懷石，遂自沉汨羅以死。屈原既死之後，楚有宋玉、唐勒、景差之徒者，皆好辭而以賦見稱；然皆祖屈原之從容辭令，終莫敢直諫。其後楚日以削，數十年竟爲秦所滅。”

屈原的主要作品有《離騷》、《九歌》、《天問》等，與屈原同時的宋玉、唐勒、景差等也是當時楚國的楚辭名家，漢代的賈誼、淮南小山、東方朔、枚乘、嚴忌、劉向、王逸等模仿楚辭的形式寫作了一些作品。西漢末年的劉向將屈原、宋玉等人的楚辭類的作品校勘彙編爲《楚辭》。東漢王逸的《楚辭章句》是其最早的注本。南宋洪興祖的《楚辭補注》、朱熹《楚辭集注》都較流行。清代的王夫之《楚辭通釋》、蔣驥《山帶閣注楚辭》都有價值。近現代的劉師培、聞一多、郭沫若、姜亮夫、朱季海、游國恩、湯炳正、蕭兵、黃靈庚等都有不少貢獻。游國恩的《離騷纂義》、《天問纂義》是歷代關於《離騷》、《天問》注解的資料彙編，使用頗方便。蕭兵將《楚辭》與神話學、人類學、民族學、考古學、歷史學、中外文化交流史相聯繫，進行跨學科的綜合研究，著作衆多，視野開闊，有一定的影響。朱季海《楚辭解故》在《楚辭》的訓詁方面頗多精義。姜亮夫《楚辭通故》（共四卷）專門研究《楚辭》的詞彙和典故。蘇雪林《屈賦新探》（共四卷）從比較文學、比較神話學和文化交流史的角度對《楚辭》的文化内涵多有探究。黃靈庚《楚辭章句疏證》、《楚辭異文辯證》、《楚辭集校》是較爲系統的《楚辭》文本研究。吳平主編《楚辭文獻集成》（三十册）是《楚辭》有關文獻的資料彙編，最爲詳盡。

山　鬼[1]

若有人兮山之阿[2]，被薜荔兮帶女羅[3]。既含睇兮又宜笑[4]，子慕予兮善窈窕[5]。乘赤豹兮從文貍[6]，辛夷車兮結桂旗[7]。被石蘭兮帶杜衡[8]，折芳馨兮遺所思[9]。余處幽篁兮終不見天[10]，路險難兮獨後來[11]。

[1]《山鬼》是《楚辭》中《九歌》裏的一篇。山鬼，即山神，在本篇中是一美麗女子。本篇描寫山鬼出去與其情人約會，她完全具有人間少女的情懷。全篇沒有涉及她有怎樣的神通以及任何超凡的特異之處，而是細膩地描寫她對情人的深情和眷戀。我國古代文學從《楚辭》開始出現描寫神靈戀愛的情景，而且神靈非常人情化和人格化，這是在文學意象上對《詩經》的一大發展。全篇以傷感纏綿的思念作結束，具有明顯的悲情格調，仿佛白居易《長恨歌》中的“天長地久有

時盡，此恨緜緜無絕期”。本篇有深厚的藝術感染力，對後世的愛情文學有相當大的影響。

［2］若有，似乎有，表示模糊不真切的樣子。《宋書·樂志三》之《今有人》、《陌上桑》、《楚詞鈔》作“今有人，山之阿，被服薜荔帶女蘿”。一說以“若”當訓“今”，參看蕭旭《古書虛詞旁釋》（廣陵書社2007年版，頁258—259）。人，山鬼。阿，曲隅，山的奧曲處。

［3］被，同“披”。女羅，菟絲。被薜荔之衣，以菟絲爲帶。薜荔、菟絲皆蔓生香草，無根緣物而生。

［4］睇，微眄貌，低頭斜視。這是寫山鬼的美目。宜笑，笑得很美。宜，美、善。並非指口齒好而適宜笑。“宜笑”又見於《楚辭·大招》：“靨奇牙，宜笑嗎只。”

［5］一說以子謂山鬼，非是。子當是山鬼的情人，這是寫山鬼對自己的美麗很自信，幻想她的情人喜歡自己的好身材。窈窕，身材修長美好。

［6］從，率領。文貍，有文采的野貓。貍一作狸。

［7］辛夷，王逸注：“香草也。”又叫木筆、迎春。這是說用辛夷裝飾的車，並非用辛夷做成車（草不能做成車）。結，編織。桂旗，用桂樹枝做的旗幟，有桂花飄香。這是突出山鬼的芳香。但洪興祖《補注》曰：“以辛夷香木爲車，結桂枝以爲旌旗也。”則是以辛夷爲香木而非香草。當以洪注爲確。

［8］石蘭，一種蘭草，與杜衡都是香草名。帶，名詞的意動活用。衡一作蘅。例如《古詩十九首》之《涉江采芙蓉》：“涉江采芙蓉，蘭澤多芳草。采之欲遺誰，所思在遠道。”

［9］芳馨，香草，此處具體指石蘭。遺，贈送，去聲。所思，所思念的情人。古有折取香草贈送情人的習俗。

［10］幽，幽深。篁，竹叢、竹林。終，一直。

［11］後來，來晚了。

表獨立兮山之上[1]，雲容容兮而在下[2]。杳冥冥兮羌晝晦[3]，東風飄兮神靈雨[4]。留靈脩兮憺忘歸[5]，歲既晏兮孰華予[6]？

［1］表，顯、顯異（參看《故訓匯纂》頁2053）。王逸注曰：“表，特也。言山鬼後到特立於山之上而自異也。”根據王逸之說，也應該釋“表”爲“顯異”。而“特”的意思是“獨特”，即與衆不同，正是“顯異”的意思。

［2］容容，王逸注：“雲出貌。”按，“容”當通“搈”。《說文》：“搈，動搈也。”《廣雅》：“搈，動也。”王念孫《疏》：“搈之言踊也。”言雲在下飄動。

［3］杳，深。冥冥，日色昏暗。羌，語氣詞。晦，暗。

［4］飄，風速很快。神靈雨，雨讀去聲，用作動詞。古人認爲颳風、下雨都有神靈掌管，所謂風伯、雨師。

［5］靈脩，楚方言詞，意思是美男子。憺，沈湎。

［6］晏，晚。孰，誰。華，後作花，此處活用爲動詞，意思是使我像花一樣年輕和美麗。王逸注：“年歲晚暮，將欲罷老，誰復當令我榮華也？”

采三秀兮於山間[1]，石磊磊兮葛蔓蔓[2]。怨公子兮悵忘歸[3]，君思我兮不得閒[4]。山中人兮芳杜若[5]，飲石泉兮蔭松柏[6]。君思我兮然疑作[7]。

［1］三秀，靈芝草。秀，開花。靈芝草一年三次開花，生命力旺盛，古人以爲祥瑞之草，甚

至當作仙藥，食之可以益壽延年。

［2］磊磊，亂石堆積。葛，一種蔓草。蔓蔓，蔓延生長的樣子。這兩句說山鬼爲了永葆青春和生命力而不顧艱險去採摘靈芝仙草。

［3］悵，惆悵失落的樣子。

［4］山鬼幻想她的情人一定在不停息地思念自己。這從一個側面說明山鬼對情人的愛情很深。

［5］芳杜若，像杜若一樣芳香。這一句與本篇第一句遥相呼應，開始對全篇作結束。

［6］石泉，從山石中湧出的泉水，古人認爲石泉很潔淨。蔭，活用爲動詞。栢，即“柏”。蔭松栢，以松柏爲蔭。王逸注：“飲石泉之水，蔭松栢之木。飲食居處，動以香潔自修飾也。”古人認爲松柏的生命力很頑強，不會輕易凋零。如《論語・子罕》：“子曰：‘歲寒，然後知松柏之後凋也!’”

［7］然疑，是非不定。作，產生。這裏的“然”和“疑”是反義詞。

靁填填兮雨冥冥[1]，猨啾啾兮狖夜鳴[2]。風颯颯兮木蕭蕭[3]，思公子兮徒離憂[4]。

［1］靁，即“雷”的古字。填填，象聲詞，很大的打雷聲。

［2］猨，即“猿”的異體字。啾啾，猿的哀鳴聲。狖（yòu），長尾猿。在古人的感覺中，猿的叫聲很淒涼。

［3］颯颯（sà sà），風聲的擬聲詞。蕭蕭，風吹樹葉發出的聲音。這兩句點明山鬼的思念之情發生在深秋的夜晚，以淒涼的景色來襯托山鬼思念之苦。

［4］徒，白白地、無意義地。離，通“罹”，與憂同義（參看《故訓匯纂》頁1799）。

賈　誼

賈誼（前200—前168），其事迹主要見於《史記・屈原賈生列傳》：“賈生名誼，雒陽人也。年十八，以能誦詩屬書聞於郡中。吳廷尉爲河南守，聞其秀才，召置門下，甚幸愛。孝文皇帝初立，聞河南守吳公治平爲天下第一，故與李斯同邑而常學事焉，乃徵爲廷尉。廷尉乃言賈生年少，頗通諸子百家之書。文帝召以爲博士。

“是時賈生年二十餘，最爲少。每詔令議下，諸老先生不能言，賈生盡爲之對，人人各如其意所欲出。諸生於是乃以爲能不及也。孝文帝說之，超遷，一歲中至太中大夫。

“賈生以爲漢興至孝文二十餘年，天下和洽，而固當改正朔，易服色，法制度，定官名，興禮樂，乃悉草具其事儀法，色尚黄，數用五。爲官名，悉更秦之法。孝文帝初即位，謙讓未遑也。諸律令所更定，及列侯悉就國，其說皆自賈生發之。於是天子議以爲賈生任公卿之位。絳、灌、東陽侯、馮敬之屬盡害之。乃短賈生曰：‘雒陽之人，年少初學，專欲擅權，紛亂諸事。’於是天子後亦疏之，不用其議，乃以賈生爲長沙王太傅。

“賈生既辭往行，聞長沙卑濕，自以壽不得長，又以適去，意不自得。及渡湘水，爲賦以弔屈原。

“後歲餘，賈生徵見。孝文帝方受釐，坐宣室。上因感鬼神事，而問鬼神之本。賈生因具道所以然之狀。至夜半，文帝前席。既罷，曰：‘吾久不見賈生，自以爲過之，今不及也。’居頃之，拜賈生爲梁懷王太傅。梁懷王，文帝之少子，愛，而好書，故令賈生傅之。文帝復封淮南厲王子四人皆爲列侯。賈生諫，以爲患之興自此起矣。賈生數上疏，言諸侯或連數郡，非古之制，可稍削之。文帝不聽。居數年，懷王騎，墮馬而死，無後。賈生自傷爲傅無狀，哭泣歲餘，亦死。賈生之死時年三十三矣。及孝文崩，孝武皇帝立，舉賈生之孫二人至郡守，而賈嘉最好學，世其家，與余通書。至孝昭時，列爲九卿。”

賈誼是漢初著名的文學家和思想家，擅長辭賦和古文。其著作集東漢以後或稱《賈子》，或稱《新書》。《漢書·藝文志》著錄有《賈誼》五十八篇，《隋書·經籍志》有《賈子》十卷，即是今本《賈子新書》十卷五十八篇。今人注釋的版本主要有閻振益等《新書校注》、吳雲等《賈誼集校注》（增訂本）、方向東《〈賈誼集〉彙校集解》。賈誼的傳世名篇，除《弔屈原文》外，還有《鵩鳥賦》、《論積貯疏》、《過秦論》等。曹道衡等《中國文學家大辭典·先秦漢魏晉南北朝卷》有“賈誼”條。王興國《賈誼評傳》對賈誼作了全面詳細的研究。

弔屈原文[1]

誼爲長沙王太傅[2]，既以謫去[3]，意不自得[4]。及渡湘水，爲賦以弔屈原。屈原，楚賢臣也。被讒，放逐作《離騷賦》。其終篇曰：“已矣哉！國無人兮，莫我知也。”遂自投汨羅而死[5]。誼追傷之，因自喻[6]，其辭曰[7]：

［1］選自《文選》六臣注卷六十。《文選》原題如此，後來有時也題作《弔屈原賦》。《史記·屈原賈生列傳》：“自屈原沈汨羅後百有餘年，漢有賈生，爲長沙王太傅，過湘水，投書以弔屈原。”在《史記》中屈原和賈誼同傳，大概是因爲他們二位都懷才不遇、壯志難酬。此文表達了賈誼對污濁世道的批判、賢人失志的痛苦和無奈，同時也表達了不贊成屈原殞身殉志的行爲，甚至認爲屈原要對自己不幸的結局承擔責任。賈誼稱：“歷九州而相其君兮，何必懷此都也。”這分明是主張屈原和一切賢人都不必過分眷戀君國，反對盲目和極端的愛國主義。賈誼又說：“鳳凰翔于千仞兮，覽德暉而下之。見細德之險徵兮，遥曾擊而去之。”這是主張賢人要洞見禍福，趨福避禍，要善於選擇賢明的君王來輔佐，而不是一味地愚忠。這是我國先秦以來的理性精神的延續。《楚辭·漁父》篇已經借漁父之口表達了對屈原投江殉志的批判。《史記·屈原賈生列傳》太史公曰：“適長沙，觀屈原所自沈淵，未嘗不垂涕，想見其爲人。及見賈生弔之，又怪屈原以彼其材，游諸

侯，何國不容，而自令若是。”司馬遷顯然是贊成賈誼對屈原的批評。

[2] 五臣本無既字。既，已經。

[3] 李善注引韋昭曰：“謫，譴也。”劉良注：“謫，責也。言誼非罪被責出於長沙。意不自得，謂不得志也。”

[4] 心裏感到不得意。

[5] 呂向注：“汨羅，水名。”今湖南汨羅江，爲屈原投水之河。

[6] 五臣本“因”後有“以”字。因，於是。自喻，自明，表達自己（的情懷）。這裏的“喻”不是“比喻”。李善注：“應劭《風俗通》曰：賈誼與鄧通俱侍中，同位，數廷譏之，因是文帝遷爲長沙太傅。及渡湘水，投弔書曰‘闒茸尊顯，佞諛得意’，以哀屈原離讒邪之咎，亦因自傷，爲鄧通等所愬也。”

[7] 以上相當於“序”。

恭承嘉惠兮[1]，俟罪長沙[2]。側聞屈原兮[3]，自沈汨羅。造託湘流兮[4]，敬弔先生[5]。遭世罔極兮，乃隕厥身[6]。嗚呼哀哉，逢時不祥[7]！鸞鳳伏竄兮[8]，鴟梟翱翔[9]。闒茸尊顯兮[10]，讒諛得志[11]。賢聖逆曳兮[12]，方正倒植[13]。世謂隨夷爲溷兮[14]，謂跖蹻爲廉[15]。莫邪爲鈍兮[16]，鈆刀爲銛[17]。吁嗟默默[18]，生之無故兮[19]；斡棄周鼎[20]，寶康瓠兮[21]。騰駕罷牛[22]，驂蹇驢兮[23]；驥垂兩耳，服鹽車兮[24]。章甫薦履，漸不可久兮[25]。嗟苦先生[26]，獨離此咎兮[27]。

[1] 李周翰注：“恭承嘉惠，謂承天子之命也。”李善注引《越絕書》曰：“恭承嘉惠，述暢往事。”

[2] 俟罪，待罪。

[3] 側聞，從旁人處聽說。

[4] 造，走近。張銑注：“造，就也。”託，寄託。

[5] 先生，屈原。

[6] 李善注引張晏曰：“讒言罔極，罔極言無中正。《周書》文王曰：‘惟世罔極，汝尚助予。’”呂延濟注：“言遭當世讒邪之人，無極乃丧隕其身。罔猶無也。”無極，不正。極，中正。隕，同“殞”，喪失。

[7] 逢時，所處的時運。

[8] 伏竄，隱蔽逃竄而不能翱翔於天空。竄，藏。李周翰注：“鸞鳳喻賢人也。”

[9] 鴟（chī），鴟鵂，貓頭鷹，古人認爲是不吉利的鳥。梟（xiāo），古人當作一種惡鳥，長大後吃掉母親。李周翰注：“鴟梟，惡鳥也。諭讒人也。”

[10] 闒茸（tà rǒng），不才之人。言無才德之人反而尊顯。

[11] 諂諛之人得志於世。劉良注：“闒茸，皆小人也。言小人爲尊重之位，讒邪諂諛之人皆得志在朝也。”

[12] 李善注引胡廣曰：“逆曳，不得順道而行也。”

[13] 李善注引胡廣曰：“倒植者，賢不肖顛倒易位也。”張銑注：“逆曳，謂不得順其正道也。賢良方正之士皆在草澤，小人在位，故云倒植也。”

［14］李善注引服虔曰："殷之賢士卞隨也。"引韋昭曰："夷，伯夷也。"溷（hùn），濁也。《史記》隨字作伯。呂向注："卞隨、伯夷，皆古之貞介士也。"

［15］呂向注："盜跖、莊蹻，皆盜賊之人也。言人皆反以貞介爲溷濁、盜賊爲廉清者，喻棄賢用不肖。"

［16］李善注引《吳越春秋》曰："干將者，與歐冶同師，俱作劍。闔閭得而寶之，以故使干將造劍二枚，一曰干將，二曰莫邪。莫邪，干將妻之名也。"

［17］李周翰注："莫邪，神劍名也。鈆，錫也；銛，利也。言君賤賢用不肖，以神劍爲鈍，以錫刀爲利也。"銛，音 xiān。

［18］吁嗟，典出《詩經·衛風·氓》："于嗟鳩兮。"李善注引應劭曰："默默，不得意也。"呂延濟注："默默，失意貌。"

［19］生，先生，指屈原。無故，平白無故地遭遇災禍。

［20］斡（wò），旋轉。棄，抛棄。斡棄，隨意抛棄。周鼎，周朝世代相傳的鎮國之寶，是王權的象徵。考《左傳·宣公三年》："楚子伐陸渾之戎，遂至於洛，觀兵于周疆。定王使王孫滿勞楚子。楚子問鼎之大小輕重焉。對曰：'在德不在鼎。昔夏之方有德也，遠方圖物，貢金九牧，鑄鼎象物，百物而爲之備，使民知神、奸。故民入川澤山林，不逢不若。螭魅罔兩，莫能逢之，用能協于上下以承天休。桀有昏德，鼎遷于商，載祀六百。商紂暴虐，鼎遷于周。德之休明，雖小，重也。其建回昏亂，雖大，輕也。天祚明德，有所底止。成王定鼎於郟鄏，卜世三十，卜年七百，天所命也。周德雖衰，天命未改，鼎之輕重，未可問也。'"

［21］《爾雅》："康瓠，謂之甈。"李巡注："大瓠瓢也。"李周翰注："康瓠，瓜也。言時君棄賢用不肖，亦猶轉棄大鼎之器，而寶其瓠瓜也。"

［22］罷，五臣本作"疲"字。二者爲異體字，前者爲古字。

［23］驂，名詞的意動活用，以……爲驂。蹇，跛足。

［24］典出《戰國策·楚策四》："汗明曰：'君亦聞驥乎？夫驥之齒至矣，服鹽車而上太行。蹄申膝折，尾湛胕潰，漉汁灑地，白汗交流，中阪遷延，負轅不能上。伯樂遭之，下車攀而哭之，解紵衣以冪之。'"（參看何建章：《戰國策注釋》，中華書局 1996 年版，頁 590—591）劉良注："騰，奔也。言御車者但奔駕其疲敝之牛，乘其蹇跛之驢。使良馬駕鹽車，亦猶賢人在野，小人在位。驥，良馬也。"

［25］李善注："冠當加首而以薦履，到上爲下，故漸不可久也。《儀禮》曰：'士冠章甫，殷道也。'"張銑注："章甫，冠也。薦，籍也。冠之在上，履之在下。章甫薦履者，謂以冠踐籍於足以履之也。喻賢在下，此爲亂之漸也。其國不可久居之。"章甫，《漢書·賈誼傳》作章父，殷代的帽子。

［26］苦，五臣本作若，二者在唐代形近而誤。《賈子新書》、《漢書·賈誼傳》、《文選·顏延年·祭屈原文》李善注、《御覽》卷六九七引都作"若"。當以作"若"爲確。若，指代詞，此。《文選·祭屈原文》："曰若先生，逢辰之缺。"《宋书》同。即類此句式。"曰"亦嗟叹之辭。

［27］獨，偏偏。離，同"罹"，遭受。

訊曰[1]：已矣。國其莫我知兮，獨壹鬱其誰語[2]？鳳漂漂其高逝兮[3]，固自引而遠去[4]。襲九淵之神龍兮[5]，沕深潛以自珍[6]。偭蟂獺以隱處兮，夫豈從蝦與蛭螾[7]？所貴聖人之神德兮，遠濁世而自藏。使騏驥可得係而羈兮，豈云異夫犬羊[8]？般紛紛其離此尤兮[9]，亦夫子之故也[10]。歷九州而相其君兮[11]，何必懷此都也[12]。鳳凰翔于千仞兮，覽德暉而下之。見細德之險細徵兮[13]，遥曾擊而去之[14]。彼尋常之汙瀆兮[15]，豈能容夫吞舟之巨魚[16]？横江湖之鱣鯨兮[17]，固將制於螻蟻[18]。

［1］李善注引張晏曰："訊，《離騷》下章亂辭也。"呂向曰："訊，告也。此總告前意，亦如亂曰之類也。已，止也。言止矣，不可咨嗟之意也。"

［2］呂延濟注："國，謂君也。言君既不知我心，獨聚憂思，誰與語事者也。壹鬱，謂聚憂也。"其誰，複合虚詞，相當於"誰"，"其"無意義，無須譯出。

［3］李周翰注："漂漂，高飛貌。逝，往也。"

［4］固，堅決。引，退。

［5］李善注引張晏曰："《音義》曰襲，覆也。猶言察也。"呂向注："襲，猶察也。"按，舊注未確。"襲"這裏應當訓爲"因"，即因襲、承襲，也就是學習神龍的方法，深藏不露。參看《故訓匯纂》頁2080。九淵，深淵，唐代以後避唐高祖李淵諱而作九泉。

［6］李善注引《莊子》曰："千金之珠，必九重之淵，而驪龍頷下。"引張晏曰："沕，潛藏也。"呂向注："言察於神龍，則知藏於深淵之處，可以自珍寶也。言君子在亂世可以隱也。"沕，音mì。

［7］蛭，音質。螾，音引。李善注引應劭曰："蟂獺，水蟲害魚者。偭，背也。"引韋昭曰："蝦，蝦蟇；蛭，水蟲食人者也。螾，丘螾也。偭然自絕於蟂獺，況從蝦與蛭螾也。"蝦，音遐。張銑注："偭，殊也。蟂獺，水蟲食魚者。蝦，蝦蟇也。蛭、螾，皆水蟲也。言神龍之德且殊於蟂獺，以隱處於深淵之中，豈復隨從其小蟲也？君子但避亂世以隱居，不可與小人從。"

［8］李周翰曰："騏驥，良馬也。言君子之德，遠避濁世，則如良馬見係絆而羈束也，及其用之，乃騁千里之道；其不用，與犬羊之才無異也。"按，此注未能中肯。當如唐朝學者張守節《史記正義》所注："使騏驥可得系縛羈絆，則與犬羊無異。責屈原不去濁世以藏隱。騏文如綦也。驥，千里馬。"這樣的注解是批判屈原擺脱不開世俗的羈縻，與上下文的語境相吻合。另參看錢鍾書《管錐編》三冊頁887（中華書局本）。

［9］般，五臣本作"盤"字，後者爲確。

［10］劉良注："言屈生盤桓於亂時，不能避去，遂及此罪，亦屈生自爲之故也。盤桓，不進貌。紛，亂。離，及。尤，罪也。"夫子，屈原。李奇曰："亦夫子不如麟鳳翔逝之故，罹此咎。"李善注："言般桓不去，離此愆尤，亦夫子自爲之故，不可尤人也。"

［11］五臣本無"其"字。

［12］李善注："言知時之亂，當歷九州，相賢君而事之，何必思此都而遭放逐？"呂向注："言天下之君皆可輔相，何必懷思此楚都。"按，賈誼的這種感想實際上是春秋戰國時代很流行的"良禽擇木而栖，賢臣擇主而事"的思想，是先秦理性思潮的延續，明顯不贊成對君王的愚忠。

［13］險、徵，李善注："謂輕爲徵祥也。"按，就是危險的徵兆、不好的兆頭。

［14］此句五臣本作"摇增翮而去之"（《史記》"擊"字作"翮"）。二者皆通，五臣本與《史記》合，當爲古本。李奇注："遥，遠也。曾，益也。"按，曾，當訓"高"。李善注引如淳曰："曾，高高上飛意也。"若從五臣本，則"增"讀"層"，多重。德輝，典出《禮記·樂記》曰：

“德輝動乎內。”張銑注：“鳳皇喻賢人也。言鳳皇高飛，下覽有聖人之德者，乃下而見於時也。賢人亦擇明君乃事也。千仞，言高也。”李周翰注：“細德，猶無德也。言見時君無德，左右姧險，恣爲徵祥，則摇舉羽翮而去也。”

［15］李善注引應劭曰：“八尺曰尋，倍尋曰常。”汙，音烏，今作污。“汙”是“低窪”之義。

［16］李善注引《莊子》曰：“弟子謂庚桑楚曰‘夫尋常之溝，巨魚無所還其體，而鯢鰌爲之制也’。”劉良注：“汙瀆，謂小池水也。吞舟巨魚，謂大魚，腹中可容川也。言小池水之中不能容吞舟大魚，暗君亦不能用賢也。”汙瀆，小的死水溝。《史記·老子韓非列傳》：“我寧遊戲汙瀆之中自快，無爲有國者所羈。”《索隱》：“汙瀆，潢汙之小渠瀆也。”

［17］鱣，五臣本作“鱏”，李善本形近而誤，當以五臣本爲確。

［18］固，五臣本作“故”字。二者爲通假字，當以作“固”爲確。螻蟻，五臣本作“蟻螻”。李善注引晉灼曰：“小水不容大魚，而橫鱣鯨於洿瀆，必爲螻蟻所見制，以況小朝主闇，不容受忠迕之言。亦謂讒賊小人所見害也。”鱣或作鱏。《莊子》庚桑楚謂弟子曰“吞舟之魚，碭而失水，則螻蟻能苦之”。《戰國策》齊人說靖郭君曰：“君不聞海大魚乎？蕩而失水，則螻蟻得意焉。”鱏音尋。呂向注：“鱏鯨，亦大魚也，以喻賢人。螻蟻，小蟲，以喻讒佞人也。言大魚橫於江湖之中，一朝失勢，止於平陸，而螻蟻所制。蓋賢者失位，遭讒佞之所害。”

董仲舒

董仲舒，西漢時期廣川人，經學家、文學家。生卒年月不詳。清末學者蘇輿推論爲公元前179—前104年。漢景帝時爲博士。武帝即位，舉賢良對策，除江都相，遷膠西相。後擔心官場險惡，以病免官，隱居於家，以壽終。

董仲舒早年研治《公羊春秋》，《漢書·五行志》稱：“漢興，承秦滅學之後，景、武之世，董仲舒治《公羊春秋》，始推陰陽，爲儒者宗。”他主張“天人感應”之說，雖有其迷信成分，但實際上是利用自然界的災異來對統治者加以勸諫和約束，與《墨子》主張尊天明鬼的用意相同。他於前134年呈上的《天人三策》中提出了“諸不在六藝之科，孔子之術者，皆絕其道，勿使並進”，被漢武帝採納，成爲西漢政府“罷黜百家，獨尊儒術”的開端，也爲後來兩千多年儒家的正統地位開了先河。他主張“天不變，道亦不變”的思想，固然有利於維護統治者的利益，但也是強調了儒家的王道思想、仁政思想不可輕易廢棄，因而也是對統治者的約束。他曾上書朝廷陳述民間疾苦，建議鹽鐵之利歸入民間，這明顯有以民爲本、反對朝廷與民爭利的思想。他闡發的春秋公羊學對西漢的官方經學有較大的影響。

《漢書·董仲舒傳》稱：“仲舒治國，以《春秋》災異之變推陰陽所以錯行，故求雨，閉諸陽，縱諸陰，其止雨反是；行之一國，未嘗不得所欲。中廢爲中大夫。先是遼東高廟、長陵高園殿災，仲舒居家推說其意，草稿未上，主父偃候仲舒，私見，嫉之，竊其書而奏焉。上召視諸儒，仲舒弟子呂步舒不知其師書，以爲大愚。於是下仲舒吏，當死，詔赦之，仲舒遂不敢復言災異。

“仲舒爲人廉直。是時方外攘四夷，公孫弘治《春秋》不如仲舒，而弘希世用事，位至公卿。仲舒以弘爲從諛，弘嫉之。膠西王亦上兄也，尤縱恣，數害吏二千石。弘乃言於上曰：‘獨董仲舒可使相膠西王。’膠西王聞仲舒大儒，善待之。仲舒恐久獲罪，病免。凡相兩國，輒事驕王，正身以率下，數上疏諫爭，教令國中，所居而治。及去位歸居，終不問家產業，以修學著書爲事。

“仲舒在家，朝廷如有大議，使使者及廷尉張湯就其家而問之，其對皆有明法。自武帝初立，魏其、武安侯爲相而隆儒矣。及仲舒對冊，推明孔氏，抑黜百家。立學校之官，州郡舉茂材孝廉，皆自仲舒發之。年老，以壽終於家，家徙茂陵，子及孫皆以學至大官。

“仲舒所著，皆明經術之意，及上疏條教，凡百二十三篇。而說《春秋》事得失，《聞舉》、《玉杯》、《蕃露》、《清明》、《竹林》之屬，復數十篇，十餘萬言，皆傳於後世。

“贊曰：劉向稱：‘董仲舒有王佐之材，雖伊、呂亡以加，管、晏之屬，伯者之佐，殆不及也。’至向子歆以爲：‘……仲舒遭漢承秦滅學之後，《六經》離析，下帷發憤，潛心大業，令後學者有所統一，爲群儒首。然考其師友淵源所漸，猶未及乎游、夏，而曰管、晏弗及，伊、呂不加，過矣。’至向曾孫龔，篤論君子也，以歆之言爲然。”

董仲舒有《春秋繁露》十七卷，近代有蘇輿《春秋繁露義證》，注釋詳切，較爲流行；今人鍾肇鵬主編《春秋繁露校釋》。遺文十九篇，嚴可均輯錄入《全漢文》。曹道衡等編撰《中國文學家大辭典·先秦漢魏晉南北朝卷》有“董仲舒”條，介紹董仲舒生平和作品。王永祥《董仲舒評傳》研究董仲舒的生平和思想較詳。

士不遇賦[1]

嗚呼嗟乎[2]，遐哉邈矣[3]。時來曷遲[4]，去之速矣[5]。屈意從人[6]，非吾徒矣[7]。正身俟時[8]，將就木矣[9]。悠悠偕時[10]，豈能覺矣[11]！心之憂兮[12]，不期祿矣[13]。皇皇匪寧[14]，祇增辱矣[15]。努力觸藩，徒摧角矣[16]。不出户庭，庶無逼矣[17]。

[1] 選自嚴可均《全漢文》。另參校《藝文類聚》卷三十、《古文苑》卷三。本篇依據原文的用韻規律分段，因此與通常選本分段不同。知識分子懷才不遇常常是我國古代詩文表現的主題，在古典文學中這樣的主題首先出現於屈原的《離騷》，《韓非子》中的《說難》、《孤憤》。本文明顯

受到《楚辭》中的《離騷》、《遠遊》、《漁父》的影響。對後世文學有較大的影響。例如，同是漢武帝時代的司馬遷有《悲士不遇賦》，東晉的陶淵明有《感士不遇賦》。本文既悲歎賢士不能施展懷抱，同時也想到古代的聖賢如卞隨、務光、伯夷、叔齊、伍員、屈原都是如此，因此自己也可聊以自慰，以減少痛苦憂愁。文章表示自己既不想與世俗同流合污，也不願學伍子胥、屈原爲志行而喪身。文章同時也認爲神仙難求，自己可以韜光養晦做個隱士以保全節操。另外，董仲舒痛感“聖賢亦不能開愚夫之違惑”，這是明確認爲有些愚惑之人是無法教育和開導的。這在思想史上是繼承了《論語·陽貨》孔子“下愚不移”的思想，是對《孟子·告子下》“人皆可以爲堯舜”思想的批評。這是可注意的人性論和教育論。

［2］嗚呼嗟乎，感歎詞重疊。

［3］遐、邈，都是時代久遠的意思。

［4］曷，同“何”，多么，表示感歎。

［5］“去之”的“之”是強調前面的動詞，沒有實在意義，不是代詞。例如《論語·學而》：“學而時習之。”《論語·爲政》：“知之爲知之。”《禮記·中庸》：“博學之，審問之，慎思之，明辨之，篤行之。”《論語·雍也》：“子曰：知之者不如好之者，好之者不如樂之者。”另參看呂叔湘《中國文法要略》第十章《指稱（有定）》。

［6］違背自己的意願去迎合別人。

［7］不是我們這類人（幹的事）。

［8］正身，端正自己的行爲。俟時，等待時機。

［9］意思是到老死都沒能等到機會。就，接近。木，棺材。就木，指死亡。

［10］悠悠，時間久遠。《說文》：“偕，俱也。”偕時，隨時間一起變老。

［11］覺，覺悟、覺醒。意思是隨着時間一起流逝而始終執迷不悟。

［12］心之憂，心中是何等的憂傷。之，在主謂語之間表示加重語氣的感歎。例如《左傳·成公二年》：“衆之不可以已也。”《論語·陽貨》：“子曰：予之不仁也。”《史記·吳王濞列傳》：“鼂錯曰：袁盎策之善。”

［13］不期祿，這兩句的意思是我心中十分憂愁，並不是因爲我渴望升官發財。

［14］皇皇，通“遑遑”，彷徨不安。匪寧，得不到安寧。

［15］祇，只有。

［16］觸藩，抵觸藩籬。典出《易經·大壯》：“羝羊觸藩，羸其角。”

［17］《藝文類聚》“逼”作“過”。二者皆通。逼，感到壓抑和無奈。若作“過”，則出典於《論語·述而》：“子曰：加我數年，五十以學《易》，可以無大過矣。”

重曰[1]：生不丁三代之盛隆兮[2]，而丁三季之末俗[3]。末俗以辯詐而期通兮[4]，貞士以耿介而自束[5]。雖日三省於吾身兮[6]，繇懷進退之惟谷[7]。彼實繁之有徒兮[8]，指其白以爲黑[9]。

［1］重，對上文進行總結的過渡語。

［2］丁，逢、值。三代，夏商周三朝。

［3］三季，夏商周三代的末期。末俗，末世混亂墮落的習俗。

［4］辯，詭辯。《老子·八十一章》：“善者不辯，辯者不善。”《荀子·非十二子》：“不法先

王，不是禮義，而好治怪說，玩琦辭，甚察而不惠，辯而無用。”詐，欺詐。期通，追求通達顯榮。

［5］貞士，堅守節操、品行高潔之士。耿介，正直。自束，自我約束，遵守道德規範。

［6］日，每日。三，實詞，即三次，並非泛指多。省，反省。典出《論語·學而》：“曾子曰：吾日三省吾身：爲人謀而不忠乎？與朋友交而不信乎？傳不習乎？”從《論語》此文可知“三”就是三次。

［7］繇，通“猶”，尚且。進退之惟谷，典出《詩經·大雅·桑柔》：“人亦有言，進退維谷。”毛傳：“谷，窮也。”鄭箋云：“前无明君，却迫罪役，故窮也。”

［8］實繁之有徒，確實有不少這樣的人。典出《左傳·昭公二十八年》：“叔游曰：《鄭書》有之：‘惡直醜正，實繁有徒’。”

［9］《藝文類聚》“黑”作“墨”。當以作“黑”爲長。《墨子·非攻》：“今有人於此，少見黑曰黑，多見黑曰白，則以此人不知白黑之辯矣。”

目信嫮而視眇兮[1]，口信辯而言訥[2]。鬼神之不能正人事之變戾兮[3]，聖賢亦不能開愚夫之違惑[4]。

［1］信，確實。嫮（hù），美好貌。典出《楚辭·大招》：“嫮目宜笑，蛾眉曼只。”眇，盲目、看不見。典出《易經·履》：“六三，眇能視，跛能履。”《藝文類聚》作視。嚴可均《全漢文》作言，當非。

［2］訥，口齒笨拙。典出《老子·四十五章》：“大辯若訥。”

［3］戾，乖張。

［4］開，啓發。違，不遵從。惑，迷惑。

出門則不可與偕往兮，藏器又蚩其不容[1]。退洗心而內訟兮[2]，固未知其所從也。

［1］藏器，懷抱才能。典出《易經·繫辭下》：“君子藏器於身，待時而動，何不利之有？”蚩，通“嗤”，嗤笑。不容，不爲世俗所容。

［2］洗心，洗滌心胸，改變舊觀念。典出《易經·繫辭上》：“聖人以此洗心，退藏於密。”內訟，內心掙扎。

觀上世之清暉兮[1]，廉士亦煢煢而靡歸[2]。殷湯有卞隨與務光兮[3]，周武有伯夷與叔齊[4]。卞隨、務光遁跡於深淵兮[5]，伯夷、叔齊登山而采薇[6]。使彼聖賢其繇周遑兮[7]，矧舉世而同迷[8]。

［1］清暉，清平光明。別本作清濁，不妥。當以作清暉爲佳。

［2］廉士，品行廉潔之士。煢煢，孤獨無依的樣子。靡歸，沒有歸宿。

［3］殷湯，商朝的開國之君湯。卞隨、務光，皆商湯時代的隱士，不接受商湯的聘請。務光，事迹主要見於《韓非子·說林上》、《莊子·讓王》、《呂氏春秋·離俗》、《列仙傳》等。卞隨，事迹主要見於《韓非子·說林上》、《莊子·讓王》、《呂氏春秋·離俗》。

［4］周武，西周的開國之君周武王。伯夷、叔齊，商朝孤竹國君的兒子，反對周武王伐商。西周建國後，隱居首陽山，不食周粟而死。後世被奉爲貞士。《史記》有傳。

［5］《呂氏春秋·離俗》：“湯將伐桀，因卞隨而謀。卞隨辭曰：‘非吾事也。’湯曰：‘孰可？’

卞隨曰：‘吾不知也。’湯又因務光而謀。務光曰：‘非吾事也。’湯曰：‘孰可？’務光曰：‘吾不知也。’湯曰：‘伊尹何如？’務光曰：‘彊力忍訽，吾不知其他也。’湯遂與伊尹謀夏，伐桀，克之。以讓卞隨。卞隨辭曰：‘后之伐桀也，謀乎我，必以我爲賊也。勝桀而讓我，必以我爲貪也。吾生乎亂世，而無道之人再来訽我，吾不忍數聞也。’乃自投於潁水而死。湯又讓於務光，曰：‘智者謀之，武（一作賢）者遂之，仁者居之，古之道也。吾子胡不位之？請相吾子。’務光辭曰：‘廢上，非義也；殺民，非仁也；人犯其難，我享其利，非廉也。吾聞之：“非其義不受其利。”無道之世不踐其土，況於尊我乎？吾不忍久見也。’乃負石而沈於募水。”

［6］參看《史記·伯夷列傳》。

［7］聖賢，古人的隱逸思想將務光、卞隨、伯夷、叔齊這些不求名利的隱士奉爲聖賢，這是我國思想文化中很重要的一個方面。繇，通“猶”。周遑，彷徨不安。

［8］矧（shěn），況且、何況。舉世，全世。同迷，共同迷惑。

若伍員與屈原兮[1]，固亦無所復顧[2]。亦不能同彼數子兮[3]，將遠遊而終古[4]。於吾儕之云遠兮[5]，疑荒途而難踐[6]。憚君子之于行兮[7]，誠三日而不飯[8]。嗟天下之偕違兮[9]，悵無與之偕返。孰若反身於素業兮[10]，莫隨世而輪轉[11]。雖矯情而獲百利兮[12]，復不如正心而歸一善。紛既迫而後動兮[13]，豈云稟性之惟褊[14]。昭同人而大有兮[15]，明謙光而務展[16]。遵幽昧於默足兮[17]，豈舒采而蘄顯[18]。苟肝膽之可同兮，奚鬚髮之足辨也[19]。

［1］伍員，即伍子胥。春秋時吳國相國，曾協助吳王闔閭伐楚，攻破楚國的首都郢都，對吳國的強盛立下大功。後被吳王夫差賜死，被投屍江中。屈原，事迹參看《史記·屈原賈生列傳》。

［2］這句的意思是自己不願意學伍子胥、屈原那樣執著於世俗的功利而招致殺身之禍。

［3］數子，指務光、卞隨、伯夷、叔齊。

［4］遠遊，古人的一種求仙思想，遠離世俗而求取長生不老之術。《楚辭》有《遠遊》篇。終古，長生不死。

［5］吾儕，我們、吾輩。之，在主謂語之間表示感歎。云，與遠同義。《廣雅·釋詁一》：“云，遠也。”

［6］荒途，人迹罕至的路。難踐，難行走。疑，《文選》左思《招隱詩》注、王粲《贈蔡子篤詩》注引作“懼”。二者皆通，當以作“疑”爲古本。《玉篇》和《廣韻》：“疑，恐也。”參看《故訓匯纂》頁1498。

［7］憚，擔心、害怕。君子之于行，典出《詩經·王風·君子于役》：“君子于役，不知其期。”于行，往行。

［8］反復告誡而不思飯食。典出賈誼《新書》卷七《先醒》：“（楚）莊王歸，過申侯之邑。申侯進飯，日中而王不食。申侯請罪曰：‘臣齋而具食，甚潔，日中而不飯，臣敢請罪。’”

［9］嗟，傷歎。偕，俱（參看《故訓匯纂》頁140）。違，與己對立。

［10］孰若，哪裏比得上。反身，改變從前的行爲志向。素業，純粹高尚的事業。

［11］輪轉，不講原則地隨波逐流。

［12］矯情，掩飾真情，以詐僞行事。

［13］紛，紛雜。此句典出《莊子》外篇《刻意》："不爲福先，不爲禍始，感而後應，迫而後動，不得已而後起，去知與故，循天之理。"注："迫而後動，會至乃動。"意思是不要主動行事，要順其自然，才會水到渠成，不違反天理。

［14］稟性，天性。褊，狹隘。

［15］昭，顯揚、發揚。《易經》上十三是《同人》卦，十四是《大有》卦。這兩卦都是吉卦。這句的意思是要發揚《易經》中的《同人》卦和《大有》卦的精神。

［16］謙光，謙遜的人格精神之光。謙，典出《易經》。《易經》上十五是《謙》卦。務展，意思是謙遜一定能使人獲得成功，實現自己的抱負。

［17］幽昧，這裏的意思是韜光養晦。默足，在靜默中得以自我保全。典出《大戴禮記·衛將軍文子》："國家有道，其言足以生；國家無道，其默足以容。"又見《孔子家語·弟子行》。

［18］舒采，散佈自己的文采，也就是炫耀自己的才能。蘄顯，希望獲得名利。

［19］這兩句的意思是：只要主要的精神志向相同，這就足夠了。如同鬚髮一樣的細節問題可以不必在意。

張 華

張華（232—300），西晉文學家。《文選》李善注引臧榮緒《晉書》曰："張華，字茂先。范陽人也。少好文義，博覽墳典。爲太常博士，轉兼中書郎。雖棲處雲閣，慨然有感，作《鷦鷯賦》。後詔加右光祿大夫，封壯武郡公，遷司空，爲趙王倫所害。"張銑注曰："華有感作《鷦鷯賦》，以比鳥小而能安也。"張華學問廣博，辭藻溫麗，擅長詩、賦、散文，著有《博物志》，今傳十卷。明人張博《漢魏六朝百三名家集》輯錄《張司空集》，清人嚴可均《全晉文》卷五十八輯錄張華文一卷。《晉書》有傳。《鷦鷯賦》收入《文選》卷十三，是張華最著名的文章。《文心雕龍·才略》："張華短章，奕奕清暢，其《鷦鷯》寓意，即韓非之《說難》也。"同書《章表》："逮晉初筆劄，則張華爲俊。其三讓公封，理周辭要，引義比事，必得其偶，世珍《鷦鷯》，莫顧章表。"

《文心雕龍·樂府》："張華新篇，亦充庭萬。"同書《明詩》："若夫四言正體，則雅潤爲本；五言流調，則清麗居宗，華實異用，惟才所安。故平子得其雅，叔夜含其潤，茂先凝其清，景陽振其麗。"同書《時序》："然晉雖不文，人才實盛：茂先搖筆而散珠，太衝動墨而橫錦。"同書《定勢》："陸雲自稱：往日論文，先辭而後情，尚勢而不取悅澤。及張公論文，則欲宗其言。"

陸雲《與兄平原書》："張公文無他異，正自清省無煩長。作文正爾，自復佳。"又曰："張公《女史》清約。"

梁簡文帝蕭綱《悔賦》："台耀之災雖啓，《鷦鷯》之賦徒然。"

鍾嶸《詩品》中《晉司空張華詩》："其源出於王粲。其體華豔，興託多奇，巧用文字，務爲妍冶。雖名高曩代，而疏亮之士，猶恨其兒女情多，風雲氣少。謝康樂云：'張公雖復千篇，猶一體耳。'今置之中品疑弱，處之下科恨少，在季、孟之間矣。"

鷦鷯賦（并序）[1]

鷦鷯[2]，小鳥也。生於蒿萊之間，長於藩籬之下。翔集尋常之內[3]，而生生之理足矣[4]。色淺體陋，不爲人用[5]。形微處卑[6]，物莫之害[7]。繁滋族類[8]，乘居匹遊[9]。翩翩然有以自得[10]。彼鷲（就）鶚鶤（昆）鴻[11]，孔雀翡翠[12]。或陵赤霄之際[13]，或託絕垠之外[14]。翰舉足以沖天[15]，觜距足以自衛[16]。然皆負矰纓繳[17]，羽毛入貢。何者？有用於人也[18]。夫言有淺而可以託深，類有微而可以喻大[19]。故賦之云爾：

［1］選自《文選》六臣注本卷十三。本文描寫鷦鷯形體微小，在鳥類中也沒有好看的毛色，沒有特別的飛行能力，卻因此能夠迴避各種危險災難。這種以無用爲有用的思想是典型的老莊哲學。如《老子·十一章》："三十輻，共一轂，當其無，有車之用。埏埴以爲器，當其無，有器之用。鑿户牖以爲室，當其無，有室之用。故有之以爲利，無之以爲用。"《莊子·人世間》："山木，自寇也；膏火，自煎也。桂可食，故伐之；漆可用，故割之。人皆知有用之用，而莫知無用之用也。"《莊子·外物》："惠子謂莊子曰：'子言無用。'莊子曰：'知無用而始可與言用矣。夫地非不廣且大也，人之所用容足耳，然則廁足而墊之致黃泉，人尚有用乎？'惠子曰：'無用。'莊子曰：'然則無用之爲用也亦明矣。'"本文立足於老莊思想，揭示出平庸低調往往能夠保平安，而有出衆的才能或價值往往招致殺身之禍。本文的思想對後世我國文人的處世之道有一定的影響。

［2］李善注："《毛詩》曰：'肇允彼桃蟲。'詩義疏曰：'桃蟲，今鷦鷯。微小，黃雀也。鷦音焦，鷯音遼。又《方言》曰：'桑飛。'郭璞注曰：'即鷦鷯也。'自關而東，謂之工雀，又云女工，一云巧婦。又云女匠。"

［3］八尺曰尋，倍尋曰常。

［4］今本《老子·七十五章》曰："人之輕死，以其求生之厚。"《文選》李善注引此文"求生"作"生生"，當以李善注所引爲長。《墨子·尚賢下》："飢則得食，寒則得衣，亂則得治，此安生生。"《鶡冠子》卷中："夫生生而倍其本。"今本《老子·五十章》："夫何故？以其生生之厚。"生生，養生以求長壽。

［5］對人類沒有用處。

［6］處卑，居處在卑下的地方。

［7］典出《呂氏春秋·離俗》："高節厲行，獨樂其意，而物莫之害。"高誘注："不欲於物，故物無能害。"

［8］鷦鷯容易繁殖，數量很多。

［9］乘，去聲，四馬。李善注：“《列女傳》：姜后曰‘雎鳩之鳥，猶未嘗見其乘居而匹遊’。”匹，成雙成對。

［10］翩翩然，飛行輕快貌。典出《詩經・小雅・四牡》：“翩翩者鵻，載飛載下，集於苞栩。”自得，五臣本作“自樂”。意思相同。

［11］鷲，音“就”。《說文》：“鷲，黃頭赤目，五色皆備。”鶚（è），鵰。鵾，音“昆”，鵾雞。鴻，雁。

［12］李善注引《漢書音義》應劭曰：“雄曰翡，雌曰翠。”又引《異物志》曰：“翡，赤色，大於翠。”也有人認爲翡和翠是兩種不同的鳥，並非雌雄的不同。

［13］赤霄，高空。典出《楚辭・九歎・遠遊》曰：“載赤霄而淩太清。”

［14］李善注：“絕垠，天邊之地也。”極遠之地。垠，邊界。典出《楚辭・遠遊》：“逴絕垠乎寒門。”

［15］翰，高飛。典出《史記・楚世家》：“（楚）莊王曰：三年不蜚，蜚將沖天。”

［16］觜，同“嘴”。距，鳥的爪。

［17］負，承受。矰，射飛鳥的斷箭。纓，通“嬰”，遭受。李善注：“繳，繫箭線。”借指箭。纓繳，中箭。

［18］張銑注：“鷲鶚可以贄，而鵾鴻可以食，孔雀翡翠可以飾，皆以有用於人而負矰纓繳。以爲鷦鷯無患也。”

［19］張銑注：“喻大，謂以人可以退身守愚，以保其生。”

何造化之多端兮！播羣形於萬類[1]。惟鷦鷯之微禽兮，亦攝生而受氣[2]。育翩翾之陋體，無玄黃以自貴[3]。毛弗施於器用兮，肉不登乎俎味[4]。鷹鸇過猶俄翼[5]兮[6]，尚何懼於罿罻[7]？翳薈蒙蘢[8]，是焉遊集。飛不飄颺，翔不翕習[9]。

［1］播，賦予。羣形，各種形態。呂延濟注：“播，布；類，種也。”

［2］李善注引《老子》曰：“善攝生者不然。”又引《莊子》：“北海若曰‘吾受氣於陰陽’。”攝生，養生。

［3］翩，疾飛。《說文》：“翾，小飛也。”翾，音 xuān。劉良注：“育，養也。翩翾，小飛貌。陋，小也。言毛羽無玄黃之色可貴。”玄黃，這裏指色彩豔麗的羽毛。

［4］俎，切肉用的砧板。

［5］鷹鸇，兇猛的鷙鳥，典出《左傳・襄公二十五年》：“然明曰：見不仁者誅之，如鷹鸇之逐鳥雀也。”俄，傾斜。

［6］李善本無“兮”字。

［7］罿、罻，都是捕鳥的小網。罿，音“童”。罻，音“尉”。這兩句說：連鷹鸇這樣的鳥都因爲鷦鷯太小（沒肉），而不屑於捕食，人類就更不會專門布網（即罿罻）去捕獲鷦鷯。鷦鷯於是而得平安。

［8］李善注引《孫子兵法》曰：“林木翳薈，草樹蒙蘢。”李周翰注：“翳薈、蒙蘢，蒿草密貌。”

［9］飄颺，高飛貌。翕習，疊韻連緜詞，急疾貌。這兩句說：鷦鷯遊集不過蒿草，飛翔不高不疾。意思是鷦鷯很平凡，沒有突出的本事。

其居易容[1]，其求易給[2]。巢林不過一枝，每食不過數粒[3]。栖無所滯[4]，遊無所盤[5]，匪陋荊棘，匪榮茝蘭[6]。動翼而逸[7]，投足而安。委命順理[8]，與物無患[9]。

［1］容，容身。

［2］給，得到供給。

［3］李善注引《莊子》曰："鷦鷯巢林不過一枝。"按，見《莊子·逍遥遊》。吕延濟注："粒，米也。言小而易容給也。"

［4］滯，長久地滯留。

［5］盤，快樂地留戀。

［6］匪，同"非"。陋，形容詞意動用法，以……爲陋。荊棘，泛指山野叢生的有刺的灌木，質地粗惡。榮，形容詞意動用法，以……爲榮。茝、蘭，都是香草。

［7］逸，不受拘束地活動。

［8］委命，聽天由命。順理，順應自然萬物之理。

［9］對其他事物都無妨害。

伊茲禽之無知兮[1]，何處身之似智！不懷寶以賈害兮，不飾表以招累[2]。静守約而不矜[3]，動因循以簡易[4]。任自然以爲資，無誘慕於世僞[5]。雕鶡介其觜距[6]，鵠鷺軼於雲際[7]，鶤雞竄於幽險，孔翠生乎遐裔[8]。彼晨鳧與歸鴈[9]，又矯翼而增逝[10]。咸美羽而豐肌，故無罪而皆斃[11]。徒銜蘆以避繳[12]，終爲戮於此世[13]。蒼鷹鷙而受作紲[14]，鸚鵡惠而入籠[15]。屈猛志以服養[16]，塊幽縶於九重[17]。變音聲以順旨[18]，思摧翩而爲庸[19]。戀鍾岱之林野[20]，慕隴坻之高松[21]。雖蒙幸於今日，未若疇昔之從容[22]。

［1］伊，發語詞。茲，此。茲禽，鷦鷯。

［2］賈，音"古"，招致。李善注引《左氏傳》曰："虞叔有玉，虞公求之，弗獻。既而悔之，曰：'周任有言：匹夫無罪，懷璧其罪。吾焉用此以賈其害。'"杜預曰："賈，賣也。"吕向注："懷寶者，人必害而取之，如以寶賈人之害也。言此鳥不懷寶賈害，不以毛彩自飾，故不招其累也。"

［3］約，五臣本作"性"。二者皆通，當以作約爲古本。李善注引《文子》曰："約其所守即察。"又引《尚書》曰："汝惟不矜。"約，簡約而不侈。矜，矜持、矜誇。

［4］因循，遵守傳統和自然而不放任自爲。以，而且。李善注引《周易》曰："簡易而天下之理得矣。"

［5］自然，李善注引《老子》曰："以輔萬物之自然。"河上公注："輔萬物自然之性也。"又引《文子》曰："去其誘慕，除其嗜欲。"吕延濟注："言能守性不自矜，持動不煩，處任自然，資用不爲人詐僞所誘。"

［6］鶡（hé），兇猛的鷙鳥，好鬥，往往爭鬥到死爲止。介，本義是保護身體的甲殼，活用爲動詞的使動用法，使……爲介。距，鳥爪。這句的意思是雕鶡使其嘴距爲保護身體的鎧甲。《山海經·中山經》："煇諸之山多鶡。"郭璞注："鶡，似雉而大，青色，有角，鬬死乃止。出上黨。"李

善注："言因觜距而爲人用也。"劉良注："雕、鶡二鳥，以觜距之大，肌肉之充，皆爲人所取。"

[7] 鵠（hú），天鵝。鷺，白鷺鳥。軼，五臣本作"逸"，二者皆通，但意思不同。軼，是超過，這裏是指飛的高度超過雲際。逸，是安逸、自由自在，這裏是指在雲際自由地飛翔。

[8] 孔，孔雀。翠，翠鳥。遐裔，荒遠之地。

[9] 鳧，水鳥。鴈，大雁。晨鳬，典出李善注引《說苑》："魏文侯嗜晨鳬。"

[10] 矯翼，展翅而飛。增逝，高飛遠逝。增，同"層"，高。

[11] 李善引《文子》："羽翼美者，傷其骨骸。"

[12] 李善注引《淮南子》曰："鴈銜蘆而翔，以避矰繳。"引《抱朴子》曰："智禽銜蘆以避網，水牛結陣以御虎。"

[13] 李周翰注："咸以肌肉羽毛可用，無罪爲人所斃。斃，死也。鴈自南向北，以體充不能高飛，常銜蘆以避繳，然終爲時人所殺。"

[14] 紲，李善本作緤，二者爲異體字，都是繫的意思。蒼鷹，雄鷹。鷙，兇猛。受紲，被捆縛。

[15] 李善注引《鸚鵡賦》："（鸚鵡）性辯惠而能言。"又曰："閉以雕籠。"

[16] 呂延濟注："猛志，謂鷹性也。言屈志從服養也。"

[17] 塊，孤獨貌。呂延濟注："塊，獨也。"典出《楚辭·九辯》："塊獨守此無澤兮，仰浮雲而永歎！"李善注引《淮南子》曰："塊然獨處。"幽縶，囚禁。九重，君王宮殿有九重門，典出《楚辭·九辯》："豈不鬱陶而思君兮？君之門以九重。"

[18] 鸚鵡改變音聲，以順從人類之意願。

[19] 摧，折。翮，鳥翼。庸，平庸。

[20] 李善注："鍾、岱二山，鷹之所產。"則鍾山和岱山是鷹的故鄉。

[21] 呂向注："摧羽翮以爲人用也。鍾、岱二山名，出鷹。隴坻出鸚鵡。言戀慕所遊之林松也。"

[22] 疇昔，從前。

海鳥鶢鶋[1]，避風而至[2]。條枝巨雀[3]，踰嶺自致[4]。提挈萬里[5]，飄颻逼畏[6]。夫唯體大妨物[7]，而形瓌足瑋也[8]。

[1] 鶢，音"袁"。鶋，音"居"。

[2] 李善注引《國語》曰："海鳥曰爰居，止於魯東門外。展禽曰：'今茲海其有災乎？夫廣川之鳥獸常知而避其災。'是歲，海多大風。"李周翰注："鶢鶋避風於魯東門，臧文仲祭以鐘鼓。"

[3] 枝，五臣本作"支"，二者均確。李善注引《漢書》："條枝國，臨西海，有大鳥。"見《漢書·西域傳》。條支，西亞古國名，大致在今敘利亞一帶。

[4] 劉良注："條支，國名，漢時貢大雀。"這裏的大雀是指鴕鳥。

[5] 李善注引《漢書》曰："左提右挈。"張銑注："提挈萬里，謂大雀也。"

[6] 張銑注："飄颻逼畏，謂鶢鶋畏鐘鼓聲也。"按，從上下文的語境來看，飄颻逼畏不應當指鶢鶋，還是指條支巨雀。飄颻逼畏，指條支巨雀經歷許多顛簸風險才來到中國。

[7] 這句說條支的大鳥體形太大，雖有不方便之處，但形體碩大也頗珍貴。

[8] 五臣本無"也"字，當是古本。因爲這一句的"瑋"與前面的"畏"押韻，按照古代韻

文例，不當有“也”字。

陰陽陶烝，萬品一區[1]。巨細舛錯[2]，種繁類殊[3]。鷦螟巢於蚊睫[4]，大鵬彌乎天隅[5]。將以上方不足，下比有餘[6]。普天壤以遐觀，吾又安知其小大之所如[7]？

［1］李善注引《文子》：“老子曰：陰陽陶冶萬物。”按，見《文子》卷九。蒸，氣出貌。陶蒸，陶冶。萬品，萬物。一區，同一個大自然。

［2］形體大小各不相同。呂向注：“舛錯，不齊也。”

［3］種類繁多，屬性不同。呂向注：“言大小不齊，種類雖繁，其類各殊也。”

［4］鷦螟，小蟲名。巢，動詞。蚊睫（音接），蚊子的眼睫毛，以此形容鷦螟的形體很小。李善注引《晏子春秋》：“景公曰：‘天下有極細者乎？’對曰：‘有。東海有蟲，巢於蚊睫，再飛而蚊不爲驚。臣不知其名，而東海有通者命曰鷦螟。’”呂向注：“鷦螟，微蟲也，巢於蚊子之睫。”

［5］李善注引《莊子》曰：“北溟有魚，其名曰鵾，化而爲鵬，怒而飛，翼若垂天之雲。”按，見《莊子·逍遥遊》。彌，滿、遍。天隅，天邊。呂向注：“鵬，大鵬。其翼滿於天之一隅也。”

［6］李善注引《莊子》曰：“長者不爲有餘，短者不爲不足。”方與比同義。

［7］李善注引《莊子》：“北海若曰：以差觀之，因其所大而大之，則萬物莫不大；因其所小而小之，則萬物莫不小。而差數覩矣。”引《歸田賦》曰：“安知榮辱之所如？”普，周遍地、全面地。天壤，天地，這裏指整個宇宙。這兩句說：就整個宇宙全面來看，我又怎麼能知道所謂的“大小”到底是什麼樣的“大小”呢？

陸　機

《晉書·列傳第二十四》：“陸機，字士衡，吴郡人也。祖遜，吴丞相。父抗，吴大司馬。機身長七尺，其聲如鐘。少有異才，文章冠世，伏膺儒術，非禮不動。抗卒，領父兵爲牙門將。年二十而吴滅，退居舊里，閉門勤學，積有十年。以孫氏在吴，而祖父世爲將相，有大勳於江表，深慨孫皓舉而棄之，乃論權所以得，皓所以亡，又欲述其祖父功業，遂作《辯亡論》二篇。……至太康末，與弟雲俱入洛，造太常張華。華素重其名，如舊相識，曰：伐吴之役，利獲二俊。”陸機出身名門，其父陸抗死時，陸機14歲。20歲時吴亡。晉武帝太康十年（289），陸機和陸雲來到京城洛陽拜訪作爲司空的著名文學家和學者張華，張華驚讚其文才。陸機兄弟因此而名聲大震。時有“二陸入洛，三張減價”之說（“三張”指當時文學家張載、張協、張亢）。但陸機好遊權門，與賈謐親善。曾被成都王司馬穎推薦爲平原内史，故世稱“陸平原”。司馬穎在討伐長沙王司馬乂的時候，任用陸機爲後將軍、河北大都督，統帥二十餘萬人，與司馬乂戰於鹿苑，兵敗。宦官孟玖等乘機向司馬穎進讒言，陸機遂爲司馬穎所殺。時年四十三。

陸機是西晉著名的文學家，對六朝初唐文學影響巨大，《昭明文選》收錄其詩文甚多。其所撰《文賦》是我國文論史上的名篇，在美學史上佔有重要地位。他模仿《古詩十九首》而作的擬古詩是我國文學史上最早的擬古詩。陸機在史學方面也有成就，撰有《晉紀》四卷、《要覽》三卷、《連珠》一卷、《吳書》（未成）、《洛陽記》一卷等，皆失傳。

《晉書·列傳第二十四》稱陸機："機天才秀逸，辭藻宏麗。"又引葛洪之言評陸機："機文猶玄圃之積玉，無非夜光焉，五河之吐流，泉源如一焉。其弘麗妍贍，英銳漂逸，亦一代之絕乎！"唐太宗在《晉書·陸機傳贊》中稱："觀夫陸機、陸雲，實荊、衡之杞梓，挺圭璋於秀實，馳英華於早年，風鑒澄爽，神情俊邁。文藻宏麗，獨步當時；言論慷慨，冠乎終古。高詞迥映，如朗月之懸光；疊意回舒，若重岩之積秀。千條析理，則電坼霜開；一緒連文，則珠流璧合。其詞深而雅，其義博而顯，故足遠超枚、馬，高躡王、劉，百代文宗，一人而已。"

沈約《宋書·謝靈運傳論》："降及元康，潘、陸特秀。"

梁簡文帝蕭綱《悔賦》："士衡文傑，綽有餘裕。氣含珠璧，情蘊雲霧。"

劉勰《文心雕龍·才略篇》："陸機才欲窺深，辭務索廣，故思能入巧，而不制繁。"

鍾嶸《詩品》序稱："陸機爲太康之英。"同書卷上《陸機》條："晉平原相陸機。其源出於陳思。才高詞贍，舉體華美。氣少於公幹，文劣於仲宣。尚規矩，不貴綺錯，有傷直致之奇。然其咀嚼英華，厭飫膏澤，文章之淵泉也。張公歎其大才，信矣！"

曹道衡等編撰《中國文學家大辭典·先秦漢魏晉南北朝卷》有"陸機"條，介紹陸機生平和作品較詳。劉運好《陸士衡文集校注》收集陸機的作品及相關資料比較完備。錢鍾書《管錐編》第三冊第一三七條《歎逝賦》對此文有所闡釋。

歎逝賦（并序）[1]

昔每聞長老追計平生同時親故[2]，或凋落已盡[3]，或僅有存者[4]。余年方四十，而懿親戚屬[5]，亡多存寡；暱交密友[6]，亦不半在。或所曾共遊一塗，同宴一室，十年之內，索然已盡[7]。以是思哀，哀可知矣[8]。乃爲之賦曰[9]：

[1] 選自《文選》六臣注本。本篇根據原文的用韻規律分段，因此不同於劉運好《陸士衡文集校注》（鳳凰出版社 2007 年版）、趙逵夫主編《歷代賦評注·魏晉卷》（巴蜀書社 2010 年版）。這是陸機的名篇，《文選》對此文題解道："逝，往也。言日月流邁，人世易往，傷歎是事，因而賦焉。"陸機在此文中感歎歲月易逝，生命脆弱，人生易老，表達了對逝去的親朋的懷念。文章最後稱："將頤天地之大德，遺聖人之洪寶。解心累於末迹，聊優游以娛老。"這是在西晉時代已經流行起來的老莊思想的反映，表明陸機很想擺脫世俗利祿的羈絆，以求全身養志。

［2］平生，年少時。

［3］凋落，死亡。

［4］僅，才能。

［5］懿親，典出《左傳·僖公二十四年》："富辰曰：兄弟雖有小忿，不廢懿親。"懿，美、善。

［6］暱，近。

［7］索然，空虛的樣子。

［8］這兩句典出《孔子家語·五儀解》："孔子謂哀公曰：君以此思哀，則哀可知矣。"思，去聲，悲傷。《禮記·樂記》："亡國之音哀以思，其民困。"

［9］以上爲本篇的序。

伊天地之運流[1]，紛升降而相襲[2]。日望空以駿驅[3]，節循虛而警立[4]。嗟人生之短期，孰長年之能執[5]？時飄忽其不再[6]，老晼晚其將及[7]。懟瓊蘂之無徵[8]，恨朝霞之難挹[9]。望暘谷之企予[10]，惜此景之屢戢[11]。

［1］伊，發語詞，相當於"惟"。運流，流轉不息。運，旋轉。

［2］紛，雜多。升降，李善注引《禮記》曰："地氣上齊，天氣下降，而百化興焉。"襲，承接，包含有連緜不斷、無窮無盡的意思。

［3］駿驅，像駿馬一樣奔馳。駿，名詞作狀語。

［4］節，馬鞭。循虛，沿着虛空。警，警策。李善注曰："警猶驚也。"立，豎立起來，隨時準備鞭打拉着太陽在空中飛翔的龍馬。

［5］執，守得住。

［6］飄忽，迅疾貌。《楚辭·九歌·湘君》："時不可兮再得。"《思玄賦》："辰倏忽其不再。"

［7］晼（wǎn）晚，叠韻連緜詞，太陽慢慢西落。李善注："晼晚，日暮也。"《楚辭·九辯》："白日晼晚其將入兮，明月銷鑠而減毀。"西晉潘嶽《懷舊賦》："日晼晚而將暮。"其，《文選》五臣本作"而"，當以作"而"爲確，以免與前一句的"其"相重複。及，來到。

［8］李善注引《字林》曰："懟，怨也。"瓊蘂，潔白如玉的花。上古時代的仙人思想認爲吃瓊蕊可以延年益壽。張衡《西京賦》："屑瓊蘂以朝飡，必性命之可度。"

［9］朝霞，《楚辭·遠遊》曰："漱正陽而含朝霞。"五臣注《文選》張銑曰："瓊蘂、朝霞，皆仙者服之，以取長年。今我將老，是瓊蘂無驗，朝霞不可挹酌也。"

［10］暘（yáng），李善本作湯。二者皆通，以湯爲古本。暘谷，神話中太陽升起的地方。《山海經·海外東經》："下有湯谷。湯谷上有扶桑，十日所浴，在黑齒北。居水中，有大木，九日居下枝，一日居上枝。"之，李善本作以。當以作"以"爲長。企通"跂"。企予，使我豎起腳跟向望。企，使動用法。

［11］此景，日光。戢，藏。

悲夫。川閱水以成川[1]，水滔滔而日度[2]；世閱人而爲世，人冉冉而行暮[3]。人何世而弗新？世何人之能故[4]？野每春其必華[5]，草無朝而遺露[6]。經終古而常然[7]，率品物其如素[8]。譬日及之在條[9]，恒雖盡而弗悟[10]。

［1］閲，會聚。李善注引高誘《淮南子注》："閲，揔也。"

［2］滔滔，水流貌。

［3］《廣雅》："冉冉，進也。"行暮，人生走到晚年。

［4］這兩句説人世間的規律是新陳代謝、變化無常的。故，長久存在而不死亡。

［5］華，後作"花"。

［6］草每天上午都不能把它上面的露水保留下來，因爲太陽一出露水就乾了。李善注："遺露，喻世何人之能故。夫露之在草，無一朝有餘。以喻人之居世，無一時而能故也。"漢代以來的詩文常以"露"來象徵人生短促。如《薤露》："薤上露，何易晞。露晞明朝更復落，人死一去何時歸?"《長歌行》："青青園中葵，朝露待日晞。"曹操《短歌行》："譬如朝露，去日苦多。"

［7］終古，自古以來，始終。常然，總是如此。

［8］率，大率，大致上。品物，萬物。如素，如故。

［9］日及，朝菌。傺，樹枝。朝菌朝生暮死，古人常以此來比喻人生短暫。

［10］李周翰注："悟，覺也。日及，木槿華也。朝榮夕落。漸至於盡不即覺也。"

雖不寤其可悲[1]，心惆焉而自傷。亮造化之若茲[2]，吾安取夫久長[3]。痛靈根之夙殞[4]，怨具爾之多喪[5]。悼堂構之隤瘁[6]，愍城闕之丘荒[7]。親彌懿其已逝[8]，交何戚而不亡[9]？咨余命之方殆[10]，何視天之茫茫[11]？

［1］李善本"寤"作"悟"，皆通。

［2］亮，通"諒"，料想。造化，大自然。

［3］取，獲得、得到。久長，長生不死。

［4］靈根，靈木之根，比喻祖先。夙，早。殞，失去。

［5］具爾，兄弟。典出《詩經・行葦》："戚戚兄弟，莫遠具爾。"

［6］堂構，比喻祖先留下的基業。隤，崩塌。五臣本作頽，皆通。瘁，毁壞。張銑注曰："堂構，祖考所構之堂，皆崩頽毁瘁。"

［7］張銑注曰："城闕亦丘墟荒蕪，此機情多傷吳亡矣。"

［8］懿，美。

［9］交，朋友。戚，近。李善本"亡"作"忘"，不妥，當以作"亡"爲確，與上一句的"逝"相呼應。

［10］咨，嗟。殆，危。李善本"命"作"今"字。當以作"今"爲確。此與下一句出典於《詩經・小雅・正月》："民今方殆，視天夢夢。"正作"今"字。

［11］茫茫，不明。李善本作"芒芒"。李善注："芒芒猶夢夢也。"

傷懷悽其多念[1]，感貌瘁而尠歡[2]。幽情發而成緒[3]，滯思叩而興端[4]。慘此世之無樂，詠在昔而爲言[5]。居充堂而衍宇[6]，行連駕而比軒[7]。彌年時其詎幾，夫何往而不殘[8]？或冥邈而既盡[9]，或寥廓而僅半[10]。信松茂而栢悦[11]，嗟芝焚而蕙歎[12]。苟性命之不殊[13]，豈同波而異瀾[14]？瞻前軌之既覆[15]，知此路之良難。啓四體而深悼[16]，懼茲形之將然[17]。毒娱情之寡方[18]，怨感目之多顔[19]。

［1］傷懷，偏正結構，悲傷的情懷。

［2］慼，憂。李善本作“戚”。瘁，病。“瘁”與“悴”古字通。尠，少。尠，五臣本作“鮮”。

［3］緒，連綿不斷的情感思緒。

［4］滯思，鬱結的思緒。叩，敲擊。興端，開始表現出端倪。劉良注：“言我懷傷叩發，自多端緒。”

［5］在昔，往昔。

［6］李善注：“充滿於堂，盈衍於宇。”意思是在家很富足，而且親友多。

［7］連駕，車駕前後相隨。比軒，車駕左右相並列。這句也是說從前親朋好友衆多。

［8］彌，終、盡。年時，歲月。彌年時，即壽終正寢。呂向注：“詎幾，無多也。言思昔雖已終，年時亦無多日也，而親戚舊人無不殘滅。”何往而不殘，任何事物都會隨着時間流逝而凋殘。

［9］冥邈，雙聲連綿詞，时間上的久遠。

［10］寥廓，《廣雅》：“寥，深也。廓，空也。”這裏指空間上隔得太遠。僅，才。

［11］李周翰注：“同類相感也。”

［12］李周翰注：“芝、蕙，香草也。言親友既逝，其情無聊。”李善注：“栢悦蕙歎，蓋以自喻。”松茂而柏悦，當是指陸機自己和其弟陸雲在仕途上有很好的發展。芝焚而蕙歎，當是指其親友或早逝，或遭遇艱辛。《南史·劉峻傳》：“敬通雖芝殘蕙焚，終填溝壑，而爲名賢所慕，其風流郁烈芬芳，久而彌盛。”又，陸機《思親賦》：“兄瓊芳而蕙茂，弟蘭發而玉暉。感瑰姿之晚就，痛慈景之先違。”正是說陸機兄弟自己發展得很好，但父母早逝。

［13］李善本“不”作“弗”字。當以作“弗”爲古本。

［14］李善注：“言人之性命脆促不殊，譬水同波，而無異瀾也。”呂延濟注：“性命波瀾既同，賓族盡歿，自思將復同此。”

［15］軌，車軌，此處指車。

［16］四體，雙手雙足。李善注：“《論語》曰：曾子有疾，召門弟子曰‘啓予足、啓予手’。”這是曾子臨死前說的話。

［17］張銑注：“懼已將復化也。”化，死去。陸機擔心自己也將很快去世。將然，將來會發生的事。典出《韓非子·八經·參言》：“無副言於上以設將然。”《大戴禮記·禮察》：“凡人之知能見已然，不能見將然。禮者，禁將然之前。”在本文中指：將來也會成這樣。然，成也。見《廣雅·釋詁三》。

［18］《廣雅》：“毒，痛也。”之，李善本作“而”。當以作“之”爲確。寡方，沒有辦法。

［19］李善注：“多顔，謂亡者既多，而非一狀也。”呂向注：“言觸目皆感，多在顔面。”

諒多顔之感目[1]，神何適而獲怡[2]？尋平生於響像[3]，覽前物而懷之[4]。步寒林以悽惻[5]，翫春翹而有思[6]。觸萬類以生悲，歎同節而異時[7]。

［1］諒，五臣作“亮”。二者皆通，以“諒”爲本字，料想。

［2］適，往。怡，樂。

［3］平生，平生的親友，故交。響，回聲。像，畫像。

［4］前物，死者留下的遺物。李善注：“夫響以應聲，像以寫形。今形聲既亡，故尋其響像。”

［5］寒林，秋冬時期的林。

［6］李善注：“翹，茂盛貌。”在賞玩春天的繁華的時候，不禁想起逝去的親人朋友。

[7] 呂延濟注："言節序雖同，而時人各異也。"就是物是人非的意思。

年彌往而念廣[1]，塗薄暮而意迮[2]。親落落而日稀，友靡靡而愈索[3]。顧舊要於遺存[4]，得十一於千百[5]。樂隤心其如亡[6]，哀緣情而來宅[7]。託末契於後生[8]，余將老而爲客[9]。

[1] 彌，越、更；往，流逝。念，思念。廣，深廣。

[2] 迮，迫。劉良注："喻天甚長而人已老，是以意迫迮也。"

[3] 李善注："落落，稀貌。靡靡，盡貌。"張銑注："靡靡，少貌。索，盡。"

[4] 顧，環顧。舊要，從前要好的朋友，舊交。遺存，存活下來的人們。遺，餘。

[5] 李善注："得十一於千百之內。十一者，謂通千百而計之，十分而得其一，言亡多而有存寡也。"張銑注："舊十今得其一，舊千今得其百，蓋失其九分矣。"

[6] 李善注："薛君《韓詩章句》曰'隤猶遺也'。"隤，在本文中可解釋爲"離去"。五臣本作"隕"。呂向注："隕，落。"但以古漢語語法論之，當以作"隤"爲長。"隕"當是"隤"之形誤。亡，失。

[7] 李善注："宅，君也。言樂易失，而哀易居也。"

[8] 契，契約、約定。末契，微末的師生之情。後生，晚輩的年輕人。《論語·子罕》："子曰：'後生可畏。'"

[9] 李善注："古詩曰'人生天地間，忽如遠行客'。"陸機這裏的"客"當是用此典故。陸機此句的意思是：我年老了，餘生不多，猶如暫時在人間作客，很快就要離開人間。

然後弭節安懷[1]，妙思天造[2]。精浮神淪，忽在世表[3]。寤大暮之同寐[4]，何矜晚以怨早[5]？指彼日之方除[6]，豈茲情之足攪[7]？感秋華於衰木[8]，瘁零露於豐草[9]。在殷憂而弗違[10]，夫何云乎識道[11]？將頤天地之大德，遺聖人之洪寶[12]。解心累於末迹[13]，聊優游以娛老[14]。

[1] 弭節，放下馬鞭，不再驅車前行。安懷，靜下心來。"弭節"也作"靡節"，猶言按節。《文選·爲鄭沖勸晉王牋》："迴戈弭節，以麾天下。"李善注："《長楊賦》曰：'靡節西征，羌僰東馳。'今以靡爲弭，誤也。"李周翰注："弭，按也。"

[2] 妙思，深入地思考。妙，通"眇"。曹丕《與吳質書》："既妙思六經，逍遥百氏。"天造，大自然化育萬物。典出《易經·屯》："天造草昧。"

[3] 表，外。

[4] 大暮，長夜，指墳墓。墓與暮是同源詞。因爲墓中黑暗（即暮），所以才稱作墓。

[5] 李善注："言覺斯理，則晚死者何足矜，早夭者何傷也?"這是陸機的達觀思想，也是一種自我安慰。

[6] 歲月流逝。除，去。典出《詩經·小雅·小明》："昔我往矣，日月方除。"《詩經·唐風·蟋蟀》："日月其除。"

[7] 攪，攪亂。呂向注："言彼日之去，乃常事耳。何足攪亂我情而使憂也?"

[8] 感，傷感。華，後作"花"。

[9] 瘁，憂傷。零露，典出《詩經·國風·野有蔓草》："野有蔓草，零露漙兮。"零，動詞，

降落。零露，偏正結構，動詞作定語。

［10］殷，與憂同義，憂傷。或訓殷爲深，亦通。在《詩經》中又作“隱憂”。違，去。指擺脫痛苦憂傷的情思。

［11］這兩句的意思是：不能自己擺脫憂傷煩惱的情懷，這哪裏稱得上明白了大道呢？陸機的意思是得道之人無憂。

［12］李善注：“《爾雅》曰：‘頤，養也。’《周易》曰：‘天地之大德曰生。聖人之大寶曰位。”呂延濟注：“洪，大也。言將養生而遺榮也。”這兩句說：將要養生而放棄官職祿位。實際上，後人多批評陸機追求功名榮華之心太重，以至於最後因此而喪身。例如梁簡文帝蕭綱《悔賦》：“士衡文傑，綽有餘裕。……志關沉隱，心躭進趣。……形殞河上，心憶華亭。”

［13］末迹，這裏指人生的晚年。

［14］李善注：“《莊子》曰：‘解心之繆，去德之累，容、動、色、治、氣、意，六者繆心者也。惡、欲、喜、怒、哀、樂，六者累德者也。’”《莊子》此文的“累”是妨害的意思。本文的“累”訓憂患。優游，典出《詩經·采菽》：“優哉遊哉。”娛老，自娛以終老。

劉　勰

劉勰，字彥和，六朝齊梁時代人。原籍東莞莒縣（今屬山東），幼年喪父，家貧，不娶妻。後入建康（今南京）定林寺爲僧，隨當時高僧僧佑研習學問十餘年，博覽群書。三十歲後，用五年左右時間完成巨著《文心雕龍》，深得當時文壇名家沈約的讚賞。梁武帝天監初，起家奉朝請，臨川王蕭宏引以爲兼記室。天監七八年，與僧智等三十人同集上定林寺抄經論。約於大同三年（537）左右卒。年約七十。《梁書》有傳。

《文心雕龍》是我國古代極其偉大的文學理論和美學名著，成書於南朝的齊。共十卷，五十篇。原分上、下部，各二十五篇。全書包括四個重要方面，從《原道》至《辨騷》的五篇，是全書的序論和總綱，而其中的《原道》、《徵聖》、《宗經》三篇是全書各篇的根本原則和立論的核心價值。從第六篇《明詩》到第二十五篇《書記》的二十篇是文體論，對各種文體源流及相關的作家、作品逐一進行闡述和評價。從第二十六篇《神思》到第四十四篇《物色》的二十篇是創作論，幾乎論述了文學創作的各個方面，對很多問題的論述都遠遠早於西方美學在同問題上的觀點。《時序》篇是對文學發展變遷的歷史性論述，尤其強調了政治社會的客觀環境對文學變遷的影響；《才略》篇是對歷代著名文學家的成就和地位的綜述；《知音》篇是文學批評論和鑒賞論；《程器》篇是對歷代文學家德行的評述。以上幾個方面共四十九篇。最後的《序志》篇敍述作者寫作此書的動機和宗旨，全書共計五十篇。

《文心雕龍》是我國文論史和美學史上第一部有完整體系的巨著，在我國文化史上有崇高的地位。全書用駢體文寫成，文辭典雅，論述全面精湛，見解深刻警策，至今有其不可磨滅的價值。

關於《文心雕龍》的注本，較好的有范文瀾《文心雕龍注》、王利器《文心雕龍校證》、楊明照《增訂文心雕龍校注》、詹锳《文心雕龍義證》、劉永濟《文心雕龍校釋》。另可參考張立齋《文心雕龍考異》、《文心雕龍注訂》，錢基博《文心雕龍校讀記》。郭紹虞《中國文學批評史》第四篇第二章第二節第二目列舉有新中國成立前關於《文心雕龍》的簡要文獻書目。周振甫主編《文心雕龍辭典》收集介紹有關文獻最爲詳盡。

文心雕龍·神思[1]

古人云："形在江海之上，心存魏闕之下。"[2]神思之謂也。文之思也，其神遠矣。故寂然凝慮[3]，思接千載；悄焉動容，視通萬里[4]。吟詠之間，吐納珠玉之聲[5]；眉睫之前，卷舒風雲之色[6]；其思理之致乎[7]？故思理爲妙，神與物遊[8]。神居胸臆[9]，而志氣統其關鍵[10]；物沿耳目，而辭令管其樞機[11]。樞機方通[12]，則物無隱貌[13]；關鍵將塞，則神有遯心[14]。是以陶鈞文思[15]，貴在虛靜；疏瀹五藏[16]，澡雪精神[17]。積學以儲寶，酌理以富才[18]；研閱以窮照[19]，馴致以繹辭[20]。然後使玄解之宰[21]，尋聲律而定墨[22]；獨照之匠[23]，闚意象而運斤[24]。此蓋馭文之首術[25]，謀篇之大端。

[1] 選自詹锳《文心雕龍義證》(上海古籍出版社 1999 年版)。選文省去了末尾的讚辭。本文主要闡述文學創作的運思，論述了神與思的關係，思與意、言的關係。既指出了文辭有巨大的表現功能，也強調了積纍學問、勤於專研和觀察思考才是靈感的來源。本篇指出文辭能夠"規矩虛位，刻鏤無形"，這實際上是說文辭具有創造功能，並非完全出於模仿；本篇論及"登山則情滿於山，觀海則意溢於海"，這就是西方美學史上的"移情說"，而《文心雕龍》的這個觀點要早於西方美學一千多年。本篇還說"意翻空而易奇，言徵實而難巧也。是以意授於思，言授於意。密則無際，疏則千里。或理在方寸，而求之域表；或義在咫尺，而思隔山河"，這是討論"言"與"意"的關係，指出了二者要密合並非易事，這比西方美學家克羅齊的"表現說"要合理深刻。而且本篇這裏提出的是"思、意、言"三分，而不是西方美學的"意、言"二分，表明我國古代美學的分析法比西方美學要深刻詳密，因此不能一味認爲西學長於分析，而中學長於綜合。

[2] 典出《莊子·讓王》："中山公子牟謂瞻子曰：身在江海之上，心居乎魏闕之下，奈何?"《文子》卷九《下德》："老子曰：身處江海之上，心在魏闕之下。"魏闕，朝廷。

[3] 寂然，安靜貌。凝慮，凝思。

[4] 這兩句說神思可以不受時空的約束。參考陸機《文賦》："其始也，皆收視反聽，耽思傍訊，精鶩八極，心游萬仞。"又："觀古今於須臾，撫四海於一瞬。"

[5] 珠玉之聲，美詞麗句，特別是音韻和諧優美的文辭。

［6］風雲之色，色彩豐富瑰麗的文辭。

［7］思理之致，思理，構思。《世說新語·賞譽》注引《續晉陽秋》："康伯清和有思理。"致，導致。

［8］從這兩句看，《文心雕龍》的"神思"可以分開來解釋，"思"是"思理"，而"神"是獨立的概念。要注意的是這兩句表明"神"在"思"之後，要妙思之後才會有"神"。

［9］胸與臆同義並列。

［10］關，門閂；鍵，關門的鎖。引申爲文章的重要部分。《老子·二十七章》："善閉，無關鍵而不可開也。"

［11］《周易·繫辭上》："言行，君子之樞機。樞機之發，榮辱之主也。"王弼注："樞機，制動之主。"《春秋繁露·立元神》："君人者，國之元。發言動作，萬物之樞機。樞機之發，榮辱之端也。"《國語·周語下》："夫耳目，心之樞機也。"韋昭注："樞機，發動也。心有所欲，耳目爲之發動。"這句話是說：耳目的所聞所見都要依賴文辭才能表現。

［12］方，表示已然，意思是"已經"。

［13］意思是文辭能夠充分描寫萬物。

［14］遯，又作遁。逃避。

［15］陶鈞，本義是製作陶器所用的轉輪，這裏引申爲創造。典出《史記·鄒陽列傳》："聖王制世御俗，獨化於陶鈞之上。"又見劉向《新序》卷三。

［16］疏瀹（yuè），疏通。五藏，即五臟，本爲中醫術語，指心、肝、脾、肺、腎。《白虎通論·情性》引《樂動聲儀》："五臟者何也，謂肝心肺腎脾也。"這裏指心靈。

［17］澡雪，洗乾淨。典出《莊子·知北遊》："老聃曰：汝齊戒，疏瀹而心，澡雪而精神。"成玄英疏："疏瀹猶灑濯也，澡雪猶清潔也。"

［18］酌理，斟酌事理。

［19］研閱以窮照，仔細研究以求對事物的透徹觀察和理解。

［20］馴致以繹辭，順着作者的思緒和情感以尋繹適當的文辭。馴致，典出《易經·坤》象辭："履霜堅冰，陰始凝也；馴致其道，至堅冰也。"

［21］玄解之宰，指心靈。玄解，典出《莊子·養生主》："古者謂是帝之縣（音玄）解。"

［22］定墨，典出《禮記·玉藻》："卜人定龜，史定墨。"此處"定墨"謂確定最後的遣詞用句。墨，筆墨。

［23］獨照，有獨到的觀察和理解。典出《淮南子·俶真》："冥冥之中，獨見曉焉；寂漠之中，獨有照焉。"又見《文子·微明》。

［24］運斤，典出《莊子·徐无鬼》："郢人堊慢其鼻端，若蠅翼，使匠石斲之。匠石運斤成風，聽而斲之，盡堊而鼻不傷。"運，快速旋轉。斤，斧斤。

［25］馭文，駕馭全文。首術，最重要的方法。

夫神思方運，萬塗競萌[1]。規矩虛位，刻鏤無形[2]。登山則情滿於山，觀海則意溢於海[3]。我才之多少，將與風雲而並驅矣[4]。

［1］萬塗競萌，各種想法競相產生。

［2］規矩，用作動詞。賦予事物一定的形態。虛位，典出《春秋繁露·天辨在人第四十六》：

“冬出守虛位於上者陰也。”規矩與刻鏤義近，虛位與無形義近。虛位與無形前都省略“於”字。

［3］這就是西方美學所討論的“移情說”。

［4］這兩句的意思是我的文才將充分描摹風雲等自然景物的形色。

方其搦翰[1]，氣倍辭前[2]。暨乎篇成，半折心始[3]。何則？意翻空而易奇，言徵實而難巧也。是以意授於思，言授於意[4]。密則無際，疏則千里。或理在方寸[5]，而求之域表[6]；或義在咫尺，而思隔山河。是以秉心養術[7]，無務苦慮[8]；含章司契[9]，不必勞情也。

［1］方，剛才、剛剛。搦翰，握筆。

［2］氣倍辭前，在下筆之前充分自信。

［3］在完成全文之後，發現只達到了最初一半的目標。半折，損失一半。典出《戰國策·齊策一》：“韓、魏戰而勝秦，則兵半折。”

［4］這兩句的意思是：“思”產生“意”，“意”產生“言”。可見在《文心雕龍》中“思”與“意”不同，“思”是“意”的根源。

［5］方寸，心。古人的觀念認爲人的心臟是一寸方形，所以用“方寸”代表“心”。

［6］域表，大地之外。

［7］秉，持。術，方法。秉心，典出《詩經·小雅·小弁》：“君子秉心。”鄭箋：“秉，執也。”又《詩經·定之方中》：“秉心塞淵。”

［8］無務，無需。

［9］含章，有內在的美。典出《易經·坤》六三：“含章可貞。”王弼注：“含美而可正，故曰含章可貞也。”司契，典出《老子·七十九章》：“有德司契。”河上公注：“有德之君，司察契信而已。”西晉陸機《文賦》：“意司契而爲匠。”李善注：“取捨由意，類司契爲匠。”

淮南崇朝而賦《騷》[1]，枚皋應詔而成賦[2]，子建援牘如口誦[3]，仲宣舉筆似宿構[4]，阮瑀據案而制書[5]，禰衡當食而草奏[6]。雖有短篇，亦思之速也。

［1］高誘《淮南子序》：“詔使（淮南王劉安）爲《離騷賦》，自旦受詔，日早食已上。”

［2］《漢書·枚皋傳》：“上有所感，輒使（枚皋）賦之。爲文疾，受詔輒成，故所賦者多。”

［3］楊修《答臨淄侯箋》：“嘗親見執事握牘持筆，有所造作，若成誦在心，借書於手，曾不斯須少留思慮。”

［4］《後漢書·王粲傳》：“粲字仲宣，善屬文，舉筆便成，無所改定，時人常以爲宿構。”

［5］《魏志·王粲傳》注引《典略》曰：“太祖嘗使瑀作書與韓遂。時太祖適近出，瑀隨從，因於馬上具草。書成呈之，太祖攬筆欲有所定，而竟不能增損。”

［6］《後漢書·禰衡傳》：“黃祖長子射，時大會賓客，人有獻鸚鵡者，射舉卮於衡曰：‘願先生賦之，以娛嘉賓。’禰攬筆而作，文無加點，辭采甚麗。”這是說禰衡當食而作賦；又，《後漢書·禰衡傳》：“劉表嘗與諸文人共草章奏，並極其才思。時衡出，還見之，開省未周，因毀以抵地。表憮然爲駭。衡乃從求筆劄，須臾立成，辭義可觀。表大悅，益重之。”這是說禰衡草奏之速，但並非當食之時。《文心雕龍》合二事而混言，應是劉勰當初記憶稍誤。草，起草。奏，上奏君王的文書。

若夫駿發之士[1]，心總要術[2]。敏在慮前[3]，應機立斷[4]。覃思之人[5]，情饒歧路[6]。鑒在疑後[7]，研慮方定[8]。機敏，故造次而成功[9]；慮疑，故愈久而致績[10]。難易雖殊，並資博練[11]。若學淺而空遲，才疏而徒速[12]。以斯成器，未之前聞。

［1］駿發，思維敏捷、下筆神速。駿發，典出《詩經·周頌·噫嘻》："駿發爾私。"

［2］心總要術，心中掌握了要領。

［3］這句的意思是：思路敏捷，無需思慮。

［4］此句典出陳琳《答東阿王箋》："拂鐘無聲，應機立斷。"

［5］覃思，深入且長時間地思索。"覃思"即上文"沈慮"，覃、沈古音相通，猶言深思。

［6］情思紛紜複雜，難以統合。

［7］經過疑惑後才能洞察。

［8］精心思慮後才能斷定。

［9］造次，雙聲連緜詞，迅速。

［10］致績，與成功同義。

［11］資，依靠。博練，博通練達。

［12］徒，空。

是以臨篇綴慮[1]，必有二患：理鬱者苦貧[2]，辭溺者傷亂[3]。然則，博見爲饋貧之糧，貫一爲拯亂之藥[4]。博而能一[5]，亦有助乎心力矣。若情數詭雜[6]，體變遷貿[7]。拙辭或孕於巧義，庸事或萌於新意。視布於麻[8]，雖云未費[9]。杼軸獻功，煥然乃珍[10]。

［1］綴慮，構思。

［2］理鬱，思路不通暢。苦貧，苦於思理貧乏。

［3］辭溺，文辭過於繁富而無檢束。傷亂，弊端是散亂。

［4］貫一，堅持一個中心。典出《論語·里仁》："子曰：參乎！吾道一以貫之。"

［5］一，唯一的中心原則。

［6］情數，人的情思。詭雜，詭變複雜，琢磨不定。

［7］體，文體。遷與貿同義，都是變化。遷貿，這裏是變化無定、沒有準一的意思。

［8］視布於麻，將麻布與麻相比較。視，比較。

［9］費，通"悖"，違反、性質不同。這兩句說：麻布與麻綫相比較，雖然在本質上沒有什麼不同。

［10］這兩句說：由織布機把麻紡織成麻布，於是麻布就比麻要珍貴得多，雖然二者在本質上都是麻。杼軸，織具。《詩經·小雅·大東》："杼柚其空。"《淮南子·說林》："黼黻之美，在於杼軸。"陸機《文賦》："雖杼軸於予懷，怵他人之我先。"則是用作動詞了。

至於思表纖旨[1]，文外曲致[2]，言所不追[3]，筆固知止。至精而後闡其妙[4]，至變而後通其數[5]。伊摯不能言鼎[6]，輪扁不能語斤[7]，其微矣乎！

［1］思表，思維之外，即超越尋常思維。纖旨，微妙的意味。

［2］文外，文辭之外，即非文辭所能直接表達。曲致，含蓄委曲的情致。

［3］言所不追，非語言所能表達。

［4］至精，《周易·繫辭上》："非天下之至精，其誰能與於此？"

［5］數，規律。《周易·繫辭上》："參伍以變，錯綜其數。通其變，遂成天下之文；極其數，遂定天下之象。"

［6］伊摯即伊尹，輔佐成湯建立商朝的開國名臣，精於烹飪，曾以烹飪之術對商湯闡述治國之道。《呂氏春秋·本味》載伊尹對商湯之言曰："鼎中之變，精妙微纖，口弗能言，志弗能喻。"高誘注："鼎中品味分齊纖微，故曰不能言也。志意揆度，不能諭說。"

［7］典出《莊子·天道》："桓公讀書於堂上，輪扁斫輪於堂下，釋椎鑿而上，問桓公曰："敢問：'公之所讀者，何言邪？'公曰：'聖人之言也。'曰：'聖人在乎？'公曰：'已死矣。'曰：'然則君之所讀者，古人之糟粕已夫！'桓公曰：'寡人讀書，輪人安得議乎！有說則可，無說則死。'輪扁曰：'臣也以臣之事觀之。斫輪，徐則甘而不固，疾則苦而不入，不徐不疾，得之於手而應於心。口不能言，有數存乎其間。臣不能以喻臣之子，臣之子亦不能受之於臣，是以行年七十而老斫輪。古之人與其不可傳也死矣。然則君之所讀者，古人之糟粕已夫！"陸機《文賦》："是蓋輪扁所不得言，亦非華說之所能精。"蕭子顯《南齊書·文學傳論》："輪扁斫輪，言之未盡。"

古　注

《文選注·鵩鳥賦》

《鵩鳥賦》選自《文選注》卷十三"賦"。作者是漢初的賈誼。《鵩鳥賦》是作者謫居長沙時所作。文中假託與鵩鳥的問答，抒發了自己懷才不遇的抑鬱不平情緒，並以老莊的齊生死、等禍福的消極思想來自我排遣。

鵩鳥賦并序

賈誼漢書曰賈誼洛陽人也年十八屬文稱於郡中河南太守吳公聞其秀才召置

文十三　十六

門下甚幸愛後文帝召爲博士爲絳灌馮敬之屬害之於是天子疏之以爲長沙王傅然賈生英特弱齡秀發縱橫海之巨鱗矯冲天之逸翰而不參謀棘署贊道槐庭虛離謗缺爰傅卑土發憤嗟命不亦宜乎而班固謂之未爲不達斯言過矣

誼爲長沙王傅漢書云誼爲長沙王太傅三年鵩入誼舍又云後歲餘文帝思誼徵拜爲梁王傅然文帝之世王長沙者唯有吳芮之子孫耳經史不數其謚號故難得而詳也又景帝十三王傳曰長沙定王發母唐姬無寵故王卑濕國三年有鵩鳥飛入誼舍止於坐隅鵩似鴞不祥鳥也晉灼曰巴蜀異物志曰有鳥小如雞體有文色土俗因形名之曰鵩不能遠飛行不出域鵩于妖切誼既以謫居長沙韋昭曰謫譴也長沙卑濕誼自傷悼以爲壽不得長迺爲賦以自廣自廣自寬也其辭曰單閼之歲兮四月孟夏爾雅曰太歲在卯曰單閼徐廣曰文帝六年歲在丁卯庚子日斜

兮，鵩集予舍。李奇曰：日西斜時也。止于坐隅兮，貌甚閑暇。閑暇，不驚恐也。異物來萃兮，私怪其故。萃，集也。發書占之兮，讖言其度。說文曰：讖，驗也。有徵驗之書，河洛所出書曰讖。曰：野鳥入室兮，主人將去。請問于鵩兮：予去何之？善曰：讖于鵩鳥也。吉乎告我，凶言其災。淹速之度兮，語予其期。淹，遲也；速，疾也。謂死生之遲疾也。鵩迺歎息，舉首奮翼。口不能言，請對以臆。請以臆中之事以對也。萬物變化兮，固無休息。莊子曰：已化而生，又化而死。鶡冠子曰：固無休息。斡流而遷兮，或推而還。如淳曰：斡，轉也。善曰：鶡冠子曰：斡流遷徙，固無休息。形氣轉續兮，變化而嬗。韋昭曰：而如也。蘇林曰：轉續相傳與也。嬗音蟬，如蜩蟬之蛻化也。或曰：嬗，相連也。沕穆無窮兮，胡可勝言。沕穆，不可分別也。顏師古曰：沕穆，微深也。鶡冠子曰：變化無窮，何可勝言。沕，士筆切。禍兮福所倚，福兮禍所伏。鶡冠子曰：禍乎福之所倚，福乎禍之所伏。老子注曰：倚，因也。聖人遭禍而能悔過，責己脩善，則禍去福來也。中人得福而爲驕恣，則福去而禍來也。憂喜聚門兮，吉凶同域。鶡冠子曰：憂喜聚門，吉凶同域。或作最，亦聚也。董仲舒云：弔者在門，慶者在閭。今言皆在門者，好惡故言同域也。彼吳強大兮，夫差以敗。越棲會稽兮，句踐霸世。鶡冠子曰：失反爲得，成反爲敗。吳大兵強，夫差以困；越棲會稽，句踐霸世。史記曰：越王句踐，其先允常與吳王闔閭戰而相怨伐。允常卒，子句踐立，是爲越王。闔閭聞允常死，乃興師伐越。越王句踐使士挑戰，射傷吳王闔閭。闔閭且死，告其子夫差曰：必無忘越。三年，句踐聞吳王夫差日夜勒兵，且以報越，欲先吳未發往伐之。范蠡諫曰：不可。王曰：已決之矣。遂興師。吳王聞之，悉精兵以伐越，敗之夫椒。越王乃以甲兵五千人棲於會稽。吳師追而圍之。越王謂范蠡曰：以不聽子故至於此，爲之奈何？蠡對曰：持滿者與天，定傾者與人，節事者以地。卑辭厚禮以遺之，不許，而身與之市。句踐曰：諾。乃令大夫種行成於吳，膝行頓首曰：君王亡臣句踐使陪臣種敢告下執事：句踐請爲臣，妻爲妾。吳王將許。子胥言於吳王曰：天以越賜吳，勿許也。吳王不聽，卒

【文十三】【十七】葉必先

許越平。句踐自會稽歸，循其士民，伐吴，大破吴，因留圍之三年，越遂棲吴王於姑蘇山。吴王謝曰：吾老矣，不能事君王。遂自殺，乃蔽面曰：吾無以見子胥也。高誘淮南子注云：山處曰棲。越滅吴，稱霸。**斯游遂成兮，卒被五刑。**應劭曰：李斯西游於秦，身登相位，二世時爲趙高所讒，身被五刑。**傳說胥靡兮，迺相武丁。**尚書曰：高宗夢得說，使百工營求諸野，得諸傅巖，爰立作相。孔安國曰：傳氏之巖，通道所經，有澗水壞道，使胥靡刑人築護此道。說賢而隱，代胥靡築之。莊子曰：夫道，傳說得之，以相武丁。**夫禍之與福兮，何異糾纆。**字林曰：糾，兩合繩；纆，三合繩。應劭曰：禍福相與爲表裏，如糾纆索相附會也。臣瓚曰：糾，絞也；纆，索也。鶡冠子曰：禍與福如糾纆也。**命不可說兮，孰知其極。**鶡冠子曰：終則有始，孰知其極。老子道德經曰：孰知其極。河上公注曰：禍福更相生，死孰知其窮極時也。顔監曰：極，止也。**水激則旱兮，矢激則遠。萬物迴薄兮，振盪相轉。**言矢飛水流，各有常度，爲物所激，或旱或遠，斯則萬物變化，烏有常則乎。鶡冠子曰：水激則悍，矢激則遠，精神迴薄，振蕩相轉。悍與旱同，並戶但切。呂氏春秋曰：激矢遠，激水旱。**雲蒸雨降兮，糾錯相紛。**黄帝素問曰：地氣上爲雲，天氣下爲雨。韋昭國語注曰：蒸，升也。**大鈞播物兮，坱圠無垠。**如淳曰：陶者作器於鈞上，此以造化爲大鈞。應劭曰：陰陽造化，如鈞之造器也。其氣坱圠，非有限齊也。善曰：坱，烏黨切；圠，烏黠切。**天不可預慮兮，道不可預謀。**鶡冠子曰：天不可預謀，道不可預慮。**遲速有命兮，焉識其時。**鶡冠子曰：遲速止息，必中參伍，焉識其時。見下文也。**且夫天地爲鑪兮，造化爲工。**莊子黎曰：今一以天地爲大鑪，以造化爲大冶，惡乎往而不可哉。**陰陽爲炭兮，萬物爲銅。合散消息兮，安有常則。**莊子曰：人之生也，氣之聚也，聚爲生，散爲死。鶡冠子曰：同合消散，孰識其時。**千變萬化兮，未始有極。**列子曰：千變萬化，不可窮極。莊子曰：若人之形者，萬化而未始有極。司馬彪曰：當復化而爲無。**忽然爲人兮，何足控摶。**控摶，愛生之意也。孟康曰：控，引也；摶，持也。言人生忽然，何足引持自貴惜也。如淳曰：摶音

文十三 十八 勝

闓或作揣晉灼曰許慎云揣量也度商曰揣言何足度量己之年命長短而惜之乎按史記英布傳云果如薛公揣之陳平云生揣我何念皆訓爲量與晉灼說同音初毀切又丁果切但字者湍也不可膠柱在此賦訓摶爲量義似未是至於合韻全復參差且史記揣作摶字如淳孟康義爲是也善曰鶡冠子曰彼時之至安可復還安可控摶也化爲異物兮又何足患師古曰患音還言人皆死變化我何足患之莊子曰假於異物託於同體郭璞曰假因也今死生聚散變化無方皆異物也小智自私兮賤彼貴我列子曰小智自私怨之府莊子北海若曰以道觀之無貴無賤以物觀之自貴而相賤鶡冠子曰小智立趣好惡自懼達人大觀兮物無不可鶡冠子曰達人大觀乃見其符莊子曰物故有所然物故有所可無物不然無物不可貪夫殉財兮烈士殉名列子云胥士之殉名貪夫之殉財天下皆然不獨一人司馬彪曰殉營也瓚曰以身從物曰殉夸者死權兮品庶每生善曰鶡冠子曰夸者死權自貴矜容殉名司馬彪莊子注曰夸虛名也孟康曰每貪也莊子曰貪生

文十三　十九

失理怵迫之徒兮或趨東西孟康曰怵爲利所誘怵也迫迫貧賤也東西趨利也趨音娶怵音成大人不曲兮意變齊同大人者與天地合其德愚士繫俗兮窘若囚拘莊子曰不肖繫俗窘囚拘之貌求殞切至人遺物兮獨與道俱莊子曰不離於眞謂之至人又孔子謂老聃曰形體若槁木似遺物而立於獨也鶡冠子曰聖人捐物又曰至人不遺動與道俱衆人惑惑兮好惡積億李奇曰惑惑東西也所好所惡積之萬億也鶡冠子曰衆人惑惑迫於嗜慾眞人恬漠兮獨與道息文子曰得天地之道故謂之眞人也莊子曰虛靜恬淡寂漠無爲者道德之至也釋智遺形兮超然自喪莊子云仲尼問於顏回曰何謂坐忘回曰墮支體黜聰明離形去智同於大道此謂坐忘司馬彪曰坐而自忘其身老子曰燕處超然莊子曰南伯子綦曰嗟乎我悲人之自喪寥廓忽荒怳兮與道翱翔寥廓忽荒元氣未分之貌廣雅曰寥深也廓空也鶡冠子曰與道翱翔乘流則逝兮得坻

則止孟康曰易坎為險遇險難而止也張晏曰坻水中小洲也坻或爲坎又曰明夷則仕險難則隱鶡
冠子曰乘流以逝縱軀委命兮不私與己。鶡冠子曰縱軀委命與時往來其生
兮若浮。其死兮若休。莊子曰其生若浮其死若休澹乎若深泉之靜。
泛乎若不繫之舟。莊子老聃曰其居也淵而靜其唯人心乎鶡冠子曰泛泛乎若不繫之舟
不以生故自寶兮養空而浮。鄧展曰自寶自貴也鄭氏曰道家養空虛若浮舟也
莊子曰汎若不繫之舟虛而遨遊德人無累。知命不憂。莊子范風曰願聞德人淳芒曰
德人者居無思行無慮也又曰聖人循天之理故無天災故無物累周易曰樂天知命故不憂細故蔕
芥。何足以疑。鶡冠子曰細故袃蒯奚足以疑袃蒯與蔕芥古字通張揖子虛賦注曰蔕芥刺鯁也

常　識

第三十九節　辭賦的構成

一、辭的構成

辭的名稱源自“楚辭”。“楚辭”之名，始見於西漢武帝之時。司馬遷《史記·酷吏列傳》載：“莊助使人言買臣，買臣以楚辭與助俱幸，侍中，爲太中大夫，用事。”“楚辭”的含義有二：一是戰國時期出現在楚地的一種新的詩體。主要指屈原、宋玉等及後代作家用這種詩體創作的詩。二是詩集之名。漢成帝時，劉向整理古文獻，把楚國人屈原、宋玉所創作的騷體詩和漢代人賈誼、淮南小山、東方朔、嚴忌、王褒、劉向等人所創作的擬騷詩彙編成集，共十六卷，定名爲《楚辭》。由于屈原的《離騷》是《楚辭》的代表作，故“楚辭”又稱爲“騷”或“騷體”。

“楚辭”是在楚國民歌的基礎上發展起來的，有着濃郁的地方特色。宋人黄伯思在《翼騷序》中說：“屈原諸騷，皆書楚語，作楚聲，紀楚地，名楚物，故謂之楚辭。”黄氏準確地概括了“楚辭”的特點。“楚辭”屬於個人創作；採用浪漫主義表現手法；注重主觀的抒情；以六字句爲主；多用“兮”字。

楚辭的主要特點：

（一）楚辭的押韻

楚辭屬於詩，押韻的道理和詩相同。其最突出的特點是奇句不用韻，偶句用韻。例如：

惟草木之零落兮，恐美人之遲暮。
不撫壯而棄穢兮，何不改乎此度？
乘騏驥以馳騁兮，來吾道夫先路！（屈原：離騷）

“暮”、“度”、“路”三字押韻，在戰國時代都屬於“鐸”部（依據王力的觀點）。這三字即使用現代漢語來讀也是押韻的。當然，我們判斷是否押韻不是根據現代漢語，而是依據作品當時的讀音。雖然有的字用現代漢語讀起來不押韻，但是在古代卻是押韻的。例如：

余既滋蘭之九畹兮，又樹蕙之百畝。

畦留夷與揭車兮，雜杜衡與芳芷。（屈原：離騷）

“畝”和“芷”用現代漢語讀，不押韻。但是，在上古時代，“畝”和“芷”都屬於“之”部，韻母相同，兩字是押韻的。

奇句也可押韻，不過，往往是全詩的首句，或者是換韻的首句。例如：

全詩首句入韻：

吉日兮辰良，穆將愉兮上皇。

撫長劍兮玉珥，璆鏘鳴兮琳琅。

瑶席兮玉瑱，盍將把兮瓊芳。

蕙肴蒸兮蘭藉，奠桂酒兮椒漿。（屈原：東皇太一）

換韻首句入韻：

帝子降兮北渚，目眇眇兮愁予。

嫋嫋兮秋風，洞庭波兮木葉下。

登白薠兮騁望，與佳期兮夕張。

鳥何萃兮蘋中，罾何爲兮木上。（屈原：湘夫人）

“渚（爲篇首句）”、“予”、“下”押韻，上古皆屬“魚”部。“登白薠兮騁望”句換韻，“望”、“張”、“上”押韻，上古皆屬“陽”部。

當句尾爲語氣詞時，往往是語氣詞前的一個字押韻。例如：

朝發軔於蒼梧兮，夕余至乎懸圃。

欲少留此靈瑣兮，日忽忽其將暮。（屈原：離騷）

（二）楚辭的句式

“兮”字的運用。《詩經》也用“兮”字，但很少。除《天問》、《卜居》、《遠遊》外，《楚辭》作品均用“兮”。例如：

帝高陽之苗裔兮，朕皇考曰伯庸。

攝提貞于孟陬兮，惟庚寅吾以降。（屈原：離騷）

前句尾用“兮”字，後句不用。也有的是前句尾不用“兮”字，後句尾用“兮”字的。例如：

后皇嘉樹，橘徠服兮。

受命不遷，生南國兮。（屈原：橘頌）

也有的是在句子中間用“兮”字的。例如：

若有人兮山之阿，被薜荔兮帶女蘿。（屈原：山鬼）

虛詞主要是“兮”字，個別也有用“些”字的，如《招魂》：“川谷徑復，流潺湲些。光風轉蕙，氾崇蘭些。”“兮”字等虛詞在《楚辭》中的運用，增強了詩的節奏感，強化了詩的抒情性。

六字句。《詩經》以四字句爲主。若不計虛詞，《楚辭》則是六字句爲主，加上兮字則成爲七字句。例如：

朝搴阰之木蘭兮，夕攬洲之宿莽。
日月忽其不淹兮，春與秋其代序。
惟草木之零落兮，恐美人之遲暮。
不撫壯而棄穢兮，何不改乎此度？
乘騏驥以馳騁兮，來吾道夫先路！
昔三后之純粹兮，固衆芳之所在。（屈原：離騷）
所非忠而言之兮，指蒼天以爲正。
令五帝使折中兮，戒六神與向服。
俾山川以備御兮，命咎繇使聽直。
竭忠誠而事君兮，反離群而贅肬。（屈原：惜誦）

《九歌》的作品主要以五字句爲主。例如：

君不行兮夷猶，蹇誰留兮中洲？
美要眇兮宜修，沛吾乘兮桂舟。
令沅湘兮無波，使江水兮安流！
望夫君兮未來，吹參差兮誰思？（屈原：湘君）

《楚辭》以六字句爲主，但又不限於六字句。從四字句到十五字句都有，但用例不多。

另外，諸如鮮明的地域特色；濃郁的浪漫主義色彩等特點，屬於文學範疇，茲不贅述。

二、賦的構成

（一）賦簡介

賦是我國古代的一種文體，它外形似散文，內部又有詩的韻律，是一種介於詩歌和散文之間的文體。賦本是《詩經》的三大寫作手法之一，鋪陳排比以言志，後來逐漸發展成一種文體。

《楚辭》的源頭是《詩經》，而賦的源頭則是《楚辭》。可以說，賦是由《詩經》、《楚辭》發展變化而來的。劉勰《文心雕龍·詮賦》：“然賦也者，受命于詩人，拓宇于楚辭也。”賦產生於戰國，興盛於兩漢，發展於六朝唐宋，衰落於元明清。

賦在寫法上的突出特點是：運用大量的排比、誇張和比喻等手法，鋪陳事物，借景抒情。劉勰《文心雕龍·詮賦》：“賦者，鋪也；鋪采摛文，體物寫志也。”從賈誼、枚乘、東方朔、枚皋、司馬相如到王褒、揚雄、班固、張衡等人的賦作，莫不體現出這樣的特點。我們看一看司馬相如的《子虛賦》：

雲夢者，方九百里，其中有山焉。其山則盤紆岪鬱，隆崇嵂崒。岑崟參差，日月蔽虧。交錯糾紛，上干青雲。罷池陂陀，下屬江河。其土則丹青赭堊，雌黃白坿，錫碧金銀。衆色炫耀，照爛龍鱗。其石則赤玉玫瑰，琳瑉昆吾，瑊玏玄厲，碝石碔砆。其樂則有蕙圃，蘅蘭芷若，芎藭菖蒲，江蘺蘪蕪，諸柘巴苴。其南側有平原廣澤，登降陁靡，案衍壇曼。緣似大江，限以巫山。其高燥則生葴菥苞荔，薜莎青薠。其埤濕則生藏莨蒹葭，東蘠雕胡。蓮藕觚盧，菴閭軒芋。衆物居之，不可勝圖。其西則有湧泉清池：激水推移，外發芙蓉菱華，内隱鉅石白沙；其中則有神龜蛟鼉，玳瑁鱉黿。其北則有陰林：其樹楩柟豫章，桂椒木蘭，檗離朱楊，樝梨梬栗，橘柚芬芬；其上則有鵷鶵孔鸞，騰遠射干。其下則有白虎玄豹，蟃蜒貙犴。

作者寫雲夢澤的山形、珍寶、岩石、花草、泉水、魚鱉、樹木、鳥獸等，應有盡有。文勢汪洋恣肆，極盡誇張、想像、鋪排之能事。

賦一般由三個部分組成：開頭的序，中間的賦本身，結尾的“亂”或“訊”。序和“亂”或“訊”也不是賦一定要有的。序主要說明作賦的原因，賦的中間部分一般是主客的問答，“亂”或“訊”主要概括全篇的大意。賦序和結尾的“亂”或“訊”不用韻，中間的賦本身用韻。

關於詩和賦的區别，晉代文學家陸機在《文賦》裏曾說：“詩緣情而綺靡，賦體物而瀏亮。”也就是說，詩是用來抒發主觀感情的，要寫得華麗而細膩；賦是用來描繪客觀事物的，要寫得爽朗而通暢。一般來說，詩大多爲情而造文，而賦卻常常爲文而造情。詩以抒發情感爲重，賦則以敘事狀物爲主。另外，最初的詩詞曲都能歌唱，而賦卻不能歌唱，只能朗誦。

（二）賦體的演變

賦體的流變大體經歷了五個階段：騷賦、古賦、駢賦、律賦、文賦。

騷體賦是漢賦中的一類，它是從楚辭中發展而成的，形式上屬於騷體，所以稱爲騷體賦。這種賦在内容上繼承了《楚辭》的“怨刺”傳統，抒寫朝廷忠奸不分，賢人失志，近於《離騷》的情調。在形式上也與《楚辭》接近，常用帶有“兮”字的語句。漢初騷體賦最有代表性的作家是賈誼，代表作《弔屈原賦》。司馬相如的《長門賦》、司馬遷的《悲士不遇賦》、揚雄的《甘泉賦》等都屬騷體賦。

古賦是指漢賦中的散體大賦和抒情小賦。之所以叫古賦，是因爲它產生的年代較早，同時也是相對於後代講求對仗、聲律的俳賦、律賦而言。大賦所寫的内容主要包括五個方面：宮殿城市；帝王遊獵；曲折遊歷；懷才不遇；草木禽獸。在形式上篇幅較長，結構宏大。多採用主客問答的結構形式。一般由小序、正文、結尾三部分組成。小序以散文寫成，說明作賦的緣由，正文韻散相間，主要寫主客之間的問答，結尾也以散文寫成，發表議論等。在句式上以四言和六言爲主，雜以三言、五言、七言。在藝術上最突出的特點就是採用鋪張的手法，辭藻絢麗，描寫事物窮形盡相。枚乘的《七發》標誌漢大賦的正式形成。司馬相如的《子虛賦》和《上林賦》是散體大賦的代表作。小賦在形式上篇幅短小，多用韻文，句式多樣。有的通篇用四言，有的四、六言兼用。小賦在內容上主要抒寫個人情感，或託物言志，或繪景抒情，或針砭現實。在藝術上多用鋪排手法，語言較漢大賦樸素，手法靈活，風格多樣。漢末的抒情小賦還有詩意化的傾向。張衡的《歸田賦》、趙壹的《刺世疾邪賦》、蔡邕的《述行賦》、禰衡的《鸚鵡賦》都是其中的名篇。

駢賦也叫俳（pái）賦。“駢”有並列的意思，所以稱注重對仗的賦爲“駢賦”。“俳”有對偶之義，因而又稱爲“俳賦”。駢賦主要指六朝的賦，它是在古賦的基礎上發展而來的。古賦多用排比句，很少使用對偶句。比如司馬相如《上林賦》：“東西南北，馳騖往來，出乎椒丘之闕，行乎洲淤之浦，經乎桂林之中，過乎泱漭之野。”前兩句不構成對偶，後四句構成排比。講求對偶是六朝賦的突出特點。陸機《文賦》：“佇中區以玄覽，頤情志於典墳。遵四時以歎逝，瞻萬物而思紛。悲落葉於勁秋，喜柔條於芳春。心懍懍以懷霜，志眇眇而臨雲。詠世德之駿烈，誦先人之清芬。游文章之林府，嘉麗藻之彬彬。慨投篇而援筆，聊宣之乎斯文。”兩句爲聯，猶如對聯串綴成文，體制嚴整。

駢賦句式往往全篇都是四字句和六字句。而古賦則不限於四六句，常雜以三言、五言、七言句。例如江淹《別賦》：

乃有劍客慚恩，少年報士，韓國趙廁，吳宮燕市，割慈忍愛，離邦去里，瀝泣共訣，抆血相視。驅征馬而不顧，見行塵之時起。方銜感於一劍，非買價於泉裏。金石震而色變，骨肉悲而心死。

除連接詞外，全篇都是四六句，整齊劃一。

駢賦的用典是其另外一個重要特色。古賦也用典，要麼很少用典，要麼堆砌典故，前者如賈誼《弔屈原賦》，後者如揚雄《解嘲》。駢賦的用典很普遍，且手法高超，幾乎看不出是在用典。例如：

夫上世之士，或解縛而相，或釋褐而傅；或倚夷門而笑，或橫江潭而漁；或七十說而不遇；或立談而封侯；或枉千乘於陋巷，或擁彗而先驅。（揚雄：解嘲）

苔始綠而藏魚，麥纔青而覆雉。吹簫弄玉之臺，鳴佩凌波之水。移戚里而家富，入新豐而酒美。石榴聊汎，蒲桃醱醅，芙蓉玉盌，蓮子金杯。新芽竹笋，細核楊梅。綠珠捧琴至，文君送酒來。（庾信：春賦）

《解嘲》用典堆砌明顯，《春賦》兩句一典，不顯山不露水，幾乎看不出用典。

律賦是唐宋時代科舉考試所採用的一種試體賦，是由六朝的駢賦發展而來的。“律”是格律，指作賦必須遵守的對仗、聲韻的限制。律賦與駢賦相比更注重對仗與聲律的工整嚴密，並對全篇字句數和韻式作了嚴格的限制。一般由考官命題，除須遵守駢賦對仗聲律要求外，還限定了押韻的方式。一般出八個韻，也有三、四、五、七個韻的，規定八類韻腳，所以又叫“八韻律賦”。連押韻的次序和韻腳的平仄也做了限制。律賦全文字數也有規定，一般不超過四百字。律賦，是唐宋時代使用最廣泛的文體。元明時代不以律賦考試，作品很少。清朝是律賦的高峰期，不論是數量上還是成就上都遠超前代。

文賦是唐宋古文運動的產物。中唐以後，在古文運動的影響下，賦體又出現了散文化的趨勢，不講駢偶、音律，句式參差，押韻也比較自由，形成散文式的清新流暢的氣勢。唐杜牧的《阿房宮賦》、宋歐陽修的《秋聲賦》、宋蘇軾的《赤壁賦》是文賦的典型作品。

（三）賦的押韻

賦的押韻與詩騷基本相同。一般是隔句相押，這是最常見的押韻方式。例如江淹的《別賦》：

黯然銷魂者，唯別而已矣。況秦吴兮絕國，復燕宋兮千里。或春苔兮始生，乍秋風兮蹔起。是以行子腸斷，百感悽惻。風蕭蕭而異響，雲漫漫而奇色。舟凝滯於水濱，車逶遲於山側，櫂容與而詎前，馬寒鳴而不息。掩金觴而誰御，橫玉柱而霑軾。居人愁卧，怳若有亡。日下壁而沈彩，月上軒而飛光。見紅蘭之受露，望青楸之離霜。巡曾楹而空揜，撫錦幕而虛涼。知離夢之躑躅，意別魂之飛揚。

“已、里、起”押韻，“惻、色、側、息、軾”押韻，“亡、光、霜、涼、揚”押韻，雖然換韻，但都是隔句相押。

也有的是句句相押的。例如揚雄的《解嘲》：

呂刑靡敝，秦法酷烈，聖漢權制，而蕭何造律。

“敝、烈、制、律”押韻，四句句句相押。

賦的押韻極少一韻到底的，常常換韻。例如揚雄的《解嘲》：

客徒欲朱丹吾轂，不知一跌將赤吾之族也。往昔周網解結，羣鹿爭逸，離爲十二，合爲六七，四分五剖，並爲戰國。士無常君，國無定臣，得士者富，失士者貧，矯翼厲翮，恣意所存，故士或自盛以橐，或鑿壞以遁。是故鄒衍以頡頏而取世資；孟軻雖連蹇，猶爲萬乘師。

今大漢左東海，右渠搜，前番禺，後椒塗。東南一尉，西北一候。徽以糾墨，制以鑕鈇，散以禮樂，風以詩書，曠以歲月，結以倚廬。天下之士，雷動雲合，魚鱗雜襲，咸營於八區。家家自以爲稷契，人人自以爲皋陶。戴縰垂纓，而談者皆擬於阿衡；五尺童子，羞比晏嬰與夷吾。當塗者升青雲，失路者委溝渠。旦握權則爲卿相，夕失勢則爲匹夫。譬若江湖之崖，渤澥之島，乘雁集不爲之多，雙鳧飛不爲之少。

第一段“轂、族”押韻（屋部），“結、逸、七、國”押韻（質職通韻），“君、臣、貧、存、遁”押韻（真文通韻），“資、師”押韻（脂部）。第二段“搜、禹、塗、侯、鈇、書、廬、區、陶、吾、渠、夫”押韻（魚侯幽通韻），“島、少”押韻（宵部）。第一段用了六個韻（有的是通韻），第二段用了四個韻（有的是通韻），兩段都不是一韻到底（全文都如此），換了多次韻，且一類韻跨段不相押。賦的換韻常常跟內容段落相一致。

若句末是虛詞，韻腳便是虛詞前面的字；句末虛詞很少作韻腳。例如：

意者玄得無尚白乎？何爲官之拓落也？（揚雄：解嘲）

黯然銷魂者，唯别而已矣。况秦吳兮絕國，復燕宋兮千里。（江淹：別賦）

方其破荊州，下江陵，順流而東也，舳艫千里，旌旗蔽空，釃酒臨江，横槊賦詩；固一世之雄也，而今安在哉！（蘇軾：前赤壁賦）

一肌一容，盡態極妍，縵立遠視，而望幸焉。有不見者，三十六年。（杜牧：阿房宮賦）

第四十節　駢體文的構成

駢體文是在漢代辭賦基礎上產生的一種特殊文體，也叫“駢文”、“駢體文”、“駢儷文”、“駢偶文”或“四六文”，是相對於散文而言的一種文體。它形成於魏晉之時，興盛於南北朝之際，並成爲文章正宗。駢體文在梁陳時叫作“今文”，唐代多稱之爲“時文”，也就是時下流行的文體，與“古文”相對。以“四六”作爲駢文之名始於唐末李商隱的《樊南四六》，北宋歐陽修、夏竦等人亦將其所作駢文以四六名之，稱之爲“四六”或“四六文”。這個名稱一直沿用至明代，清代始稱之爲“駢體文”。中唐以後，駢體文的正統地位逐漸爲“古文”所取代。駢體文對唐宋以後的文學語言，特別是格律詩的語言影響甚巨。

駢體文的表達方式與散文不同。我們要了解、繼承中國古代文化遺產，提高閱讀古書的能力，就應該學習駢體文的相關知識，對駢體文的語言特點有一個基本了解。

駢體文在語言上有如下特點：在語句方面，講究駢偶和“四六”；在語音方面，講究平仄相對；在用詞方面，講究用典和藻飾。

一、駢偶

兩馬並駕稱爲駢，兩人並列稱爲偶。駢偶就是兩兩相對。古代宫廷的儀仗也是兩兩相對的，所以駢偶又叫“對仗”。駢體文一般是用平行的兩句話，兩兩相對，一聯一聯的，直至文末。駢偶的基本要求是句式結構要相同：主謂結構對主謂結構，動賓結構對動賓結構，偏正結構對偏正結構，複句對複句。下面分别舉一些例子。

（1）主謂結構對主謂結構。例如：

幽岫含雲，深谿蓄翠。（吴均：與顧章書）

吴錦好渝，舜英徒豔。（文心雕龍·情采）

荀宋表之於前，賈馬繼之於末。（蕭統：文選序）

（2）動賓結構對動賓結構。例如：

若乃綜述性靈，敷寫器象。（文心雕龍·情采）

遂乃分裂山河，宰割天下。（庾信：哀江南賦序）

披繡闥，俯雕甍。（王勃：滕王閣序）

（3）偏正結構對偏正結構。例如：

子荆零雨之章，正長朔風之句。（沈約：謝靈運傳論）

表奏牋記之列，書誓符檄之品。（蕭統：文選序）

昔桓君山之志事，杜元凱之平生。（庾信：哀江南賦序）

（4）複句對複句。例如：

蟬吟鶴唳，水響猿啼。（吴均：與顧章書）

冰釋泉湧，金相玉振。（蕭統：文選序）

襟三江而帶五湖，控蠻荆而引甌越。（王勃：滕王閣序）

駢偶不僅要整體上兩兩對稱，而且上下聯内部的句法結構也要一致，即主語、謂語、賓語、定語、狀語、補語要分别相對。上面例一“幽岫”對“深谿”，是主語對主語，“含雲”對“蓄翠”，是謂語對謂語；在主語中“幽”對“深”，是定語對定語，在謂語中“雲”對“翠”，是賓語對賓語。例二“好”對“徒”，是狀語對狀語。例三“於前”對“於末”，是補語對補語。以上各例不管是整體還是上下聯内部結構都是一致的。當然，駢體文的對句也有内部結構不整齊的，但爲數並不多見，尤其是齊梁以後的駢體文，句式不對仗的更是少見。

駢偶還要求詞性相對，在前後句相同的位置，名詞、動詞、形容詞、數詞、副詞、介詞、連詞、助詞等分别相對。名詞、動詞、形容詞、數詞、副詞一般要異字相對。例如：

窺地門之絕景，望天際之孤雲。（鮑照：登大雷岸與妹書）

少則三字，多則九言。（蕭統：文選序）

一言均賦，四韻俱成。（王勃：滕王閣序）

例一“窺”對“望”，是動詞對動詞，“地門”對“天際”，是名詞對名詞，“絕”對“孤”，是形容詞對形容詞。例二“三”對“九”，是數詞對數詞。例三“均”對“俱”，是副詞對副詞。

介詞、連詞、助詞大多以同字相對，也可以異字相對。例如：

若擇源於涇渭之流，按轡於邪正之路。（文心雕龍·情采）

蟬則千轉不窮，猿則百叫無絕。（吳均：與朱元思書）

蓋踵其事而增華，變其本而加厲。（蕭統：文選序）

正采耀乎朱藍，間色屏於紅紫。（文心雕龍·情采）

落霞與孤鶩齊飛，秋水共長天一色。（王勃：滕王閣序）

前三例同字相對，後兩例異字相對。

古人並無今人的詞類概念，但實詞和虛詞還是分辨得比較清楚的，在對句時，講究實詞對實詞，虛詞對虛詞。不過，實詞和虛詞內部常常可以變通。凡是作主語、賓語的，都可以看作名詞；凡是作謂語的，可以把形容詞和動詞看成一類；凡是作定語的，可以把名詞和形容詞看成一類；凡是作狀語的，一般都可以看成副詞；虛詞內部，連詞可以跟介詞相對。例如：

智吞愚，彊捕小。（鮑照：登大雷岸與妹書）

靈運之興會摽舉，延年之體裁明密。（沈約：謝靈運傳論）

落霞與孤鶩齊飛，秋水共長天一色。（王勃：滕王閣序）

若乃綜述性靈，敷寫器象。（文心雕龍·情采）

懷帝閽而不見，奉宣室以何年？（王勃：滕王閣序）

例一中作主語、賓語的形容詞可以看成名詞。例二中用作謂語的動詞和形容詞，可以看成一類。例三中用作定語的動詞、名詞、形容詞，可以看成一類。例四中用作狀語的“綜”、“敷”都可以看成副詞。例五中連詞“而”和介詞“以”相對。

駢體文還講究對仗工整。古人把事物分成很多事類，對仗工整就是用相同事類的詞語相對。例如：

東顧五洲之隔，西眺九派之分。（鮑照：登大雷岸與妹書）

曉霧將歇，猿鳥亂鳴；夕日欲頹，沈鱗競躍。（陶弘景：答謝中書書）

望長安於日下，指吳會於雲間。（王勃：滕王閣序）

例一“東”對“西”，是方位對，“五洲”對“九派”，是地理對，“顧”對“眺”，“隔”對“分”，都是同類概念相對。例二“曉”對“夕”，是時間對，“霧”對“日”，是天文對，“將歇”對“欲頹”，“亂鳴”對“競躍”，都是同類概念相對。

例三“長安”對“吳會”，是地理對，“日”對“雲”，是天文對，“望”對“指”，“下”對“間”，都是同類概念相對。

數目對和顏色對是典型的工整對，駢體文對此很是講究。例如：

六義所因，四始攸繫。（沈約：謝靈運傳論）

時更七代，數逾千祀。（蕭統：文選序）

左右青靄，表裏紫霄。（鮑照：登大雷岸與妹書）

老當益壯，寧移白首之心；窮且益堅，不墜青雲之志。（王勃：滕王閣序）

句中自對，然後兩句再相對，也是一種工整對。例如：

冰釋泉湧，金相玉振。（蕭統：文選序）

騰蛟起鳳，孟學士之詞宗；紫電青霜，王將軍之武庫。（王勃：滕王閣序）

例一上下聯的句法結構完全相同，兩個主謂結構對兩個主謂結構，整對工整；上下兩聯之中，也是主謂結構對主謂結構，自對工整。例二“騰蛟”、“起鳳”兩個動賓結構對“紫電”、“清霜”兩個偏正結構，句法結構不同，算不得工對，但句中自對工整：“騰蛟”對“起鳳”，“紫電”對“清霜”，所以整個句子的對仗仍然看作是工對。

駢偶要求上下兩聯字數相等，但句首句尾的虛詞以及共有的句子成分不在對仗之列。例如：

甫乃以情緯文，以文被質。（沈約：謝靈運傳論）

譬繩墨之審分，斧斤之斲削矣。（文心雕龍·鎔裁）

初期的駢體文並不十分講究對仗工整，有時駢偶中還夾雜一些散句，也不避同字相對，只要能對就可以。後期的駢體文則避同字相對，力求對仗工整。

二、四六

“四六”格式的形成是有一個過程的。魏晉時期的駢體文以四字句爲主，其中也常常摻雜五、六、七字句等；齊梁以後，特別是唐宋以後，“四六”的格式就定型化了。駢體文因而也叫“四六文”。

駢體文句子的基本結構有五種：①四四，即四字句相對；②六六，即六字句相對；③四四四四，即上四下四和上四下四相對；④四六四六，即上四下六和上四下六相對；⑤六四六四，即上六下四和上六下四相對。在文中，大致是上述兩兩相對的句子的交互運用。例如：

（1）四四。

剛柔迭用，喜慍分情。（沈約：謝靈運傳論）

夕日欲頹，沈鱗競躍。（陶弘景：答謝中書書）

心術既形，英華乃贍。（文心雕龍·情采）

(2) 六六。

裁則蕪穢不生，鎔則綱領昭暢。（文心雕龍·鎔裁）

冬穴夏巢之時，茹毛飲血之世。（蕭統：文選序）

窮者欲達其言，勞者須歌其事。（庾信：哀江南賦序）

(3) 四四四四。

舒布爲詩，既言如彼；總成爲頌，又亦若此。（蕭統：文選序）

燕歌遠別，悲不自勝；楚老相逢，泣將何及。（庾信：哀江南賦序）

十旬休假，勝友如雲；千里逢迎，高朋滿座。（王勃：滕王閣序）

(4) 四六四六。

詞人才子，則名溢於縹囊；飛文染翰，則卷盈乎緗帙。（蕭統：文選序）

鍾儀君子，入就南冠之囚；季孫行人，留守西河之館。（庾信：哀江南賦序）

老當益壯，寧移白首之心；窮且益堅，不墜青雲之志。（王勃：滕王閣序）

(5) 六四六四。

申包胥之頓地，碎之以首；蔡威公之淚盡，加之以血。（庾信：哀江南賦序）

屈賈誼于長沙，非無聖主；竄梁鴻于海曲，豈乏明時？（王勃：滕王閣序）

前期駢體文的對偶，以上面第一、二兩種句式爲主；後期則是以第三、四種爲主。

駢體文四字句和六字句有不同的節奏。四字句一般是二二。例如：

周室——既衰，風流——彌著。（沈約：謝靈運傳論）

高峰——入雲，清流——見底。（陶弘景：答謝中書書）

駢體文六字句的節奏主要有兩種：三三（第四字常爲虛詞，也可以劃分爲三一二）和二四（也可以劃分爲二二二）。例如：

窺地門——之絕景，望天際——之孤雲。（鮑照：登大雷岸與妹書）

山原曠——其盈視，川澤紆——其駭矚。（王勃：滕王閣序）

子建——函京——之作，仲宣——灞岸——之篇。（沈約：謝靈運傳論）

經正——而後——緯成，理定——而後——辭暢。（文心雕龍·情采）

駢體文五字句的節奏與五言詩句的節奏不同：詩句的節奏一般爲二三（相去——萬餘里，各在——天一涯），駢體文五字句的節奏一般是二一二或一二二。例如：

潘嶽——之——文采，始述——家風；陸機——之——辭賦，先陳——世德。（庾信：哀江南賦序）

虎豹——無文，則——鞹同——犬羊；犀兕——有皮，而——色資——丹漆。（文心雕龍·情采）

駢體文七字句的節奏與七言詩句的節奏不同：七言詩句的節奏一般是四三（錦

江春色——來天地，玉壘浮雲——變古今），駢體文七字句的節奏主要有五種：二一四、三一三、四一二、二五、二三二等。例如：

靈運——之——興會摽舉，延年——之——體裁明密。（沈約：謝靈運傳論）

（夫）水性虛——而——淪漪結，木體實——而——花萼振。（文心雕龍·情采）

（夫）桃李不言——而——成蹊，男子樹蘭——而——不芳。（文心雕龍·情采）

臺隍——枕夷夏之交，賓主——盡東南之美。（王勃：滕王閣序）

落霞——與孤鶩——齊飛，秋水——共長天——一色。（王勃：滕王閣序）

駢體文也有三字句和八字句，很少見，在此不論。

三、平仄

平仄的區分是以中古四聲爲基礎的，平就是平聲，仄就是上、去、入聲。本來唐之前的駢體文是不講平仄的，但在唐後駢體文受詩歌平仄規則的影響，在對仗的時候，也要平仄相對，節奏點的要求更爲嚴格。但駢體文的平仄要求，還遠沒有近體詩的要求那麼嚴。近體詩的平仄是一種格律上的要求，必須遵守，駢體文的平仄則相對沒有形成固定的格律，所以運用起來還是有一定的自由的。下面我們以《滕王閣序》爲例，說明駢體文的平仄（“平”、“仄”外加○者，表示可平可仄）。

（1）四字句。

甲式：平⃝平 仄⃝仄，仄⃝仄 平⃝平

例句：時維九月，序屬三秋。

乙式：仄⃝仄 平⃝平，平⃝平 仄⃝仄

例句：勝地不常，盛筵難再。

（2）六字句。

二四甲式：平⃝平——仄⃝仄 平⃝平，仄⃝仄——平⃝平 仄⃝仄

例句：（閭閻鋪地，）鐘鳴鼎食之家；（舸艦迷津，）青雀黃龍之軸。

二四乙式：仄⃝仄——平⃝平 仄⃝仄，平⃝平——仄⃝仄 平⃝平

例句：坐昧先幾之兆，必貽後至之誅。

三三甲式：平⃝仄⃝仄——仄⃝平平，仄⃝平⃝平——平⃝仄仄

例句：臨帝子之長洲，得天人之舊館。

三三乙式：仄⃝平⃝平——平⃝仄⃝仄，平⃝仄⃝仄——仄⃝平平

例句：儼驂騑於上路，訪風景於崇阿。

五字句和七字句的平仄格式，可以據此類推。總的原則是平仄相對，節奏點（四字句的第二字和第四字爲節奏點；六字句，如果是二四式，第二、第四、第六字

是節奏點；如果是三三式，第三、第六字是節奏點。其他以此類推）的平仄要求嚴格，虛字相對不講平仄。

四、用典

用典是駢體文在語言表達上的一個特點。駢體文用典主要是爲了使文章委婉、含蓄、典雅、精練。例如：

（周顒）然而學遁東魯，習隱南郭，偶吹草堂，濫巾北岳。（孔稚珪：北山移文）

僕去月謝病，還覓薜蘿。（吳均：與顧章書）

馮唐易老，李廣難封。（王勃：滕王閣序）

例一“東魯”指顏闔，魯國君主聞顏闔爲得道之人，使人用幣求之，顏闔卻拒絕了；“南郭”指南郭子綦，古代隱士，出《莊子·齊物論》，是清高淡泊的典型；“偶吹”用南郭處士濫竽充數的典故，出《韓非子·內儲說上》，比喻沒有真才實學而混在行家裏面充數的人。例二“薜蘿”即薜荔與女蘿，語出《楚辭·九歌·山鬼》：“若有人兮山之阿，被薜荔兮帶女蘿。”後世以稱隱者之居。“還覓薜蘿”，是說自己要隱居。例三用馮唐、李廣的典故，暗喻自己的不得志，抒發自己“時運不濟，命途多舛”的感慨。

駢體文用典往往不指明出處，講究裁剪融化，有時甚至把典故融化成一個詞或短語，表面上很難看出來。例如：

爲學窮於柱下，博物止乎七篇。（沈約：謝靈運傳論）

莫不寄言上德，託意玄珠。（沈約：謝靈運傳論）

夫鉛黛所以飾容，而盼倩生於淑姿。（文心雕龍·情采）

例一“柱下”指老子，老子曾做過周柱下史；“七篇”指《莊子》內篇七篇；這兩句是說當時人所學習研究的只是老莊之學。例二“上德”，指老子的學說，《老子·三十八章》：“上德不德，是以有德。”“玄珠”指莊子的學說，《莊子·天地》：“黃帝遊乎赤水之北，登乎昆侖之丘，而南望還歸，遺其玄珠。”例三“盼倩”，泛指女子妍媚之態，《詩經·衛風·碩人》：“巧笑倩兮，美目盼兮。”

用典雖然可以增強駢體文的文采，卻使文章晦澀難懂。有的駢體文通篇都在羅列典故，人稱“掉書袋”，讀之索然，實乃駢體文之弊端。

最後，附帶說說藻飾問題。藻飾就是追求辭藻華麗。顏色、金玉、香花、異草、奇獸等類的詞語是駢體文用得最多的。有的駢體文，僅色彩一類的詞就佔全篇字數的十分之一以上。所以，藻飾和用典都是駢體文在用詞上的突出特點。

第四十一節　修　辭

修辭就是修飾文辭，也就是運用各種語文材料及表現方式，對語言進行選擇、加工來增強表達效果的一種言語活動。古代漢語有多種修辭方式，我們只介紹幾種最常見的修辭方式。

一、引用

引用是指引用已有的話語（包括諺語、格言、俗語、歌謡、成語、歇後語等）或者各種文獻資料來表情達意的修辭方式。根據引用内容可分爲三類：引文、引言、引事。

（1）引文。

引文，就是引用古代典籍上的文字。例如：

《詩》曰："孝子不匱，永錫爾類。"其是之謂乎？（左傳·隱公元年）

兑命曰："他人有心，學學半。"其此之謂乎？（禮記·學記）

青青子衿，悠悠我心。但爲君故，沉吟至今。（曹操：短歌行）

鳳髻金泥帶，龍紋玉掌梳。走來窗下笑相扶，愛道："畫眉深淺入時無？"（歐陽修：南歌子）

東籬把酒黄昏後，有暗香盈袖。（李清照：醉花陰）

千里澄江似練，翠峰如簇。（王安石：桂枝香·金陵懷古）

例一引自《詩經·大雅·既醉》，指明引文出處。例二引自《尚書·商書·兑命》，也指明引文出處。這就是引用中的"明引"。例三引自《詩經·鄭風·子衿》，未指明出處。例四引自唐朱慶餘《近試上張水部》詩，也未指明出處。這就是引用中的"暗引"。不管是"明引"還是"暗引"，都是原封不動地把原文拿來，不對原文作任何改動。例五"東籬"引自陶淵明《飲酒》詩，原句是"采菊東籬下，悠然見南山"。李清照在引用陶淵明的詩時不是原封不動地引用，而是截取原句的部分詞語。例六"澄江似練"引自謝朓《晚登三山還望京邑》詩，原句是"餘霞散成綺，澄江靜如練"。王安石在引用謝朓詩時也不是原封不動地引用，而是對原句進行了改造。這就是引用中的"改引"。

（2）引言。

引言，是指引用並非出自典籍而是流傳於民間的名言、俗語、諺語、歌謡等。

例如：

遲任有言曰："人惟求舊，器非求舊，惟新。"（書經·盤庚上）

野語有之曰："衆人重利，廉士重名。"（莊子·刻意）

諺所謂"輔車相依，唇亡齒寒"者，其虞虢之謂也。（左傳·僖公五年）

漁父莞爾而笑，鼓枻而去。歌曰："滄浪之水清兮，可以濯吾纓；滄浪之水濁兮，可以濯吾足。"（屈原：漁父）

（3）引事。

引事，就是引用歷史故事。例如：

舜發於畎畝之中，傅説舉於版築之間，膠鬲舉於魚鹽之中，管夷吾舉於士，孫叔敖舉於海，百里奚舉於市。（孟子·告子下）

昔三仁去而殷墟，二老歸而周熾，子胥死而吳亡，種蠡存而越霸，五羖入而秦喜，樂毅出而燕懼，范雎以折摺而危穰侯，蔡澤以噤吟而笑唐舉。（揚雄：解嘲）

昔毛寶放龜而得渡，隋侯救蛇而獲珠，蛇龜固弗靈於狼也。（馬中錫：中山狼傳）

世無洗耳翁，誰知堯與蹠。（李白：大車揚飛塵）

老夫聊發少年狂，左牽黄，右擎蒼。（蘇軾：江城子·密州出獵）

例一孟子連續引用了六個歷史故事，例二揚雄連續引用了八個歷史故事，例三馬中錫連續引用了兩個歷史故事。這些歷史故事的引用比較明顯，我們也大體知道這些故事。但是有的是暗用歷史故事的，我們閱讀古書時就要特别留意。例四"洗耳翁"，用的是先賢許由的故事。《高士傳》（許由向巢父解釋爲何來潁水洗耳）："堯欲召我爲九州長，惡聞其聲，是故洗耳。"例五"牽黄"，用的是李斯的故事。《史記·李斯列傳》："二世二年七月，具斯五刑，論腰斬咸陽市。斯出獄，與其中子俱執，顧謂其中子曰：'吾欲與若復牽黄犬俱出上蔡東門逐狡兔，豈可得乎！'"

二、比喻

比喻是通過兩類本質不同的事物之間的相似點來打比方，這種修辭方式又叫譬喻。比喻可以使所描繪的人或者事物更加形象、具體、生動。比喻從構成方式上可以分爲三類：明喻、暗喻、借喻。

（1）明喻。

明喻的構成方式是本體、喻體都出現，中間常用"如、若、似、比、猶、譬如、譬猶、譬之"等喻詞。例如：

日初出大如車蓋。（列子·湯問）

肌膚若冰雪，綽約若處子。（莊子·逍遥遊）

不知細葉誰裁出，二月春風似剪刀。（賀知章：詠柳）

欲把西湖比西子，淡妝濃抹總相宜。（蘇軾：飲湖上初晴後雨）

有時古人在描繪某一事物時，會同時運用多個比喻，這種比喻有人稱之爲博喻。例如：

手如柔荑，膚如凝脂，領如蝤蠐，齒如瓠犀。（詩經·衛風·碩人）

也有的是通過本體和喻體之間的比較而構成比喻的，也叫較喻。例如：

霜葉紅於二月花。（杜牧：山行）

人比黃花瘦。（李清照：醉花陰）

日出江花紅勝火。（白居易：憶江南）

(2) 暗喻。

暗喻又稱隱喻，把本體直接説成是喻體，而不用“如、若、似”等喻詞。例如：

君者，舟也；庶人者，水也。（荀子·王制）

曹公，豺虎也。（資治通鑒·漢紀）

霓爲衣兮風爲馬，雲之君兮紛紛而來下。（李白：夢遊天姥吟留別）

(3) 借喻。

借喻就是用喻體代替本體，而本體和比喻詞都不出現。例如：

民以爲將拯己於水火之中也。（孟子·梁惠王下）

陳涉太息曰：“嗟乎，燕雀安知鴻鵠之志哉！”（史記·陳涉世家）

誰言寸草心，報得三春暉。（孟郊：遊子吟）

繰成白雪桑重綠，割盡黃雲稻正青。（王安石：木末）

例一“水火”的本體是水深火熱的苦難。例二“燕雀”的本體是庸者，“鴻鵠”的本體是陳涉。例三“寸草心”的本體是遊子心，“三春暉”的本體是慈母愛。例四“白雪”的本體是絲，“黃雲”的本體是小麥。

三、借代

借代是指不直接説某人或某事物的原有名稱，而是借用與其有內在聯繫的詞語作爲稱謂，也叫代稱。

借代跟借喻不同，借喻側重的是相似性，而借代側重的是相關性；借喻可以改成明喻，而借代則不能。

借代分爲五類：

(1) 以該事物的性狀、特徵指代該事物。例如：

爲肥甘不足於口與？輕煖不足於體與？（孟子・梁惠王上）

君子不重傷，不禽二毛。（左傳・僖公二十二年）

回眸一笑百媚生，六宮粉黛無顏色。（白居易：長恨歌）

例一“肥甘”代美味的事物，“輕煖”代高貴的衣服。例二“傷”代受傷的士兵，“二毛”代頭髮花白的老年人（士兵）。例三“粉黛”代宮女。

(2) 以通名代專名或以專名代通名。例如：

似逢我公，車邊病是也。（三國志・魏志・華佗傳）

子無謂秦無人，吾謀適不用也。（左傳・文公十三年）

淩陽侯之氾濫兮，忽翺翔之焉薄。（屈原：哀郢）

桑中衛女，上宫陳娥。（江淹：别賦）

例一“病”爲通名，指一切疾病，這裏代指一種寄生蟲。例二“人”爲通名，這裏代指有識之士。例三“陽侯”本爲專名波神，這裏代指波浪。例四“衛女”、“陳娥”都是專名，這裏都代指美女。

(3) 以部分代全體。例如：

一日不見，如三秋兮。（詩經・王風・采葛）

遠棄風雅，近師辭賦。（文心雕龍・情采）

沉舟側畔千帆過，病樹前頭萬木春。（劉禹錫：酬樂天揚州初逢席上見贈）

例一“秋”代年。例二“風雅”代《詩經》。例三“帆”代船。

(4) 以具體代抽象。例如：

藺相如徒以口舌爲勞，而位居我上。（史記・廉頗藺相如列傳）

舉賢而受能兮，循繩墨而不頗。（屈原：離騷）

無絲竹之亂耳，無案牘之勞形。（劉禹錫：陋室銘）

例一“口舌”代説話。例二“繩墨”代準則。例三“絲竹”代音樂，“案牘”代官府的文書。

(5) 以人名、地名、官名代事物。例如：

何以解憂？唯有杜康。（曹操：短歌行）

豫州今欲何至？（資治通鑒・漢紀）

戴縰垂纓而談者，皆擬于阿衡。（揚雄：解嘲）

例一“杜康”代酒，這是以人名代指事物。例二“豫州”代劉備，因爲他做過豫州牧，這是以地名代人名。例三“阿衡”代伊尹，阿衡爲商代官名，伊尹做過這種官，這是以官名代人名。

四、誇張

誇張是指運用豐富的想像力，故意誇大或縮小客觀事物的形象特徵，以增強表達效果的修辭方式，也叫誇飾或鋪張。誇張與誇大不同，誇大是言過其實，而誇張是在客觀真實基礎上的極度形容，目的是突出事物的特點。誇張從內容上可以分爲三類：擴大誇張、縮小誇張、超前誇張。

（1）擴大誇張。

故意把事物往大（高、遠、強、重、多……）處說。例如：

千祿百福，子孫千億。（詩經·大雅·假樂）

白髮三千丈，緣愁似箇長。（李白：秋浦歌）

宮中美人一破顔，驚塵濺血流千載。（蘇軾：荔枝歎）

（2）縮小誇張。

故意把事物往小（矮、近、弱、輕、少……）處說。例如：

誰謂河廣，曾不容刀。（詩經·衛風·河廣）

有人於此，力不能勝一匹雛。（孟子·告子下）

人固有一死，或重於泰山，或輕於鴻毛。（司馬遷：報任安書）

例一“刀”通“舠”，小船。說黃河連一條小船都容納不下，極言黃河之狹窄。例二極言“有人”力之小，連一隻小雛都提不起來。例三“輕於鴻毛”極言一個人死之輕，死得毫無價值、毫無意義。

（3）超前誇張。

在兩件事之中，故意把後出現的說成是先出現的，或者是同時出現的。例如：

愁腸已斷無由醉；酒未到，先成淚。（范仲淹：御街行）

未飲心先醉，眼中流血，心內成灰。（西廂記·第四本第三折）

當時街坊上家家簫管，户户笙歌，當頭一輪明月，飛彩凝暉，二人愈添豪興，酒到杯乾。（曹雪芹：紅樓夢）

例一是說酒還未喝下去，就已經變成淚了，極言內心的愁苦。例二是說酒還未飲，心已經醉了。例三，飲酒的基本順序是斟酒—端酒—飲酒—酒乾，作者故意把“酒乾”與“酒到”兩個動作說成是同時完成的，極言飲酒之“豪興”。

五、對偶

對偶是指結構相同或基本相同，字數相等，意義上密切相關的兩個短語或句子，對稱排列。對偶與對仗既有相同的地方，也有不同的地方。對偶是一種修辭方式，而對仗是古詩詞和對聯創作中特殊的表達方式；對仗除了具備對偶的所有特點外，還必須具備：上下兩句句法結構相同、詞類相同（名詞對名詞、代詞對代詞、動詞對動詞、形容詞對形容詞、副詞對副詞、虛詞對虛詞），避免同字相對，一般是平仄相對。對仗的句子一定是對偶，對偶的句子不一定是對仗。例如：

兵無常勢，水無常形。（孫子兵法·虛實篇）

拱木不生危，松柏不生埤。（國語·晉語八）

倚杖柴門外，臨風聽暮蟬。（王維：輞川閑居贈裴秀才迪）

水至清則無魚，人至察則無徒。（漢書·東方朔傳）

君子之交淡若水，小人之交甘若醴。（莊子·外篇·山木）

即從巴峽穿巫峽，便下襄陽向洛陽。（杜甫：聞官軍收河南河北）

唯將終夜長開眼，報答平生未展眉。（元稹：遣悲懷三首）

對偶句字數不限，可以是四言，如例一，可以是五言，如例二、例三，可以是六言，如例四，可以是七言，如例五、例六、例七，甚至更多。上下兩句在意義上有的是正對，如例一、例二、例三、例四；有的是反對，如例五；有的是流水對，如例六、例七。

六、互文

上下兩句或一句話中的兩個部分，參互成文，合而見義，這種修辭方式叫互文見義，簡稱“互文”，也叫“互見”或“互辭”。這種修辭方式主要有兩種基本形式：當句互文和對句互文。

（1）當句互文。同一句話的前後兩個部分構成互文。例如：

主人下馬客在船，舉酒欲飲無管弦。（白居易：琵琶行）

熊咆龍吟殷巖泉，栗深林兮驚層巔。（李白：夢遊天姥吟留別）

登斯樓也，則有去國懷鄉，憂讒畏譏，滿目蕭然，感極而悲者矣。（范仲淹：岳陽樓記）

例一“主人”、“客”互文見義，意思是說主人和客人下了馬，又一同到了船上。例二“栗”、“驚”互文見義，意思是說使深林與層巔戰慄而震驚，並非慄的只是深林，驚的只是層巔。例三“去”、“懷”互文見義，意思是說“去國去鄉，懷國懷鄉”，譯成現代漢語就是“遠離國都故鄉，懷念國都故鄉”。

（2）對句互文。上下兩個句子構成互文。例如：

雄兔腳撲朔，雌兔眼迷離。（樂府詩集·木蘭詩）

枝枝相覆蓋，葉葉相交通。（樂府詩集·焦仲卿妻）

不以物喜，不以己悲。（范仲淹：岳陽樓記）

例一“雄兔”、“雌兔”互文見義，意思是說雄兔雌兔腳撲朔，雄兔雌兔眼迷離。例二“枝枝”、“葉葉”互文見義，意思是說這些樹枝枝葉葉互相覆蓋，互相交錯連接。例三“物”、“己”互文見義，意思是說不因外物環境和自己遭遇的好壞而高興或悲傷。

七、委婉

不直言其事，而是用含蓄、婉轉的話語表達出來，這種修辭方式叫委婉。古人委婉的使用有如下幾個方面。

（1）表敬謙之詞。

古人在交際時，爲了表達對對方的恭敬和自己的謙遜，對對方使用敬詞，對自己使用謙詞。例如：

豈敢言病？吾子忍之。（左傳·成公三年）

梁惠王曰："寡人之于國也，盡心焉耳矣。"（孟子·梁惠王上）

老臣賤息舒祺，最少，不肖，而臣衰，竊愛憐之，願令得補黑衣之數，以衛王宫。（戰國策·趙策）

今陛下興義兵，誅殘賊，平定天下，海内爲郡縣，法令由一統。（史記·秦始皇本紀）

例一“吾子”是敬詞，例二“寡人”是謙詞，例三“老臣、賤息、不肖、竊、補黑衣之數”都是謙詞，例四“陛下”爲敬詞。

（2）表避諱之詞。

不及黄泉，無相見也。（左傳·隱公元年）

七月丙寅，始皇崩於沙丘平臺。（史記·秦始皇本紀）

荒侯市人病，不能爲人。（史記·樊酈滕灌列傳）

公去歲違和。（南史·劉泯傳）

權起更衣，肅追於宇下。（資治通鑒·漢紀）

例一和例二的“黄泉”、“崩”都是“死”的委婉說法。例三“爲人”是兩性關係的委婉說法。例四“違和”是“病”的委婉說法。例五“更衣”是“大小便”的委婉說法。

（3）表外交之詞。

若從君惠而免之，三年，將拜君賜。（左傳·僖公三十三年）

雖遇執事，其弗敢違。（左傳・成公三年）

相如曰：“五步之內，相如請得以頸血濺大王矣！”（史記・廉頗藺相如列傳）

今治水軍八十萬衆，方與將軍會獵于吳。（資治通鑒・漢紀）

例一的意思是說：“如果您放了我，三年後，我將再來報仇雪耻。”例二的意思是說：“即使跟您相遇，也非打您不可。”例三的意思是說：“在這五步之內，我將同您拼命。”例四的意思是說：“如今我帶領八十萬水軍，將與您在吳國交戰。”

八、並提

並提就是把相關的兩件事物合併敘述，使句子緊湊，文辭簡潔，這種修辭方法叫並提，也叫合敘。例如：

跋涉山川，蒙犯霜露。（左傳・襄公二十八年）

君臣不惠忠，父子不慈孝。（墨子・兼愛中）

夫種蠡無一罪，身死亡。（史記・韓信盧綰列傳）

若有作奸犯科及爲忠善者，宜付有司論其刑賞。（諸葛亮：出師表）

素湍綠潭，回清倒影。（水經注・江水）

句讀之不知，惑之不解，或師焉，或不焉。（韓愈：師說）

例一“跋涉山川”，實際上是“跋山涉川”，先同時並列說出兩個動詞，然後再並舉兩個動詞所涉及的事物。例二“君臣不惠忠”，等於說“君不惠，臣不忠”，“父子不慈孝”等於說“父不慈，子不孝”。例三實際上是說，“夫種無一罪，身死”，“夫蠡無一罪，身亡（逃亡）”。例四實際上是說，“若有作奸犯科者，宜付有司論其刑”，“若有爲忠善者，宜付有司論其賞”，並提分承。例五先同時列舉“素湍”和“綠潭”，然後分別加以敘述。實際上是說“素湍回清”，“綠潭倒影”（雪白的急流，迴旋着清波；碧綠的潭水，倒映着各種景物的影子）。例六實際上是說，“句讀之不知，或師焉”，“惑之不解，或不焉”，先並提，再分承。

九、藏詞

藏詞，是把古書中的一句話或一個短語割裂開來，用其中的一部分代替另一部分（實際上藏詞也是一種借代，不過是一種特殊的借代），也叫割裂。從形式上，藏詞可以分爲三類：

（1）截取語句的後一部分，用來代替語句前一部分的意思。這種形式也叫作“藏頭”。例如：

至乎順耳之年，履折衝之位，號至將軍，誠士之高致也。（漢書·蕭望之列傳）

漢世良吏，於兹爲盛，故能降來儀之瑞，建中興之功。（後漢書·左雄傳）

又楚人屈原，含忠履潔，君匪從流，臣進逆耳。（蕭統：文選序）

例一“順耳”代替“六十”，本於《論語·爲政》：“六十而耳順。”例二“來儀”代替“鳳凰”，本於《尚書·益稷》：“簫韶九成，鳳凰來儀。”例三“逆耳”代替“忠言”，本於《孔子家語·六本》：“良藥苦於口而利於病，忠言逆於耳而利於行。”

（2）截取語句的前一部分，代替語句後一部分的意思。這種形式又叫“歇後”。例如：

願言之懷，良不可任。（曹丕：與吳質書）

惵惵（恐懼的樣子）周餘，竟沈淪於塗炭。（晉書·簡文三子）

朱鮪喋血于友于，張繡剚刃於愛子。（梁丘遲：與陳伯之書）

例一“願言”代替“思子”，本於《詩經·邶風·二子乘舟》：“願言思子，中心養養。”例二“周餘”代替“黎民”，本於《詩經·大雅·云漢》：“周餘黎民，靡有孑遺。”例三“友于”代替“兄弟（這裏指漢光武帝劉秀之兄劉縯）”，本於《尚書·君陳》：“惟孝友于兄弟，克施有政。”

（3）提取語句的部分字詞代替整個語句或部分語詞。例如：

重以尸素，抱罪枕席。（後漢書·左雄傳）

與善俄騫，殲良奄洎。（許敬宗：唐并州都督鄂國公尉遲恭墓碑）

豈不旦夕念，爲爾惜居諸。（韓愈：符讀書城南）

例一“尸素”即“尸位素餐”的意思。本於《漢書·朱雲傳》：“今朝廷大臣，上不能匡主，下亡以益民，皆尸位素餐。”例二“與善”即“與人爲善者”，本於《孟子·公孫丑上》：“取諸人以爲善，是與人爲善者也。”“殲良”即“殲我良人”，本於《詩經·秦風·黃鳥》：“彼蒼者天，殲我良人。”例三“居諸”代替“日月”，本於《詩經·邶風·柏舟》：“日居月諸！胡迭而微？”

這種修辭方式任意分割，隨意組合古人語句，嚴重損害了語言的純潔性和完整性，不足爲訓。但這種語言現象在古籍中又是客觀存在的，我們了解這種修辭方式，對於閱讀古書，提高閱讀能力，是不無裨益的。

十、倒文

爲了強調突出事物或爲了句式新奇或爲了滿足對仗、平仄和押韻的要求，使句中的詞語顛倒順序的修辭方式就是倒文，也叫倒置。例如：

諺所謂“室于怒市於色”者，楚之謂矣。（左傳·昭公十九年）

使人意奪神駭，心折骨驚。（江淹：別賦）

春與猿吟兮，秋鶴與飛。（韓愈：柳州羅池廟碑）

例一正常的語序爲“怒于室色於市”，但爲了強調突出“室、市”而倒文。例二“心折骨驚”就是“骨折心驚”，這樣做的目的有二，其一是爲了對仗和平仄（“心”對“意”：平對仄；“骨”對“神”：仄對平）；其二是爲了押韻（“驚”與上文的“名”、“盈”，下文的“精”、“英”、“聲”、“情”等字押韻）。例三“秋鶴與飛”就是“秋與鶴飛”，這樣做的目的就是爲了文字的多變，給人以新奇之感。

古代文化常識十——古代的器物（下）

（一）烹食器皿：鼎、匕、俎、鬲、甗、釜、甑、簋、豆

鼎是古代的炊器和禮器，一般爲圓腹、立耳、三足，少數爲方形、四足。殷周時鼎爲青銅鑄成，用作炊具及盛放肉食的工具，也是祭祀的重要禮器。周禮規定貴族用鼎須遵照禮制，如天子九鼎、諸侯七鼎、大夫五鼎、士三鼎。在古代，稱定都或建立王朝爲“定鼎”，圖謀王位爲“問鼎”，改朝換代或重大變革爲“鼎革”；稱貴族的豪奢生活爲“鼎食”。

古人用匕從鼎內把肉取出來後，放在俎上用刀割着吃。所以古書上常以刀匕並舉、刀俎並舉。匕是長柄湯匙，俎是一塊長方形的小板，兩端有足支撐着，一般是木製的，銅俎很少。

上古煮飯用鬲，蒸飯用甗。鬲似鼎，有三隻空心的短足，下面可用火炊煮。甗分爲上下兩層。下層似鬲，裏面盛水，燒火煮水使蒸汽上升到上層。上層似甑（底部有孔的蒸器），裏面放米穀之類。上下兩層之間有個帶着許多孔的橫隔（箅子），既便於蒸汽透過，又免得米穀漏到下層。

上古釜似鍋，用途相當於甗的下層；甑似盆，底部有細孔，放在釜上，相當於甗的上層。釜甑之間也有箅子。可見，釜甑是配合起來用的。因此，古書常以釜甑並舉，如《孟子·滕文公上》：“許子以釜甑爨，以鐵耕乎?”《史記·項羽本紀》：“項羽乃悉引兵渡河，皆沉船，破釜甑。”

簋在上古是盛飯用的，一般圓腹圈足，兩旁有耳，是青銅或陶製的，也有木製或竹製的。上古還有一種長方形的盛飯用具，叫簠。古書上常以簋簠並舉。簠出現於西周，盛行於西周中、晚期，終於戰國。

豆是上古的盛食器，形似今天的高脚盤。豆本來是盛黍稷的，後來也可用來盛肉醬、肉羹。古代木製的豆叫作豆，竹製的豆叫作籩，瓦豆叫作登或豋。

（二）酒器：彝、尊、觥、罍、卣、壺、爵、觚、觶、杯

商、周時盛酒器多以青銅製成，統稱之曰“彝”。往往鑄爲鳥獸之形，用爲宗廟祭祀的禮器。因此，“彝”又泛稱宗廟中的鐘鼎之屬，稱爲“彝器”、“宗彝”等，如《周禮·春官·司尊彝》：“掌六尊六彝之位。”

尊、觥、罍、卣、壺等是上古的盛酒器。尊也常常被用作禮器的總名，古人作器，稱爲“寶尊彝”，或是“寶尊”。罍是青銅製成的方形或圓形的盛酒器，《詩經·周南·卷耳》：“我姑酌彼金罍。”觥底有圈足，腹橢圓，同時又是飲酒器，所以《詩經·豳風·七月》有“稱彼兕觥，萬壽無疆”。卣器形爲深腹，圈足，橢圓口，有蓋，似壺但有提梁，故也稱做“提梁卣”。卣盛行於商代與西周，也常用來盛一種祭祀時用的酒。

爵是古代飲酒器的通稱。但作爲專名，爵是用來溫酒的，它有三隻脚，下面可以舉火。上古常用的飲酒器是觚和觶，觚由青銅製成，形狀類似喇叭，細長身，大侈口，主要盛行於商及西周；觶比較輕小，所以古人說“揚觶”。戰國以後出現了一種橢圓形的杯，兩側有弧形的耳，後人稱爲耳杯，又叫羽觴。杯可以用來飲酒，也可以盛羹。《史記·項羽本紀》上說：“必欲烹而翁，幸分我一杯羹。”

練習題

一、標點題

晉傅咸《弔秦始皇賦》曰：余治獄至長安觀乎阿房而弔始皇曰傷秦政之爲暴棄仁義以自亡搦紙申辭以弔始皇有姬失統命不于常六國既平奄有萬方政虐刑酷如火之揚致周章之百萬取發掘於項王疲斯民乎宮墓甚癸辛於夏商未旋踵而爲墟屯麠麋乎廟堂國既顛而莫扶孰阻兵之爲強（選自嚴可均《全晉文》卷五十一）。

二、解釋下列古文中畫綫部分的意思

陸機《思親賦》：悲桑梓之悠曠，愧蒸嘗之弗營。指南雲以寄欽，望歸風而効誠。年歲俄其聿暮，明星爛而將清。迴飈肅以長赴，零雪紛其下積。羨纖枝之在幹，悼落葉之去枝。存顧復之遺志，感明發之所懷。居辭安而厭苦，養引約而摧豐。忘天命之晚暮，願鞠子之速融。兄瓊芳而蕙茂，弟蘭發而玉暉。感瑰姿之晚就，痛慈景之先違。天步悠長，人道短矣。異途同歸，無早晚矣。（選自《陸士衡文集》卷一）。

三、古文標點今譯題

1. 曹植《幽思賦》：倚高臺之曲隅處幽僻之閒深望翔雲之悠悠羌朝霽而夕陰顧秋華而零落感歲莫而傷心觀躍魚於南沼聆鳴鶴於北林搦素筆而慷慨揚大雅之哀吟仰清

風以歎息寄余思於悲絃信有心而在遠重登高以臨川何余心之煩錯寧翰墨之能傳（選自《曹子建集》卷一）

2. 向秀《思舊賦》：余（五臣有“少字”）與嵇康呂安居止接近其人並有不羈之才然嵇志（五臣作“意”）遠而疏呂心曠而放其後各以事見法嵇博綜技藝於絲竹特妙臨當就命顧視日影索琴而彈之餘（五臣無“餘”字）逝將西邁經其舊廬于時日薄虞淵寒冰淒然鄰人有吹笛者發聲寥亮追思（五臣作“想”）曩昔遊宴（五臣作“讌”）之好感音而歎故作賦云將命適於遠京兮遂旋反而北徂濟黃河以泛舟兮經山陽之舊居瞻曠野之蕭條息余駕乎城隅踐二子之遺迹兮歷窮巷之空廬歎黍離之愍周兮悲麥秀於殷墟惟古昔以懷人（善作“今”字）兮心徘徊以躊躇棟宇存而弗毀兮形神逝（五臣作“遊”）其焉如昔李斯之受罪（五臣作“戮”）兮歎黃犬而長吟悼嵇生之永辭兮顧日影而彈琴託運遇（五臣作“命”）於領會兮餘命於寸陰聽鳴笛之慷慨兮妙聲絕而復尋停駕言其將邁兮遂援翰而寫心（選自《文選六臣注》本）

3. 謝莊《月賦》：陳王初喪應劉端憂多暇悄（七小）焉疚懷不（五臣作“弗”）怡中夜乃清蘭路肅桂苑騰吹寒山弭蓋秋坂臨濬壑而怨遙登崇岫而傷遠于時斜漢左界北陸南躔白露曖空素月流天沈吟齊章殷勤陳篇抽毫進牘以命仲宣仲宣跪（渠委）而稱曰臣東鄙幽介長自丘樊昧道懵（莫贈）學孤奉明恩臣聞沈潛既義高明既經日以陽德月以陰靈擅扶光（五臣作“桑”）於東沼嗣若英於西冥引玄兔於帝臺集素娥於后庭朒（尾竹）朓（他了）警闕朏魄示沖順辰通燭從星澤風增華臺室揚彩軒宮委照而吳業昌淪精而漢道融若夫氣霽（才計）地表雲斂天末洞庭始波木葉微脫菊散芳於山椒鴈流哀於江瀨升清質之悠悠降澄暉之藹藹列宿掩縟長河韜映柔祇雪凝圓靈水鏡連觀霜縞周除冰淨君王乃厭晨歡樂宵宴收妙舞弛清縣去燭房即月殿芳酒登鳴琴薦若乃涼夜自淒風篁成韻親懿莫從羇（五臣作“羈”）孤遞進聆皋禽之夕聞聽朔管之秋引於是弦（五臣作“絲”）桐練響音容選和徘徊房露惆悵陽阿聲林虛籟淪池滅波情紆軫其何託愬皓月而長歌歌曰美人邁兮音塵闕隔千里兮共明月臨風歎兮將烏（五臣作“焉”）歇川路長兮不可越歌響未終餘景就畢滿堂變容迴遑如失又稱歌曰月既沒兮露欲晞歲方晏兮無與歸佳期可以還微霜霑（五臣作“露”）人衣陳王曰善乃命執事獻壽羞（五臣作“薦”）璧敬佩玉音服之無斁（選自《文選六臣注》本）

四、賦有幾種類型，在語言上有什麼特點

五、駢體文在語言上有哪些特點

六、借喻和借代有什麼區別

七、指出下列各句使用的修辭手法

1. 今兩虎共鬥，其勢不俱生。（史記·廉頗藺相如列傳）
2. 顧我萬年之後，汝曹皆當出嫁。（曹操：讓縣自明本志令）
3. 沖天香陣透長安，滿城盡帶黃金甲。（黃巢：不第後賦菊）
4. 明眸皓齒今何在，血污遊魂歸不得。（杜甫：哀江頭）
5. 知音少，弦斷有誰聽？（岳飛：小重山）
6. 父子夫婦不能相保，誠可爲酸鼻。（漢書·鮑宣傳）
7. 花徑不曾緣客掃，蓬門今始爲君開。（杜甫：客至）
8. 水火不積，則暉潤不博。（荀子·天論）
9. 悍吏之來吾鄉，叫囂乎東西，隳突乎南北。（柳宗元：捕蛇者說）
10. 天子之怒，伏屍百萬，流血千里。（戰國策·魏策四）

附表：常用字上古音表

說明：

1. 收字範圍：本字表收《詩經》、《楚辭》全部韻腳及王力《古代漢語》全四冊所列常用字；

2. 標識內容：據王力上古音體系標注上古聲母、韻部；

3. 排序：按音節首字母音序排列。

A

ā

阿　影母　歌部

āi

哀　影母　微部

ǎi

靄　影母　月部

ài

愛　影母　物部

僾　影母　物部

艾　疑母　月部

隘　影母　錫部

ān

安　影母　元部

àn

岸　疑母　元部

按　影母　元部

案　影母　元部

黯　影母　侵部

áng

卬　疑母　陽部

áo

敖　疑母　宵部

嗷　疑母　宵部

ào

奥　影母　覺部

驁　疑母　宵部

B

bā

豝　幫母　魚部

bá

茇　並母　月部

拔　並母　月部

軷　並母　月部

bǎ

把　幫母　魚部

bà

罷　並母　歌部

bái

白　並母　鐸部

bǎi

柏　幫母　鐸部

bài

拜　幫母　月部

敗　並母　月部

bǎn

板　幫母　元部

坂　並母　元部

阪　並母　元部

bàn

絆　幫母　元部

伴　並母　元部

bāng

邦　幫母　東部

bàng

傍　並母　陽部

bāo

包　幫母　幽部

苞　幫母　幽部

褒　幫母　幽部

báo

薄　並母　鐸部

bǎo

飽　幫母　幽部

保　幫母　幽部

寶　幫母　幽部

鴇　幫母　幽部

bào

報　幫母　幽部

暴　並母　藥部

bēi

卑　幫母　支部

悲　幫母　微部

běi

北　幫母　職部

bèi

倍　並母　之部

背　幫母　職部

備　並母　職部

悖　並母　物部

被　並母　歌部

輩　幫母　微部

bēn

奔　幫母　文部

běn

本　幫母　文部

bēng

崩　幫母　蒸部

祊　幫母　陽部

bī

偪　幫母　職部

bǐ

匕　幫母　脂部

比　幫母　脂部

妣　幫母　脂部

鄙　幫母　之部

bì

比　並母　脂部

辟　幫母　錫部

壁　幫母　錫部

璧　幫母　錫部

畀　幫母　質部

必　幫母　質部

閟　幫母　質部

毖　幫母　質部

珌　幫母　質部

韠　幫母　質部

敝　並母　月部

蔽　幫母　月部

弊　並母　月部
斃　並母　月部
碧　幫母　鐸部

biān

邊　幫母　元部

biǎn

貶　幫母　談部

biàn

弁　並母　元部
變　幫母　元部
便　並母　元部
徧　幫母　真部
辨　並母　元部
辯　並母　元部

biāo

鑣　幫母　宵部
儦　幫母　宵部
瀌　幫母　宵部

biǎo

表　幫母　宵部

biào

摽　並母　宵部

bīn

賓　幫母　真部
濱　幫母　真部

bīng

冰　幫母　蒸部
兵　幫母　陽部

bǐng

秉　幫母　陽部

bìng

並　並母　陽部
病　並母　陽部

bō

波　幫母　歌部
撥　幫母　月部

bó

伯　幫母　鐸部
帛　並母　鐸部
博　幫母　鐸部
簙　幫母　鐸部
襮　幫母　藥部
駮　幫母　藥部

bū

晡　幫母　魚部

bǔ

卜　幫母　屋部
補　幫母　魚部

bù

步　並母　鐸部
布　幫母　魚部
部　並母　之部
簿　並母　魚部

C

cāi

偲　清母　之部

cái

才　從母　之部
材　從母　之部
財　從母　之部
裁　從母　之部

cǎi

采　清母　之部

cān

餐　清母　元部
驂　清母　侵部

參　清母　侵部

cán

殘　從母　元部

càn

粲　清母　元部

cāng

倉　清母　陽部

蒼　清母　陽部

鶬　清母　陽部

cáng

藏　從母　陽部

cāo

操　清母　宵部

cáo

曹　從母　幽部

漕　從母　幽部

cǎo

草　清母　幽部

懆　清母　宵部

cè

側　莊母　職部

測　初母　職部

策　初母　錫部

cēn

參　初母　侵部

céng

曾　從母　蒸部

層　從母　蒸部

chā

差　初母　歌部

chá

察　初母　月部

chái

柴　崇母　支部

chǎi

茝　昌母　之部

chài

蠆　透母　月部

chān

梴　透母　元部

襜　昌母　談部

chán

廛　定母　元部

讒　崇母　談部

chǎn

產　山母　元部

諂　透母　談部

chāng

昌　昌母　陽部

倡　昌母　陽部

cháng

腸　定母　陽部

長　定母　陽部

常　禪母　陽部

裳　禪母　陽部

嘗　禪母　陽部

chàng

唱　昌母　陽部

悵　透母　陽部

cháo

朝　定母　宵部

巢　崇母　宵部

chē

車　昌母　魚部

chè

徹　透母　月部

chēn

琛　透母　侵部

chén

陳　定母　真部

塵　定母　真部

晨　禪母　文部

辰　禪母　文部

煁　禪母　侵部

諶　禪母　侵部

沈　定母　侵部

chēng

稱　昌母　蒸部

chéng

懲　定母　蒸部

乘　船母　蒸部

承　禪母　蒸部

酲　定母　耕部

程　定母　耕部

成　禪母　耕部

城　禪母　耕部

誠　禪母　耕部

盛　禪母　耕部

澄　定母　蒸部

chěng

騁　透母　耕部

chī

蚩　昌母　之部

鴟　昌母　脂部

螭　透母　歌部

chí

篪　定母　支部

坻　定母　脂部

遲　定母　脂部

池　定母　歌部

弛　書母　歌部

馳　定母　脂部

持　定母　之部

chǐ

恥　透母　之部

齒　昌母　之部

尺　昌母　鐸部

侈　昌母　歌部

chì

飭　透母　職部

敕　透母　職部

熾　昌母　職部

眙　透母　之部

斥　昌母　鐸部

赤　昌母　鐸部

chōng

罿　昌母　東部

充　昌母　冬部

衝　昌母　東部

忡　透母　冬部

沖　定母　冬部

chóng

蟲　定母　冬部

重　定母　東部

崇　崇母　冬部

chōu

瘳　透母　幽部

抽　透母　幽部

chóu

裯　定母　幽部

讎　禪母　幽部

酬　禪母　幽部

仇　群母　幽部

愁　崇母　幽部

稠　定母　幽部

疇　定母　幽部

chǒu

醜　昌母　幽部

chòu

臭　昌母　幽部

chū

樗　透母　魚部

出　昌母　物部

chú

躕　定母　侯部

芻　初母　侯部

除　定母　魚部

廚　定母　侯部

躇　定母　魚部

chǔ

處　昌母　魚部

楚　初母　魚部

chù

畜　透母　覺部

俶　昌母　覺部

chuān

川　昌母　文部

chuán

傳　定母　元部

chuǎn

舛　昌母　文部

chuáng

牀　崇母　陽部

chuàng

創　初母　陽部

chuī

吹　昌母　歌部

chuí

垂　禪母　歌部

chūn

春　昌母　文部

chún

漘　船母　文部

鶉　禪母　文部

錞　禪母　文部

chuò

綽　昌母　藥部

惙　端母　月部

cí

雌　清母　支部

茨　從母　脂部

詞　邪母　之部

辭　邪母　之部

祠　邪母　之部

cǐ

泚　清母　支部

cì

刺　清母　錫部

次　清母　脂部

佽　清母　脂部

cōng

聰　清母　東部

樅　清母　東部

cóng

從　從母　東部

cú

徂　從母　魚部

cù

蹙　清母　覺部

cuàn

竄　清母　元部

cuī

崔　清母　微部

摧　從母　微部

cuì

瘁　從母　物部

萃　從母　物部

cún

存　從母　文部

cuō

瑳　清母　歌部

磋　清母　歌部

撮　清母　月部

cuó

瘥　從母　歌部

cuò

錯　清母　鐸部

措　清母　鐸部

D

dā

荅　端母　緝部

dá

怛　端母　月部

達　定母　月部

dà

大　定母　月部

dài

殆　定母　之部

怠　定母　之部

逮　定母　質部

帶　端母　月部

待　定母　之部

代　定母　職部

dān

丹　端母　元部

單　端母　元部

耽　端母　侵部

dǎn

亶　端母　元部

dàn

旦　端母　元部

但　定母　元部

萏　定母　談部

癉　端母　元部

彈　定母　元部

憺　定母　談部

啖　定母　談部

dāng

當　端母　陽部

dǎng

黨　端母　陽部

dàng

蕩　定母　陽部

當　端母　陽部

dāo

刀　端母　宵部

忉　端母　宵部

dǎo

禱　端母　幽部

擣　端母　幽部

蹈　定母　幽部

倒　端母　宵部

dào

道　定母　幽部

稻　定母　幽部

到　端母　宵部

倒　端母　宵部

盜　定母　宵部

悼　定母　藥部

翿　定母　幽部

dé

得　端母　職部

德　端母　職部

dēng

登　端母　蒸部

簦　端母　蒸部

dī

氐　端母　脂部

dí

迪　定母　覺部

翟　定母　錫部

狄　定母　錫部

dǐ

底　端母　脂部

砥　章母　脂部

dì

弟　定母　脂部

第　定母　脂部

睇　定母　脂部

地　定母　歌部

帝　端母　錫部

締　定母　錫部

棣　定母　質部

遞　定母　支部

diān

顛　端母　真部

diǎn

典　端母　文部

diàn

電　定母　真部

甸　定母　真部

簟　定母　侵部

玷　端母　談部

diāo

凋　端母　幽部

雕　端母　幽部

diào

弔　端母　藥部

dié

耋　定母　質部

瓞　定母　質部

垤　定母　質部

迭　定母　質部

dìng

定　定母　耕部

dōng

東　端母　東部

冬　端母　冬部

dòng

動　定母　東部

dǒu

斗　端母　侯部

dòu

豆　定母　侯部

鬥　端母　侯部

dū

都　端母　魚部

闍　端母　魚部

dú

毒　定母　覺部

讀　定母　屋部

獨　定母　屋部

dǔ

堵　端母　魚部

篤　端母　覺部

dù

杜　定母　魚部

度　定母　鐸部
妒　端母　魚部
duān
端　端母　元部
duǎn
短　端母　元部
duàn
鍛　端母　元部
斷　定母　元部
duì
對　端母　物部
懟　定母　物部
兌　定母　月部
祋　端母　月部
dūn
敦　端母　文部
dùn
遯　定母　文部
duō
多　端母　歌部
duó
掇　端母　月部
奪　定母　月部
duǒ
朵　端母　歌部
duò
柂　定母　歌部

E

ē
阿　影母　歌部
é
莪　疑母　歌部
俄　疑母　歌部
峨　疑母　歌部
吪　疑母　歌部
訛　疑母　歌部
è
惡　影母　鐸部
厄　影母　錫部
軛　影母　錫部
餓　疑母　歌部
ér
而　日母　之部
ěr
耳　日母　之部
爾　日母　脂部
邇　日母　脂部
èr
貳　日母　脂部

F

fā
發　幫母　月部
fá
伐　並母　月部
乏　並母　葉部
fǎ
法　幫母　葉部
fà
髮　幫母　月部
fān
番　滂母　元部
幡　滂母　元部
藩　幫母　元部
蕃　幫母　元部
fán
樊　並母　元部

燔　並母　元部
繁　並母　元部
凡　並母　侵部
煩　並母　元部

fǎn

反　幫母　元部

fàn

泛　滂母　談部
飯　並母　元部
範　並母　談部

fāng

方　幫母　陽部
芳　滂母　陽部

fáng

房　並母　陽部
防　並母　陽部
魴　並母　陽部
妨　滂母　陽部

fàng

放　幫母　陽部

fēi

飛　幫母　微部
菲　滂母　微部
霏　滂母　微部
騑　幫母　微部
妃　滂母　微部
非　幫母　微部

féi

腓　並母　微部
肥　並母　微部

fěi

匪　幫母　微部

fèi

芾　幫母　月部
肺　滂母　月部
吠　並母　月部
廢　幫母　月部

fēn

雰　滂母　文部
芬　滂母　文部
分　幫母　文部
紛　滂母　文部

fén

焚　並母　文部
墳　並母　文部

fèn

憤　並母　文部
奮　幫母　文部

fēng

丰　滂母　東部
豐　滂母　冬部
封　幫母　東部
葑　幫母　東部
風　幫母　冬部
楓　幫母　冬部

féng

馮　並母　蒸部
逢　並母　東部
縫　並母　東部

fěng

諷　幫母　冬部

fèng

奉　並母　東部

fǒu

否　幫母　之部
缶　幫母　幽部

fū

夫　幫母　魚部

膚 幫母 魚部
敷 滂母 魚部
痡 滂母 魚部

fú

孚 滂母 幽部
罦 並母 幽部
浮 並母 幽部
輻 幫母 職部
福 幫母 職部
畐 幫母 職部
匐 並母 職部
服 並母 職部
伏 並母 職部
弗 幫母 物部
茀 滂母 物部
拂 滂母 物部
扶 並母 魚部
紱 幫母 月部

fǔ

甫 幫母 魚部
脯 幫母 魚部
輔 並母 魚部
黼 幫母 魚部
父 幫母 魚部
釜 並母 魚部
府 幫母 侯部
撫 滂母 魚部

fù

負 並母 之部
婦 並母 之部
阜 並母 幽部
附 並母 侯部
父 並母 魚部
賦 幫母 魚部
富 幫母 職部
腹 幫母 覺部
覆 滂母 覺部
復 並母 覺部
赴 滂母 屋部
傅 幫母 魚部

G

gǎi

改 見母 之部

gài

溉 見母 物部
蓋 見母 月部
概 見母 物部

gān

干 見母 元部
甘 見母 談部
乾 見母 元部
澉 見母 元部

gǎn

敢 見母 談部
感 見母 侵部

gàn

幹 見母 元部

gāng

岡 見母 陽部
剛 見母 陽部
綱 見母 陽部

gāo

櫜 見母 幽部
膏 見母 宵部
高 見母 宵部
皋 見母 幽部

gào

告　見母　覺部

gē

歌　見母　歌部

gé

革　見母　職部

格　見母　鐸部

閣　見母　鐸部

葛　見母　月部

gěi

給　見母　緝部

gēng

羹　見母　陽部

庚　見母　陽部

耕　見母　耕部

更　見母　陽部

gěng

梗　見母　陽部

耿　見母　耕部

gèng

更　見母　陽部

gōng

肱　見母　蒸部

公　見母　東部

工　見母　東部

功　見母　東部

攻　見母　東部

恭　見母　東部

觵　見母　陽部

宮　見母　冬部

弓　見母　蒸部

躬　見母　冬部

gǒng

鞏　見母　東部

拱　見母　東部

gòng

共　羣母　東部

貢　見母　東部

gǒu

笱　見母　侯部

枸　見母　侯部

耇　見母　侯部

苟　見母　侯部

gòu

媾　見母　侯部

覯　見母　侯部

購　見母　侯部

垢　見母　侯部

詬　曉母　侯部

gū

酤　見母　魚部

辜　見母　魚部

呱　見母　魚部

姑　見母　魚部

gǔ

古　見母　魚部

罟　見母　魚部

汩　見母　物部

鼓　見母　魚部

瞽　見母　魚部

谷　見母　屋部

轂　見母　屋部

穀　見母　屋部

股　見母　魚部

羖　見母　魚部

賈　見母　魚部

鹽　見母　魚部

gù

顧　見母　魚部

故　見母　魚部

固　見母　魚部

guā

瓜　見母　魚部

guǎ

寡　見母　魚部

guāi

乖　見母　微部

guài

怪　見母　之部

guān

鰥　見母　文部

關　見母　元部

官　見母　元部

觀　見母　元部

綸　見母　文部

guǎn

管　見母　元部

痯　見母　元部

館　見母　元部

guàn

冠　見母　元部

貫　見母　元部

丱　見母　元部

guāng

光　見母　陽部

洸　見母　陽部

guǎng

廣　見母　陽部

guī

龜　見母　之部

圭　見母　支部

規　見母　支部

歸　見母　微部

guǐ

軌　見母　幽部

簋　見母　幽部

guì

貴　見母　物部

guó

馘　見母　職部

國　見母　職部

guǒ

果　見母　歌部

guò

過　見母　歌部

H

hāi

咍　曉母　之部

hái

孩　匣母　之部

hǎi

海　曉母　之部

醢　曉母　之部

hài

害　匣母　月部

hān

酣　匣母　談部

hán

涵　匣母　侵部

寒　匣母　元部

hǎn

罕　曉母　元部

hàn

漢　曉母　元部

翰　匣母　元部
憾　匣母　侵部

háng

頏　匣母　陽部
杭　匣母　陽部
行　匣母　陽部

hāo

蒿　曉母　宵部

háo

豪　匣母　宵部
號　匣母　宵部

hǎo

好　曉母　幽部

hào

皓　匣母　幽部
昊　匣母　宵部
號　匣母　宵部
鎬　匣母　宵部
好　曉母　幽部

hé

何　匣母　歌部
河　匣母　歌部
荷　匣母　歌部
和　匣母　歌部
曷　匣母　月部
合　匣母　緝部
覈　匣母　錫部

hè

賀　匣母　歌部
熇　曉母　藥部
鶴　匣母　藥部
壑　曉母　鐸部
赫　曉母　鐸部
褐　匣母　月部

hēi

黑　曉母　職部

hèn

恨　匣母　文部

héng

恒　匣母　蒸部
衡　匣母　陽部
珩　匣母　陽部
横　匣母　陽部

hōng

薨　曉母　蒸部

hóng

弘　匣母　蒸部
紅　匣母　東部

hòng

訌　匣母　東部

hóu

侯　匣母　侯部
餱　匣母　侯部
鍭　匣母　侯部

hòu

后　匣母　侯部
後　匣母　侯部
厚　匣母　侯部
逅　匣母　侯部
候　匣母　侯部

hū

乎　匣母　魚部
呼　曉母　魚部
忽　曉母　物部
幠　曉母　魚部

hú

壺　匣母　魚部
胡　匣母　魚部

狐　匣母　魚部
鶘　匣母　覺部
hǔ
虎　曉母　魚部
滸　曉母　魚部
hù
岵　匣母　魚部
怙　匣母　魚部
祜　匣母　魚部
户　匣母　魚部
扈　匣母　魚部
互　匣母　魚部
huá
華　匣母　魚部
huà
化　曉母　歌部
畫　匣母　錫部
huái
懷　匣母　微部
huài
壞　匣母　微部
huán
貆　匣母　元部
還　匣母　元部
環　匣母　元部
huàn
渙　曉母　元部
患　匣母　元部
宦　匣母　元部
huāng
荒　曉母　陽部
huáng
黄　匣母　陽部
簧　匣母　陽部
璜　匣母　陽部
皇　匣母　陽部
遑　匣母　陽部
煌　匣母　陽部
喤　匣母　陽部
餭　匣母　陽部
huī
煇　曉母　文部
麾　曉母　歌部
huí
回　匣母　微部
徊　匣母　微部
迴　匣母　微部
huǐ
悔　曉母　之部
毁　曉母　微部
燬　曉母　微部
huì
會　匣母　月部
誨　曉母　之部
晦　曉母　之部
嘒　曉母　月部
噦　曉母　月部
穢　影母　月部
惠　匣母　質部
喙　曉母　月部
賄　曉母　之部
hún
渾　匣母　文部
huó
佸　匣母　月部
活　匣母　月部
huǒ
火　曉母　微部

huò

禍 匣母 歌部
藿 曉母 鐸部
獲 匣母 鐸部
濩 匣母 鐸部
穫 匣母 鐸部
蠖 影母 鐸部
惑 匣母 職部
或 匣母 職部
貨 曉母 歌部

J

jī

姬 見母 之部
基 見母 之部
箕 見母 之部
躋 精母 脂部
隮 精母 脂部
几 見母 脂部
飢 見母 脂部
肌 見母 脂部
畿 羣母 微部
譏 見母 微部
機 見母 微部
饑 見母 微部
積 精母 錫部
擊 見母 錫部
奇 見母 歌部
激 見母 藥部
羈 見母 歌部

jí

及 羣母 緝部
吉 見母 質部
急 見母 緝部
棘 見母 職部
亟 見母 職部
極 羣母 職部
殛 見母 職部
踖 從母 鐸部
藉 從母 鐸部
籍 從母 鐸部
即 精母 質部
疾 從母 質部
集 從母 緝部
楫 精母 緝部
輯 從母 緝部
蹐 精母 錫部

jǐ

幾 見母 微部
掎 見母 歌部
戟 見母 鐸部
脊 精母 錫部
給 見母 緝部

jì

紀 見母 之部
忌 羣母 之部
伎 羣母 支部
薺 從母 脂部
濟 精母 脂部
稷 精母 職部
績 精母 錫部
季 見母 質部
悸 羣母 質部
既 見母 物部
塈 羣母 物部
暨 羣母 物部
騎 羣母 歌部
寄 見母 歌部

冀	見母	脂部
際	精母	月部
計	見母	質部
繫	見母	錫部
迹	精母	錫部

jiā

家	見母	魚部
葭	見母	魚部
加	見母	歌部
珈	見母	歌部
嘉	見母	歌部
佳	見母	支部

jiǎ

甲	見母	葉部
斝	見母	魚部
假	見母	魚部
椵	見母	魚部
賈	見母	魚部

jià

稼	見母	魚部
駕	見母	歌部

jiān

堅	見母	真部
艱	見母	文部
閒	見母	元部
菅	見母	元部
肩	見母	元部
監	見母	談部
姦	見母	元部

jiǎn

簡	見母	元部
檢	見母	談部
翦	精母	元部

jiàn

踐	從母	元部
澗	見母	元部
閒	見母	元部
諫	見母	元部
見	見母	元部
僭	精母	侵部
譖	精母	侵部
檻	匣母	談部
鑑	見母	談部
漸	從母	談部
賤	從母	元部
建	見母	元部
薦	精母	文部

jiāng

江	見母	東部
將	精母	陽部
漿	精母	陽部
姜	見母	陽部
疆	見母	陽部

jiǎng

講	見母	東部

jiàng

彊	羣母	陽部
將	精母	陽部
匠	從母	陽部

jiāo

椒	精母	幽部
膠	見母	幽部
郊	見母	宵部
驕	見母	宵部
鵁	見母	宵部
交	見母	宵部

jiǎo

皎　見母　宵部

角　見母　屋部

撟　見母　宵部

矯　見母　宵部

脚　見母　鐸部

jiào

教　見母　宵部

覺　見母　覺部

較　見母　藥部

jiē

皆　見母　脂部

喈　見母　脂部

階　見母　脂部

湝　見母　脂部

嗟　精母　歌部

揭　見母　月部

接　精母　葉部

jié

節　精母　質部

袺　見母　質部

結　見母　質部

詰　溪母　質部

截　從母　月部

竭　羣母　月部

偈　羣母　月部

桀　羣母　月部

傑　羣母　月部

捷　從母　葉部

jiě

解　見母　錫部

jiè

介　見母　月部

戒　見母　職部

届　見母　質部

藉　從母　鐸部

jīn

巾　見母　文部

今　見母　侵部

衿　見母　侵部

矜　見母　真部

金　見母　侵部

斤　見母　文部

津　精母　真部

jǐn

錦　見母　侵部

jìn

盡　從母　真部

燼　邪母　真部

墐　羣母　文部

進　精母　真部

禁　見母　侵部

jīng

兢　見母　蒸部

京　見母　陽部

旌　精母　耕部

精　精母　耕部

驚　見母　耕部

莖　匣母　耕部

經　見母　耕部

涇　見母　耕部

jǐng

景　見母　陽部

警　見母　耕部

jìng

競　羣母　陽部

敬　見母　耕部

靜　從母　耕部

徑　見母　耕部

jiōng

扃　見母　耕部

jiǒng

熲　見母　耕部

jiū

鳩　見母　幽部
究　見母　幽部
糾　見母　幽部
啾　精母　幽部

jiǔ

久　見母　之部
玖　見母　之部
酒　精母　幽部
韭　見母　幽部

jiù

疚　見母　之部
舊　羣母　之部
救　見母　幽部
舅　羣母　幽部
咎　羣母　幽部
就　從母　覺部

jū

駒　見母　侯部
苴　精母　魚部
罝　精母　魚部
砠　清母　魚部
車　見母　魚部
居　見母　魚部
琚　見母　魚部
椐　見母　魚部
掬　見母　覺部
鞠　見母　覺部

jú

局　羣母　屋部
鵙　見母　錫部

jǔ

沮　從母　魚部
筥　見母　魚部
舉　見母　魚部
踽　見母　魚部
沮　精母　魚部

jù

句　見母　侯部
具　羣母　侯部
俱　羣母　侯部
據　見母　魚部
壉　羣母　魚部
遽　羣母　魚部
虡　羣母　魚部
秬　羣母　魚部
懼　羣母　魚部
聚　從母　侯部
屨　見母　侯部

juān

娟　影母　元部
捐　余母　元部

juǎn

捲　見母　元部

juàn

卷　見母　元部
眷　見母　元部

juē

蹻　見母　藥部

jué

爵　精母　藥部
厥　見母　月部

蹶 見母 月部
蕨 見母 月部
絕 從母 月部
決 見母 月部
訣 見母 月部
腳 見母 鐸部
覺 見母 覺部
jūn
均 見母 真部
鈞 見母 真部
君 見母 文部
麇 見母 文部

K

kǎi
慨 溪母 物部
kān
堪 溪母 侵部
kàn
衎 溪母 元部
kāng
康 溪母 陽部
kàng
伉 溪母 陽部
抗 溪母 陽部
kǎo
考 溪母 幽部
栲 溪母 幽部
kě
可 溪母 歌部
渴 溪母 月部
kè
克 溪母 職部
恪 溪母 鐸部
客 溪母 鐸部
刻 溪母 職部
kēng
坑 溪母 陽部
kōng
空 溪母 東部
kǒng
孔 溪母 東部
kòng
控 溪母 東部
kǒu
口 溪母 侯部
kòu
叩 溪母 侯部
kǔ
苦 溪母 魚部
kuā
姱 溪母 魚部
kuài
快 溪母 月部
塊 溪母 微部
會 見母 月部
kuān
寬 溪母 元部
kuāng
筐 溪母 陽部
kuáng
狂 羣母 陽部
kuàng
貺 曉母 陽部
kuī
虧 溪母 歌部
kuí
逵 羣母 幽部

騤　羣母　脂部
葵　羣母　脂部
kuì
匱　羣母　物部
潰　匣母　物部
喟　溪母　物部
kūn
昆　見母　文部
kǔn
壼　溪母　文部
kùn
困　溪母　文部
kuò
鞹　溪母　鐸部
廓　溪母　鐸部
括　見母　月部
闊　溪母　月部

L

lā
拉　來母　緝部
lái
來　來母　之部
萊　來母　之部
lán
藍　來母　談部
蘭　來母　元部
闌　來母　元部
làn
爛　來母　元部
濫　來母　談部
láng
狼　來母　陽部
稂　來母　陽部
琅　來母　陽部
郎　來母　陽部
làng
浪　來母　陽部
láo
牢　來母　幽部
勞　來母　宵部
lǎo
老　來母　幽部
潦　來母　宵部
lào
酪　來母　鐸部
lè
勒　來母　職部
樂　來母　藥部
léi
壘　來母　微部
雷　來母　微部
纍　來母　微部
lěi
藟　來母　微部
誄　來母　微部
累　來母　微部
lèi
類　來母　物部
累　來母　微部
酹　來母　月部
lí
狸　來母　之部
黎　來母　脂部
褵　來母　歌部
醨　來母　歌部
離　來母　歌部
籬　來母　歌部

罹　來母　歌部

lǐ

裏　來母　之部
李　來母　之部
里　來母　之部
鯉　來母　之部
理　來母　之部
禮　來母　脂部
鱧　來母　脂部
醴　來母　脂部

lì

詈　來母　支部
力　來母　職部
櫟　來母　藥部
礫　來母　藥部
利　來母　質部
栗　來母　質部
慄　來母　質部
戾　来母　質部
厲　來母　月部
曆　來母　錫部
歷　來母　錫部
瀝　來母　錫部
立　來母　緝部
吏　來母　之部
麗　來母　支部

lián

漣　來母　元部
連　來母　元部
憐　來母　真部
奩　來母　談部
廉　來母　談部

liǎn

斂　來母　談部

liàn

練　來母　元部

liáng

良　來母　陽部
涼　來母　陽部
梁　來母　陽部
粱　來母　陽部
糧　來母　陽部
量　來母　陽部

liǎng

兩　來母　陽部

liàng

量　來母　陽部
諒　來母　陽部

liáo

聊　來母　幽部
僚　來母　宵部
燎　來母　宵部
寮　來母　宵部
潦　來母　宵部
膋　來母　宵部
寥　來母　幽部

liǎo

了　來母　宵部
蓼　來母　幽部

liào

料　來母　宵部

liè

烈　來母　月部
列　來母　月部
栵　來母　月部

lín

粼　來母　真部
鄰　來母　真部

麟 來母 真部
轔 來母 真部
林 來母 侵部
臨 來母 侵部

lǐn

凜 來母 侵部
廩 來母 侵部

líng

陵 來母 蒸部
淩 來母 蒸部
靈 來母 耕部
苓 來母 耕部
聆 來母 耕部
零 來母 耕部

lǐng

領 來母 耕部
嶺 來母 耕部

lìng

令 來母 耕部

liú

流 來母 幽部
劉 來母 幽部
旒 來母 幽部
留 來母 幽部

liǔ

罶 來母 幽部
柳 來母 幽部

liù

六 來母 覺部
霤 來母 幽部

lóng

龍 來母 東部

lǒng

隴 來母 東部

lóu

婁 來母 侯部
蔞 來母 侯部

lòu

漏 來母 侯部
陋 來母 侯部

lú

廬 來母 魚部
蘆 來母 魚部

lǔ

虜 來母 魚部
魯 來母 魚部

lù

陸 來母 覺部
戮 來母 覺部
鹿 來母 屋部
祿 來母 屋部
路 來母 鐸部
璐 來母 鐸部
露 來母 鐸部
鷺 來母 鐸部
賂 來母 鐸部

lǘ

閭 來母 魚部

lǚ

旅 來母 魚部
履 來母 脂部
呂 來母 魚部
縷 來母 侯部

lǜ

綠 來母 屋部
律 來母 物部
慮 來母 魚部

luán

孌　來母　元部

孿　來母　元部

巒　來母　元部

luàn

亂　來母　元部

lüè

略　來母　鐸部

lún

輪　來母　文部

淪　來母　文部

綸　來母　文部

倫　來母　文部

論　來母　文部

lùn

論　來母　文部

luō

捋　來母　月部

luó

羅　來母　歌部

蘿　來母　歌部

luò

落　來母　鐸部

駱　來母　鐸部

雒　來母　鐸部

絡　來母　鐸部

M

má

麻　明母　歌部

mǎ

馬　明母　魚部

mái

霾　明母　之部

mài

麥　明母　職部

邁　明母　月部

mán

蠻　明母　元部

màn

慢　明母　元部

蔓　明母　元部

曼　明母　元部

漫　明母　元部

mǎng

莽　明母　魚部

máng

芒　明母　陽部

máo

茅　明母　幽部

矛　明母　幽部

毛　明母　宵部

旄　明母　宵部

茆　明母　幽部

mǎo

卯　明母　幽部

昴　明母　幽部

mào

冒　明母　幽部

茂　明母　幽部

芼　明母　宵部

耄　明母　宵部

méi

媒　明母　之部

梅　明母　之部

眉　明母　脂部

湄　明母　脂部

郿　明母　脂部

枚　明母　微部

měi

美　明母　脂部
每　明母　之部
浼　明母　元部

mèi

妹　明母　物部
昧　明母　物部
沬　明母　物部
寐　明母　物部
袂　明母　月部

mén

門　明母　文部
璊　明母　元部
亹　明母　文部
捫　明母　文部

méng

蒙　明母　東部
濛　明母　東部
幪　明母　東部
蝱　明母　陽部
盟　明母　陽部

mèng

夢　明母　蒸部

mí

麋　明母　脂部
彌　明母　脂部
瀰　明母　脂部
迷　明母　脂部
禰　泥母　脂部

mǐ

瀰　明母　脂部
靡　明母　歌部
弭　明母　支部

mì

密　明母　質部

miǎn

免　明母　元部
冕　明母　元部
眄　明母　真部

miàn

面　明母　元部

miáo

苗　明母　宵部

miǎo

藐　明母　藥部
邈　明母　藥部
渺　明母　宵部

miào

廟　明母　宵部

miè

滅　明母　月部

mín

民　明母　真部
緡　明母　真部

mǐn

敏　明母　之部
泯　明母　真部
閔　明母　文部

míng

明　明母　陽部
鳴　明母　耕部
名　明母　耕部
銘　明母　耕部
冥　明母　耕部
溟　明母　耕部
瞑　明母　耕部
暝　明母　耕部

mìng

命　明母　耕部

mó

磨　明母　歌部

摹　明母　魚部

mò

莫　明母　鐸部

貊　明母　鐸部

秣　明母　月部

默　明母　職部

漠　明母　鐸部

末　明母　月部

陌　明母　鐸部

沒　明母　物部

móu

謀　明母　之部

mǔ

母　明母　之部

畝　明母　之部

鉧　明母　之部

牡　明母　幽部

mù

目　明母　覺部

牧　明母　職部

穆　明母　覺部

木　明母　屋部

沐　明母　屋部

霂　明母　屋部

暮　明母　鐸部

慕　明母　鐸部

募　明母　鐸部

N

nà

那　泥母　歌部

納　泥母　緝部

nán

難　泥母　元部

南　泥母　侵部

男　泥母　侵部

nàn

難　泥母　元部

náng

囊　泥母　陽部

náo

呶　泥母　宵部

nèi

內　泥母　物部

néng

能　泥母　之部

ní

泥　泥母　脂部

nǐ

薿　疑母　之部

nì

昵　泥母　質部

溺　泥母　藥部

逆　疑母　鐸部

nián

年　泥母　真部

niǎn

輦　來母　元部

niǎo

鳥　端母　幽部

niè

孽　疑母　月部

　蘖　疑母　月部
　躡　泥母　葉部
níng
　寧　泥母　耕部
　凝　疑母　蒸部
niú
　牛　疑母　之部
niǔ
　杻　泥母　幽部
nóng
　濃　泥母　冬部
nòng
　弄　來母　東部
nú
　帑　泥母　魚部
nù
　怒　泥母　魚部
nǚ
　女　泥母　魚部
nuǎn
　暖　泥母　元部
nüè
　虐　疑母　藥部
nuó
　儺　泥母　歌部
nuò
　諾　泥母　鐸部

O

ǒu
　偶　疑母　侯部
　耦　疑母　侯部

P

pái
　排　並母　微部
pán
　盤　並母　元部
pàn
　盼　滂母　文部
　泮　滂母　元部
　判　滂母　元部
　畔　並母　元部
pāng
　雱　滂母　陽部
páng
　旁　並母　陽部
　龐　並母　東部
　厖　明母　東部
páo
　匏　並母　幽部
　袍　並母　幽部
pèi
　佩　並母　之部
　旆　並母　月部
pēng
　烹　滂母　陽部
péng
　朋　並母　蒸部
　蓬　並母　東部
　彭　並母　陽部
pī
　伾　滂母　之部
　駓　滂母　之部
　紕　滂母　脂部
　披　滂母　歌部

pí

眦　並母　脂部

膍　並母　脂部

皮　並母　歌部

陂　幫母　歌部

羆　幫母　歌部

鼙　並母　支部

pǐ

匹　滂母　質部

pì

辟　並母　錫部

甓　並母　錫部

淠　滂母　質部

piān

翩　滂母　真部

偏　滂母　真部

篇　滂母　真部

pián

便　並母　元部

piāo

漂　滂母　宵部

飄　滂母　宵部

piào

嘌　滂母　宵部

pín

頻　並母　真部

蘋　並母　真部

貧　並母　文部

嬪　並母　真部

pìn

聘　滂母　耕部

píng

蘋　並母　耕部

平　並母　耕部

屏　並母　耕部

pō

頗　滂母　歌部

pò

破　滂母　歌部

迫　幫母　鐸部

póu

裒　並母　幽部

pū

鋪　滂母　魚部

仆　滂母　屋部

pú

蒲　並母　魚部

僕　並母　屋部

pǔ

圃　幫母　魚部

浦　滂母　魚部

Q

qī

期　羣母　之部

欺　溪母　之部

妻　清母　脂部

淒　清母　脂部

棲　心母　脂部

萋　清母　脂部

戚　清母　覺部

慼　清母　覺部

七　清母　質部

漆　清母　質部

qí

其　羣母　之部

淇　羣母　之部

騏　羣母　之部

旗　羣母　之部
祇　羣母　支部
疷　羣母　支部
齊　從母　脂部
蠐　從母　脂部
祁　羣母　脂部
祈　羣母　文部
旂　羣母　文部
頎　羣母　文部
錡　羣母　歌部
騎　羣母　歌部
奇　羣母　歌部

qǐ

杞　溪母　之部
屺　溪母　之部
芑　溪母　之部
起　溪母　之部
豈　溪母　微部
綺　溪母　歌部

qì

棄　溪母　質部
愒　溪母　月部
憩　溪母　月部
泣　溪母　緝部
契　溪母　月部

qià

洽　匣母　緝部

qiān

千　清母　真部
遷　清母　元部
愆　溪母　元部
騫　溪母　元部
牽　溪母　真部

qián

虔　羣母　元部
前　從母　元部
潛　從母　侵部

qiǎn

淺　清母　元部
遣　溪母　元部

qiàn

倩　清母　耕部
塹　清母　談部

qiāng

蹌　清母　陽部
瑲　清母　陽部
斨　清母　陽部
鏘　清母　陽部
羌　溪母　陽部

qiáng

牆　從母　陽部
強　羣母　陽部
彊　羣母　陽部

qiǎng

彊　羣母　陽部

qiáo

荍　羣母　幽部
譙　從母　宵部
喬　羣母　宵部
翹　羣母　宵部

qiǎo

悄　清母　宵部
巧　溪母　幽部

qiē

切　清母　質部

qiě

且　清母　魚部

qiè

朅　溪母　月部

竊　清母　質部

qīn

親　清母　真部

駸　清母　侵部

侵　清母　侵部

欽　溪母　侵部

衾　溪母　侵部

qín

勤　羣母　文部

芹　羣母　文部

琴　羣母　侵部

芩　羣母　侵部

qǐn

寑　清母　侵部

qīng

卿　溪母　陽部

青　清母　耕部

清　清母　耕部

傾　溪母　耕部

輕　溪母　耕部

qíng

情　從母　耕部

qǐng

請　清母　耕部

qìng

慶　溪母　陽部

罄　溪母　耕部

箐　精母　耕部

qióng

邛　羣母　東部

窮　羣母　冬部

瓊　羣母　耕部

qiū

丘　溪母　之部

秋　清母　幽部

楸　清母　幽部

qiú

酋　從母　幽部

遒　從母　幽部

囚　邪母　幽部

求　羣母　幽部

逑　羣母　幽部

俅　羣母　幽部

球　羣母　幽部

銶　羣母　幽部

裘　羣母　之部

虬　羣母　幽部

qū

趨　清母　侯部

驅　溪母　侯部

袪　溪母　魚部

軀　溪母　侯部

qú

渠　羣母　魚部

瞿　羣母　魚部

衢　羣母　魚部

qǔ

取　清母　侯部

曲　溪母　屋部

qù

趣　清母　侯部

去　溪母　魚部

quán

泉　從母　元部

鬈　羣母　元部

全　從母　元部

權 羣母 元部
拳 羣母 元部

quǎn

綣 溪母 元部

quàn

勸 溪母 元部

quē

闕 溪母 月部

què

闋 溪母 質部
卻 溪母 鐸部

qūn

囷 溪母 文部

qún

羣 羣母 文部

R

rán

然 日母 元部

ráng

瀼 日母 陽部
穰 日母 陽部

rǎng

攘 日母 陽部

ràng

讓 日母 陽部

ráo

蕘 日母 宵部
饒 日母 宵部

rè

熱 日母 月部

rén

人 日母 真部
仁 日母 真部
壬 日母 侵部

rěn

忍 日母 文部

rèn

任 日母 侵部

réng

仍 日母 蒸部

rì

日 日母 質部

róng

容 余母 東部
戎 日母 冬部
融 余母 冬部
榮 匣母 耕部

róu

柔 日母 幽部
蹂 日母 幽部

rú

如 日母 魚部
茹 日母 魚部
濡 日母 侯部
襦 日母 侯部
孺 日母 侯部

rǔ

汝 日母 魚部
辱 日母 屋部
乳 日母 侯部

rù

洳 日母 魚部
入 日母 緝部
蓐 日母 屋部
縟 日母 屋部

ruǐ

蕊 日母 歌部

ruò

若　日母　鐸部

S

sǎ

灑　山母　支部

sāi

塞　心母　職部

sài

塞　心母　職部

sān

三　心母　侵部

sāng

桑　心母　陽部

喪　心母　陽部

sàng

喪　心母　陽部

sāo

騷　心母　幽部

搔　心母　幽部

sǎo

掃　心母　幽部

嫂　心母　幽部

sè

穡　山母　職部

色　山母　職部

瑟　山母　質部

塞　心母　職部

shā

鯊　山母　歌部

沙　山母　歌部

shān

山　山母　元部

shàn

墠　禪母　元部

汕　山母　元部

善　禪母　元部

贍　禪母　談部

擅　禪母　元部

shāng

商　書母　陽部

湯　書母　陽部

傷　書母　陽部

觴　書母　陽部

shǎng

賞　書母　陽部

shàng

上　禪母　陽部

尚　禪母　陽部

shāo

稍　山母　宵部

shǎo

少　書母　宵部

shào

紹　禪母　宵部

少　書母　宵部

shé

舌　船母　月部

蛇　船母　歌部

shě

舍　書母　魚部

shè

射　船母　鐸部

設　書母　月部

涉　禪母　葉部

社　禪母　魚部

shēn

身 書母 真部
申 書母 真部
莘 山母 真部
詵 山母 文部
深 書母 侵部
侁 山母 文部
參 山母 侵部

shén

神 船母 真部

shěn

諗 書母 侵部
審 書母 侵部

shèn

甚 禪母 侵部
葚 船母 侵部
慎 禪母 真部

shēng

升 書母 蒸部
聲 書母 耕部
生 山母 耕部
牲 山母 耕部
甥 山母 耕部
笙 山母 耕部

shéng

繩 船母 蒸部

shěng

省 山母 耕部

shèng

勝 書母 蒸部
乘 船母 蒸部
盛 禪母 耕部
聖 書母 耕部

shī

詩 書母 之部
尸 書母 脂部
蓍 書母 脂部
師 山母 脂部
施 書母 歌部
濕 書母 緝部
失 書母 質部

shí

時 禪母 之部
塒 禪母 之部
食 船母 職部
識 書母 職部
石 禪母 鐸部
實 船母 質部
什 禪母 緝部

shǐ

始 書母 之部
史 山母 之部
使 山母 之部
矢 書母 脂部
屎 書母 脂部

shì

侍 禪母 之部
士 崇母 之部
仕 崇母 之部
事 崇母 之部
視 禪母 脂部
式 書母 職部
試 書母 職部
弑 書母 職部
軾 書母 職部
飾 書母 職部
奭 書母 職部

適　書母　錫部
室　書母　質部
世　書母　月部
逝　禪母　月部
市　禪母　之部
示　船母　脂部
釋　書母　鐸部
澨　禪母　月部
是　禪母　支部
勢　書母　月部

shōu

收　書母　幽部

shǒu

手　書母　幽部
首　書母　幽部
守　書母　幽部

shòu

狩　書母　幽部
售　禪母　幽部
受　禪母　幽部
壽　禪母　幽部
綬　禪母　幽部

shū

姝　昌母　侯部
殳　禪母　侯部
書　書母　魚部
舒　書母　魚部
紓　書母　魚部
叔　書母　覺部
菽　書母　覺部
淑　禪母　覺部
疏　山母　魚部
輸　書母　侯部
樞　影母　侯部

shú

孰　禪母　覺部

shǔ

曙　禪母　魚部
暑　書母　魚部
鼠　書母　魚部
黍　書母　魚部
屬　禪母　屋部
數　山母　侯部

shù

樹　禪母　侯部
數　山母　侯部
束　書母　屋部
庶　書母　鐸部
述　船母　物部
術　船母　物部
戍　書母　侯部
恕　書母　魚部
豎　禪母　侯部

shuāi

衰　山母　微部

shuài

帥　山母　物部
率　山母　物部

shuāng

雙　山母　東部
霜　山母　陽部
鷞　山母　陽部

shuǎng

爽　山母　陽部

shuǐ

水　書母　微部

shuì

帨　書母　月部

說 書母 月部

shùn

顺 船母 文部

shuō

說 書母 月部

shuò

碩 禪母 鐸部

朔 山母 鐸部

數 山母 屋部

sī

思 心母 之部

絲 心母 之部

斯 心母 支部

私 心母 脂部

sǐ

死 心母 脂部

sì

耜 邪母 之部

似 邪母 之部

姒 邪母 之部

祀 邪母 之部

汜 邪母 之部

兕 邪母 脂部

寺 邪母 之部

俟 崇母 之部

涘 崇母 之部

竢 崇母 之部

四 心母 質部

駟 心母 質部

肆 心母 質部

sōng

松 邪母 東部

sǒng

竦 心母 東部

sòng

送 心母 東部

訟 邪母 東部

誦 邪母 東部

宋 心母 冬部

sōu

搜 山母 幽部

sǒu

叟 心母 幽部

sū

蘇 心母 魚部

sú

俗 邪母 屋部

sù

素 心母 魚部

肅 心母 覺部

夙 心母 覺部

速 心母 屋部

粟 心母 屋部

愬 心母 鐸部

訴 心母 鐸部

宿 心母 覺部

suī

綏 心母 微部

suí

隨 邪母 歌部

suì

穗 邪母 質部

誶 心母 物部

遂 邪母 物部

隧 邪母 物部

檖 邪母 物部

歲 心母 月部

sūn

孫 心母 文部

飧 心母 文部

sǔn

損 心母 文部

suō

娑 心母 歌部

suǒ

所 山母 魚部

索 心母 鐸部

T

tā

它 透母 歌部

他 透母 歌部

tà

闥 透母 月部

tái

台 透母 之部

tài

態 透母 之部

汰 透母 月部

tān

嘽 透母 元部

貪 透母 侵部

tán

惔 定母 談部

談 定母 談部

壇 定母 元部

檀 定母 元部

潭 定母 侵部

彈 定母 元部

tǎn

菼 透母 談部

tàn

歎 透母 元部

tāng

鏜 透母 陽部

táng

堂 定母 陽部

唐 定母 陽部

螗 定母 陽部

塘 定母 陽部

tāo

滔 透母 幽部

táo

陶 定母 幽部

綯 定母 幽部

桃 定母 宵部

逃 定母 宵部

tǎo

討 透母 幽部

tè

忒 透母 職部

慝 透母 職部

特 定母 職部

螣 定母 職部

téng

騰 定母 蒸部

縢 定母 蒸部

tī

剔 透母 錫部

tí

提 定母 支部

荑 定母 脂部

啼 定母 支部

tǐ

體 透母 脂部

tì

涕	透母	脂部
惕	透母	錫部
裼	透母	錫部
嚏	端母	質部
替	透母	質部

tiān

天	透母	真部

tián

田	定母	真部
闐	定母	真部
填	定母	真部

tiǎn

殄	定母	文部

tiàn

瑱	透母	真部

tiáo

調	定母	幽部
蜩	定母	幽部
條	定母	幽部
苕	定母	宵部

tiǎo

窕	定母	宵部
挑	定母	宵部

tiào

眺	透母	宵部

tīng

聽	透母	耕部
汀	透母	耕部

tíng

庭	定母	耕部
霆	定母	耕部
亭	定母	耕部

tōng

恫	透母	東部
通	透母	東部

tóng

僮	定母	東部
同	定母	東部
童	定母	東部
佟	定母	冬部

tòng

慟	定母	東部

tōu

偷	透母	侯部

tóu

投	定母	侯部

tū

突	定母	物部

tú

瘏	定母	魚部
屠	定母	魚部
荼	定母	魚部
稌	透母	魚部
圖	定母	魚部
塗	定母	魚部
徒	定母	魚部

tǔ

土	透母	魚部
吐	透母	魚部

tuán

漙	定母	元部
蓴	定母	元部
摶	定母	元部

tuī

推	透母	微部

tuí
隤　定母　微部
穨　定母　微部
tuì
退　透母　物部
駾　透母　月部
tūn
焞　透母　文部
tún
忳　定母　文部
tuō
脫　透母　月部
託　透母　鐸部
tuó
佗　定母　歌部
沱　定母　歌部
陀　定母　歌部
酡　定母　歌部
tuò
蘀　透母　鐸部

W

wǎ
瓦　疑母　歌部
wài
外　疑母　月部
wān
蜿　影母　元部
wán
完　匣母　元部
丸　匣母　元部
玩　疑母　元部
wǎn
婉　影母　元部
wáng
亡　明母　陽部
王　匣母　陽部
wǎng
罔　明母　陽部
往　匣母　陽部
枉　影母　陽部
wàng
忘　明母　陽部
妄　明母　陽部
望　明母　陽部
wēi
微　明母　微部
威　影母　微部
危　疑母　支部
薇　明母　微部
wéi
爲　匣母　歌部
唯　余母　微部
維　余母　微部
惟　余母　微部
帷　匣母　微部
幃　匣母　微部
嵬　疑母　微部
違　匣母　微部
圍　匣母　微部
wěi
洧　匣母　之部
鮪　匣母　之部
尾　明母　微部
葦　匣母　微部
煒　匣母　微部
韡　匣母　微部
委　影母　微部

萎 影母 微部
僞 疑母 歌部

wèi

畏 影母 微部
爲 匣母 歌部
渭 匣母 物部
謂 匣母 物部
位 匣母 緝部
蔚 影母 物部
衛 匣母 月部

wēn

溫 影母 文部

wén

聞 明母 文部
文 明母 文部

wèn

問 明母 文部
汶 明母 文部

wǒ

我 疑母 歌部

wò

沃 影母 藥部
渥 影母 屋部

wū

烏 影母 魚部
屋 影母 屋部
洿 影母 魚部
誣 明母 魚部

wú

無 明母 魚部
蕪 明母 魚部

wǔ

侮 明母 侯部
舞 明母 魚部
武 明母 魚部
五 疑母 魚部
午 疑母 魚部

wù

戊 明母 幽部
務 明母 侯部
寤 疑母 魚部
惡 影母 鐸部

X

xī

觿 匣母 支部
犀 心母 脂部
晞 曉母 微部
析 心母 錫部
犧 曉母 歌部
息 心母 職部
昔 心母 鐸部
夕 邪母 鐸部
欷 曉母 微部
晰 心母 錫部
翕 曉母 緝部
西 心母 脂部
娭 曉母 之部
悉 心母 質部
蹊 匣母 支部
錫 心母 錫部

xí

席 邪母 鐸部
蓆 邪母 鐸部
隰 邪母 緝部
習 邪母 緝部
襲 邪母 緝部

xǐ

喜　曉母　之部
纚　山母　支部
徙　心母　支部

xì

舄　心母　鐸部
綌　溪母　鐸部
戲　曉母　歌部
赩　曉母　職部
係　見母　支部

xiá

暇　匣母　魚部
瑕　匣母　魚部
霞　匣母　魚部
舝　匣母　月部

xià

下　匣母　魚部
夏　匣母　魚部

xiān

先　心母　文部
僊　心母　元部
鮮　心母　元部
仙　心母　元部
纖　心母　談部

xián

賢　匣母　真部
閑　匣母　元部
弦　匣母　真部

xiǎn

險　曉母　談部
顯　曉母　元部

xiàn

霰　心母　元部
羡　邪母　元部
憲　曉母　元部
獻　曉母　元部
縣　匣母　元部

xiāng

襄　心母　陽部
相　心母　陽部
湘　心母　陽部
箱　心母　陽部
鄉　曉母　陽部
香　曉母　陽部

xiáng

詳　邪母　陽部
祥　邪母　陽部
翔　邪母　陽部
降　匣母　冬部

xiǎng

享　曉母　陽部
想　心母　陽部
餉　書母　陽部
饗　曉母　陽部
響　曉母　陽部

xiàng

巷　匣母　東部
向　曉母　陽部
像　邪母　陽部
項　匣母　東部
相　心母　陽部

xiāo

蕭　心母　幽部
瀟　心母　幽部
霄　心母　宵部
消　心母　宵部
囂　曉母　宵部
嘵　曉母　宵部

xiǎo

小 心母 宵部

xiào

孝 曉母 幽部
笑 心母 宵部
効 匣母 宵部
效 匣母 宵部
傚 匣母 宵部
歗 心母 幽部
肖 心母 宵部

xié

邪 邪母 魚部
攜 匣母 支部
偕 見母 脂部
襭 匣母 質部
挾 匣母 葉部
脅 曉母 葉部

xiě

寫 心母 魚部

xiè

解 匣母 錫部
泄 心母 月部
謝 邪母 鐸部

xīn

馨 曉母 耕部
薪 心母 真部
新 心母 真部
欣 曉母 文部
心 心母 侵部
歆 曉母 侵部
辛 心母 真部

xìn

信 心母 真部

xīng

星 心母 耕部

xíng

行 匣母 陽部
刑 匣母 耕部
形 匣母 耕部

xǐng

醒 心母 耕部
省 心母 耕部

xìng

興 曉母 蒸部
姓 心母 耕部
幸 匣母 耕部
性 心母 耕部

xiōng

凶 曉母 東部
訩 曉母 東部
兄 曉母 陽部
洶 曉母 東部

xióng

雄 匣母 蒸部

xiū

脩 心母 幽部
修 心母 幽部
休 曉母 幽部
羞 心母 幽部

xiǔ

朽 曉母 幽部

xiù

褎 邪母 幽部
繡 心母 覺部
宿 心母 覺部
秀 心母 幽部
臭 曉母 幽部

xū

胥　心母　魚部
虛　曉母　魚部
墟　溪母　魚部
吁　曉母　魚部
盱　曉母　魚部
訏　曉母　魚部
須　心母　侯部

xǔ

湑　心母　魚部
許　曉母　魚部
冔　曉母　魚部
栩　曉母　魚部

xù

鱮　邪母　魚部
緒　邪母　魚部
續　邪母　屋部
恤　心母　質部
洫　曉母　質部
卹　心母　質部
序　邪母　魚部
畜　曉母　覺部
敍　邪母　魚部

xuān

宣　心母　元部
軒　曉母　元部
諼　曉母　元部
儇　曉母　元部

xuán

玄　匣母　真部
懸　匣母　元部

xuǎn

選　心母　元部
咺　曉母　元部

xuē

削　心母　藥部

xué

穴　匣母　質部
學　匣母　覺部

xuě

雪　心母　月部

xuè

謔　曉母　藥部
血　曉母　質部

xūn

熏　曉母　文部
嚑　曉母　文部

xún

旬　邪母　真部
洵　心母　真部
尋　邪母　侵部

xùn

訓　曉母　文部
訊　心母　真部
徇　邪母　真部

Y

yá

牙　疑母　魚部
衙　疑母　魚部
涯　疑母　支部

yǎ

雅　疑母　魚部

yān

焉　影母　元部
淹　影母　談部

yán

顏　疑母　元部

言 疑母 元部
巖 疑母 談部
嚴 疑母 談部
延 余母 元部
蜒 余母 元部
筵 余母 元部
yǎn
衍 余母 元部
巘 疑母 元部
儼 疑母 談部
偃 影母 元部
yàn
彥 疑母 元部
晏 影母 元部
宴 影母 元部
燕 影母 元部
厭 影母 談部
yāng
央 影母 陽部
泱 影母 陽部
殃 影母 陽部
yáng
陽 余母 陽部
揚 余母 陽部
楊 余母 陽部
颺 余母 陽部
羊 余母 陽部
洋 余母 陽部
佯 余母 陽部
yǎng
癢 余母 陽部
養 余母 陽部
仰 疑母 陽部
yàng
恙 余母 陽部
yāo
夭 影母 宵部
yáo
陶 余母 幽部
摇 余母 宵部
謡 余母 宵部
瑶 余母 宵部
徭 余母 宵部
遥 余母 宵部
殽 匣母 宵部
姚 余母 宵部
yào
要 影母 宵部
曜 余母 藥部
藥 余母 藥部
耀 余母 藥部
yě
野 余母 魚部
yè
夜 余母 鐸部
葉 余母 葉部
業 疑母 葉部
謁 影母 月部
yī
衣 影母 微部
依 影母 微部
猗 影母 歌部
椅 影母 歌部
一 影母 質部
揖 影母 緝部
壹 影母 質部

yí

貽 余母 之部
飴 余母 之部
詒 余母 之部
夷 余母 脂部
姨 余母 脂部
遺 余母 微部
蛇 余母 歌部
儀 疑母 歌部
宜 疑母 歌部
疑 疑母 之部
嶷 疑母 職部
觺 疑母 之部
移 余母 歌部
椸 余母 歌部

yǐ

苢 余母 之部
以 余母 之部
已 余母 之部
矣 匣母 之部
倚 影母 歌部

yì

義 疑母 歌部
議 疑母 歌部
異 余母 職部
弋 余母 職部
翼 余母 職部
意 影母 職部
億 影母 職部
斁 余母 鐸部
奕 余母 鐸部
益 影母 錫部
嗌 影母 錫部
繹 余母 鐸部
懌 余母 鐸部
易 余母 錫部
蜴 余母 錫部
鷊 疑母 錫部
肄 余母 質部
逸 余母 質部
抑 影母 職部
曀 影母 質部
翳 影母 脂部
仡 疑母 物部
枻 余母 月部
勩 余母 月部
邑 影母 緝部
悒 影母 緝部
役 余母 錫部
裔 余母 月部
刈 疑母 月部
詣 疑母 脂部
藝 疑母 月部

yīn

因 影母 真部
姻 影母 真部
駰 影母 真部
禋 影母 真部
殷 影母 文部
慇 影母 文部
音 影母 侵部
陰 影母 侵部

yín

垠 疑母 文部
淫 余母 侵部

yǐn

引 余母 真部
飲 影母 侵部

yìn

胤 余母 真部

蔭 影母 侵部

yīng

膺 影母 蒸部

英 影母 陽部

嚶 影母 耕部

纓 影母 耕部

嬰 影母 耕部

yíng

盈 余母 耕部

楹 余母 耕部

赢 余母 耕部

營 余母 耕部

瑩 匣母 耕部

縈 影母 耕部

迎 疑母 陽部

yǐng

穎 余母 耕部

yōng

庸 余母 東部

墉 余母 東部

鏞 余母 東部

饔 影母 東部

雝 影母 東部

癰 影母 東部

yóng

顒 疑母 東部

yǒng

勇 余母 東部

永 匣母 陽部

泳 匣母 陽部

yòng

用 余母 東部

yōu

攸 余母 幽部

悠 余母 幽部

憂 影母 幽部

優 影母 幽部

懮 影母 幽部

幽 影母 幽部

yóu

尤 匣母 之部

肬 匣母 之部

郵 匣母 之部

猶 余母 幽部

遊 余母 幽部

由 余母 幽部

yǒu

友 匣母 之部

有 匣母 之部

莠 余母 幽部

槱 余母 幽部

牖 余母 幽部

yòu

又 匣母 之部

侑 匣母 之部

囿 匣母 職部

誘 余母 幽部

右 匣母 之部

佑 匣母 之部

祐 匣母 之部

yū

紆 影母 魚部

yú

渝 余母 侯部

榆 余母 侯部

愉 余母 侯部

踰　余母　侯部
諛　余母　侯部
揄　余母　侯部
愚　疑母　侯部
隅　疑母　侯部
旟　余母　魚部
輿　余母　魚部
餘　余母　魚部
魚　疑母　魚部
虞　疑母　魚部
娛　疑母　魚部

yǔ

與　余母　魚部
予　余母　魚部
語　疑母　魚部
圉　疑母　魚部
俁　疑母　魚部
噳　疑母　魚部
麌　疑母　魚部
羽　匣母　魚部
雨　匣母　魚部
宇　匣母　魚部
庾　余母　侯部

yù

喻　余母　侯部
瘉　余母　侯部
愈　余母　侯部
飫　影母　侯部
譽　余母　魚部
豫　余母　魚部
芋　匣母　魚部
域　匣母　職部
蜮　匣母　職部
彧　影母　職部
育　余母　覺部
燠　影母　覺部
薁　影母　覺部
裕　余母　屋部
獄　疑母　屋部
玉　疑母　屋部
禦　疑母　鐸部
欲　余母　屋部
寓　疑母　侯部
遇　疑母　侯部
鬻　余母　覺部
鬱　影母　物部

yuān

淵　影母　真部

yuán

員　匣母　文部
原　疑母　元部
嫄　疑母　元部
媛　匣母　元部
援　匣母　元部
湲　匣母　元部
垣　匣母　元部
園　匣母　元部
緣　余母　元部
轅　匣母　元部

yuǎn

遠　匣母　元部

yuàn

願　疑母　元部
怨　影母　元部
苑　影母　元部
愿　疑母　元部

yuē

約　影母　藥部

yuè

樂　疑母　藥部

籥　余母　藥部

躍　余母　藥部

閱　余母　月部

說　余母　月部

月　疑母　月部

越　匣母　月部

鉞　匣母　月部

嶽　疑母　屋部

yún

雲　匣母　文部

云　匣母　文部

耘　匣母　文部

yǔn

隕　匣母　文部

允　余母　文部

yùn

慍　影母　文部

韻　匣母　文部

運　匣母　文部

Z

zá

雜　從母　緝部

zāi

哉　精母　之部

災　精母　之部

zǎi

載　精母　之部

宰　精母　之部

zài

在　從母　之部

再　精母　之部

zān

簪　精母　侵部

zàn

暫　從母　談部

贊　精母　元部

zāng

臧　精母　陽部

牂　精母　陽部

záo

鑿　從母　藥部

zǎo

早　精母　幽部

藻　精母　宵部

棗　精母　幽部

蚤　精母　幽部

zào

皁　從母　幽部

造　從母　幽部

zé

則　精母　職部

澤　定母　鐸部

擇　定母　鐸部

責　莊母　錫部

簀　莊母　錫部

zéi

賊　從母　職部

zēng

憎　精母　蒸部

增　精母　蒸部

曾　精母　蒸部

zèng

贈　從母　蒸部

zhà

乍　崇母　鐸部

詐　莊母　鐸部

zhái

翟　定母　藥部

宅　定母　鐸部

zhài

瘵　莊母　月部

zhān

旃　章母　元部

瞻　章母　談部

詹　章母　談部

占　章母　談部

zhǎn

展　端母　元部

斬　莊母　談部

zhàn

棧　崇母　元部

戰　章母　元部

湛　端母　侵部

zhāng

張　端母　陽部

章　章母　陽部

璋　章母　陽部

彰　章母　陽部

zhǎng

掌　章母　陽部

長　端母　陽部

zhàng

帳　端母　陽部

zhāo

朝　端母　宵部

昭　章母　宵部

zhǎo

沼　章母　宵部

zhào

旐　定母　宵部

召　定母　宵部

炤　章母　宵部

趙　定母　宵部

照　章母　宵部

罩　端母　藥部

zhé

讁　端母　錫部

謫　端母　錫部

折　章母　月部

哲　章母　月部

蟄　定母　緝部

輒　端母　葉部

轍　定母　月部

zhě

者　章母　魚部

zhè

柘　章母　鐸部

zhēn

貞　端母　耕部

楨　端母　耕部

禎　端母　耕部

蓁　莊母　真部

榛　莊母　真部

溱　莊母　真部

臻　莊母　真部

真　章母　真部

zhěn

畛　章母　文部

軫　章母　文部

枕　章母　侵部

zhèn

振　章母　文部

鎮　端母　真部

zhēng

烝　章母　蒸部

蒸　章母　蒸部

丁　端母　耕部

征　章母　耕部

爭　莊母　耕部

徵　端母　蒸部

zhěng

整　章母　耕部

zhèng

正　章母　耕部

政　章母　耕部

zhī

之　章母　之部

知　端母　支部

支　章母　支部

枝　章母　支部

脂　章母　脂部

祇　章母　脂部

織　章母　職部

zhí

直　定母　職部

蹠　章母　鐸部

執　章母　緝部

zhǐ

止　章母　之部

祉　透母　之部

趾　章母　之部

阯　章母　之部

沚　章母　之部

芷　章母　之部

旨　章母　脂部

指　章母　脂部

zhì

穉　定母　脂部

炙　章母　鐸部

秩　定母　質部

至　章母　質部

致　端母　質部

窒　端母　質部

櫛　莊母　質部

治　定母　之部

志　章母　之部

雉　定母　脂部

置　端母　職部

滯　定母　月部

陟　端母　職部

質　章母　質部

制　章母　月部

製　章母　月部

摯　章母　緝部

擲　定母　錫部

寘　定母　真部

zhōng

鐘　章母　東部

中　端母　冬部

忠　端母　冬部

螽　章母　冬部

終　章母　冬部

zhòng

重　定母　東部

仲　定母　冬部

衆　章母　冬部

zhōu

洲　章母　幽部

舟　章母　幽部

輈　端母　幽部

周 章母 幽部

zhóu

軸 定母 覺部

妯 透母 幽部

zhòu

咮 端母 侯部

驟 崇母 侯部

zhū

株 端母 侯部

誅 端母 侯部

zhú

蠋 定母 屋部

竺 端母 覺部

竹 端母 覺部

逐 定母 覺部

zhǔ

主 章母 侯部

渚 章母 魚部

屬 章母 屋部

zhù

紵 定母 魚部

佇 定母 魚部

著 端母 魚部

助 崇母 魚部

祝 章母 覺部

住 端母 侯部

駐 端母 侯部

zhuān

專 章母 元部

zhuǎn

轉 端母 元部

zhuàn

譔 崇母 元部

zhuāng

妝 莊母 陽部

zhuàng

壯 莊母 陽部

狀 崇母 陽部

zhuī

追 端母 微部

zhǔn

準 章母 文部

zhuó

濯 定母 藥部

椓 端母 屋部

濁 定母 屋部

酌 章母 藥部

擢 定母 藥部

zī

茲 精母 之部

鼒 精母 之部

資 精母 脂部

滋 精母 之部

zǐ

子 精母 之部

耔 精母 之部

梓 精母 之部

姊 精母 脂部

秭 精母 脂部

zì

字 從母 之部

zōng

宗 精母 冬部

綜 精母 冬部

zǒng

總 精母 東部

zòng

縱　精母　東部

zōu

諏　精母　侯部

zǒu

走　精母　侯部

zòu

奏　精母　侯部

zū

租　精母　魚部

菹　莊母　魚部

zú

足　精母　屋部

族　從母　屋部

卒　精母　物部

zǔ

組　精母　魚部

祖　精母　魚部

阻　莊母　魚部

zuǎn

纂　精母　元部

zuì

罪　從母　微部

醉　精母　物部

最　精母　月部

zūn

尊　精母　文部

遵　精母　文部

zuǒ

左　精母　歌部

佐　精母　歌部

zuò

作　精母　鐸部

酢　從母　鐸部

柞　從母　鐸部

坐　從母　歌部